研究生教学用书

教育部学位管理与研究生教育司推荐

管理研究方法论

Research Methodology for Management

（第3版）

(Third Edition)

李怀祖

西安交通大学出版社

XI'AN JIAOTONG UNIVERSITY PRESS

内 容 简 介

　　《管理研究方法论》探讨管理研究工作过程的路径和程序,亦即研究逻辑问题,旨在提高研究和论文撰写工作的效率和质量。全书分六章:第一章讨论管理学科研究与自然科学、社会科学和人文学科研究之间的关系及其特点;第二章论述管理研究的基本要素;第三章管理研究设计,描述规范地进行研究工作的各个环节,阐明了"主题先行"和"假设树"的重要性及其内容;第四章介绍了为了论证研究假设而可能采用的各种数据观测方法;第五章数据分析,从应用角度介绍了管理研究中的描述统计和推理统计方法;第六章总结以创新点模式撰写管理专业研究生学位论文的要点。

图书在版编目(CIP)数据

　　管理研究方法论/李怀祖编著.—3 版. —西安:
西安交通大学出版社,2017.6(2024.7 重印)
　　ISBN 978 − 7 − 5605 − 5539 − 3

　　Ⅰ.①管…　Ⅱ.①李…　Ⅲ.①管理学-研究方法
Ⅳ.①C93 − 03

　　中国版本图书馆 CIP 数据核字(2017)第 155923 号

书　　　名:管理研究方法论(第 3 版)
编　　　著:李怀祖
出版发行:西安交通大学出版社
地　　　址:西安市兴庆南路 1 号(邮编:710048)
电　　　话:(029)82668315(总编办)
　　　　　　(029)82668357　82667874(市场营销中心)
印　　　刷:西安明瑞印务有限公司
字　　　数:446 千字
开　　　本:727 mm×960 mm　1/16
印　　　张:24.5
版　　　次:2017 年 7 月第 3 版　2024 年 7 月第 22 次印刷
印　　　数:80 018～83 017
书　　　号:ISBN 978 − 7 − 5605 − 5539 − 3
定　　　价:49.80 元

第3版前言

本书第二版面世以来,已历 13 载。在此期间,不断有大学管理学院为研究生开设"管理研究方法论"课程,有关著作和译著陆续出版不少,博士研究生在论文工作过程中多少体会到"方法论"的帮助。在大学管理学科领域中,研究方法论已由众人陌生转而成为众所周知的一门知识。这些知识的普及,无疑对提高研究工作水平和学位论文质量起到积极作用。然而,由于这不是一门辨识"对错""黑白"是非命题的知识,只是指出较佳的研究路径,不按此路径走,即使效率和效果差一些也能到达目的地,选项很多,这就导致对"方法论"的认识众说纷纭。

方法论溯源,应归结到笛卡尔(1596—1637)的著作《寻找真理的方法》,他批评有人认识事物"往往极其杂乱无秩序,恨不得双脚一蹦就跳上楼房的屋顶",并将"方法论"比喻为构建到达屋顶的楼梯,或者说"思维的楼梯"。按此思路,"研究方法论"可理解为研究工作应遵循的路径和秩序。对于这样的界定,迄今为止,尚难取得共识。如牛津英汉字典就注解为"工作中应用的一套方法",国内有的学者认为方法论就是"论方法","方法中的方法"等。这样理解的话,还是把"方法论"研究的对象放在技术性的"方法"上,想从众多的方法中抽象出一种基因式的根本方法。岂不知"方法论"着眼点并非这些"方法",而是"行为",研究行为的路径和秩序,"行为"包括进行某项研究,学习某门知识,完成某项任务等。"方法论"(methodology)与"方法"(method)一字之差,很容易混淆。这种认识差异恰恰说明这门学科有着开阔的发展空间。

对于"方法论"这门知识的内涵认识尚不一致,涉及具体内容更是见解各异。如本书提到:学位论文宜采用问题导向的创新点模式,而非论题导向的理论框架模式;以假设树构成论文骨架;逆向写作以及摘要写作要点等,都会有不同看法。翻阅研究生写的学位论文,各式各样,不符合书中要求的就更多了。出现这种情况并不稀奇。人的外貌各异,"千人千面",尚有难以辨别的双胞胎,而人的思维差异之大,连思维双胞胎都找不到。"方法论"本意是想找出一条规范的思维路径,让大家都沿这条路走,但人人都习惯地按自己有特色的思维定势行事,要去改变它谈何容易,除非有"外力"的推动。博士研究生在论文工作中碰到了困难，这时可能才有从"方法论"找出路的动力，所以，研究生较之本科生，对学习"研究方法论"更有兴趣、更能领会。本书写作的意图并非提出一种呆板的套路，要求研究生按此亦步亦趋地去做论文，只要读后受到其中一些观点的启发，重要的工作次序不颠倒，认同问题导向、结合实际和聚焦创新点等关键要求，使论文工作过程少走弯路、工作结果更有价值，作者便感到十分欣慰了。

作者主要结合这些年论文指导工作中的体会，对本书第三章和第六章做了较多的补充修改，其他各章也都修订了一遍。虽然抱着认真态度修订，由于学识有限，不妥之处仍旧难免，请读者不吝指正。第三版修订过程中，得到赵来军、齐佳音、胡平、郭菊娥等教授的帮助和提供宝贵修改意见，魏照民、袁娟编辑悉心校阅全文，订正了多处错别字及不妥词句，作者谨表衷心的谢意。

作者
2017 元月于西安

第 2 版前言

承蒙教育部研究生工作办公室组织评审,于 2002 年秋将本书推荐为全国研究生教学用书并转来评审专家对本书提出的修改建议。作者对此深表感激并珍惜所提供的修订再版机会。根据评审专家的宝贵建议以及三年来读者的反馈意见和本人的教学体会,对原书作了力所能及的修改,每章都有补充和修正之处,并将原第四章论证方法分为数据观测和数据分析两章。

"管理研究方法论"这门课程并无多么深奥的推理或复杂的运算,以研究生的知识层次,读懂其中任何段落或章节都不会有难度。然而,本人在这门课程 10 年的教学经历中观察到一种现象:研究生学完"方法论"的课程后,不时反映有收获、受启发等等,能够接受课程的内容;但在博士论文的研究工作和写作过程中,似乎又将课程的要点遗忘了,写出的论文还是出现书中所指出的主要弊病。产生这种现象的原因并非是研究生的学习能力和态度问题。"管理研究方法论"讲的是研究逻辑和研究规范,实际上就是研究工作的思维方法。让一位成年人改变原有的思维模式去接受一种新的思维模式,是最困难的事情,这可能是原因所在。研究生要将原本熟悉的学习思维方法、传授知识的思维方法、行政工作的思维方法等转换成研究思维方法,比弄懂一个原理,掌握一个推理过程或数学模型要困难得多,没有一段较长的实践过程是难以做到的。

思维模式转换困难有两方面的原因。第一,每个人有自己的知识结构和思维模式。博士研究生一般具备多年的学习工作经历,并有一些值得自信、自豪之处,比如有的学习成绩优秀,有的讲课水平高,有的能写出出色的工作总结。正是过去的经历,特别是成功经历,强化着自己的思维模式,排斥与习惯思维模式不同的思路。第二,外部环境氛围的影响。本课程的内容主要参考西方大学教科书,强调实证和创新点的思路,这些知识对西方大学管理学科的研究生甚至本科生来说属于专业常识,但对我们的研究生来说却有陌生之感。这实际上反映出东西方思维的一种差异。有的研究生即使认同本课程所讲述的研究思维方法,一旦读到国内一些管理、经济类的学术刊物的文章,其中不少是只摆观点或新名词而无论证内容,便又附和趋同,写那些原来"熟门熟路"的文章去了。

犹如泰勒的"科学管理",它用科学思维来研究提高劳动效率的方法,"研究方法论"则是用科学思维来探索提高研究工作效率的方法,人家把研究工作过程科学化当成一门学问已研究了几十年,总结出一些研究工作的规律、规则、规范,所积累的这些知识理应为世人共享。继承前人的知识可以避免研究工作走弯路,不必什么事情都要亲临失败才去承认前人早就指出的规律、规则和规范。有的研究生论文工作的态度很好,勤奋努力,投入二三年的全部精力,但完成的十几万字的博士论文却说不清楚哪些是属于自己的贡献,写了许多不反映自己研究工作结果的内容,出力却不得"分",该抓住的要点抓不住,该重点描述的内容却回避,该下工夫去读的参考文献精读不够,并非论文工作必需的书刊却费时间去读、去消化,甚至去综述,等等。这就是研究方法问题,实在可惜,时间精力没有花到"点子"上。可以说,研究方法论是提高研究工作效率的一门学问。"管理研究方法论"力图把管理研究工作过程和论文写作过程及其各个环节规范化、结构化、清晰化。尽管管理研究工作免不了仍要依靠研究者的直觉判断,但毕竟有了这些清晰的规范,结构化的程序,后人,尤其是初入研究殿堂的研究生可以少走弯路,提高效率。

作者在本书的修订过程中得到多方帮助:李令遐教授(美国 Old Dominion University 管理学院)对数据分析一章内容提出了具体修改意见,并允诺使用她发表的论文内容;许立达教授(美国 Wright State University 管理学院)提供文献资料并提出修改建议;杨选良副教授仔细校阅全文,订正多处文句并提出不少建议;吴建南、方润生等博士也提出过有益的修改意见;还有本书的责任编辑陆诗娣教授,她细致认真的编辑工作给予作者很大帮助。在此一并致以衷心谢意。

作　者
2003 年 11 月于西安

第1版前言

　　萌发编写《管理研究方法论》的想法,缘于10多年前访问加拿大时,好几位留学生告诉我,学习的课程中,数"Business Research Methodology"这门课收获最大,弥补了中国留学生知识结构的弱点。此后,在管理科学与工程专业研究生的指导工作以及教学管理工作中,笔者深切感受到,研究方法论是研究生特别是博士研究生所欠缺的、需要学习的一门知识。像笔者所在的西安交通大学这样的工科大学,对工程技术研究工作的规范还比较熟悉,管理学科的研究却不那么驾轻就熟,有陌生之感,以致花了许多精力去调查收集资料,却得不到有分量的研究结果。更重要的是,对研究工作和论文的质量心中无数,花了很大工夫,自认为满意,实际上甚至可能连一篇研究论文都算不上,也许只是一份教材。

　　本书旨在探索管理研究(包括研究工作过程和研究论文的写作过程)的内在规律和规则,阐明如何规范地去做研究、写论文以及如何评价一项研究成果和论文。这样,至少可以收到三方面的效果:第一,有基本规范可循,少走弯路,提高研究工作效率和质量;第二,有规范便有共同语言,可以相互促进,在评价中取得共识,便于沟通;第三,有利于参与国际学术讨论。在工程技术领域的英文期刊上,国内学者和研究生发表的论文数量不少,相比之下,管理方面的文章就很难看到,其中一个重要的原因便是研究和写作的思维方式和方法论的差异。

　　人们可能会问,学过研究方法论是否一定能做出好的研究成果和论文? 不学研究方法论就注定不行? 的确,就像学游泳一样,在河川里自己琢磨慢慢也能学会,水上渔家许多人水性好得很,并没有经过什么规范训练。但参加正规游泳比赛,想要夺冠,却非经教练规范地培训不可,经过专业训练才能成为专业游泳运动员。各行各业都需要这种专业人员,英文称 professional,意即按一种专业规范去做某件事情。棋院的棋手称为专业棋手,他们下棋一般不会出现违反基本棋理和定势的错着,这都是经过专业训练的结果。随着改革深化,许多行业都出现了职业化的呼声,企业改革提出了经理职业化的要求,大、中、小学需要职业化的校长,医院需要一批职业化的院长,运动队需要一批职业化的教练,金融系统需要一批职业化的金融家,政府部门需要一批职业管理人员即公务员,他们从事的每一项任务及活动都应符合本领域的专业规范。同样,管理研究领域也需要专业的研究人员,他们的研究行为规范就体现为管理研究方法论的内容。

研究方法论是创新的基础,超一流的围棋手都有自己独特的风格,不拘泥于呆板的步骤程序,却又不违反基本规则。没有基本规范的训练,其棋艺达不到高水平,当然如没有运动员的个人努力、悟性和创造性,也达不到金字塔顶的水平。研究方法论研究得再透,也培养不出研究天才,甚至不能保证得出一项多么丰硕的研究成果,但可以培养出合格的研究人员,拿出的成果、写出的论文称得上是一项研究成果、一篇研究论文。最好的状况是:学过研究方法论而最后抛开方法论,论文写作中却又找不出违反它的地方。

国内管理教育界人士到北美、欧洲一些大学管理学院访问都有共同感慨,他们写文章讲究规范,真有些八股味。我们有些内容丰富的文章在他们的刊物上就是发表不了,不合他们的"八股",找一位熟悉写作规范的外国同行重新改写后往往便可发表。由此想起,也许当年的八股文还曾起到过积极作用,只是后来把规范要求强调过头,太讲求形式而不问内容,以致形成"老鼠过街,人人喊打"的局面,但不能反过来把规范也否定掉。

研究方法论这类事情从我国文化传统来说的确不受重视,像"四书"只是子曰式的,贤者寥寥数语便是传世警言,无需论证,也不用去解释得出结论的过程。人们相信这些观点的正确性而不追究其论证过程科学与否。

即使现在,这种传统到处都能觉察到,许多管理学术论文都只是指出应该如何,至于为什么应该这样,证据如何,则不见交代。罗列出若干条观点和结论,观点和结论从何而来,不知道。至今尚未形成经得起检验且有效的我国企业管理理论,不注重研究过程的规范也是原因之一。

林语堂在30年代的著作《中国人》中指出了reason(道理)和reasonable(情理)的差异。西方人讲究道理,一个观点只有在逻辑上讲通了才被认可,而对中国人来讲,逻辑上正确还不够,同时,必须合乎人情,这比合乎逻辑更重要。重道理和重情理的差异,导致中国人用直觉代替逻辑思维,逻辑推理是抽象的、分析性的,把事物分成若干部分去探索,结果使事物失去现实的联系,而直觉思维则把事物看成是一个整体,切合现实生活,得出的结论"符合人的天性",对于完美的论证和太逻辑化的理论有种先天而就的不信任感。中国人无兴趣去做那些相当枯燥的逻辑分析,不屑研究棉制内衣和细菌含量的关系,或探索细菌数量和衣服穿着时间的关系曲线,也不愿意研究操作合理化问题,去寻求最合理的桌子板凳和用具的形状或尺寸。这种思维传统使我们付出了代价,科学方法不能得到发展,自然科学发展落后。希腊人为自然科学奠定了基础,埃及人发展了几何学和天文学,印度人发明了自己的语法学,而中国人却津津乐道于伦理道德上的抽象名词、原则,如"仁"、"义"、"礼"等。一旦具体深入讨论,涵义却含混到不知所云的地步。

将管理研究方法论这门课放在文化背景中来考察的话,它显得不融洽。毛泽东曾有过"掺沙子"的名言,这门课也许就是这些微细而不融洽的沙子,但愿它能有助于弥补我们传统思维方法中的不足之处。

迄今为止,国内有关管理研究方法论的书籍较少,笔者主要参阅国外教材,结合自己科研和教学工作中的体会,为数届管理专业博士研究生开出此课,并根据讲稿整理而成书。如果本书能对管理学科研究生的研究工作和论文质量方面有所裨益,笔者会感到十分快慰,书中不妥之处,敬请同行指正。

本书曾受到西安交通大学研究生院 1996 年课程建设基金资助。写作过程中,管理学院名誉院长汪应洛教授、院长席酉民教授、研究生院院长张文修教授、加拿大阿尔贝塔大学 Rolf Mirus 教授、圣玛丽亚大学汪慕红教授都给予了热情支持和帮助。几届参加"方法论"学习的博士研究生提供过不少有益的反馈意见,作者谨表衷心谢意。

作者

1999 年 8 月于西安

目　录

附录

第一章
绪 论

　　"方法论"（methodology）指处理问题的一般路径和程序,而"方法"
（method）指的是具体做法。

　　管理研究方法论阐述管理学科研究工作的路径和程序,在总结前人
经验的基础上,提出有效的研究工作规范,包括问题阐述、文献综述、假设
提出、数据收集、统计分析、信度和效度判断以及研究报告或论文的撰写
等各个环节的规范。它涉及研究工作的全过程,处于"决策"层面。方法
处于"操作"层面,主要指数据收集和分析中所用到的各种技术。

　　研究方法论可以看作是研究逻辑,人们运用这套逻辑能够提高研究
工作的效率和质量。然而,任何研究方法或研究逻辑只能对一门学问的
研究过程给予形式化的界定,并不增添所需的专业内容。犹如没有学过
"逻辑学",照样可以写作;没有学"研究方法论",同样可以做研究工作。
一篇文章文法出错,内容便费解或被误解,而写作逻辑有误,文章还能读
懂。类似地,一项研究错误地应用某种技术方法,研究结果必然错误,而
"研究方法论"不规范,研究结果也可能有价值。正因为这种背景,人们对
学习"研究方法论"往往无紧迫的要求,难以体会它的用途。实际上,掌握
正确的研究方法论不仅可以提高研究工作的效率,辨析出一项研究工作
的要点、前后次序和轻重缓急,把时间精力花在关键的地方,更重要的是,
可将研究工作提高到专业水平,为今后做出原创性的研究工作打下基础。

　　研究方法论既然是一种规范、逻辑,掌握它常受制于自己习惯的思维
定势。研究生已是成年,谈话、写字、行文、学习和思考以及待人接物都有
自己一套成型的定势、思路,在学"方法论"以前,不管自觉或不自觉都有
一套自己习以为常的思考逻辑,而"方法论"所要阐述和推荐的规范和逻
辑,难免与自己的习惯定势不一致。"方法论"本身并没有什么深奥难懂

的内容,由于涉及思维定势的改变,真正要能接受它和运用它却很不容易。荀子不招收25岁以上的弟子,原因可能就是成年人思维定势难以重塑。从研究生论文写作可以看出,博士生中,如属未出学校门的学生、教师,论文容易写成讲义、教材式,较长时间从事行政工作或企业管理工作的,容易写成工作报告或调研报告。文科背景的研究生喜爱讨论大框架、大概念,而工科背景的容易出现方法导向的倾向。

学习"研究方法论"还受制于环境氛围。我国管理经济类学术期刊和欧美同类期刊相比,其写作思路和规范差异之大,学术界人士都会有深刻体会。余秋雨曾用文学语言形象地描述这种差异,西方"系统的哲学,是一种推论的结构,有前提、有证实、有结论的踪迹可寻,如七宝楼台,有轮廓、有基石、有顶层,琳琅满目。中国的哲学,字字珠玑,如夜照宝珠,单独一个,足以炫耀万世,又如半夜流星,忽隐忽现,不知来源,不测去向。"阅读管理经济领域的论文,可以发现其中不少文章是题目大、气势大、论点多,追求全面的理论体系或框架,却缺乏纵深层次的展开,缺乏一个个论点的论证。长期阅读这些文章,诱导人们去追求"字字珠玑,炫耀万世"的语录式的论点,却忽略了那些具体、繁琐的论证过程。追求"物竞天择、适者生存"、"无形之手"这样传世的结论,却忽视"达尔文养鸽荏苒果数十年,著书数十万言",忽视反映在"国富论"、"道德情操论"巨著中亚当·斯密(Adam Smith)毕生的辛勤研究工作。实际上,斯密关于人的自利性描述,韩非、管子和司马迁等都有类似的说法,甚至言语表达更为生动和深刻,但缺少的就是论证,没有深入地阐明机理,不能像斯密那样论证为什么"每个人都追求自身的利益,会导致整个社会繁荣"。

学习研究方法论将起到"提醒"的作用,发现研究规范与自己思维定势之间的差异,明确自身研究思维有待改进和提高的空间;还可帮助学术研究入门者领会研究中应该抓住的核心问题,把精力放在该投入的环节,写该写的内容,减少随意性,提高自己的研究工作效率,也提高读者的阅读效率。

讨论管理研究方法论,还得从科学研究谈起。

第一节 科学及科学研究

一、科学

"科学"在人们心目中是个美好的名词。科学代表了客观、公正,科学家受到社会普遍崇敬,攀登科学高峰的目标鼓励着许多莘莘学子勤奋上进,"科教兴国"已成为我国社会经济发展的战略方针。然而,从研究方法论的视角,科学则被看作是一种求知方式(method of inquiring)。按牛津辞典解释:科学是"通过观察、调查和试验而得到的系统的知识"。科学在人类积累知识和发现新知识的历史长河中起到了极为重要的作用。不过,人们有时陷入一种片面性,把科学看成人类知识库的唯一组成部分和获得知识的唯一途径。事实上,文学、艺术、哲学、宗教学科并不具备"观察、调查和试验"等科学特征,属于与科学不同的求知途径。各种求知途径都有其特色,有其优点和弱点,有其适用和不适用之处,科学也不例外。

人类知识能够一代一代积累并延续下去,不断地有所发现、有所进展,社会条件固然重要,然而,归根结底是靠作为思维主体的个人求知过程来实现的。求知是个人对于事物间的关联作出的主观判断过程。取得众多共识的这类判断,便形成人们共享的知识。个人求知,总的说来有两种途径:一是认同别人的知识,二是直接观察体验。个人知识的绝大部分来自对别人知识的认同。譬如说,地球是椭圆形的,地球是属于太阳系的一颗行星,拉丁美洲国家通行西班牙语等知识,都是从地理教师或教材中获知的。在人们日常生活中,衣、食、住、行的安排,生、老、病、死的料理,所依赖的知识也大多听信别人。在人类社会中听信别人和获取前人的知识是人们生活所必需的。当然,这些并不排斥个人直接经历、观察和感受到的知识。孩提时期如遭受水、火烫伤,便懂得水、火会伤人。这些间接和直接的求知途径可细分为以下几种。

1. 因袭方法

人们有许多共识和约定俗成的说法,如冬小麦的秋播夏收,稻谷的清明前插秧伏天收割,月晕生风、础润而雨等等,这些都是前人知识的积累。人们只是接受它,极少去研究和验证。这种因袭是人类知识进展不可缺少的方式,任何一个人都是处于承上启下的继承地位来开发新知识的。

这种因袭方式的负面效应也很明显。首先,它有时会阻碍新知识的发现。如果你对某种事件或现象有新的与众不同的看法,便可能遭到众人的非议、排斥,以致你对于一些已有解释和结论的事件不愿再去探究其是非;其次,可能造成"谎言变真理"的后果。因袭意味着无需去核实。有些媒体的广告、宣传就是利用人们知识上的因袭,将谎言或谬误重复千百次,也可能暂时被人们当作正确事实而接受。而且,一旦形成"谎言变真理"的状况,要改变就很困难。

2. 权威法

人们的知识许多来自心目中的权威。像孩提时期的父母和幼儿园的老师,青少年时期所崇拜的教师或社会人物,有声誉的政治家、科学家、医学专家、教育家等,他们往往成为知识的来源。在日常生活中,当人们碰到迷惑不解或陌生的问题,总希望找一个熟悉此项事务和信得过的专家咨询或找一本有关的书籍来寻求答案。

人们往往自觉或不自觉地把求助权威看成是最有效、最令自己放心的求知方式。古人读圣贤书,现代人们学习各种理论、文章和语录,以及为了说明某个观点而引经据典,引用权威人士的话来求得支持。此时,人们对权威人士话语的来由和真伪则不加考察。在商业广告中,耐克球鞋由迈克尔·乔丹(Michael Jordan)出面宣传,护肤化妆品则邀请著名影星现身说法,都是利用人们相信权威知识的心理。

权威法求知是把双刃剑。它可以有效地向人们提供正确的知识起点,也可能会引向错误的求知方向。例如,人们在很长一段历史时期内曾接受地球是扁平的,宇宙以地球为中心的学说。人们通常把权威看成是智慧的化身,请他回答各种疑难问题。曾有人问,两个大小不同的球从塔顶下落,哪一个球将会先碰到地面?在现代科学奠基人伽利略(Galileo Galilei)和牛顿(Isaac Newton)之前,都是依据亚里士多德(Aristoteles)的理论来回答。亚里士多德认为世界由空气、水、火和土四要素组成,每个要素都按照该要素的特性运作,两个球都由"土"组成,当它们回落到地球时,其中较大的一个含有较多的"土"要素,因此落到地面自然要快些,得出大球比小球先落地的答案。尽管事实上错误,当时人们却相信它。

知识无涯,人生苦短,任何博学多才的智者所能掌握的知识总是有限的。个人已知的知识领域与未知的知识领域相比,犹如无垠宇宙中的一颗星斗而已,更何况人类还面临许多尚未发现的庞大的"必然王国"。可以说,任何个人过去、现在和将来都不得不求助某些领域的权威和专家,以求最快捷而有效地获取知识、解决疑难。人类知识的进展需要这些权威,关键在于要有适当的机制筛选出真正的权威。诺贝尔奖金多年的历史表明,这些物理、化学、经济学诺贝尔奖金获得者是真正的权威,推动了社会发展。如果筛选机制不当,靠人情关系或行贿拉票,将一批沽名钓誉、不学无术甚至宣扬"伪科学"的人捧为权威,那么将会贻害无穷。我们这一代人经历过"大树特树"权威的年代,体会到"大树特树"的巨大威力,但更体会到客观规律的无情。为了私利而靠权势人为造出的权威,迟早会被历史鉴别出来而遭到遗弃。当年教皇宣布伽利略的死刑,但伽利略仍然说"地球还在动"。人类知识宝库的构建要依靠这些真正的权威。

3. 常识法

常识是指人们根据以往经验和直接感受而取得的知识。人们凭常识可以处理日常生活和工作中碰到的种种问题。如何搭乘公共汽车、火车或飞机,如何拨打国际长途电话、收发电传和电子邮件,这都是属于常识范围内的一类知识。常识帮助人们对各种事物和现象作出判断并发现问题。按照常识,认为有相同兴趣和爱好的人容易汇集在一起,看到一群穿着怪异的年轻人汇集在一起,人们不会意外,"物以类聚"。如果有一位女运动员和一位书斋式的科学家结合的话,人们必然会认为是个特异事件而感到惊讶。

常识是很有价值的,人们凭借常识得以在社会中相互沟通和共同生活,常识是人们接受新知识的基础。然而,常识毕竟不够深刻,它没有经过严格和系统的证实,只是按照"众所周知"的观念来判别是非或合理与否,违反一般的习惯和做法就视为不合理。我们中国人讲量入为出,过日子的人总要有储蓄、积蓄,以备不测之需,甚至留给后代,从常识来看这是合理的。而美国人抱着"消费主义"观念,并不按省吃俭用多积蓄行事,我们看来难以接受,但并非别人就错了。人们有坐火车的经验才容易体会相对速度的概念,爱因斯坦(Albert Einstein)为了让人们懂得他提出的时间相对性的说法,只有举出人们常识范围内的事例:和漂亮的姑娘相处一小时,时间很快就过去了;夏天在太阳下站同样的时间,则感到时间漫长。现在有研究者声称,非线性动力学分析结果表明,健康心脏的动作模式是无规则的,而病态心脏的模式倒是有规则的。弗洛伊德(Sigmund Freud)理论认为,人的激励因素是潜在的,自己并不知道。这些理论与常识相悖,理解难度就较大。

常识既然是个人亲身经历所获取到的知识,那么,由于每个人所处的时空环境和阅历各不相同,所具备的常识也各异。使用信用卡及网上支付、网上购物、驾驶汽车,年轻人已成习惯,属于常识,然而对许多老年人来说却是有待学习、掌握的新知识。一般说来,年龄越大,阅历越多,常识越丰富。社会环境和教育方式影响个人常识的积累,例如对于儿童少年教育,我们重知识传授,重读书和课堂学习,家长常为子女学前时期能背诵《唐诗三百首》而自豪。西方国家则重常识教育,领小孩去博物馆、展览馆、公园,让孩子从观察和了解自然及社会的过程中长知识。

4. 科学方法

科学方法是通过系统观测而获取客观知识的方法。许多科学家都承认科学方法并非完美无缺,也不能不受限制地应用在各个领域,但它毕竟是对人类知识库的更新和拓展作出过最大贡献的一种求知方式。科学方法与其他求知方法比较起来有以下几个特点:

(1)客观性

科学方法以事实为依据,回答"如何"(how)和"为什么"(why),或者说"实然"的问题;研究的是"是非命题"(yes or no),而不回答"应然"(ought to)的问题,不去研究价值命题。事实命题非真即伪,有客观的衡量标准,而涉及价值的问题很难找到一个公认的衡量标准。对待同样的事实,每个人的评价可能都不一样,也不必强求一致。譬如政企分开的问题,有人从自身利益出发偏好政企不分,不情愿放弃由此带来的既得利益,这种偏好的选择不属于科学研究范围的事情。

科学家尽量在科学研究中排除价值和主观偏好的影响,然而,科学家并非没有偏好和价值观,他们也和其他人一样有自己的偏好。这些个人偏好和价值观念可能会导致错误的结论。排除个人偏好对观测结果的影响已成为科学方法的有机组成部分。例如,公布全部研究过程,使其他人能够评价所得出结论的过程是否合理,同时,让具有不同偏好和价值观的其他研究人员能够重复进行此项研究。如果能得出同样的结论,则说明此研究方法科学,未受个人主观影响。尽管如此,研究者的个人偏好和价值观毕竟难以和科学研究分割。研究者课题的选择就与个人的偏好及价值取向密切相关。H. 明兹伯格(Henry Mintzberg)幼年时看到他作为银行总裁的父亲整天忙忙碌碌,就怀着一种好奇心去探索银行总裁到底忙些什么事情,以致后来选择"管理者的工作性质"作为博士论文题目,并取得了卓越的成果。个人偏好和价值观总会浸透到科学研究的过程之中,但整个科学研究方法和过程却要避免和减少主观的不利影响。

(2)实证性

实证性意味着科学建立在直接观测现实世界的基础上。科学家尽管离不开理论概括、推断、臆测等工作,但必须观测现实世界以弄清这些概括、推断或臆测是否符合事实。科学要依靠可以由实践检验的信息,使不同的人在不同的地点和不同的时间运用同样的方法可得出一样的结论。前述两个小球孰先落地的问题,伽利略用试验手段代替了权威求知方法。为了进行试验,他自己发明并制造了望远镜、温度计,改进了显微镜和钟摆式计时器。这些试验装置齐备后,人们都可以利用它进行试验,试验证明落地先后和落体本身的重量无关,在真空中羽毛和铜球同时落地。伽利略的这种试验标志着以观测和试验为基础的现代科学诞生。显然,能够经受科学审察的领域和问题是有限的,而大量的不能通过观测解决和验证的问题都不属于科学范围。例如,上帝和灵魂是否存在,或者某种职业应树立怎样的价值观,这些问题无法通过观测来判断真伪,都不是科学而是信念和偏好问题。

(3)规范性

规范性指科学家进行研究的程序和步骤都是有序、清晰和结构化的,并能为其他科学研究人员了解。这有两重含义:一是研究者能用文字和语言清楚地表述所取得研究结果的全过程,使得其他研究人员可据此判断获取的观测数据和分析结果以及导出的结论是否可靠;二是指研究结果的可重复性(repeatable),多次验证可得出同样结果,以及再生性(re-producible),即其他人能应用相同的程序和方法得出同样的结果。科学家都非常注意鉴别根据一次直接观测所得出结论的正确性,事实上,这种结论的正确概率和不正确概率可看成相等。有个故事讲,亚里士多德有一天抓住了一只苍蝇,仔细地反复数它有几条腿,然后声称苍蝇有五条腿,其他人也未提任何疑问,这个结论也曾被人们接受多年。然而,亚里士多德抓住的恰恰是只断了一条腿的苍蝇。所以,只有重复地在不同情境下观测才能减少这类错误。

(4)概括性(共性)

研究者观测事实总是在有限的空间和时间以及一定的环境下进行的,然而科学研究结果往往只有更广泛的范围适用才体现出价值,研究结果的共性越大,其价值也越大。

从思维角度来说,科学求知方法侧重以语言、文字为媒体的逻辑思维,概念则是逻辑思维的细胞。单独的、一次性的事件通常无研究价值,不能成为科学研究的主题,科学研究要求探索事物的普遍规律,重在共性。这并非说,科学方法的逻辑思维可以撇开个别事件,而是说要研究寓于各种个别事件之中的共性。离开对个别事件的观测和研究就谈不上新发现。哲学家殷海光用逻辑学中的同一律来说明科学研究中共性和个性的关系。

同一律表达为 A 是 A。现实生活中，即"孔子是孔子"、"教师是教师"，这样很简单的概念，似乎简单到不值得一提。然而，同一律又是一个必不可少的概念。严格说来世界上的每一事物和事件只与自己同一，而不与别的东西同一。同是肝炎患者会有不同的症状和特点，千人千面，找不出相同的人来，双胞胎都还能发现差异。那么，任何事物只有个性，同一的概念还有何用？同一概念如果无用，同一律也无用。要回答这个问题可看下面三个语句：

a. 孔子＝孔子。

b. 孔子＝孔明。

c. 孔子＝孔仲尼。

第一个语句为真，但这种说法显然无意义。第二个命题提供了错误信息，属于假的语句，须消除。第三个语句告诉正确的事实，有意义。它表达了同一的概念，即不是自身而和自身相同，并且又非微不足道，既真又有用。

第三个语句联系着两个不同的名词，告诉人们一种情形或事态。孔子和孔仲尼所指的是同一对象，虽是两个名词，但包含同一概念。两个语句的词必须不同，这个语句才有存在的意义。所谓这些不同的名词是同一的，并非指名词自身同一，而是这两个名词所指的是同一事物，都是指春秋战国时期生于山东曲阜的那位思想家。所以说，同一是对不同语句间的同一属性而言，如果人类的语言为了对世上事物描述万分完备，让每一物只有一名，并且每一名只表述一物，那么反映同一概念的语句便是多余的了。但是这样的语言难以想象，如每个肝病患者的病症都要用一个专有名词来表示，那么人们无法沟通，更无研究可谈。

古希腊哲学家赫拉克利图斯（Heraclitus）说过："你不能把脚浸入同一河水中两次，因为，当你第二次把脚伸入河水中时，河中的水已是不同的水了。"事实上，谁都承认可将脚浸入同一河水两次，尽管每次的水不同，可是河还是那条河，一分钟前浸入嘉陵江，一分钟后还是浸入嘉陵江，水分子已不同，但并不妨碍称之曰嘉陵江水。一个名词所指的事物发生若干变化，如不足以搅乱整个事物与名词自身的同一，便不能使其原名失效。

科学研究要将具有同一属性的不同事物事态作为研究对象,有的事物之间的同一性显而易见,有的似乎风马牛不相及。科学研究的想象力和创新性往往在于,发现原先未曾注意到的各种差异事物和现象之间的同一属性及两者之间的关联。如一个多世纪前人们就提出太阳黑子和商业周期之间的联系,当时被视为奇谈怪论,而现在已有不少论文解释两者之间的因果链。

科学方法还有一些特点,如简练性(parsimony)。对同一种现象或行为有多种解释或者同样的结果可以用不同的推断方法,科学家总是选择最简练的、前提条件最少的一种解释或方法。不过前述四个特点已足以将科学方法与其他求知方法区别开来。

5. 思辨法

科学方法可以说是最精确的求知方法,然而,涉及人的价值观和偏好的领域以及发现新知识的过程,以逻辑思维为主的科学方法迄今为止还往往难以为力,只能仰仗于运用直觉判断和个人洞察力获取知识的思辨法。且不说艺术、音乐、管理等这些涉及人生意义的学科,即使自然科学领域,科学家也离不开思辨方法。爱因斯坦在一封信中写道,"无论是在写作的时候,还是在论述的时候,所使用的单词或语言对于我正在进行的思维活动几乎不起丝毫作用,作为思维元素的心理实体只是某些符号以及时而清楚、时而模糊的意象,它们可以'自愿地再生和复合'","对我来说,上面所说的思维元素是形象的,并在这种思维过程中,往往还伴随着一些无意识动作。只有当这种思维的前因后果已为我完全确定并能再现的时候,我才去努力寻找表达思想的语言或符号"。

爱因斯坦把上述以形象为思维元素并伴随无意识动作的思维过程归之为第一阶段思维,然后才是第二阶段的逻辑思维,将前一阶段含糊的思维过程,"用语言或其他符号清楚地、合乎逻辑地表达出来"。爱因斯坦所指的第一阶段思维可以理解为直感思维。

还有些科学家描述了类似的模糊思维过程。法国数学家庞加莱(Henry Poincare)说:"一天晚上,不同于往常的习惯,我喝了浓咖啡,因而辗转反复,难以入眠,众多思绪蜂拥而至,我感到它们在不断地冲突和碰撞……直至最后,它们一一相连,形成了一个稳定的组合体。"高斯(Carl Friedrich Gauss)曾描述他的一个奇妙的经历:"有一个花费了好几年没有证明出来的算术定理,但在两天前,我突然证出来了,这简直不是我自己努力的结果,而是由于上帝的恩赐。如同一个闪电那样突然出现在我脑海中,而且问题就这样解决了,我自己也说不清现在这种思路与以前我所认为颇有成功希望的想法之间究竟存在什么联系。”

思辨方法的特征和科学方法恰好相反,不强调客观性和实证性,所得结论不必建立在直接观测和经验基础之上,也不用服从所谓规范,对结果和实际事实之间的许多中间层次,研究者自己也说不清楚,无法清晰表达思考的过程和步骤。这些特点带来思辨结果的歧义性和不可检验性。因此,思辨方法和科学方法的功能也就不同。

二、科学研究

1. 科学研究及思辨研究

人们求得的知识可划分为两大类:一类是学习,掌握现有的知识;另一类是发现和探索新的知识。各级学校的教学以传授已有知识为主,而研究机构则以探索新知识为主,两者相互联系和依存。现有知识是研究的基础,研究则是新知识的源泉。

科学研究是最精确的新知识获取方法,思辨研究则是与“科学研究”相抗衡的新知识探索方法。

研究是获取新知识的过程,从实用角度也可理解为在发现、辨识、解释或解决问题的过程中获取新知识。科学研究则是在获取新知识的过程中运用科学方法。各种类型的求知方法中,以客观、实证和规范为特征的科学研究方法是获取新知识的最精确方法。然而,其他的求知方式特别是主观思辨方法同样可以获取新知识,其重要性并不亚于科学研究。科学研究和思辨研究各有所长,各有局限,相辅相成,但不能相互替代。“爱因斯坦认为‘科学家的工作可分为两步:第一步是发现公理;第二步是从公理推出结论’。哪一步更难些呢? 他认为,如果科研人员在学生时代已经得到很好的基本理论、推理和数学训练,那么他在第二步时,只要有‘相当勤奋和聪明,就一定能够成功’。至于第一步,即要找出作为演绎出发点的公理,则具有完全不同的性质,这里没有一般的方法”①。体现原创能力的公理的发现,只能依靠研究者的洞察力和直觉判断。科学还不

---

① 王梓坤.科学发现纵横谈.北京:中华书局,1998.

能将公理发现的过程纳入规范的科学方法体系中,因此,在这方面主观思辨的方法起着决定性作用。科学方法研究的对象,要求具有可直接测量和重复出现等特性,自然现象可符合此要求,而无法直接观察的、非重复出现的社会文化现象却不行。所以,可以进行历史研究、文学研究、音乐研究,但此类研究无法冠以历史科学研究或文学、音乐科学研究。

无论如何,科学研究由于它的精确和有效性,在人类认识和改造自然界的过程中作用辉煌,受到人们的推崇。研究和科学几乎难以分割,"科研所"、"科研成果"、"科研人员",把科学和研究简化成一个名词。其实,"研究人员"比科研人员的含义更确切些,文学研究所的研究人员称作科学研究人员就不合适。

能与科学研究相抗衡的是思辨研究。如果将物质世界划分为客观的自然世界和主观的社会世界,长期以来,科学主要是把客观的自然现象作为研究领域,而在主观的社会世界中,人们的行为、人生意义等社会文化现象,则主要靠思辨即直观的研究方法。不过,两种研究方法取得的进展,却相差甚远。美国麻省理工学院教授、系统动态学创始人富勒斯特(J. W. Forrest)曾说过:"如古希腊人重返地球,看到汽车、飞机、电话、计算机、核电站等将瞠目结舌,当惊世界殊。"然而,看到当今人们对人生哲理、社会管理思想的阐述却不会感到陌生,苏格拉底(Socrates)、柏拉图(Platon)和亚里士多德的智慧和思想仍然熠熠生辉。科学研究对于人类物质文明建设已起到"日月换新天"的作用,而思辨研究在精神文明建设中的成就却逊色得多。从学科角度来说,与科学研究相应的自然科学成果辉煌、发展迅速,而与思辨研究相应的人文学科相对来说却进展甚微。

至于什么是人文科学,这里引用林毓生教授的一段话。他认为:"什么是'人文'?许多人都没有弄清楚,甚至把'人文学科'(humanities)叫做人文科学,好像不加'科学'两个字就不觉得这种学问值得研究似的。""事实上,'人文学科'和'科学'是有很大区别的",原因是"我们是'人'而不是机器"。因为是"人",所以要肯定人的价值,找寻人的意义。可是用什么办法来找寻人的意义,用什么办法来说明"人"的意义呢?这是"人文学科"所关心的问题,这种问题是无法用科学方法或是社会科学来解答的,虽然社会科学的成果可以作为"人文学科"工作人员的参考。社会科学也与人有关系,但是观察点不一样。"社会科学所关心的是人的社会,是关心人际关系的一种学问,是要了解一群人集合在一起的时候,在什么规律、什么秩序下,大家容易生活在一起;在什么情况下,不容易产生秩序,大家不容易生活在一起。这种学问与追寻人生意义的学问或创造活动是非常不同的。"

社会科学所关心的是人类活动的功能(function)与功效(effect),并不涉及人类活动本身的意义。而哲学、文学、宗教、艺术(包括音乐、舞蹈、雕刻、绘画等)等才是与找寻人生意义有密切关系的人文学科。

人文学科与社会科学在研究或创作的时候,其基本意图是不同的。人文学科最关注的是具体的特殊性,而不是普遍的共性,通过特殊性来体验人生的意义和悲欢离合。爱情涉及人生的意义,许多小说都是在探讨爱情,然而《红楼梦》《红与黑》《梁山伯与祝英台》等这些爱情作品都是特殊而具体的。人们用什么办法追求这种特殊性呢? 不能像自然科学家那样通过反复测量同一试验对象而核实观测结果。人文学科采用的是思辨方法,研究者必须首先体察行动者的主观思想状态,并依靠自己的直觉或理解对研究对象的行为作出判断。

2. 研究方法论"钟情"于科学研究

尽管思辨研究重要和不可替代,研究方法论却"钟情"于科学研究,研究方法论旨在总结出有成效研究所遵守的规范和具有的路径及主要环节,让研究人员,特别是初步涉足管理领域的研究人员可以参照以往成功的经验,少走弯路。这与科学研究的特征是一致的。研究方法论总是企图将研究工作纳入清晰的、可观测的、能重复进行的科学方法和科学研究的轨道。然而,管理学科由于本身的特点,管理领域的新发现又不是科学方法完全能"包办"的。问题的发现、构思,在自然科学领域中正如爱因斯坦所说都离不开主观思辨,至于涉及人的行为和活动的管理学科更是如此。例如,研究企业家成功之道或企业成功的发展战略,就有赖于对研究对象具体个性和特殊性的体察以及研究者本人的洞察力和直观判断,研究结果可以让读者从中得到启迪,但无法像做实验那样由其他人重新再实现一次。企业家、企业主管成功之道往往只能意会不能言传,甚至成功者本人都说不清楚。方法论的本意是让这些原本属于思辨过程的内容能用科学方法表达清楚,形成知识,让人类共享。但一旦能用科学方法阐述清楚,主观思辨的精华便告丧失,原本属于思辨方法的领域便该让位给科学方法,这是一种悖论。可以说,科学研究总是企图"蚕食"思辨研究的领域,而且总会取得成效。科学研究领域不断扩大,但无论如何不会最终取代思辨研究,计算机与象棋大师对弈就是两者关系很好的说明。方法论也是一样,希望规范研究全过程,实际上只能包括研究工作中的一部分或大部分,而不能囊括所有环节,如发现问题和提出研究假设这样关键的环节,方法论就难以提出科学规范。方法论本身要不断发展,将原本属于直观判断的个人研究工作经验总结出规范来,使人们共享的研究工作知识越来越多。

3. 社会科学研究

社会科学是和管理学科联系密切的知识领域。社会科学各分支原本属于人文学科,只是近几十年才汇集在"社会科学"名称之下。社会科学研究的对象是由人类组成的社会,不仅包括人类加工过的物质生活条件,还包括注入了人类主观意志的社会构件,如社会制度、社会关系、社会组织和社会机构等。社会科学的形成与发展受到自然科学的鼓舞,人们考虑,既然自然科学运用"科学方法"去研究取得如此辉煌的成就,为什么不能尝试在社会及人类行为的研究中应用科学方法呢? 后来,人文学科的有些领域应用科学方法取得进展并从传统的人文学科中分化出来,形成新的学科分支,主要包括社会学、政治学、经济学和法律学等。

社会科学研究既然遵循科学方法进行研究,研究工作便要符合科学方法的基本特征,即:①实证性。社会科学理论须通过经验数据和资料的验证,理论要与数据和资料所显示的结果一致。为了使他人能够判断研究结果的真伪,研究者还须说明资料的来源及获取方法。②客观性。研究结果不因研究者本人的身份、观念而变,只要采取同样的方法便能得出同样的研究结果。③清晰性。社会科学对于清晰性的要求比自然科学显得更重要。因为社会科学使用的一些概念如"社会"、"文化"、"进步"等通常相当模糊,对于这些概念谁都知道,谁都有不同的理解,验证或论证结果的可重复性和再生性实现难度更大。

社会科学由人文学科脱胎而来,与自然科学相比,研究对象不同,研究方法上就具有不同于自然科学的特点。首先,所研究的现象差异大,不仅包括客观环境因素,还涉及个人心理和生理因素及人际关系等社会因素。社会现象很难像自然科学那样在控制外界环境和影响因素的条件下加以研究,很难采用严格的实验方法和精确的观测手段。自然科学家可以从一滴水或一个物体的研究中概括出普遍的定律,而社会科学家则不能通过一个人或一个组织的研究得出普遍适用的结论,这意味着社会科学需要抽取更多的样本,研究结果的推广范围较小。其次,社会科学研究更多地受到情境因素的影响,包括研究者的阶层地位、政治倾向、文化观念、宗教信仰、知识结构和时空环境等因素。最后,社会现象具有不确定性,各种偶然性因素多,社会科学不可能像自然科学那样作出长期预测。科学家能预测出日食出现的准确日期,却无法准确地预测近期政治事件或经济危机的爆发。在人类社会中不存在永恒的、普遍适用的社会定律,社会定律只适用于一定的历史时期和一定的社会条件。因此,社会科学理论的适用期较短,适用范围也有限。通俗说来,自然科学和社会科学之区别近似于人们常说的"硬"科学和"软"科学之分。

4. 逻辑思维和形象思维

思维方式基本上可概括为逻辑思维和形象思维两类,这一论断由于1981年诺贝尔(Alfred Nobel)奖金获得者斯佩里(R. W. Spanley)等的"两半脑思维分工"理论的出现而为愈来愈多的人们所接受,左半脑主以数字、文字、语言为媒体的逻辑思维,概念是逻辑思维的细胞。右半脑主以图像、形状和外貌为媒体的形象思维,心象则是形象思维的细胞。逻辑思维处理抽象的概念信息,形象思维则是处理具体的形象信息。科学研究是以逻辑思维为主,而思辨研究则是以形象思维为主。以思维方式为分类准则的话,科学研究和思辨研究两类已是完备集合,现在提出"管理研究"和类似的"经济研究"、"社会研究"等,则是以研究领域即学科作为分类准则来划分的,不同学科要求选择相适应的思维方式。自然科学显然需要科学研究,人文学科则属思辨研究。现用图1-1来说明,借用频谱的表述方式,一端是纯逻辑思维,即研究工作中全部运用逻辑思维,一

| 自然科学 | 社会科学 | 管理学科 | 人文学科 |

科学方法	思辨方法
逻辑	直觉
本体、情境分离	本体、情境交融
科学	艺术

图1-1　学科定位频谱

端是纯直觉思维。当然,学科发展都不会是严格的纯逻辑或纯直觉的研究,爱因斯坦研究物理学离不开形象思维,而创作"蒙娜丽莎"这样不朽艺术的达·芬奇(Leonardo da Vinci)也是一位自然科学家、工程师,他在地质学、物理学、生物学方面都提出了在当时具有创造性的见解。为便于说明问题,假定科学研究处于纯逻辑一端,而思辨研究处于纯直觉一端。对于各种知识领域或学科可以在此频谱中找到一定位置,自然科学研究方法显然和逻辑端相适应,而人文学科和直觉端相适应。

自然科学或社会科学中不同门类分支、不同研究内容或研究过程的不同阶段,对于两种研究方法有着不同的要求。如前所述,自然科学研究中的公理发现仍需要直觉思维。哲学属于人文学科,哲学中的科学哲学分支需要科学研究方法。经济学是否能成为一门科学一直有争论,重要的不在于给出是或否的答案,而要分辨经济学中哪些分支或内容和研究阶段适合应用科学方法,哪些迄今为止只能靠思辨方法。当然,不同学科科学研究和思辨研究的分量各不相同。图1-1的思维频谱将自然科学、人文学科、社会科学和管理学科从总体上作一比较,自然科学运用科学研究方法和逻辑思维的分量最重,人文学科运用思辨研究方法和直觉判断最多,它们相应位于频谱两端。社会科学可定位于靠近自然科学一侧,而下节将要讨论的管理研究则较接近人文学科。

第二节 管理研究

一、发展过程

管理研究的起源和社会科学研究一样,受到自然科学的启迪。管理学科的创建是以泰勒(Frederick Winslow Taylor)的科学管理为标志。泰勒以提高劳动生产率为目标,通过工时和动作研究制订出有科学依据的工人合理的工作量和合理化的操作方法,将劳动和休息时间、工具和作业环境更好地协调起来。例如,泰勒著名的铲铁试验,科学地确定一般工人每次铲铁的重量以9.5公斤(21磅)为最优,按此规范工作,每天完成的工作量最大。与泰勒同一时代的梅奥(George Elton Mayo)等人沿用科学试验的方法,在美国西屋电器公司霍桑工厂进行的工作条件、社会因素与生产效率关系的试验,得出社会和心理因素影响劳动生产率的结论,为行为科学研究奠定了基础。

二次世界大战前后相继出现的工业工程、运筹学、系统工程等学科，集中体现了科学方法在管理研究领域中运用的成果。工业工程探索人、设备、物流和作业环境之间的最优配合，得以获取最大的劳动生产率。运筹学的兴起则是在二战期间，最初由一些数学家和物理学家利用数学模型、优化技术来解决军事物资调配及军舰航行路线选择等问题，取得出人意料的成效。战后这些技术包括线性规划、统筹法等被广泛应用于企业的生产和存储管理中，国内外大学管理学院都设置了以运筹学为主的"管理科学"课程。运筹学后来朝理论方向发展，而它的实际应用成果逐渐形成了系统工程学科。不少自然科学和工程技术人员将以建模和优化为主的定量分析方法用于研究大型工程项目和社会经济系统问题，像20世纪70年代初的阿波罗登月工程的计划协调、交通运输规划、能源规划、土地和水利等资源利用规划以至宏观经济的预测、预警和控制等。系统工程方法在许多社会经济领域中的应用，已取得显著成效。

由于计算机技术和人工智能的发展，企业的计算机辅助管理不断地向纵深推进。计算机信息系统（MIS）、决策支持系统（DSS）、专家系统（ES）和企业资源系统（ERP）等都是为了向管理者提供清晰而规范的数据、信息和知识，以企业信息化促进科学管理，提高管理决策过程的效率和质量。

从操作合理化，工作的布置到工业工程、运筹学、系统工程和计算机辅助管理等，它们都是力图用自然科学研究的方法来研究管理问题，其研究过程和结果都力求符合客观性、实证性、规范性和共性这些科学方法的特点。

二战后半个世纪的实践表明，自然科学研究方法在管理领域中的应用已取得显著成效，但并非攻无不克。总的说来，从企业管理视角来看，操作层次应用最为成功，功能层次次之，决策层则收效不大。

管理研究旨在发现、辨识和解决管理领域中发生的各种问题。管理研究与自然科学、社会科学研究的区别，主要在于研究对象的不同，管理研究离不开人。作为自然科学研究对象的人是物质的人以及人的生理结构。作为经济学研究对象的人是抽象的经济人、消费者或供应者。社会科学所研究的是社会人、社会和群体中的一员。而作为管理学科研究对象的管理者和企业成员则是个性人，是生活在现实中有各自价值观念、偏好和感情的人,这就和艺术一样涉及寻求人生意义的问题。最先提出这种差异的学者当推诺贝尔奖金获得者 H. 西蒙(Herbert A. Simon)。他在《管理行为学》一书中论述了事实与价值的区别,指出事实命题是描述现实世界,价值命题是陈述人的偏好。科学命题都是事实命题,事实命题存在"是非问题",可以用实证办法证明其真或假,证明所描述的情况是否与现实相符合。价值命题则难以用科学方法去处理,不能用客观事实证明其是或非,不能以经验或推理证明其正确性,它只存在"应不应该"的问题,根据人的主观偏好予以确定,无实证的真实性。因此,他提出管理领域中决策的准则应以"满意"替代曾盛行一段时期的"最优"。这是个意义重大的命题,意味着管理研究中曾一度追求的客观最优值,应让位给最终由主观判定的满意值,揭示了管理学科中应用科学研究方法的局限性。像火箭发射这类复杂的工程技术问题,按模型计算或试验等科学研究方法得出的最优轨迹和最优控制方案,便可付诸实用。而管理领域中,像线性规划等模型算出的最优运输或车辆调配方案很少能直接应用,只能是"谋",辅助决策,决策者在考虑各种主客观因素并作出调整,待满意后再作"决断"。20 世纪八九十年代,我国企业引进制造资源计划(MRP - II)软件数以百计,耗资约 80 亿元,但真正能够按预期要求运行的却寥寥无几,究其原因不是由于计算机软件或硬件技术存在什么难以克服的问题,而主要是由于市场经营环境、企业组织结构和业务流程等与这些先进技术还不能充分融合,技术潜力难以发挥。所以人们感叹,即使像这类先进技术的研究开发、传播和运用,要取得成功也是三分技术七分管理,人的因素十分重要。

"决策科学化"和"管理科学化"等口号的提出都有针对性和时代背景。20 世纪 80 年代的决策科学化是针对长官意志、主观随意拍板造成建设中不少决策失误而提出的,已经起到而且会继续起积极作用。但从学术研究角度来说,要看清它的适用性,随意延伸便会出现谬误。例如提出"领导科学",这个命名的正确性就值得怀疑。当好领导,用好人,不可能有千篇一律的规范、清晰的做法和程序。高层管理者决策基本上还是依靠直觉判断和抉择。管理者决策的程序和方法,仍然紧紧地锁在他的脑海里,而且很可能连他自己都说不清楚。人们还无法将一位高明的企业领导者的决策过程,经过科学分析后编成计算机程序加以推广。如果真的能做到这点,那人人都可以当领导,依规范程序如法炮制,无须考察一个人的领导能力和素质。显然,这一点现在不行,今后永远也做不到。

从另一方面看,管理研究毕竟受到了社会科学发展的鼓舞,适合用科学方法从事研究的管理问题和领域应尽量纳入科学研究的轨道。如组织理论、行为科学、企业文化,还有一些和经济学密切相关的学科分支,如企业治理结构、企业财务、营销学等通过科学研究都取得了一系列成果。

"管理是一门科学,又是一门艺术",这个常见诸文献的命题实属正确的说法。在西方各大学的管理学术界中用词还是比较精确。管理科学(management science)指的是运筹学、应用统计,有的加上管理信息系统等这些具有科学方法特征的内容,而整个管理知识领域则称为管理学科(management studies,business studies,business administration studies)。

二、两个难点

由于引入"人"的因素,管理研究面临两个难点,即高层管理者的形象思维和管理情境,这使得逻辑思维受阻,导致科学研究在管理学科中应用的局限性。

1. 管理者的形象思维

形象思维或称直觉思维。从思维对象来看,用"形象"较为贴切。从思维主体来看,用"直觉"较为准确。"形,见也。""形而上者谓之道,形而下者谓之器",即看不见的是道,看得见的是器。"象,效也。""象"是模仿外物形状使之相像。"现象"指主观对客观事物的感知。然而,人们所感知的有形、有象的外物,并非都是客观世界和生活中的原型,而是经过主观选择和加工后,形成"心象"储存于大脑记忆中。

具体的形象信息有三个特点,得以和抽象的概念信息相区别。第一,个别性。形象的感知只能是诉诸人的感官所接触的个别事物。概念是抽象的,无形无象。如"人"的概念,除了知道是两脚直立的动物,会劳动、能思维这些共同属性外,感不到有个具体的人;而形象则与概念相反,有形有象,如张某、李某,看得见,能交谈,感觉上可以把握。对于"职工积极性高"这个估计,领导者可以按逻辑思维方式,通过各种统计指标、报表、文件和分析报告作出判断,而按形象思维方式,则要从一个个具体形象得出,如某人处理紧急事态化危为安的场面,某人主动反映情况提建议的神态,某人聚精会神工作的情景等。第二,细节性。人和事物的个别性体现在细节的差异上,"千人千面"。优秀的艺术作品靠细节来表达人物的个性和刻画主题。《水浒传》中 108 条好汉各具特色,从语言和举止的细节上,读者便可识别他们。刑事案件侦破必从指纹、鞋印、毛发等痕迹入手寻找证据,采用辨识声音和气味的新技术破案,也都靠细节。管理者总是从下属的言谈举止来判断其才能、品德和性格,通过察言观色来估计谈判对手的意图。第三,生动性。形象信息与数据、统计指标和书面报告相比,更能反映时间顺序和空间背景,可以同时提供姿势、表情、脸色、音色、语调和语速等体态的辅助信息,这些都是作出正确判断的必要条件。例如,"我好恨你"这个话语,视时空背景和谈话人的体态等辅助信息的不同,可理解为真恨或只是一种遗憾和诚恳的期待甚至是表达深切的爱。有时,"此时无声胜有声",不说话甚至可表达一种说话都难以表达的信息。形象信息的生动性体现它有较强的"全息性"。

形象信息的个别性、细节性和生动性这些特点和管理者工作的性质十分合拍,而且可以说,管理者只有依靠形象信息才能有效地完成本职工作。

首先,在信息方面,管理者欲有效和及时掌握必要的信息,极其需要口语信息。从交谈、讨论、聊天等各种形式的沟通中,将对方的口语内容连同那些具体生动的辅助信息一并存储在脑海里。这样才能对对方在谈话中语言的含意作出正确判断,分辨对方谈话出于诚意,或言不由衷、口是心非,或有难言之处,或话中有话,从而分辨出事态的轻重缓急程度。当需要作出判断和决策之际,脑海中这些丰富的形象信息便能立即浮现出来,形成一幅描述问题的整体图像。数字、报表、报告等书面信息,尽管从管理规范角度来看是必要的,但书面信息抽象、枯燥,容易遗忘,时空背景来龙去脉难以交代清楚,容易引起错误理解或各取所需。形象信息的重要性决不会因为"信息社会"的来临而改变,也不会因为有了计算机信息系统而失去作用。

有些主管部门为评估企业管理状况而设计了详细的考核标准,按照几十、几百个条款去比较实际情况和标准的差距,然后打分评定成绩和等级。然而企业现场形象的某个细节可能打破几百个评估问题得出的结论。例如,某食品厂厂长在陪同商谈合作的外商参观过程中随地吐痰,外商以此判断该厂食品卫生条件达不到标准而未签协议。形象信息最具说服力。

其次,在用人方面,管理者要"知人善任",离不开对部属形象的了解。

录用一个重要岗位的工作人员,绝不会未经面谈单凭文字介绍就作出决定。香港金利来公司董事长曾宪梓在招聘一名负责总务的部门经理时,面试前故意将碎纸片撒在通道上,并将扫帚置于一旁,如应试者熟视无睹昂首而过,则立即被淘汰。实际形象比语言表述更能说明问题。晋升一位下属人员也必然要经过一段时间共事,从其处事细节和实际形象作出判断。

管理者自己的形象受到企业所有职工的关注。有成效的领导者会抓住每一个机会在工厂里转一转,接触员工,让人们看到他工作、谈吐和处理问题时的形象,让人们感到是在一个自己所熟悉、信赖得过的人领导下工作。有一种对"管理幅度"的误解,认为企业领导者只要接触几个人就行,因此要秘书挡驾,把领导和广大职工隔离开来,以便领导有安静环境考虑"大事"。显然,这样做的话,管理者就无法了解到职工们各种鲜活的形象信息,丧失了作出有效决策的信息源泉,而职工也无法对管理者的可信赖程度作出判断。

第三,在决策方面,管理者的决策离不开直观判断和抉择。管理者不可能按照规范程序和科学方法证明存在某种问题或机遇,如果只凭工程师的逻辑思维方式去从事企业管理活动的话,势必在寻求问题、把握时机、及时应变等方面束手无策。

美国企业家保罗·盖蒂(Pual Gatty)在《我的经营心得》一书中写道,"感觉、直觉、意愿和下决心的能力,这些都是超一流老板的特征,它不具学术性,不是从曲线上推导出来,也不是从迷惘的市场研究或电脑中找得出的","假如所有的决策都能缩减成一个等式,那商界将是多么忧郁,如果所有冒险都从商业界中剔除,那么商人不如去当公务员了"。

概括起来,管理者离开了形象、形象思维,他所得到的信息只能是间接、过时而且往往是不确切的;他无法做到"知人善任"和建立上下相互信赖的关系;他将贻误时机,难以做出开拓性的正确决策。可以看出,管理者离不开形象思维,发现、辨识和解决各种涉及管理者行为的管理问题,重在运用形象思维进行个性分析而难以用科学方法抽象出共性。

2. 管理情境

管理者直觉思维引发出的另一个阻碍科学方法运用的因素便是管理情境。

情境一词英文为"context"。用对应的英文词意来说明情境的概念可能更为清晰。"context"是由"text"一词冠以"con"这一前缀而构成。英文"text"指纺织的意思,所以纺织业的英文为"textile industry",汉译"text"为文本或本体,与原词意有所偏离。"textbook"指各种内容编织在一起的书,只能意译为教科书。"con"来自拉丁文"cum",是"同……一起"的意思。"context"的概念在语言学、文学、历史学研究中均受重视。语言学中有语义和语境之分,语义研究文句本身即着重"text",而语境即"context",则要求把握上下文和字里行间的含义,以至文句陈述的情景。文学研究中有"新批评"学派和"新历史主义"学派之分,前者要求仔细研读文本本身,认为"文本内在"的评论才是文学研究的正宗,而忽视作家的生活及作品产生的社会历史背景。新历史主义学派则反对此说,认为所有流传下来的文本只是对历史的一种表述,而表述和真实之间有无法逾越的距离,文本难免折射历史。研究者只有"重构"文本产生时的那种语境(context)才能追溯既往事实的存在①。

借鉴语言学、文史研究中"文本"和"语境"的概念,可看出管理研究与自然科学、工程技术研究的差异。自然科学和工程科学着重于"文本"或"本体",只研究系统(对象)的主体,按一定边界将本体和环境分离开来。力学使用隔离体的概念,本体系统和外界联系则用受力符号来表示。控制论用输入、输出和黑箱来描述一个系统,视输入为外部环境给系统施加的作用,着重研究以传递函数表示的系统本体特性。力学和控制系统研究都可以在试验室进行,在设定条件下得出的试验结果,基本上可与现实相符,即使像航空、航天飞行,都可根据试验结果,预先对火箭发射、运载工具的飞行轨迹作出精确的判断。控制论、系统论等运用于管理学科中,当前仍着重在探索系统本体和构造,将生产过程、企业、经济活动等作为一个系统看待,根据设定的输入和系统本体的模型推算输出变量,并按实际输出偏差施加调节手段和控制。其基本思路如图 1-2 所示。系统由输入(I)、处理(P)、输出(O)组成,系统本体和环境联系主要通过反馈环节(F)以求适应环境变化,整个系统处在环境 W 之中。输入变量视为外界给定,系统和处理(转换)模式一旦构造出来则固定不变,并可重复得出预期的输出结果。

管理系统要复杂得多,人们无法将系统本体和环境隔离处理。管理

① 刘皓明.关于"阅读";张宽.后时代的小时尚.读书,1994.9.

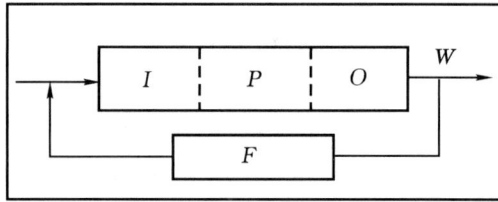

图 1-2　工程系统

I—输入；　P—处理；　O—输出；

F—反馈；　W—工作环境

离不开人的因素,决策者在自己的知识结构引导下,对系统主体的输出作出判断,而系统本体和决策者又总处在某种工作环境 W 之中。思维模式 S 和工作环境 W 的总和构成了所研究系统的管理情境 $C = S \bigcup W$,管理情境可理解为系统本体所处的主客观背景(图 1-3)。

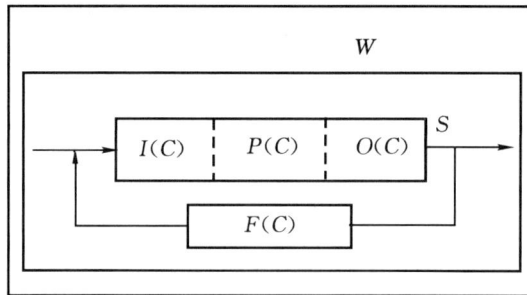

图 1-3　管理系统

I—输入；　P—处理；　O—输出；　F—反馈；　W—工作环境；

S—思维模式；　C—管理情境($S \bigcup W$)

　　自然科学和工程技术研究中也考虑客观背景和环境,在工程系统(图 1-2)中引入了环境因素 W。图 1-3 所示的管理系统除客观环境 W 外还要加入主观背景 S,亦即主体的知识结构(knowledge structure)或称思维模式(mental schema)。这个因素的介入从研究角度来说是非同小可的变化,使问题有了质的不同,解决问题的难度要大得多。正如前述,西蒙用"满意"替代"最优"准则,从此,客观和共性等这些科学方法所具备的特性便难以适用,而不得不尊重主观和个性等因素的作用。管理系统引入主体思维模式后,科学研究方法的运用也不可避免地受阻,工程系统即使考虑环境因素,系统的各个环节包括输入(I)、处理(P)、输出(O)和反馈(F)等变量取值也是独立于环境因素的。管理系统引入 S 反映了个性人所起的作用,意味着系统各个环节的变量都与主、客观背景(W,S)相关,无法与管理情境(C)隔离开来取值,都是情境(context)的函数,即有 $I(C),P(C),O(C)$ 和 $F(C)$,如图 1-3 所示。下面解释各环节变量和情境 C 相关的缘由。

(1) 输入变量(I)

在工程技术系统中视输入为外界给定。管理系统的输入,既有数据、报表、书面报告等抽象信息,又有经视觉、听觉等感受到的形象信息。从思维科学研究成果可知,人们在思维和判断过程中所接受到的输入信息,至少要经过两级过滤。第一级过滤主要由生理和心理的限制引起。例如,人们对于视野中同一刹那出现的信息,大约只能感受其中的 $1/70$,因此不能不对外界信息加以选择。既然要选择,管理者的知识结构便起作用,管理者往往只觉察到他已理解到的事物,听到他所喜欢听到的信息。来自金融、技术、销售等不同部门的管理者参观同一个企业会有不同的感受。第二级过滤则由于认知过程而引起。人们的短期记忆容量有限,按心理学家米勒(G. Miller)的研究,其限度为 7 ± 2 组块,这又要遗弃一批已感受到的信息。同时,每个人在接受外界信息后都须用自己特有的“代码”重构所获得的知识,并按自己所习惯的结构或规则进行存储和检索。换言之,各人都是带着各自的思维定势或框架审视周围的事件。对于同一事件、对象或系统,不同的管理者所接收和认定的输入信息都不一样。甚至对待同一个管理系统,选择什么作为输入变量,都是“仁者见仁,智者见智”,结果不一,判断者的思维构架 S,即情境因素在起作用。而工程技术系统的输入具备唯一性,如物流量为输入变量,则确定不变,主观背景不可能影响输入变量的选择和取值。

(2) 处理环节(P)

从工程技术系统看,处理环节由系统本体的特征决定。对于同一种生产设备(系统),输入同样原料应得出同样的产品,因为此设备的转换模式是固定的。但从管理角度来考虑却不然。如 20 世纪 70 年代初,上海一些工厂将最好的设备、最得力的管理人员内迁,仍生产同类的产品,一段时间后内迁厂的经营状况竟比不上余留设备和人力维持的原厂。从系统本体来说,"转换模式"不应变化,设备人员甚至更优,实际输出较差的缘由只能由内迁厂的自然条件和社会经济及人文环境等情境因素来解释了。自动控制理论可定量研究系统的传递函数和转换模式,运筹学和统计学等数学工具可用来构造企业的数学模型等,但都没有也难以考虑实际起作用的管理情境。

系统本体转换模式的权变性在管理领域中屡见不鲜。企业管理者为了申报奖励、接待来宾和汇报业绩,对于本企业作出一种描述;为了申请补贴、减免或补助项目,则企业又被描绘成是另一种类型;亏损企业的经理、厂长如处在改革开放初期的环境会如坐针毡,现在普遍亏损的情境下却泰然处之;在甲地鸡首自居、感觉良好的企业,如处于乙地,位于牛后,则会感到压力很大;一位企业领导者在创业阶段业绩辉煌,待发展壮大到成熟阶段时,却穷于应付,以致企业破产等等。同样的系统本体,其转换模式可多种多样,这在管理领域中随处可见,而对工程技术系统来说则令人难以理解。化工生产过程中某个反应炉的工况总是固定的,流量、压力、温度之间有一定的搭配,外界环境有干扰,但不能改变炉本身的转换模式。

古今中外的社会都有许多怀才不遇之呐喊。德国大哲学家康德(Immanuel Kant)长期评不上职称,47 岁才当上教授;另一位著名哲学家胡塞尔(Edmund Husserl)在 57 岁以前一直是没有职称的人,是个编外讲师[①]。人们可观察到,学校同届毕业生中,业务水平和工作能力最强的,日后事业上的成就和社会给予的评价并非一定就位踞前茅。系统本体的特性即个人才能并不能决定个人的事业前途。机遇、处境、人缘、时尚、个人追求等这些主客观背景因素都和本体的特性拎合在一起。事实上,社会给予个人的报酬(V)是个人能力(A)和情境(C)两个变量的函数:$V = f(A, C)$,两者缺一不可,这也许是客观法则。人们大可不必对事业有成、享有盛誉的昔日同窗同事不服气:"当年他的学习(工作)还不如我!""文革"期间,那些有才华的青年精力耗费在游行、"打派仗",而当代青年却享有截然不同的显示才华的好机遇,30 岁左右就可戴上教授、博士的桂冠,可以成为名扬中外的企业家、作家。人们也不必为此迷惑不解,更不必为评不上职称或得不到社会应有的评价而怀疑自己的能力。

---

① 周国平. 康德、胡塞尔和职称. 南方周末,1995.2.17.

个人才能的发挥离不开自己往往无法左右的情境因素。

在人事管理中,人们往往想设计一套科学的人才选拔指标体系,据此录用和晋升管理人员。当然,可以设计多达几十个指标来测评某个人的素质和能力,但无法科学地设计出他今后工作中所处的客观时空环境和主观思维模式,至今尚未见有哪位出色的管理者是靠科学的指标体系测评出来的。

（3）系统输出（O）

由于输入和转换都是情境的函数,因而输出也和情境密切关联。不仅如此,管理系统中,管理者往往凭主观愿望来判断输出,从系统输出的后果中选定自己所偏爱的一种。例如,某种事件发生后,持不同意见的双方都拍手叫好,认定它为自己的观点提供了支持的论据。对于一个企业、组织及个人业绩和能力的评价,众说纷纭则是常见的事。在规划、计划和政策分析等涉及对未来不确定环境的判断时,以愿望代替现实后果的情况就更多。20 世纪 90 年代初,有一年某经济主管部门提出通货膨胀控制在 10% 以内,尽管许多人认为做不到,但决策部门出于种种考虑仍在计划中坚持此目标数字,后来事实证明,决策部门的判断是错的。决策者有自己种种利害关系的考虑,科学分析难以改变主观的愿望。可见,研究管理系统不可能和决策者的价值观念、思维模式等这些意境分割开来。在现实生活中,刻意扶植和培育的重点项目、重点企业、优先行业和重点人才往往达不到预期的目的,而某些并不符合管理者初衷的项目、企业、行业和人才却脱颖而出。说明系统本体的转换模式往往偏离决策者的预期,管理情境对输出结果的差异影响甚大。

（4）系统反馈（F）

工程技术系统反馈是指靠仪表测量的实际输出值与预期目标值比较,然后按偏差施加控制动作。而管理系统的反馈离不开主观的判断,要靠管理者对原先决策的实施结果作出评价:合格或不合格,满意或不满意,成功或失败,并估计其强度。然而,人们接受的反馈信息结构总是不完全的,客观上难以完备地收集反馈所需的信息。如回顾人员录用标准的决策是否正确,反馈信息应该包括被淘汰人员中有多少事实上合格甚至优秀而被拒录的,但实际上,这些信息不可能收集齐全。同时,人们主观上往往倾向于接受正反馈,迎合原先判断和决策的信息,并逐渐形成对自己的决策过分自信。像 20 世纪 70 年代初有些人断言某省有足够的天然气资源可供沿海省份之需,尽管有许多负反馈意见和信息,但决策者坚持己见,启动输气管道等各项工程,结果造成众所周知的重大损失。可见人们在管理领域中接受负反馈信息是多么困难。另一方面,人们获得反馈信息后,记忆中的知识结构已经重组,事前费尽脑汁估计不到的事件,事后看来却认为它的出现是理所当然。回忆往事,常低估当时问题的复杂性和难度,把失败、错误原因归结到"一时糊涂"、"疏忽"、"经验不足"这些与事件发生因果联系较弱的因素,而不去下工夫再现当时事件所处的主客观情境,找出产生错误的真正原因。总之,管理系统的反馈过程始终和主观思维构架拧在一起。

研究人员或外部人员来观察企业,情况就更复杂。企业是一个投入产出系统,可用上述输入、转换、输出和反馈诸环节来描绘,企业的状况、绩效和企业所处的客观环境 W_1 相关。企业主管(CEO)的思维模式 S_1 深刻影响他本人对于各环节变量的选择和取值,而所作出的选择,施加的控制行为无疑决定着企业的状况和绩效,这是图 1-4 左边框图的情况。

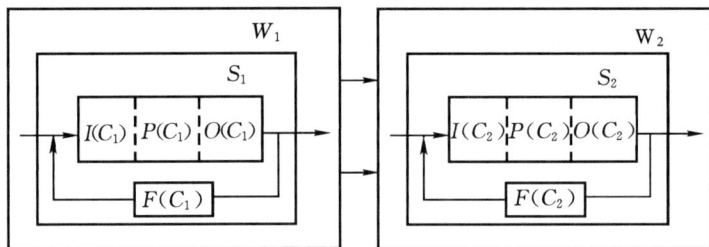

图 1-4　研究人员观察系统

设想来了一位外部观测者,这位观测者可以是政府部门来的视察官员、审核人员,可以是大学管理学院的教师或咨询机构的研究人员。这些外部观测者有自己的思维模式 S_2,所处的客观环境 W_2 也和企业主管不一样,是政府、大学或咨询机构。因此,关注的对象虽是同一个企业,而对各环节变量的选择和取值各不相同,图中分别用 $I(C_1)$,$P(C_1)$,$O(C_1)$,$F(C_1)$ 和 $I(C_2)$,$P(C_2)$,$O(C_2)$ 和 $F(C_2)$ 来表示。这就是说,企业主管和外来观测人员自觉或不自觉地按自己的思维模式和时空环境来诠释所观察的企业,构成各自的有关企业的"心象"。不同医生也可能对同一患者的病症作出不同的描绘和诊断,但可通过各种仪器和试验方法去科学地判断何种诊断正确,管理研究却缺乏这种科学手段。作为管理研究人员,如不采取"角色互换"的办法去体验和弄清所研究对象的情境,就很难切中要害地发现问题,作出正确的判断。然而,真要去了解并描绘清楚企业主管的思维模式和具体背景,然后作出符合实际的判断,这种研究工作的难度很大,规范性、重复性和共性很差,这便是管理情境带来的难题。

综上所述,管理系统的输入、处理、输出和反馈都与主客观背景融为一体,难以像工程技术系统那样做到系统本体和环境在一定条件下隔离处理。系统本体和情境不可分,不研究情境难以探明管理系统的真谛。在管理领域中,每个研究对象、事件、系统本体都和特定的情境组合,千姿百态,具备独特的个性。而这正是艺术的特征。任何艺术作品,个性、特性愈鲜明,价值愈大。反之,数学、自然科学则讲求共性,概括层次愈高、愈抽象则价值愈大。管理学科的发展历程,从泰勒的科学管理到运筹学、系统工程等,各种现代管理理论基本上是遵循科学研究方法,用逻辑思维抽象出管理领域中的规则、模型、共性,所欠缺的是借鉴艺术研究的思路,从形象思维角度来研究管理系统中的个性、特征,以致迄今为止的管理理论和方法还回答不了许多管理现实问题,特别是高层管理者的决策行为。管理意境问题的探索可能有助于弥补管理理论与实践之间的差距。

3. 两个难点在决策理论发展过程中的体现

现代决策理论发展过程可以概括为三个阶段,每个阶段都产生各有特色的决策理论,后阶段的理论是针对前一阶段理论的不足而扩展起来的。然而多阶段形成的理论都相对独立,并非后者取代前者。这三阶段理论便是:理性决策理论(rational decision theory),行为决策理论(behavioral decision theory)和自然决策理论(naturalistic decision theory)。

理性决策理论的诞生以冯诺曼-摩根斯坦(John Neumann-O. Morgenstein)1944 年提出的效用值及其运算定理为标志。随后,萨维奇(Leonard J. Savage)建立了主观概率推断和贝叶斯统计决策方法,充实了理性决策的理论基础。20 世纪 60 年代,霍华德(R. A. Howard)和拉法(H. Raiffa)等在决策分析方面的研究成果,将此理论拓展到应用层面。

理性决策理论的出发点乃是运用科学方法来研究决策问题,要求研究过程具有清晰性和一致性,对决策中的问题、目标、约束条件和替代方案都能用文字或语言表达清楚,计算分析过程和结果可按一定规则重复进行,并符合逻辑一致性,不能前后矛盾。戴维斯(M. Davis)总结理性决策的三个特点:①从后果出发选择最优行动方案;②和管理情境无关

(context-free),只考虑管理者的现状而不管所经历的过程;③符合概率论的各种定律。

从 20 世纪 50 年代后期开始,有一批心理学家参与了决策行为的研究,他们从实证的视角去比较理性决策模型和人们实际的决策行为,不断发现这些模型在运用中出现的各种偏差。即使模型中最关键的因素也是这样,例如,人们从来没有,也不可能对事件的概率抱有清晰的概念,连某一事件的各种状态发生概率之和等于 1 这个最简单的规则,实际行为也难以遵守,埃尔斯伯格悖论(Ellsberg's paradox,1961)就说明了这种现象。模型的其他运算规则与人们的行为同样有许多差异。

此后,愈来愈多的心理学、社会学和人文学科的学者参与决策理论研究,审视理性决策理论与人们的实际决策行为的差异。爱德华兹(W. Edwards)发现,由于决策主体的认知错觉(cognitive illusion),引起直觉判断与期望效用值决策模型的偏差。特沃斯基(T. Tversky)和 2002 年诺贝尔经济学奖获得者卡纳曼(D. Kahneman)认为,没有一种决策理论既能满足规范的合理性,又能满足描述的精确性。规范模型所遵守的必要和充分条件,从描述模型的要求看却往往不真实,而理性决策模型属于规范研究。卡内基-梅斯大学的西蒙提出有限理性论,指出决策过程中主体的认知能力有限,企图去弄清所有可能的行动方案以及所有相关的决策信息,那是徒劳无益。因此,方案抉择的准则并非"最优"而是"满意"。西蒙从理论上论证决策过程中决策者的认知结构和价值观念的重要性,揭示出理性决策模型和人们的认知过程有系统的偏差,强调现实世界的问题通常都是松散耦合,决策者难以进行一次性的完整分析,采用序贯分析较为有效,而序贯分析要求决策者具有发现问题和辨识问题优先顺序的能力。

针对理性决策模型与实际行为相悖的现象,决策理论研究一方面沿着理性决策的轨道发展,包括对现有期望效用值理论的改进;另一方面则开拓行为决策理论的发展轨道,研究人们实际决策行为的机理。特沃斯基等总结的逐项消去规则(elimination by aspects)等启发式选择规则,卡纳曼及特沃斯基的前景理论(prospect theory)以及爱因荷姆(H. Einhorn)和诺高茨(R. Hogarth)的含糊模型(ambiguity model)是行为决策理论有代表性的成果。这些模型都着重描述人们从一组可行方案中选择满意方案的实际过程。行为决策理论在发现理论性决策模型偏差的基础上,建立描述实际决策行为的选择模型,并推进到应用层面,如在金融领域中应用,已形成行为金融学。

行为决策理论尽管是针对理性决策模型的不足而发展起来的,但仍然保留着理性决策的特色,忽视现实世界的情境(context)因素,还是在类似实验室的环境下进行决策过程设计。忽视现实世界决策者的认知结构,而站在专业人员的立场来替代实际决策者的直觉判断。因而,理性决策、行为决策模型的主要功能仍是方案选择。1989年,克莱因(G. Klein)等一批学者指出,由于上述缺陷,决策理论对现实世界决策问题的解释能力还很弱,与实际应用脱节,并提出了自然决策理论的概念。

自然决策理论与理性决策和行为决策的差别可以从以下四方面来比较:

① 决策主体的认知结构,亦即主体具备的先验知识。理性决策把它看成是一种难以处理的变量,尽量回避,或加以控制。自然决策则把它看作是研究的焦点,强调决策主体由于阅历形成的认识结构在决策过程中的重要性。

② 决策规则。理性决策规则围绕抉择(choice)而设置,回答"方案 A 是否是最优的后果(outcome)";自然决策规则则围绕匹配(matching)而设置,回答"方案 A 是否与情境 S 相匹配"。方案选择只能一次一个,即使出现多种方案时,决策者也是很快筛选掉其中的多数,而重点研究一个,最多两个,且作为比较之用。匹配则首要是判断方案和情境以及决策主体认知结构是否相适应,而不是只着眼于它相对的后果值。匹配可以包含定量分析,但更多的是描述性推理。

③ 情境因素。自然决策理论与理性决策的情境无关(context-free)不同,而以情境约束(context-bound)为出发点,认为决策过程一定是由决策者过去的阅历驱动,同时因时空环境不同而异。理性决策的效用值模型实际上只反映专家(分析人员)的思维,而专家都有各自的专业领域和认知结构。自然决策理论则探索决策者的认知结构和他所处的时空情境。

④ 面向过程或结果。理性决策面向输入输出(input-output orientation),重在选出最优(满意)方案以付诸实施。而自然决策面向过程,重在弄清实际决策主体的认知过程,描述决策者实际搜集哪些信息,怎样解释这些信息,应用什么样的决策规则,而不是应用理性决策的抽象分析模

型,力求决策更接近实际。

由上述差异可见,自然决策理论恰是从上述管理难点即决策者的认知结构和管理情境来填补理性决策的缺陷,使之更符合决策实际。从规范型转向描述型决策模型,从"情境无关"转向"情境约束"模型,从事实命题和价值命题分离,即从"实然"和"应然"分离转向两者结合。决策理论发展过程反映了完全采用科学方法来规范决策过程并不现实可行,无法将决策看成是客观的过程而撇开决策主体的思辨,无法把决策问题抽象成情境无关的共性问题,而要具体问题具体解决。自然决策理论的研究文章已有不少,但尚未形成一套清晰的类似期望值效用模型那样供人们普遍应用的科学方法。从科学方法的角度来看,这是让步,而从应用角度来看却又是向前推进,科学和思辨方法相互推动,促进了决策理论的发展,尽管还看不到尽头。

4. 管理研究性质的判断

管理研究如此依仗所研究的主体及其思维模式即知识结构,而思维模式又"千人千面",与艺术所看重的个人、个性相通。所以说,管理研究比社会科学研究更接近人文学科,思辨方法也有较多的用武之地。图1-1将管理学科定位在社会科学右端。当然,细分的话,操作层甚至有些管理层的问题都可以比社会科学较多地运用科学研究方法,而决策层管理和高层管理者行为研究则科学方法的成分较少。正如前述,思辨方法在管理研究中取得的进展甚微,科学技术和管理学科发展的反差,恰恰与科学和艺术发展的反差相呼应。

正因为存在这种反差,引发两种现象:一种是科学研究方法不断地往管理知识领域中延伸,谋求新的发现。这应该是好事,值得鼓励。朱学勤曾批评文化界忽视这种科学思维方法时指出:"文人的思维特征是瞧不起工匠式技术思维,有问题喜欢往上走,走向云端,引出一个统摄一切的本源,然后再俯瞰下来,向下作哲学的批判或文学的抒情。这种文学化的哲学或哲学化的文学,构成大陆人文学科的先验氛围,而不是经验氛围,使得这一行当中人的思维方法迟迟不能向下着陆,挣脱中古束缚;而工匠式的经验思维就比较笨拙,总是贴着地面步行,就事论事,局部问题局部解决,轻易不敢把很多不相关的问题搅在一个大局里,然后发一通宏观议论了事。"在管理博士论文的写作过程中,人文和社会科学背景的研究生容易出现这种问题。另一种现象是理工科大学师生容易产生的偏见,认为管理学科学术水平不高,没有那些深奥的逻辑推导和运算技术,容易学、容易懂。实际上,各个知识领域都有各自的特点和需求,自有其深奥和优美之处,都有许多尚待有志之士攀登的知识高峰。重要的是,明知科学研究方法不适用的场合却勉强去应用,那是资源浪费。例如,不满足于"满意"准则,一定要追求"最优",使用的方法再深奥也解决不了问题。自然科学研究方法由于其客观清晰性和精确性得到人们的厚爱,但不能强调过头。正像汪丁丁所指出的:"虽然中国没有出大科学家,但却盛行科学主义,20世纪以来形成了浓厚的科学主义传统,几乎所有搞自然科学的人都在试图把中国的社会进程当成洲际导弹、人造卫星来设计和控制,醉心于社会工程。为什么呢?因为他们不安分,不安于自己的职业本分,总想将他们熟悉的科学方法推广应用到整个社会领域,动辄设计出一次性改造整个社会的方案,总以为世人皆醉,唯我独醒。这种传统始自20世纪20年代丁文江等人的科学人生观,主张人生科学化。"

管理者的形象思维和管理情境给管理研究带来难点和特色。从方法论的角度看,可对管理研究的性质作出如下几点判断:

①管理研究须兼用科学方法和思辨方法,然而,管理研究方法论仍垂青于科学方法。科学研究将不断"蚕食"思辨研究的内容,不过管理领域中思辨研究将永远存在,管理研究中总有科学研究无法替代的内容。

管理研究的艺术性,使得管理领域中有些新发现只能依靠思辨方法。成功或失败的管理者传记,企业的兴衰史,个案的描述等都应该说是一种思辨研究的成果,就像文学艺术作品,通过对主人公遭遇的描写来揭示人生意义所在。人们从传记或个案的描写中得到启迪,领悟事业成功之道。然而,思辨方法毕竟主要依靠直感判断和主观的思维模式。思辨方式的极端表达便是禅宗的说法:"道,不可言,不可状,不可说,若言若状若说是伪道焉",任何反映左半脑思维的"语言、文字只不过是人为枷锁",只能靠意念来领会和传递那些原本不可表达和传递的东西。于是,个人的判断难以构成众人的共识,知识难以传授,无法进课堂,只能是靠先知者终生带一、两个徒弟,让他们亲身体察领悟。大钢琴家、提琴家等艺术家的弟子中,能深得真传的非常有限。靠"师徒"传授,人类共享的知识库积累就会很慢。管理研究毕竟旨在寻求人类共享的管理领域中的新知识,因此还要依靠众人能清晰理解的科学研究。

管理科学方法和思辨方法之间存在着转化关系。任何现象和问题一且能说清楚,用语言和文字表达出来就属于科学方法之列,目前只能用直觉判断和思辨法研究的问题,研究成功并解释清楚后可能就成为以逻辑思维表达的科学研究内容。直感思维判断可以转换为逻辑思维推理,明兹伯格在他的哈佛管理评论(HBR)获奖文章"Planning on Left Side, Managing on Right Side"中,举例说明这种转换。他说,当读到别人发表的一篇有价值的论文后,往往会感到这没有什么了不起,自己也有过类似的想法,只是没有把它用语言和文字表达出来而已,殊不知,一些思想"火花"或"感觉"转化为语言和文字表达的论文,正是以直觉判断为主的右半脑思维向左半脑逻辑思维过渡的过程,这应视为一种研究结果。如管理研究中,效用值理论将长期以来属于直觉决策的行为纳入规范分析轨道。认知心理学(cognition psychology,钱学森译为思维科学)用科学方式来研究直觉思维过程。管理计划调度专家的经验被总结成一些启发型判断规则。科学研究总是力图向目前还属于直觉思维、思辨方法的研究领域迈进。人工智能技术的发展已能使"深蓝"计算机与世界象棋大师对弈,说明对弈中某些直觉判断过程已经能清晰表达为逻辑程序。齐白石教晚辈画虾的要领中就包括"画一只虾要用 39 至 40 笔,画一只螃蟹 22 笔"①,竟将艺术创作总结到如此规范的程度。犹如社会科学将人文学科中的一些知识领域纳入到科学研究轨道,管理学科的一些知识领域同样可能纳入到科学研究轨道。当然,与计算机永远不能替代人一样,人的直觉思维的核心奥秘永远保持在人们的大脑中,出众的智者和天才永远存在,别人无法重复他们的思维。

②管理研究要分辨哪些管理学科的分支、内容和研究阶段适合应用科学方法,哪些适合思辨方法。

从企业操作层、管理层和决策层三个管理层次来看,操作层次的问题研究,采用科学方法的比重最大,如工业工程中的工作研究。管理层的生产、财务、质量、营销、研发以及人事等功能管理研究,科学方法也有充分用武之地,像各种生产计划及控制技术,ERP 系统以及各种故障诊断、业绩考核、人员测评系统的开发和应用等都是科学研究的成果。决策层的管理问题如战略形成和选择,投资和新产品开发等重大问题的决策过程以及用人之道、成功之道的研究,决策者的直觉判断则起决定性的作用。

---

① 齐作夫. 我记忆中的曾祖父齐白石. 作家文摘,1999.11.30

战略形成、制定和选择问题,学术界研究多年,大学也设立这方面的课程。以安索夫(H. I. Ansoff)为代表的规范学派追求规范的程序、步骤,用以形成、制定和选择企业发展战略,这种研究思路遭到明兹伯格学派的反对。明兹伯格认为,企业战略不可能用科学方法推理出来,只能靠决策者的洞察力和直觉判断,研究人员所能做的只是事后的总结。事实上,还的确没有发现哪一个成功企业的发展战略是靠科学方法求解出来的。领导用人之道只能称为艺术,换了一位主管必然会引起企业的许多变化,即使接任主管意欲按前任的做法来用人处事,事实上仍然会有变化,这是因为领导用人行为难以清晰、规范地概括出来。可见,采用科学方法来研究决策层的管理问题要慎重,别轻易花精力做那些"不安分"的研究。然而,从另一角度来看,这些目前以思辨研究为主的领域,正待科学研究去探索,是科学"蚕食"的对象,需要研究者"不安分"地去科学解释目前尚属于表述不清的个人判断。

从解决问题的过程来看,发现和提出问题以至形成假设都仰仗于直感判断,这几个环节属于创新性工作,方法论可以提出一些原则,但无法概括出规范的人人皆可遵循的程序。这一点不仅限于管理学科,社会科学和自然科学也都是如此。

③尽管管理研究方法论着重于讨论科学方法在管理领域中的应用,但思辨研究的结果无疑应属于管理研究的成果。

德鲁克(Peter. F. Drucker)的"有效管理者"等一系列管理著作,马斯洛(A. H. Maslow)关于人的不同层次需求的理论,西蒙的有限理性论和经济组织内部决策过程的论述等,有的对管理的历史实践经验作出概括,对发展前景作出预测,有的为管理研究提出公理和假设,有的开辟新的管理学科分支,这些著作都是管理学科的知识宝藏。然而,研究方法论还无法清晰地阐明这类著作创作的过程,可以说这些大都不是科学研究型的著作,没有甚至不可能用观测数据来证实他们所提出的观点,主要是靠著者个人洞察力和思辨研究取得的成果。

这类极有价值的创新成果的取得并非偶然。机会只给予有准备的人,也就是功底深厚的人,如西蒙在数学、计算机、科学心理学等领域都有很深的造诣。凭借思辨方法提出创新的管理思想和学说,需要丰富的研究工作经验和成果的积累,决非单凭个人智慧在书斋中冥思苦想就能够产生的。

管理研究方法论对于思辨研究无能为力,犹如艺术创作上不可能有一本严格"方法论"意义上的艺术方法论。现在有人企图建立规范写作方法,研究"小说创作"软件,并写出短篇小说,然而,这类可以批量出产的产品难以称得上"艺术"。人们只有通过对管理经典著作的阅读,才能领悟到这些学术前辈观察、思考和解释问题的奥秘;通过对企业家和管理者传记、回忆录的阅读,或者听他们的演讲,与他们交谈,才能领会到他们处理实际管理问题的艺术。与此同时,自身的思辨研究能力也许会在潜移默化中得到提高。

研究生的论文工作毕竟是平生进入研究和探索新知识阶段的开端,动辄要求博士论文原创性地提出一个新管理思想或学说,未免要求过高。采用科学方法进行研究,是打好研究基础的必由之路,只有如此,今后才可望在更高层次上进行原创性的思辨研究。

从有影响的英文管理学科学术期刊来看,其中大部分期刊主要刊登科学方法研究成果,即有实证的文章。有一部分期刊包括哈佛商业评论(HBR)偏重刊登有创新思路的思辨研究的文章。即使是这些文章,按照博士论文的要求来评审,由于缺乏实证而很可能不符合要求。

三、研究类型

管理领域的问题错综复杂,然而任何一个复杂的管理问题都可以从不同观察角度(perspectives)和不同层次(level)去研究,求得新的发现。探索新知识的视角和层次不同,研究方法便各具特色,这意味着管理研究可以归结成不同的类型。

1. 按研究层次分类

管理研究从研究对象的层次上说可分为微观层次和宏观层次。

微观层次的管理研究包括两个方面:一是指企业组织内部的各部分功能、关系以及本组织与外部组织关系的研究;二是指组织内部个人和群体的行为、人际关系及其与外界环境的相互作用。管理学科的发展从微观层次开始,20世纪初期科学管理先驱泰勒是一位工程师,研究对象属于操作层次。早期有关管理的研究多来自有成效的企业管理者,法约尔(Henry Fayol)是法国一个大型矿冶公司的总经理,他提出了至今仍然广为引用的管理五要素,即计划、组织、指挥、协调和控制,并提出了管理者应遵循的14点原则。20世纪30年代行为理论的倡导者巴纳德(Chester I. Barnard)是美国新泽西州贝尔电话公司的总裁,他认为企业是人们自觉协作活动的一个系统,其中最关键的要素是经理人员,强调沟通在取得合作过程中的重要性。明兹伯格提出管理者 10 种作用的理论也是从观测企业高层管理者的实际工作开始研究的。以德鲁克为代表的经验学派(或称经理主义学派),主要为大企业的经理提供企业管理经验和方法。行为学派赫茨伯格(Frederick Herzberg)提出的双激励因素理论,西蒙提出的管理决策理论,以及以布法(E. S. Buffa)等为代表的管理科学学派,用数学模型来描述和解答管理中的计划、组织、控制和决策等等问题,这些都是研究微观层次管理问题的成果。

宏观层次的管理研究是将企业组织放在社会整体中进行研究,从经济、技术发展和文化传统等角度来研究企业组织发展和管理者行为等问题,像泛文化(cross culture)管理、管理伦理和技术创新体系等研究。

尽管管理研究可以包含微观和宏观两个层次,但从管理学科发展历程来看,管理研究毕竟偏重在微观层次的研究,并且偏重在企业。

德鲁克在 20 世纪 90 年代的著作《非营利机构的经营之道》中,将社会分为三个部门。他写道:"不久以前,西方人士把社会一分为二,分为公共部门(public sector)和私人部门(private sector),前者即为政府而后者代表了商业界。现在我们不得不承认还有一个第三部门,我称之为社会部门(social sector),不过传统上我们在美国都称之为非营利部门(non-profit sector)。"非营利组织指学校、医院、博物馆、环境保护组织、学术性协会等等,这类组织随着社会进步也愈来愈多地提供社会服务和功能。德鲁克指出,三个部门的管理准则有根本性质的差别:商业界,企业的管理靠"利润动机"的驱使;政府,以照顾大多数民众利益为原则;社会部门,则是"使命"引导。德鲁克还特意介绍了社会部门管理准则的摸索过程,他说:"过去一个世纪以来有人曾提出了两种解决途径。第一种答案已达百年之久,认为可以把这些难题搬到市场上去解决,不过到了 20 世纪初期,这套法宝就不灵了。市场可说是整顿经济活动最佳的也是唯一的方式,可是应用到社会部门问题时就不能同日而语了。这正好说明了为什么从 1880 年开始,德国率先提出了福利国家的概念,从此有愈来愈多的社会部门问题都交给政府去处理解决。20 世纪出现的集权政府正是其矫枉过正的下场,于是第二套锦囊妙计也完全失效了,让政府来推动一切社会部门问题只会愈帮愈忙。"德鲁克创新地概括出像学校、医院等非营利组织的"管理"问题,不是靠"利润动机"的驱使,而是靠"使命"引导。学校不是企业,不能像商业那样套用商品买卖交易的法则,追求利润最大化。供应的既不是产品劳务,也非社会监护制度。它所做的贡献既非商品,也非法规,而是脱胎换骨后的个人(changed human being)。"非营利组织是点化人类的媒介,它们的'产品'是治愈的病患者,学到知识的小孩,不断成长成为自尊自重的年轻男女。总而言之,是焕然一新的人"。

雅可比斯(Jane Jacobs)于 78 岁(1994 年)发表在西方颇有影响的著作"存活系统——关于商业和政治道德基础的对话",她在书中认为动物存活的方式是"拿来"(taking),人类存活的方式除了"拿来"以外增加了"交换"(trading),而且是仅此两种基本方式。由于这两种存活方式,社会分成两大类或两个系统:商业系统(commercial syndrome)和监护系统(guardian syndrome)。商业系统按交换方式存活,其组成包括各种工商企业。监护系统按"拿来"方式存活,包括政府、军队等。两个系统都不可缺少,商业系统向每个社会成员提供物质财富,以纳税形式支持监护系统,而监护系统则对内防止腐败和权力滥用,对外则御敌,维护国家安全。

两个系统的成员对待同样一个问题或事件,往往会有截然不同的说法,雅可比斯拟出两个系统成员之间的对话来描述两者价值观念的差异。监护系统的人说:"贪利乃万恶之源",商业系统的人会回应说:"贪权乃万恶之源";监护系统的人注重公正分配(fair distribution),合理分配蛋糕,而商业系统的人则注重机会公正(fair opportunity),把蛋糕做大;前者欣赏肯尼迪说过的话:"不用问国家能为你做些什么,只要问你能为你的国家做什么",而后者则赞成"国家是为了人民而存在,这是社会契约",等等。这种观念上的差异无法避免,每个系统都须保持自身的特色和完整性,这样才可导致整个社会和谐。如果将两种存活方式的系统合并,结局倒是适得其反,造成畸形的混合。而且,不同的存活方式构成了两个系统不同的道德和价值系统。

从管理研究角度来体会德鲁克和雅可比斯的论述,有两点启示:

第一,尽管"管理"一词可广泛应用,企业管理、政府管理、大学管理都用同样的"管理"一词,但社会组成的这三个不同部门,其"管理"的理念、准则和方法却截然不同,不能相互替代,相互"窜用"。德鲁克从历史经验教训而雅可比斯从社会发展来阐明这种区分的重要性。管理学院或商学院的管理研究主要对象是商业界。

中文"管理"一词,在英文中却分 business,management,administration,可在不同场合下使用。business 指商业部门的经营管理,大学管理不会用 business 一词,政府管理也不会用 business 而用 administration。所以,政府管理人才培养在西方大学属公共管理、政治学科,企业管理人才培养则属管理学院。

第二,人们多年来所累积的经营管理知识和经验,主要来自营利性的企业,现有管理学科以及宏观、微观经济学的各种理论和方法都是以利润动机和利润绩效标准为出发点。非营利组织的管理问题只是在德鲁克 20 世纪 90 年代提出来后才受到学术界注意的。所以说,迄今为止的管理研究还偏重在企业。把现有的管理理论、方法跨部门地应用到政府和社会部门要特别慎重。

2. 按功能分类

管理研究按功能可分为基础研究和应用研究(applied research)。应用研究强调实用性,重现实效益,针对明确的问题展开研究;基础研究则不强调实际应用,往往着眼于长远效益,涉及问题也较广。基础研究旨在发现理论,而应用研究则是应用理论来解决实际问题。

基础研究是通过对管理现实问题的观察概括和抽象,探讨有关管理学科规律性的知识,对管理行为、机理和现象作出理论解释,证实或证伪现有理论并提出新的理论。像西蒙提出的有限理性论,认为管理者在决策中不可能将所有相关信息和备选方案都准备齐全,寻求最优解是不现实的,提出用满意解取代最优解的思路;明兹伯格在实地观测基础上提出管理者工作的 10 种职责和内容,比起法约尔对管理者职责的描绘更为深入和具体。马斯洛的人的需求层次论和赫茨伯格的双因素论则成为管理中激励机制设计的理论依据。基础研究通常注重收集和发现带有共性的信息而忽略一些个性的信息,不要求研究成果用来直接解决实际的管理问题。

应用研究则要求解决现实的管理问题,并为社会、某些组织或群体带来实际利益。绝大多数管理研究都属于应用研究一类。从企业需求来说,往往鼓励应用研究,希望知道"做什么(what)"和"怎么做(how)",而对"为什么(why)"即其中道理并不甚介意。应用研究注重实际功利,而基础研究注重总结管理行为的一般原理。

3. 按研究问题的客(主)观性分类

(1)描述型

按研究问题的客(主)观性,可得出如图 1-5 所示的分类,描述研究属于图左端研究问题客观性强的一种。描述研究（descriptive research，positive research）从观测事实出发，描述和识别现实中的现象和事件，回答是什么（what is）的问题。

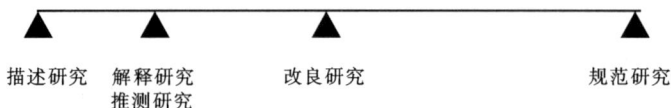

图 1-5 按研究问题客观性分类

（图中从左到右标注：描述研究；解释研究 推测研究；改良研究；规范研究）

明兹伯格采取工作日写实的方式，观测高层管理者每天的工作内容，观测结果提出了许多和书本所说的不一致的观点。他观测到的高层管理者的实际工作都是一些约会、求见、电话、回信等一些琐碎、多样和无连贯性的"琐事""小事"，而且工作没完没了；书本上所说管理工作是计划、组织、指挥、协调和控制，只是指所要达到的目标，而不是高层管理工作内容。有效管理者的领导方式主要是"经验型"，而不是强调由"经验型"向"科学型"过渡；管理者依靠口语、非正规和鲜活信息，而不是书面、正规和过时信息；注重全面而不是强调深入；等等。在此基础上概括出高层管理者工作中所担当的 10 种角色。用事实揭示高层管理者实际工作，有新发现新论点，从新的视角补充和发展现有管理理论，这就是出色的描述型研究成果。

上述研究工作结果是明兹伯格题为"管理者的工作"博士学位论文的内容，促使他进行这项研究的就是为了弄清"高层管理者每天忙忙碌碌到底在做些什么"这个疑问。研究生可以观察现实提出类似的疑问，找出有价值的论文题目。

描述型研究收集数据以检验有关研究对象状态的假设，它回答 who，what，where 和 how much 之类的问题，旨在将现象和事件描述和识别清楚。全国工业普查是一项描述型研究工作，可以弄清全国以及各省市自治区工业的组成及特征。市场调查也是属于这一类型，通常用来描述正在使用和将使用某种产品的人数、构成。最常见的一类描述型研究是个人或组织对某件事或某种政策的态度的估计，选举和制定政策前的民意测验就属于这类研究，研究所需数据主要来自问卷、访谈或现场观测。盖洛普（Gallup，George Horace）和兰德公司等这些咨询研究机构的工作内容多半属于描述型研究。

（2）解释型和推测型

解释型研究（explanation research）回答为什么（why）的问题,在描述清楚现象和事件以后深入探索现象和事件之间的关联。例如,工业普查可以了解到各城市企业盈亏状况、企业所有制结构等,弄清城市的亏损企业比重、非公有企业比例等状况,这是描述型研究的结果;进而探究形成这类比重、比例差异的原因以及条件则是解释型研究。因果研究和相关分析都属于解释型研究。

描述型和解释型研究的关系犹如医生看病的诊断过程,先通过各种检测仪器或望、闻、问、切将患者的各种症状了解清楚,然后再结合患者的病历和身体状况,分析各种症状间的关联,分清主次,对病症及发病原因作出诊断。描述是基础,解释是后续。解释过程中难免要掺杂主观判断,所以在图1-5中处于描述型研究右边。

描述型研究的重要性不次于解释型研究。目前,在研究生论文工作中有种轻视描述型研究的偏向,事情还没有弄清楚就要着手对各种因素作出取舍和主次划分,去构造理论框架、模型,于是出现依据不足、立论不可靠的弊病。同时,描述型研究的变量界定和度量工作的难度也比解释型研究要大。例如研究企业职工和主管之间,或企业职工和政府公务员之间收入的差异状况,收入的界定就很费斟酌:按年工资还是包括各种补贴和奖金,是否包括职务外收入和职务消费,个人投资和股票收入或个人另开企业的收入是否要算,等等,都要给出清晰的可操作的工作定义。有了工作定义,如何去观测收集这些收入数据就更困难,如果从财务部门和银行查不到,研究人员就要设计可行的调查方法。一旦调查清楚彼此的收入差距,后续的解释型研究,在变量定义和度量方面就不会碰到这些障碍。

探索因果关系或相关关系的解释型研究,需要事实和数据论据的支持,要有论证过程,论证过程最能锻炼研究基本功。所以博士学位论文属于解释型研究的比重较大。

推测型研究（predicative research）是在描述研究的基础上,判断今后或者其他情境下会出现怎样的后果或状况,如保险公司为了确定赔偿率,要调研以往事故发生率推测型研究涉及未来和其他情境,不确定性增加,难免带有主观性。

（3）规范型

规范型研究（normative research）回答"应该怎样"或"应然"的问题。

描述、解释型研究结果是作出"诊断",规范型研究则是做决策,采取行动。旨在对所诊断和研究的问题给出一个解决方案。例如,发现企业所有制结构不合理,规范型研究就要提出调整方案和办法。企业资源的分配、企业收入分配、激励机制的设计等问题的规范研究,意味着研究者要提出一个最满意的方案。所谓最满意,其评判准则是采用反映决策者主观满意程度的效用值(utility)。

具有理工科背景的研究生往往有偏爱规范型研究,轻视描述型研究的倾向。最优方案设计和问题求解过程中可能应用到他们所熟悉和喜爱的精巧的计算技术,以为只有这样才能反映学术水平,甚至希望别人提出问题,把变量都筛选完毕,自己只是建模和优化求解。当然,在建模和优化计算方面也有创新的空间,但从管理研究来说,阐明问题等属于描述、解释型的前期研究工作,更具创新性,而且是研究生在课堂学习中所缺乏,应该在论文工作过程中得到锻炼的研究能力。明兹伯格曾说过,对于所有企业而言,都不存在一种最优的管理之道(there is no one best way in management),没有一种通用"药方"。即使有某种"药方"能在某些情境(context)下有成效地应用,也得弄清楚这些情境和"药方"匹配而起作用的过程,生搬硬套到别的情境下可能会出问题。换言之,现代企业面临复杂的内外部环境问题,研究人员如不真正了解企业实际如何运行,就无法回答企业应当(should be)如何工作的问题。工程专业的学生不会提出下述追究规范型答案的问题:"知道原子的构成和运动轨迹当然好,然而原子到底应该有怎样的构成和运动轨迹?"原子不会因为主观认定的"应该"而改变它的结构和轨迹。类似地,管理专业学生对管理问题不一定要提出一个"药方"或解决方案才算是研究结果。

通常说的"认识世界",应属于描述型和解释型的研究内容,"改造世界"相应于规范型研究内容,但描述型研究是基础,不认识它就谈不上改造它。更重要的是,按诺贝尔经济学奖获得者海耶克(Von Hayek)的论断,社会秩序分为"自发秩序"(spontaneous order, unintentional order)和"预期秩序"(intentional order)两类。"预期秩序"是人类按自己的意愿有意识地设计和创造出来的,而"自发秩序"不是来自某一个单独的意愿或某个能人或贤者设计出来的。市场经济就是最普遍的一种自发秩序,人们只能去认识它,适应其运行规律,不能按人们自己的意图和价值观去实现"计划经济"模式。也就是说,对于"自发秩序"、"自组织系统",

若按规范研究去找出合乎决策者意图的最优解的话,那就会在事实面前碰壁,而描述型和解释型研究对于这两种秩序都是适用的。

规范型研究在研究生学位论文中仍有一定比重,在生产和运作管理物流和供应链管理,一些优化技术仍然有用武之地。不仅操作层次的管理问题,即使是管理和决策层次同样有规范研究,只是衡量最优的准则不是物理量如产出最大等,而是主观的"效用值"。

图 1-5 中的改良研究(prescriptive reseach),prescriptive 本意是"处方"的意思,目的也是改善现状,但不是像规范研究所要求那样,达到最优或最满意的水平,只要求比现状有所改善、较满意、次优就可以。

从论证方法角度还可将管理研究分成理论研究和实证研究(empirical reseach)。理论研究是从上而下,从公理定理出发,逻辑推理,证明所提出的论点成立。实证研究则是从下而上,从事实和数据找出证据来支持论点(见第五章)。不同视角和准则会得出不同的分类,类型多少并无限制,只是比较不同类型的研究时不要将不同准则下的类别混为一谈。例如"以往研究多为实证研究,本文采用规范研究"之类的说法就很值得商榷。规范研究也可以同时是实证研究,它只是和描述型、解释型研究组成同一"种群",而实证研究和理论研究归于同一"种群"。出现这种准则紊乱的归类,究其原因,问题在于译名,empirical research 本应翻作经验研究,现在翻成实证研究,倒也不错。可是,另一个英文词"positive research"本来是与"descriptive research"同义,都是描述研究的意思,现在却翻成"实证研究",在图 1-5 中,左边的描述性研究被误解成实证研究了。

第二章
管理研究的基本要素

　　反映管理研究成果的博士(硕士)学位论文、学术论文和研究报告等，犹如一座建筑物。建筑物离不开砖块、基石、支柱和连接件等基本构件，论文同样需要一些基本要素，包括概念(名词、变量)、假设、理论、分类等。实际上，管理者每天都会有许多讲话和意见，研究人员也会就各种各样的管理问题发表见解，其中不乏很有价值的观点和内容。然而，这些并不能构成一篇论文。因为日常沟通中所使用的这些基本构件及构件之间衔接缺乏清晰的规格、规范，而学术论文则要求这些基本要素及衔接符合一定的规格、规范，力求其他人能同样准确无误地理解和重复论文中所表现的研究过程和结论。

　　概念、名词、定义、变量、假设和分类等这些研究论文的基本要素，似乎中学生都应该懂，不属于研究生课程讨论的问题。实际上，这些基本要素的表达和运用反映研究者的基本功和基础技能。下棋看几步应对就知道棋手的水平，分辨出专业棋手抑或业余棋手；通过谈判桌上短暂的对话，从遣词造句及言谈风度中便可判断出谈判对手的实力；足球队员的水平不是体现在他的力气，能将球踢得多远，而是体现在对抗中细腻的技术；人们对于公众人物的印象也是以他说话、表情中的细节为依据。同样，研究者的水平和功底体现在这些要素层次的细节中。基础构件不牢靠，大的理论构思、构架就无从谈起。按照目前博士学位论文写作状况来看，这些基本要素恰恰是注意得不够、问题出现比较多的地方。

第一节　概念

　　概念(concept)是人们思维的产物。人们在现实生活中观测和感受到一群相关联现象具有某种共同属性即同一性,于是将这种共性构造一个概念并冠之以一个名词,供人们在沟通中使用。然而,这个概念名词本身并不存在,概念是通过概括和抽象而得到的。"人"是个概念,现实生活中存在的是张三、李四这些具体的人,这些人都有"思维"的共性,因此具有思维能力的动物冠之以"人"的名词。

1. 概念化和思维心象

管理研究要使用许多概念,如描述个人行为的"创造性"、"积极性"和"满意度"等,描述群体行为的"活力"和"凝聚力"等。如果问创新性这个概念是否实际存在,有人可能会说存在,如再追问创新性存在何处,对方会提出许多现实事例来说明。例如:此人常提出与众不同的新见解、新方案;此人肯动脑筋,享有好几种专利;这位管理者能审时度势,及时提出新产品开发和营销策略等。的确,这些事例都表现出个人创新性,但创新性这个概念本身是什么,看不到,摸不着,是个无形的东西。只是人们在听到像创新性这类概念时,大脑中自觉或不自觉地会涌现出与此概念相关的一组具体现象,心理学称之为思维心象(mental image)。人们通过一组心象形成概念的过程称作"概念化"(conceptualization)过程。

由于人们具有不同的经历和经验,接触的事物不同,各人脑海中就某一概念蕴含的思维心象也不同。这可从记忆角度来解释。人脑的长期记忆容量理论上应是无限的,所记忆的信息可供检索和再度使用。为此,信息存储必然是结构化的,犹如档案库按一定的编码和索引规则储存各种档案文本,大脑中存有无数这类档案文本。每个概念都类似地拥有一批档案卡,每个卡片上记录着与此概念相关联事件的心象,将自己认定为"共同属性"的卡片归为一类,这类卡片的右上角标有这批"心象"共同属性的名称即概念。这就是说,概念形成要经过一个概括相关事件(心象)共性的过程,即概念化过程。显然,每个人对同一概念有各不相同的一套心象卡片。形成概念的各个具体心象虽然准确生动,但人们交流思想中却不可能只是用这些具体事例,太繁琐而不得要领,只需使用写在档案文本右上角的概念名词。

2. 概念"公用",概念化过程"私有"

人们常说山东人豪爽,上海人精明。"豪爽"、"精明"都是抽象的概念,大家却都能接受这个说法,说明每个人的脑海里存在一批右上角标以"豪爽"或"精明"的心象档案。张三的一组心象卡片可能是:山东人大杯喝酒"一口闷"的情景;山东人打抱不平的场面;慷慨解囊助人为乐的事件等;"上海人买油条、包子按半两计算","买肉买鱼按两为单位";朋友交往中来往账目算得一清二楚的情景;上海街道老太太监督随地吐痰、丢烟头的认真态度;等等。李四的一组心象卡片中可能有与张三类似的心象,也可能还有其他的。例如,读《水浒》传形成的梁山好汉的形象;某次出差山东谈协议时山东人的爽快;看过春节晚会"拾钱包"小品,拾钱包者(上海人)物归原主前的周密提问和鉴别的情景等。一方面,每个人记忆中都有足够的心象卡片,得以形成"豪爽"、"精明"这些概念;另一方面,每个人对于这些"豪爽"、"精明"的概念,尽管有共识,可用来沟通,但每个人为理解此概念所拥有的心象卡片内容却有不同,由于各人阅历和求知过程有别,不可能有完全一样的一组心象卡片。甚至同样或类似的心象卡,会有不同的概念归属,例如张三有关"精明"的心象为账算得一清二楚的情景,有人则将这种心象卡归入"小气"的概念档案。

可见,概念是"公用",而概念化的过程却是"私有",人们的概念化过程各异,可以说,不可能有两个人对某个概念具有完全相同的一套心象卡。人们在沟通中,同一概念唤起各人不同的一组思维心象。联系到研究工作,研究者或论文作者对所运用概念的理解与合作者、同行及读者的理解显然也不可能完全相同。因此,很有必要在研究报告和论文中明确界定所应用的概念,从读者的角度设想,这样的表述能否使读者和自己一样来理解此概念的含义。这里只是说要求读者了解,并不一定要读者同意作者赋予此概念的内涵。撰写研究报告或论文的前提条件是研究者自己对于所引用的概念要有清晰的"心象",否则,不但不能让别人理解,甚至自己在同一篇研究报告或论文中,同一概念前后会有不同的含义。

简而言之,概念是对所观测事物本质的抽象表达。目的是简化思考,便于沟通,在一个名词下对事物的各种形态作一素描。有些概念与事实或对象很接近,如白马或黑马、宽或窄、亮或暗等;有些概念直接表达有些困难,可从其他领域的语言中借用,如工作"重心"转移,感情有"距离",发展"速度"等,这是从物理学那里挪用过来的。许多情况下,借用概念还不够,需要有些专门用语,或对一个词给予新的含义,如模型、模块、"虚拟组织"、"敏捷(agile)生产"等,管理研究的各个分支都有这类专门用语。

概念本身并非存在的实物,这就引发出它是否可观可测的问题。如果不可观不可测,从科学的角度来看就失去意义。的确,概念本身都不存在,可观性和可测性从何谈起? 然而,反映此概念相关联事件的心象集合却是可观可测的。这就为概念的可观测性提供了解决的途径,下一节将进一步讨论。研究中观测的对象可概括为三类:第一类为可直接观测的,像苹果的颜色;第二类为间接观测的,需要用相对较复杂和间接的办法才能观测,例如用登记表中性别栏来了解某人的性别、年龄;第三类是推测性的,这些对象不能直接或间接观测而是在观测其他对象的基础上,通过理论分析而得出结果,像智商(IQ)评定,提出一套反映智商的问卷,取得答案后,根据一定算法得出智商值。

清晰概念的最终参照点必须依托于可直接观测的事实和清晰的属性。尽管管理研究中相当多的概念不能依托于直接观测,而是靠间接推测,但不管怎样,最终要归结到清晰的测度指标。例如"企业创新能力"的概念总是要落实到"研发经费"、"专利数"或"高级科技人员比例"等这样一些可测度的指标上来。当然,随着事物的发展和研究的情境不同,同一名词所代表概念的内涵会有变化,衍生的测度指标也会有变化,如"创新性"和"开放度"这些名词,都是如此。有时,概念本身简明、清晰,但运用和表达不恰当,也可能得出各种不同的相互混淆的回答,需要说明概念的一些限定条件,例如"家庭收入",是指每年、每月还是每周? 税前还是税后? 家长还是全家成员收入? 只算工资还是包括所有奖金和利息? 等等。

第二节　名词、术语

先用图 2-1 来概括上节所讨论的概念化过程。概念化过程源于人们的观察。开始阶段,人们在日常生活、工作和研究中观察各种现象和事物,形成各种心象(image),见图 2-1(a),一旦发现有些心象具有共同属性,便试图将这类观察到的心象归结为一组。这一组思维心象便构成反映某一概念 A 的结构化信息,并将该组心象的共性即概念 A 冠之以一个名词,见图 2-1(b)。

名词乃为一个概念正名,一个概念必然用个名词加以表达,以便书面和口头交流。名词要贴切表达概念,汉字属象形文字,名词可引起人们对于概念的联想,如水、川、山、口等以及在此基础上变换出的文字,如河(左形右声),花(上形下声),病(外形内声)等。拉丁语系文字并不具备这种

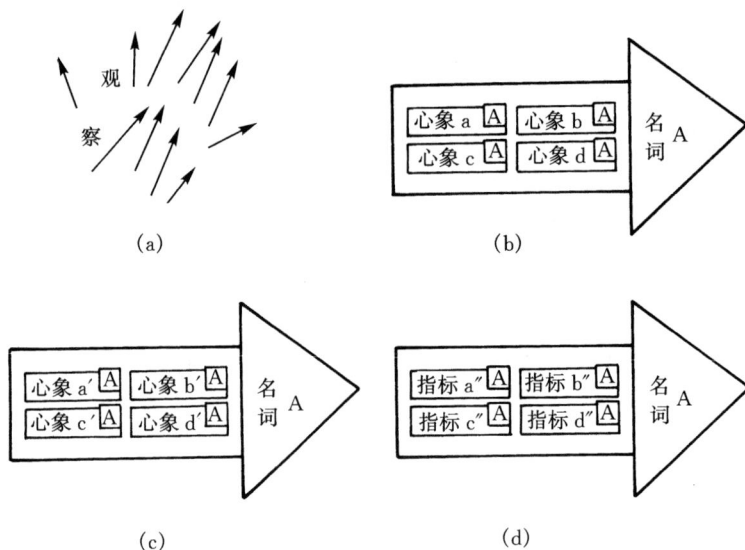

图 2-1 概念化过程

(a) 观察阶段；　(b) 甲某关于概念 A 的一组心象；

(c) 乙某关于概念 A 的一组心象；　(d) 概念 A 的一组规范心象

功能。概念一旦形成并有了名词以后，人们便暂时抛开概念化过程的心象而用名词、术语进行沟通。概念和名词运用的时间久了，人们往往容易产生误解，以为反映概念的名词就是现实存在的客体，而忽视人们对同一概念赋予不同心象集合的事实。

心象因人而异。只能说某个主体，例如甲，他的一组心象(a,b,c,d)支撑他所理解的概念 A。另一主体，例如乙，对于概念 A 的理解必然会有自己的一组心象(a',b',c',d')。每个人对同一概念 A 都会有彼此不同的一组心象，科学方法强调实证性，势必要为此概念和名词设置一组规范的可观测的心象(a'',b'',c'',d'')，反映此概念的特征。概念本身不可观测，但规范的一组心象(a'',b'',c'',d'')可测，这组规范的心象就是测度此概念的一组指标。

从研究生论文写作的实际情况看来，概念和名词表述方面往往令人感到太随意，以为自己对一个概念的理解，别人自然如此，忽视了概念化过程的差异。所谓一组规范心象，并非是绝对的、任何场合都适用，但在一项研究中，研究者要对某个概念赋予一组规范心象，整个研究过程中保持前后一致。如果研究报告或论文中不能用简单、清晰的语言将一个概念表达清楚,实际上是作者对反映此概念特征的心象未能明确设定。所谓对概念理解深刻就是要追究概念背后的规范心象。

研究生论文中概念、名词常出现的问题有:

①同一概念,论文前后用不同的名词表示,或同一名词,前后代表不同属性。例如,国外直接投资(FDI)和国际直接投资、外资等混用,前面说是管理机制设计研究,后面又审到经济机制设计研究。研究者在一项研究报告中要负责地推出所必需的学术名词,一旦出现后便要一以贯之,切忌随意性,不能随意用其他名词替代。

②推出新名词而无后续内容。如果有些概念已有约定俗成或习惯沿用的名词,就应优先使用。尽量不要标新立异提出新名词,只有当原有名词难以表达所要描述的概念时才应该推出新名词,目的是利用这个新名词和所反映的新概念去研究问题。必要的新名词必然有后续的、原有名词不足以描述的研究内容。所谓后续的研究内容,是指探索新概念和其他概念之间的关联。新概念的设定只是为新发现作准备的必要环节。

③内容创新变成名词创新。综观一些研究论文,不能不指出存在一种追求新潮名词的缺陷。有一段时期,一些文章争相使用冠以"大"的名词,如大科学、大农业、大粮食等,有时还嫌大得不够,使用超大型、巨型等。实际上,在了解了这些概念的确切内涵以后,大型和巨型这些字眼倒不一定说明问题的实质。又如有些突发事件报导,流行"第一时间赶赴现场","第一时间安排"等词句,与原来常用的"立即""及时""迅速"等副词相比,并没有什么新的内容,反而添加疑难,何为"第一","第一时间"到底是什么时间。它们仅仅是一些新颖名词,离内容创新还很遥远。

1. 翻译名词

研究论文总是要参考外文文献,这里谈一下翻译名词。对翻译名词的正名、理解、运用更要慎重。英文不具备象形文字的优点,其概念和名词没有形象联系,有的英文词就难以找出贴切的中文译名。像前述context,词典上译为"上下文"、"来龙去脉"等。这个词很重要,用的场合很多,如第一章提到的管理情境,把 context 译作"情境"。在专家系统研究领域中,有篇文章提到下一代的专家系统的研究前沿应属"context sensitive"的专家系统,如直译成"对来龙去脉敏感的专家系统"就不妥了。proletarian 译作无产者,英文此词含意和城市分不开,但译成"无产者",中文的意思显然扩大到农村了。再者,英文一词多义的名词甚多,如function 在数学中指函数,在管理中指功能,如功能管理(function management)。只有真正理解一篇论文的内容后才能找到适当的中文译名,即使如此,仍不可避免地保留译者"情境"的烙印。在英文学术论文翻译过程中,最难找到合适中文名词之时,往往正是论文最关键最难懂之处。读翻译文章令人最担心的也是那些关键内容的段落,要害名词和句子的翻译是否恰当。只要发现译文中有些文字不通顺或语义不清晰,往往就是翻译名词有错之处。

倪梁康在《译,还是不译,是个问题》[①]的文章中,表达了对词句误译的担心。他认为,翻译是一种翻译者的解释,阅读又是一种阅读者的解释,和原作者用词原意的差距是个多级放大的过程。参照上一章图1-4关于管理情境的概念,原作者的著作文本是在原作者所处的时空环境(W_1)和自身认知结构(S_1)条件下的产物,而译者有译者所处的时空环境(W_2)和认识结构(S_2),"翻译是带着理解和解释的翻译,而愈是在要害问题上,翻译愈是受自己即翻译者本人的历史、地域、处境与知识结构乃至

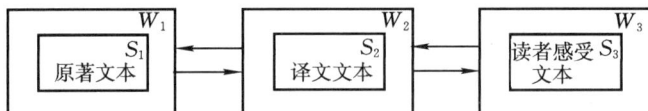

图2-2　翻译的情境

个性的局限"。[①] 所以,原作的含义,经过译文和表述总会产生偏离,要打折扣或出现歧义,只是程度不同而已,"理想的译文仿佛是作者的中文写作",严肃、勤奋的翻译家(像傅雷等)力求重现原作者的意境,但在追求时尚、短期功利的环境下,这种译本很少问世。如果考虑读者阅读此译文文本,他所接受和理解的文本,由于读者所处的时空环境(W_3)和自身的认知结构(S_3),又会产生偏差,称其为二级偏差。王蒙说:"一个确实希望有所作为有所发明创造的学人,哪有只满足于让翻译牵着鼻子走的道理。"[②]同样,研究工作涉及的重要外文文献,一定要阅读原文,尤其是与

---

① 读书,1996.4.

② 王蒙.多几种生存与创造的"武器",我的人生哲学.人民文学出版社,2003.1.

研究主题密切相关的代表性外文论文以及欲加以评论的著作,更应读懂原文。

"人们望本国之文而生发外来词之意,这就产生了无数麻烦。"①的确如此,人们往往轻率地仅凭翻译的中文按习惯解释来理解其概念,以致出现"西班牙"和"东坡肉"以及"三星白兰地"和"五月黄梅天"的对句。外国人读中文也有类似的问题,"林黛玉"被译成"黑寡妇",因按字典解释,黛者黑也。这种陷阱在有的管理经济文章中也不同程度地存在,如对"虚拟"(virtual)概念,管理中的虚拟组织(virtual organizing)与工程中的虚拟制造(virtual manufacturing)以及金融中的"虚拟资本"(virtual capital)都同样使用"虚拟"两字,但其含义完全不同,只按"虚拟"的中文意思来理解和发挥的话势必产生误解。"political issues",原本指组织内部的一些人事关系问题,直译成"政治问题"那意思就严厉多了。"知识经济"从"economy based on knowledge"翻译而来,知识和经济的关联在英文中的定位很清楚,而知识和经济组合成一个词后,中文含义便出现了各种各样的理解。CEO(Chief Executive Officer)现普遍译成首席执行官,"官"一词,中文的含义已有共识,属于政界的概念,用于商界就不合适。有文献译成"执行长",相应的 CFO 译成财务长,CIO 译成信息长似较妥。

辜正坤在《外来术语翻译与中国学术问题》①一文中指出,成千上万的外来术语涌进中国学术界,强有力地影响着中国的学术研究,面对泥沙俱下的术语潮流,术语翻译的厘定成为紧迫的事情,他同时举出中西术语"元"错位来说明译名影响之大。英文有些带前缀"meta-"的术词,中文常译成"元"字,于是在一些学术文献中常碰上"元哲学"、"元经济学"、"元科学"、"元话语"或"元方法论"等。汉字"元"的本意应被理解为根本的、首要的或大的意思,"元者,万物之本。"以致有"元凶"、"元老"、"元年"、"元帅"、"元气"等词组。而英文 meta 是一个古希腊语的前缀,意思有几种,可理解为"和……一起","在……之后","在……之外","在……之间","在……之中","超","玄"之类,但是没有"根","本","始"之类的意思。所以严复把亚里士多德的"metaphysica"译成"形而上学",并没有译成"元物理学",此词的原意是"编排在物理学之后的著作"。还有像"metamyth"译成"超凡神话"而非"元神话",也比较好。而上述"元哲

---

① 　读书,1999.8.

学"、"元语言"、"元科学"之类的奇怪译法,若人们望文生义,以为"元语言"就是本体语言之类的话,就大错而特错。"元语言"实际上指的是:当我们谈论本体语言时,为了解释清楚这种语言,不得不使用另一种语言,这种用来解释、谈论本体语言的语言就叫做 metalanguage,可译作"解释性语言"或"工具性语言"。有句话说:"科学是学,哲学是学之学",这个"学之学"就是时下译文"元"的意思。现在既有具有"元"字本义的汉语固有词汇,又有带误译前缀"元"字的大量外来术语,两者并行于世,这势必造成一种汉语概念释义方面的混乱。可能到了有一天,一些人大概会用这个被赋予了古希腊语含义的"元"字来否认汉语的"元"的本意不是"始"、"本"、"大"之类,而是"后"、"超"、"外"之类的含义了。

2. 中性名词

科学研究应使用中性名词。所谓中性,就是指不包含主观价值判断。价值判断受判断者内在情绪、知识结构、信念以及所处环境的影响,价值语言在日常生活中往往包含了情绪,可称之为"情绪语言"。譬如中性语言描述是"某经理一星期有五天在酒店、饭馆用餐",这句话若带情绪表述就可能变成:"这位经理整天吃吃喝喝,几乎不在家吃饭",至于"中午围着盘子转,晚上围着裙子转"之类的说法则更是充满了情绪化语言。英国哲学家曾提出有名的"你我他定理",我是立场坚定的,你是不轻易为他人折服的,他是花岗岩式的顽固脑袋,三种情绪、三种语言表达同样的一种性格,"很有原则"、"立场坚定"、"执着"、"花岗石脑袋"体现了陈述者的情绪。将情绪语言还原为中性语言有个简单但不精确的办法,即删掉形容词。不过动词也可能是情绪、价值语言,例如甲骂乙,事实上可能是甲批评乙或甲规劝乙,但陈述者却主观地判断是"骂"。

这里并不是讨论中性语言和情绪语言的好坏,它们各有不同的适用范围。例如,在文学作品中缺少情绪语言则可能导致毫无美感可言。殷海光曾举过这样的例子,"皎洁的月儿轻柔地洒下一丝丝银白的月光,隐隐地透过树梢,使凯萨林的粉颊呈现出令人痴痴欲醉的红晕",如改写成"月亮反射太阳的光线,经过树枝中间的缺口,照在凯萨林的两颊,留下了红色的印记,这个红色多么迷人",就显得可笑。

科技论文的美感则在于它严谨的逻辑性和精练的中性语言,一些稍许带点"价值性"的言词,像"贵重金属"在科技论文中都站不住脚,从而被"稀有金属"所代替。"民族工业"一词出现在研究论文中也不是中性语言,以用"本土工业"之类的名词为宜。"因变量"、"自变量"、"充分和必要条件"等都是中性名词,如以"无需要变量"来命名就有价值判断的成分,并不合适,因为在其他的情境下,这个变量可能又变得"需要"。现在法学界也在讨论纯正法律语言问题,尽量采用中性和客观的语句,"依法惩处"改成"依法判处",描述犯罪嫌疑人的"丧心病狂"、"狗急跳墙"的形容词句也不再使用。学术论文中常出现一些说自己的结论有"重要价值"等的词句,这些都不属于论文的规范语言,应该把"有重要价值"之类评论的词句留给读者。

第三节　定义

定义(definition)亦称界说,是提示概念和名词所表达的共同属性(即内涵)的逻辑方法。一篇研究论文能否经得起推敲,从定义界定清晰与否去考察,最能发现问题。犹如棋手对定势的巧妙运用,足球运动员盘球过人的细腻脚法,反映出运动员的专业水平。研究论文中关键名词的界定反映研究者的基本功。如果关键名词定义清晰而且确切,至少表明了研究者思考的成熟程度和对此项研究把握的深度。如前所述,同一概念和名词,由于各人概念化的过程不一样而有不同理解,同时,应用场合、背景角度不一,也会有不同含义。所以,一项研究或一篇论文所包含的核心概念,应该有研究者认定的最适宜的定义。定义不存在绝对、唯一或最佳,只能说最适宜于此项问题的研究,更确切些说,适用于本文研究。当然,不是说论文中所有的概念和名词都得由研究者给予界定,大部分名词可用辞海、辞典中常用的定义,有的名词按约定俗成的意思去理解,有的含义模糊些也容许,研究者只需就一些关键概念和名词赋予定义,而关键概念和名词总是与每篇研究论文的主要创新点或贡献之处相联系的。有的论文往往回避或模糊界定关键名词的内涵,其创新点便令人难以置信,不敢引用。

定义清晰便能消除歧义。同一概念和名词,人们有不同理解这是很自然的事,问题是在学术交流中,研究者要就论文或研究报告中的关键名词给出自己认为最适宜的清晰定义,读者尽管可以不完全赞同,但可以在此基础上进行沟通。下面仍沿用殷海光曾举过的两人辩论钞票问题的例子:

甲:我讨厌钞票,很脏。

乙:不过,新印的钞票不脏。

甲:虽然是新印的,其脏与旧何异?

乙:新的和旧的一样脏,这怎么能说得通?

两人争议显然是由于用词不同所引起的,两人虽然同用一个脏字,但甲所谓的"脏"与乙所谓的"脏"意义不相同,甲所谓的脏是指"金钱万恶"这一类的价值判断,乙所谓的"脏"意为"衣服污点"这一类的事实判断。既然如此,两人尽管都用的同一字,其实是各说各的,没有共同的话题,这种辩论毫无意义。如果甲乙二人之间,有谁察觉话不投机是因为用词含义不同之故,便会停止下来,各人把所用的"脏"字的意义弄明白,那么,这场争论也许就停止了。学术讨论中,类似的争论也常见到。

逻辑学家和科学家常应用多种方式来建立定义,例如:

① 同义词界定。界定端包含与被界定端同义的名词,像"夫军阀者,军中之阀也"。这样的定义,显然没有达到目的。不过,并不能排斥同义词用来作界定端,至少基于某种需要,可以拿同义名词来界定任何名词,例如有人不懂何谓"闭户",可以告诉他即"关门"。同样"犬"即"狗","豕"即"猪"。可以拿大家已经熟悉的同义词来界定有人尚未熟悉的名词,使他因这一同义词比较接近自己的经验而能了解另一尚未熟悉的名词。

② 指明法。一般来说,名词有外延与内涵。外延即此名词可应用之范围或适用之一切对象。有人对某名词不了解,如何谓"禽",可以说"禽"是鹅、鸡、鸭……如有人不了解"洋",可以说"洋"者,包括太平洋、大西洋、印度洋、南北冰洋。

③ 数学表达式。通常也叫做名目定义。这种定义建立之目的纯粹是在介绍新名词,尤其是新记号。例如

$$n! = 1 \times 2 \times 3 \times \cdots \times (n-1) \times n$$

1. 种差界定法

上述定义方式可以在不同场合下采用。然而,科学研究中最适用而且应用最多的是语义定义(semantical definition)。语义定义即逻辑学中"属加种差"的定义。所谓甲类是乙类的属,或乙类是甲类的种,即甲类高于乙类一个层次。在一个属"甲"下,可以有几个与"乙"并列的种。乙种具有的不同于其他种的那些属性,就叫做乙种的种差。定义项由属加种差组成,即:种概念＝种差＋属概念,待定义的名词可称之为种(species),该名词隶归于属(genus)的范围内,种差(differentia)指该名词

和同类中其他种名词的质的差异。

属和种是处于两个层次的事或物,界定一个名词,首先要弄清它隶属于哪一个更大集合类内的事或物,世界太庞大,太复杂,先要为该名词概念的归属设定个方位,然后按此方位去界定其涵义。种属关系辨明后,种概念的共性就不用专门交代,唯一要弄清的是该名词在同类中的个性。个性弄清了,该名词的内涵也就明晰了。如,"人是有理性的动物",有理性的动物就反映了人的属(动物)与人的种差(有理性的)。

定义的语法结构形式为:被定义之物=种差+属名。

英语定义的语法结构更死板:

Thing to be defined ＋ verb ＋ general class word＋"wh"word＋ particular characteristics

例如:Tariff is a tax on imported goods.

Externality is a situation in which a benefit or a cost associated with an economic activity devolves to third parties.

张东荪在《知识与文化》一书中指出,这种语义定义的思路来自西方,西方语言有"本体"(substance)与"属性"(attribute)的分别,后来才导致属名加种差的定义公式。本体即所在的类,属性即反映种的个性,并且在"属性"中又分出"必要的"与"非必要的",以为必须这样区别,才能有定义发生。同时指出,中国文化没有这样下定义的传统。例如"说文解字"上,"水,准也","户,护也",与"门,闻也"。水之"平"只是水之各种属性之一而已,且未必是其主要的属性,换言之,即未必是其种差。户之护人以避风雨与门之可以通音闻,都是表示其属性。但却把它们所属的"类"忽略了,门作为行走出入口是最主要的属性,而"通闻"则"非必要的"属性。可见中国所以没有定义之故,并不是不知道界定一个字的意义使其有固定的内涵,只因为不注重这个本体与属性的分别,同时亦不分主要的属性与非主要的属性,以致不用这些观念作为定义之根据。可以说,中国另有一种形式的定义,与西方完全不同,这种定义是以声音相近为标准。如"仁,人也","儒,柔也","痒,养也","学,觉也","义,宜也",等等,至于在"尔雅"上如"林,天,帝,皇,王,后,辟,公,侯,君也",这只是说公、侯、天、帝等都是君之一种,却并不完全是同义语。这又出现只给出"属"而忽略其种差,而且不明确归之于"君"类的准则,显然不重视"属"类之判定。

2. 容易出现的问题

也许由于缺乏这种清晰界定的文化传统,人们只要从方法论角度注视报纸和期刊上发表的文章以及研究生论文,很容易发现定义设定中存在的种种问题。一种是并不把清晰地界定定义当一回事,以为把自己观点表达完了就行,读者自然会接受自己心目中对此概念和名词的界定,忽视了定义的重要性。霍布斯(Thomas Hobbes 1588—1679)早就指出过:"语言的首要滥用则在于错误的定义或没有定义。"[1]任何名词都可以有多种定义,作者要提出在该项研究的情境下自认为最合适的定义。读者可以不同意这个定义,但可以按作者的界定读懂该项研究的内容。另一种是由于不了解定义界定的规范而引发出错误,这类错误可概括如下:

① 以例代定义。如:字典界定为"像英汉词典那样的书"。以偏概全,读者无法应用此定义。正确的做法是在判定种差给出定义以后,举出读者熟悉的例子,有助于读者理解名词的内涵。然而,有的论文中提出一个新概念和名词,接着就举出若干事例来解释,回避规范的界定,这属于概念不清晰,反映作者对此概念深入思考不够,未发现此概念的特征,即种差。

② 种差被忽视,或者描述范围不恰当。如"人者,动物也"缺少种差内容。界定端必须与被界定端切合,亦即两者的范围必须大小相等。古希腊柏拉图(公元前 427—347 年)将"人"界定为"人者,两足而无羽毛之动物也"。相传有人捉了一只初孵出来还没有长羽毛的小鸡,问这是不是人。真是历史巧合,战国思想家荀子(约公元前 313—238 年)也提到同样的定义,"人之所以为人者,非特以二足而无毛也"[2]。这个定义的毛病就是界定端的范围太宽。可是,如果我们将"人"界定为"识字的动物"。这个定义又失之范围太窄。因为还有许多人不识字,初生下来的婴儿也不识字。"生物学是研究生命现象的科学",界定端"研究生命现象的科学"的范围与被界定端"生物学"的范围大小才相等。所以,这个定义可用。

人的定义还可举出许多:"会使用工具的动物","会使用武器的动物","不渴而饮,四季有性欲的动物","不拘日夜,不问寒暑发出声音的动物"等。名词的定义并非唯一或绝对正确,它和情境相关,最能反映该名

---

① 霍布斯,利维坦.商务印书馆,1997,23.
② 钱锺书论学文选.广州:花城出版社,1990.53

词在此情境下的内涵才是最适当的定义。

种差,顾名思义应从同一层次的种族间去找特征属性,而不能从更高层次"属"的属性中去找种差,更不能从本属种体系以外的其他属种体系去找种差。

③ "属"被忽视或选择不当。被界定的名词归于何"属"是应首先辨清的事,这一点不可回避。如"大学学位是授予已通过相应考试的学生",作为定义便不妥。学位显然不能归属于学生。界定端的属概念及种差的说明不可用暧昧的而必须用明白意义的表词。建立定义,常常缘于名词的语义不明,这才需要以意义明白的表词来界定它,使人由不明了到明了。既然如此,界定端名词的概念必须清晰。不然,含意不明不白,便是以糊涂回答糊涂,定义的目的没有达到。

④ 采用否定词。否定词可否定主词与宾谓之间的关系,表明其各不相属,但其意义无从判明,如"人者,非禽兽也",可作为判别之词,不成定义。

⑤ 词句冗长,啰唆。定义用词以简练明确为贵,不需要无谓的修饰词,忌冗长、啰唆。有时可在简练定义语句之后加以解释,描述其更具体的属性。如"经济计量学(econometrics)是将数学和统计技术应用于经济问题的经济学分支,旨在测试经济理论的有效性并提供定量预测的手段",后面一句就是定义的后续发挥。有的论文设定定义时,写下一大段话,面面俱到,实际上是缺乏信心的表现,说明论文作者对于所界定名词的特征还未辨识清楚。前面谈到,论文或研究报告中关键名词有待界定。然而,从另一方面说,在不必要或未感到不便时,便不要去下定义,不要改变大家已经接受的定义。例如,世界各城市的街道,南北向称为"路"(road, street),东西向称为"道"(avenue),由来已久,有人却要将"道"界定为南北街道,"路"界定为东西街道,这就有悖于常识,无此必要。新定义是不得已而用之,新定义用之过多,破坏约定俗成,会使读者脑力负担太重,反而引起不便,造成沟通困难。有些事物可用别的语句来表达,并非每个事物都要有专门名称。只要语句够用,不必另造新名。

如果尚无现成名词以名所须名之事物,则立定义以名之。英文管理文献中近年来新出现了"guanxi"一词,原来英文词汇中找不到描述中国社会中"关系"内涵的名词,就干脆引用汉语拼音作为新词,以致有"guanxi based business"之类的行文。在立定义之前,要弄清楚本学科范围内相关名词之定义,如涉及其他学科,最好请教该领域专家,以免出错。

不可以将同一个名词重复界定,也不可把定义弹性化。例如,对于某个问题,讲到半途,发现讲不通,于是就从所用的名词上找出路,改变原来所界定的含义。如果这是有意如此,叫做学术上的不诚实。

有些研究生,概念、名词内涵尚未界定清楚,就急于提出假设,进而构建模型,确定论证方法。这往往导致概念和变量的前后不一致,逻辑混乱,犹如金字塔的基础不坚实就匆忙建造塔顶,塔顶再精美也无济于事。

第四节　变量

变量指具有可测性(measurable)的概念和名词,其属性的幅度和强度变化程度可加以度量,如工作满意度、劳动生产率等。度量的前提是能够观测,可度量性亦视作可观测性。显然,有些概念和名词不具备可度量性,如悲伤、欢乐、幸福等。变量(variables)和属性(attributes)的概念密不可分,但属于两个层次,变量包含若干属性,属性总是依附某个变量而言。属性指客体的某种特性,例如描述一个人的特性可用妇女、亚洲人、保守派、诚实的人、智慧者、农民等名词都是人的一种属性。变量则是包括按逻辑归类的一组属性,例如,男性和女性都是属性,而性别(sex,gender)则是由这两种属性组成的变量。职业是个变量,由农民、教授、飞行员等属性组成。表2-1举例说明变量和属性的关系,一个变量可以有多种属性,其度量方式可用第三章讲到的定类等四种尺度中的某一种。

表 2-1　变量和属性

变量	属性
性别	男,女
年龄	老、中、青;少儿、成年;1~80 岁
年产量	10~1 000 台
年利润	−100 万元~1 000 万元
质量等级	优、良、合格、差;5,4,3,2,1 星级
开放度	0,…,100
满意度	0,…,1

研究工作中,常涉及对变量的属性结构描述。例如,说明一个企业人员状况,按性别变量来分,男性占 80%,女性占 20%;按职业变量分,工人

占 70％,专业技术人员占 20％,管理人员占 10％;按个人年收入（变量）来分,年收入 30 万元以上占 10％,20 万元～30 万元占 30％,15 万元～20 万元占 50％,15 万元以下占 10％等。

人们往往期望变量出现某种属性,如劳动生产率高、产品质量高,也希望避免另一些属性的出现,如生产率低、产品不合格等,因而导致对变量间相关或因果关系的研究。例如,探索劳动生产率、产品质量这些变量受哪些变量的影响,工人受教育程度这个变量是否会影响产品质量。变量之间关联的研究,构成研究工作的主要内容。

变量就是可测的名词,在表述上不宜出现动词和形容词。有论文把"激发积极情绪"当作变量,这已经是语句了,不是名词。即使是"积极情绪"也不宜用作变量。"情绪"是变量,"积极"程度可分几个等级作为属性,也可引入负值表示消极情绪。

本章所述的各基本要素中,变量处于中心地位,概念、名词等对于变量的"前身",而后续的假设、理论和分类等要素,都是以变量为出发点,表述变量之间的各类关系。可以说,整个研究工作是用变量语言来说话的,科学方法的实证、清晰、客观等特征,只有用具有可测属性的变量语言才能达到要求。

1. 变量反映出社会科学和人文学科研究的差异

学术刊物（journal）和普通杂志（magazine）上所刊载的文章有重要差别。学术刊物的文章必须使用变量语言而不是抽象的概念,必须具备变量与变量之间关联及对变化规律的假说和论证,并要有新的发现。而普通杂志上的文章,创新并非必要,一般也不需要实证的支持。例如,有位国有企业主管根据多年管理经验,总结出企业内部处理上下级关系的要点:统揽不包揽,敢断不武断,关心不买心,传帮不拉帮,大度不失度。这应该说有新意,给人启迪,杂志会乐于登这些文章。但学术期刊就不会满足,要追问"统揽"、"包揽"等这一连串概念的内涵及其可测性。许多名人的演讲、报告、讲话虽不乏名言警句,但缺少变量语言,无验证过程,便不能归类于学术研究论文。

利用变量语言进行研究是区分社会科学和人文学科研究方法的一个标准。其实像诗、词写作同样要抓住特征概念和名词。像"枯藤老树昏鸦,小桥流水人家,古道西风瘦马,夕阳西下,断肠人在天涯"。作者将枯藤、老树、昏鸦、古道、西风、瘦马、夕阳等概念有机整合,层层逼近地描绘一种凄怆的境界,令人回味无穷。但从科学方法来看,便要寻求凄怆这个名词的特征属性。如果枯藤、老树等能作为属性的话,还进一步要求可测,度量枯藤、老树能反映凄怆到什么程度,这种要求可能会使人贻笑大方,但确实是科学研究的规范要求,这也正是科学和艺术难以弥合的差异。

管理研究中离不开人的因素,通常有两种研究途径:一种是考察人的主观世界,如研究一位成功企业家的抱负、价值观和洞察力等,总结他的成功之道,或揭示一位敬业者精益求精的思想境界,这属于人文学科的研究方法;而科学研究方法则将人的各种属性,包括个人简况,如年龄、性别、党派、信仰、出生地点,各种倾向如价值观、习惯、思维的特点以及各种行为特点如业绩、人际间交往方式等,都作为一种变量来处理,探讨变量之间的关联。这两种研究方式的差别犹如临床医生和医学研究人员的差别。当患者到医院求医,临床医生的目的是治好这个病人,观察研究的着眼点和对象是这个病人,而研究人员的着眼点和对象是疾病,他可能也会观察和研究某位病人,但这位患者被看作是此种疾病的载体。这并非说研究人员不关心人命,研究某种疾病的目的还是保护人们的健康,但研究工作中只关心和此疾病有关的事,如果不用观测实际病人而能有效地进行研究的话,研究人员也就不会去接触这些患者。简而言之,临床医生必须注重个性,而医学研究人员注重共性,变量分析是后者必不可少的工具。同样,由于注重个性或注重共性之差别,人文学科难以采用变量语言而社会科学研究却必须采用变量语言。管理研究中两种研究途径都会遇到,但对于研究生论文工作而言,还主要靠科学研究方法。

2. 变量类型

变量既然是可测的概念和名词,便须界定定义。定义必然要含有可识别的种差,这就要求辨明反映此种差的变量属性构成,以便进行度量和分析。有些论文中提出一连串概念,如"排他性"、"清晰性"、"交易性"、"开放度"、"分解度"、"稀缺度"等,但缺乏清晰的内涵,而且也未给定可度量的属性集合,这些变量就难以后续应用,提出的意义就不大。在管理研究领域中,变量界定往往是一件颇费心思的事,例如职工参与度,是指参与管理的程度还是指参与企业各种活动的程度。"参与"指参与形式还是指意见表述,程度如何度量,指工人参加各级管理会议的人数,或工人提出管理建议的次数,或总经理收到工人的来信或电话次数等等,选取的指标不同,度量结果大不一样。所以,对于变量来说,一般界定名词内涵的定义尚嫌不足,还需要设定操作定义(operational definition),这将在第三章中讨论。

变量可以从不同视角划分为不同类型,最常用的是从变量之间相互作用来分,主要有自变量(independent variable)、因变量(dependent variable)和控制变量(control variable)。自变量视为影响或决定因变量的变量,是因变量发生变化的前提或原因。在变量分析中自变量的属性值将不受其他变量影响而独立给定。如产品质量和工人教育程度的关系,受教育程度愈高,生产出的产品质量愈高,则受教育程度是自变量。因变量是由其他变量引起变化或决定的变量,它对自变量的变化作出响应,上述产品质量便是因变量。一个变量在某种情况下可作为自变量处理,而在另一种情况下可作为因变量处理。例如上面作为因变量的产品质量,如在分析产品销售额时它就可能成为自变量。一般说来,因变量即研究者企图解释或探索其属性变化原因的变量,而对于自变量本身,研究者通常不予以深究。

遏制或调节自变量对因变量影响程度的变量可称之控制变量。自变量往往和控制变量同时存在并对因变量产生影响。例如,增加生产现场的技术指导力度(自变量)则劳动生产率(因变量)将提高,但这种影响大小视作业的技术复杂程度(控制变量)而定。在变量分析中,通常将控制变量作为一种状态或条件存在,为了凸显自变量对因素显的影响,它的属性被视为不发生变化。

研究工作不论多么复杂,都是为了探索科学知识库中人们未知的某些现象或因素之间的关系,换言之,研究结果可归结为变量和变量之间关联的新发现。变量间关联的性质概括来说可分为三类:相关关系、因果关系和虚无关系。

(1) 相关关系

相关关系指变量之间存在互动或对称关系,两个变量共同发生变化,但并无根据认定某变量变化是由另一变量引起或者相反,很可能两变量的变化是由其他变量所引起。例如,某个企业工人缺勤率高和企业附近游乐场所的营业额上升有关,但可能都是由于某项管理决策引起的。

(2) 因果关系

因果关系与相关关系有类似之处,不过,它指一个变量的变化明确地是由于另一个变量的变化引起的。因果关系的情况下,自变量是原因,因变量是结果。因果关系分析中常离不开中介变量(mediating variable)。例如,引起火灾的因素有电线短路、附近有易燃品、无有效灭火系统等,而常常把电线短路这类事件看作是原因事件,而易燃品、灭火系统等则往往作为条件,即控制变量。

（3）虚无关系

两变量之间不存在互动关系,即使出现互动现象,也是偶然事件或样本随机误差的结果。

第五节　命题和假设

命题(proposition)是对两个或两个以上概念(名词、变量)之间关系的陈述。命题的形式是一个非真即伪的陈述句(statement)。命题不存在疑问句、命令句或感叹句的形式。陈述句能作出肯定或否定的判断,而一个疑问、一道命令、一种感叹却无法表达肯定或否定的意义,也无从判断其真伪。

一、命题类型

命题按其作用可以分成几种类型:

① 公理(axiom, postulation)。作为理论推演的基点,从公理可以导出其他的理论命题。公理本身无法由经验直接检验,例如,"自利是人性中不可改变的弱点"可视为公理,据以推演出一套制衡(check and balance)的管理体系,人人都应毫无例外地受到该体系的监督。西蒙提出的有限理性论认为,任何管理者在决策中所获得的信息都是有限的,从而推出管理决策只能采用满意而不能采用最优的准则。

② 定理(theorem)。定理由公理推导出来,它可以由经验检验和证实。

③ 设定(assumption)。这类命题未经过也不准备在研究工作中验证,但从逻辑上承认这种自行设定的假设。设定并非研究主题,而作为一种前提条件或约束条件存在,如果有人不接受这种设定,便可完全拒绝此研究结论。

④ 假设(hypothesis)。在研究开始时提出的待检验的命题,也是研究问题的可能答案。假设主要涉及两变量间的关系,它的提出和验证是研究工作的主线。

二、假设合理性判断

假设是对某种行为、现象或事件作出的一种合理的、尝试性的并有待检验的解释。假设古称臆说,论语中有"赐也,臆则屡中而货殖焉",臆即假设,中即证实。假设表明研究者对于研究结果的一种设想,对于研究问题中变量间关系的一种预期。研究者提出假设后并不只是为了证明自己的预期正确,待随后收集的数据和事实来检验,验证结果可能支持也可能不支持假设,但无论支持还是不支持,研究工作都是有意义的,它的证实或证伪都可能对管理理论和实践作出贡献。"假设"对于所有研究工作都十分重要,"假设"意味着有新的设想(idea),有了"假设"才可能有新发现。

在提出假设之前须查阅相关文献,任何假设的提出都毫无例外地以前人研究工作为基础。假设立于研究工作实施之前,研究对象(样本)、研究程序和步骤、数据收集和分析技术等的选择都取决于假设。假设的基础是前人已有的知识,而目的是扩充知识、发现新知识。当然,各种假设的价值不可能一样。可以从以下几方面去评判一项假设是否成立和它的价值。

首先,假设应建立在可靠的理论基础之上。任何假设都是现有理论的扩展和继续,不可能离开某种理论体系去孤立地研究某项假设。一项旨在扩展某种理论的假设可能成为该理论和其他理论之间的桥梁,甚至导致发现新的知识领域,但它的基础都是原有的理论研究成果。假设无疑要创新,去发现人们尚未攀登的知识高峰中的某个"山峰",然而,山峰离不开原先已到达过的高地,所以,提出有价值的假设,不是对过去已有理论的回避,更不是不承认,而是要充分地掌握利用,并特别注意不要与业已证实的科学原理相违背。没有理论功底,只靠个人拍脑袋提出个新名词或声称创建了一个前无古人后无来者的理论,这种人不可能成为管理研究中的哥伦布。

人们可以根据常识和各人的知识结构来判断一项假设是否合理,例如,"脸上有雀斑的销售人员比没有雀斑的销售业绩要好",这一假设一般情况下显得没有道理,而"销售人员的个人激励程度高其绩效好",则可能成为合理假设。如果销售的产品是能减少雀斑的化妆品,前一种假设便可能被接受。前面提到"太阳黑子和经济周期存在关联",最初人们都无法接受,现在则可以给予解释并已成为一项研究假设。这意味着研究者提出研究假设时还须给予能自圆其说的定性解释,说明它是合理的,有研究价值。

其次,假设要尽可能清晰和具体地表述变量之间的关系。一项研究工作所要解决的问题是什么,应清晰、确切。如果要研究什么及其研究的实际和理论背景都是用模糊语言表达的话,这种假设便不可能得出有意义的结论。上例中,"激励程度高"、"销售绩效好"是何含义? 销售何类产品,家电、化妆品还是汽车? 假设中的这些变量都要界定清晰,一般假设先描述自变量,它被视为主动的原因变量,然后再界定因变量。

最后,假设必须是可以验证的,如果假设无法验证,无法用观测、试验的事实来支持或拒绝这一假设,这种研究就无法进行下去。这意味着研究人员在验证假设时,变量的度量技术和方法,数据的收集和分析方法都要心中有数,否则难以提出可供验证的假设。

验证后如假设和事实相符合,那么,这一假设被证实。实际情况不是全部被证实或全部被证伪,较多的情况是一部分在一些情况、范围和条件下被证实,而另一部分被否定。现以简例说明:下列三个数之间按一定规则排列:6,7,9,请甲某猜测此系何种排列规则。甲某提出假设"前两个数字按顺序排列,第三个数则比第二个数增加 2",并举出另一数列 5,6,8。如果答案是对的,于是再举另外的证据 10,11,13 和 14,15,17 等,如继续得到肯定的回答,甲某便有信心地说假设已被证实。然而,当推论到数列 31,32,34 时却得出否定的答案。原来,上述规则还须附加一个条件"在 5 到 30 的范围内"。这个比喻旨在说明,用来验证的事实和证据总是就有限范围而言,即使有限的观测和试验都被证实,也不可能证实所有的可能情况,也许外推一步就是否证。所以证实的假设适用范围要慎重地设定,这就是研究结果的外部有效性问题。管理问题中已被证实的假设,对其范围延伸更要小心。验证中出现证伪,可借以判定假设的适用范围,这同样是有意义的工作。

三、假设类型

从观测资料出发,经过整理分析,便可产生想象和概念。这时思维就会超越已有的经验,在自己知识结构的基础上,对所研究的问题提出假设。从假设提出的思维方式来看,假设可以分为归纳型和演绎型两种。

归纳型假设是在观测基础上对事实的概括(generalization)。观测中发现某些变量之间可能有关联,于是给予初步的解释。上述明兹伯格通过对企业高层管理者的日常工作写实,发现他们实际日常工作的内容充满了一些打电话、批条子、会见下属和同行等一些具体事件,并非原先有些书本上所说只是关在办公室内冥思苦想做出重大决策。于是得出"有成效的高层管理者把非常规信息(活信息)看得比报告和报表之类的常规信息更为重要"的假设。归纳方法在管理研究中非常有用,不过归纳假设的价值,不仅在于它能正确解释已有的全部观察资料,即内符,还要求能适合今后的实践和更大的范围,即外推。

演绎型假设则是从公理、原理或学说出发,运用逻辑推理提出的假设。例如在熊彼特(Schumpeter, Joseph Alois)"创造性消亡过程"的理论下,人们可推导出"工业政策不利于企业创新"的假设。假设和所依据的理论之间不能有逻辑推论上的缺陷。人们熟悉的一种陈述"西方社会是资本主义社会,资本家唯利是图,人际间关系必然尔虞我诈,互相欺骗"也是一种演绎假设。

从假设表述的方式上来看,假设可以分为陈述假设(declarative hypothesis)和对立假设,或称虚空假设(null hypothesis)。陈述假设亦可称为研究假设,表述两变量之间所期望的关联,这是研究中通常采用的假设形式。虚空假设亦称统计假设,它适合于统计技术用以判断所研究的变量关系是一种偶然(随机)关联还是一种真实关联。虚空假设属于中性,不表达研究者凭洞察力和逻辑推理对研究结果的预期。实际情况往往是同时采用两种表述方式,陈述假设用于表达研究者的预期,而用统计虚无假设来进行统计检验,在分析、检验虚空假设的基础上来推断研究假设。在管理研究中大多采用陈述假设,实证研究中常采用统计假设。

四、假设表达形式

假设是有待验证的命题,而命题是人们对观察资料经过思考作出判断的结果。假设的表达形式和判断形式相对应,金岳霖主编的《形式逻辑》一书中对判断作出清晰的分类,如图 2-3 所示。

原则上,各种判断都可能有相应的假设。模态判断是断定事物情况的必然性和可能性的判断,如"失去监督的权力必然导致腐败","企业可能倒闭"就是模态判断。非模态判断只是断定事物情况的存在,可分为复

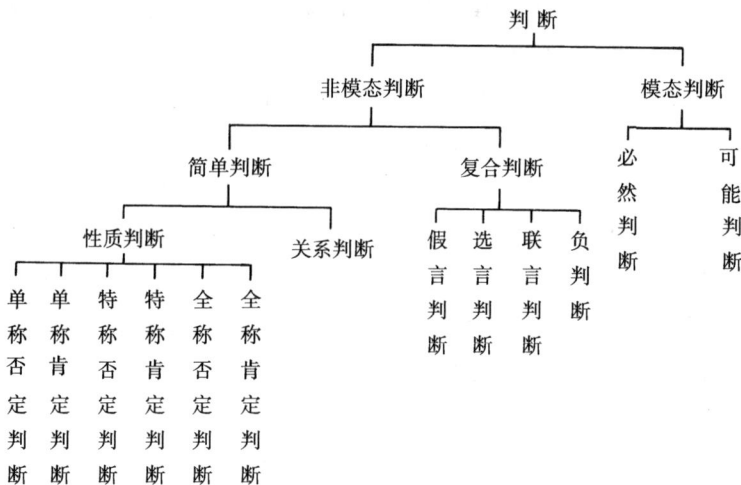

图 2-3　判断分类

合判断和简单判断两类。复合判断则是由简单判断与逻辑联项"如果"、"那么"、"或"、"而且"或"并非"等构成。简单判断可再分为性质判断和关系判断。

（一）简单判断

1. 性质判断

性质判断对应于性质描述假设,是关于某种变量所具有的形态、规模、形式或分布的命题,它是对事物具有(或不具有)某种性质的判断。如"江苏省乡镇企业工业产值的份额占工业生产总值的 67%"、"大中型国有企业面临亏损局面"。"江苏省乡镇企业"和"大中型国有企业"都是主题,"产值份额"、"效益"是变量。描述假设对这些变量的属性作出判断,即"67%"和"亏损(负效益)"。研究人员往往事先不是给定描述假说而是提出研究问题的形式,如:江苏乡镇企业在工业总产值中的份额为多少?企业是否面临亏损的局面?

在性质判断中,表示某事物的那个概念叫主项,用 S 代表,表示某种性质的那个概念叫谓项,用 P 代表。单称肯定判断的形式是:这个 S 是P。全称肯定判断就是断定一类事物的全部具有某种性质的判断,例如,所有资本家都是图利的,表达形式为所有 S 都是 P。特称肯定判断则是断定在某类事物中有的事物具有某种性质,例如:在"有的企业享有超额利润"这一判断语句中,没有断定所有企业都有超额利润,也没断定某个企业得到超额利润,而只是指享有超额利润的那些企业。

单称否定判断,就是断定某个事物不具备某种性质的判断。单称否定判断和它相应的单称肯定判断之间存在真假关系,如肯定判断是真的,则否定判断是假的,反之亦然。全称否定判断是断定一类事物的全部都不具备某种性质的判断。特称否定判断则是断定某类事物中有的事物不具备某种性质。

2. 关系判断

关系判断是关于事物与事物之间关系的判断,判断结果的表述即关系假设。性质判断的主项只有一个,而关系判断的主项有两个。"35~45岁年龄段的科研人员平均业绩要比其他年龄段高"便是关系假设。关系假设的组成包括主项(即关系项)和谓项(即关系)两部分。在前例中,"35~40岁年龄段的科研人员"和"其他年龄段的科研人员"是两个主项。关系假设的组成除主项外,还有谓项(即关系项)。前例中"业绩要高"表示关系,用"R"表示。如"a"和"b"分别代表两个关系项即两个主项,则关系假设可写成 aRb 的形式。关系有肯定也有否定的关系。

(二)复合判断

1. 假言判断

复合判断包括假言判断、选言判断、联言判断与负判断。

假言判断在管理研究中应用较多。管理研究中常涉及原因诊断,须提出因果关系假设。用变量的语言来说,因果关系指两个变量中一个变量的变化引起另一变量的变化,但这是单向的,逆向不成立。如工人经过培训导致产品质量提高,两者是因果关系,培训是产品质量提高的原因,但产品质量提高,并不必然导致培训。自变量导致因变量发生变化,因变量不能影响其他变量而依赖于其他变量。在现实生活中,一种事物或现象的产生有多种原因并要具备一些条件。人们不把"生"或"年老"视为"死"的原因,它只是条件事件,而总说死于心脏病或其他某种病症,这才是原因事件。判断何种自变量系原因,何种因素视作控制变量即条件,正是因果关系假设所要分辨的问题。

假言判断就是断定某一事物情况存在是另一事物情况存在条件的判断。假言判断有充分条件假言判断、必要条件假言判断和充分必要条件假言判断三种，相应的因果假设也有这三种形式。

充分条件假言判断指：如果事物情况 p 存在，事物情况 q 就存在，p 是 q 的充分条件，表达形式如下：

如果 p，那么 q(if p then q)。或者表达为 $P(q|p)=1$，指 p 事件出现的条件下，q 出现的概率为 1。

必要条件假言判断指：如果事物情况 p 不存在，事物情况 q 就不存在，p 是 q 的必要条件。汉语中必要假言判断还有其他一些表达形式：除非 p，不 q；除非 p，才 q；不 p，不 q；没有 p，没有 q。用概率表示则有 $P(q|\overline{p})=0$。

充分必要条件假言判断指：p 既是 q 的充分条件，又是 q 的必要条件。这就是说，当 p 存在时，q 就存在；当 p 不存在时，q 就不存在；充分必要条件假言判断的表达形式为：

当且仅当 p，则 q。

用条件概率表示则有 $P(q|p)=1$ 且 $P(q|\overline{p})=0$。

2. 选言判断

选言判断就是断定在几个事物情况之中至少有一个事物情况存在的判断。例如，企业亏损可能是由于内部管理差，或者是由于产品开发不当，或者是由于市场营销策略失误，断定企业亏损的原因至少有其中的一种情况存在。

3. 联言判断

联言判断就是断定几种事物情况都存在的判断。例如，跨国公司的国外直接投资，由于无形资产转移，既使跨国公司得益又使东道国获利。

4. 负判断

负判断指否定某个判断 p 所断定的事物。"并非国有企业都亏损"是"国有企业都亏损"的负判断。一个判断"p"与它的负判断"非 p"之间的真假关系是矛盾关系，此真彼假，反之亦然。

"必然"和"可能"的模态判断一般有两种形式：

① 主项是一个判断，而谓项是模态概念。例如：企业为牟取超额利润而技术创新是必然的，国有企业赢利是可能的。"企业为牟取超额利润而技术创新"、"国有企业赢利"是判断，必然或可能则是模态形式。

② 主项是一个概念，而模态概念是谓项中的一部分。例如：某企业的产品策略可能成功，某企业的总体战略必然失败。"可能"、"必然"这些

模态概念都和谓项的"成功"、"失败"联成一体。一般用"p"代表一个判断,"必然 p"和"可能 p"则代表两种模态判断。

第六节 理论

1. 理论的组成

理论是一组相互关联的结构化的概念和命题,用来解释和预测现实世界的现象。理论须由三个要素组成:①概念框架(conceptual schema);②说明各种特性或变量间关系的一组命题;③供验证的背景。三个要素之间的关系可用图 2-4 所示的桁架结构来说明,桁架由若干铰链和杆件构成。概念类似铰链,杆件类似命题,将两个概念连接起来。用于建立理论体系的实践经验如同支撑桁架的基础。只有在坚实的基础上才能构建牢固的结构,因此,理论须有充实的实践经验支持,缺少实践经验的理论如空中楼阁。在工程上,经过精心筛选的铰链和杆件合理搭配连接才能构成结构稳定的桁架。同理,命题须经验证,概念须经反复推敲、精心构造才能建立理论。

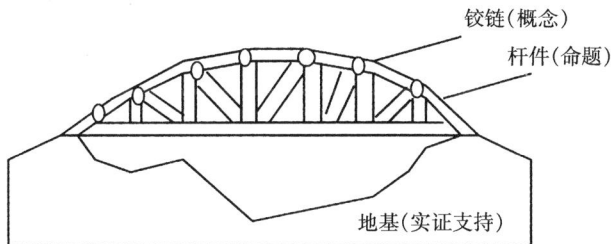

铰链(概念)
杆件(命题)
地基(实证支持)

图 2-4 理论组成

一项新的理论并非指发现个别新概念或命题,更不是一两个新名词,而是若干新的概念和命题组合,也可能是若干新的概念与原有的概念和命题组合在一起,使得原来未曾发现的现象之间的关联得以连通。

假设和命题的内涵与表达形式是一样的,只是假设尚待论证和验证。从研究角度却更看重假设,新理论的出现缘于提出新的假设,新的假设经过验证便和若干已有的命题一起形成一种新的理论。图 2-4 中的桁架仅比喻理论的静态结构,新的假设引入后,理论的桁架结构便得以扩展,甚至可能导致桁架结构的重组。

2. 理论形成过程

理论探索的过程无疑是研究者思考的过程。"反应起于刺激,思考启自疑难",一个人遇到疑难,就要思考去谋求解决。最初是一种单纯判断,逐渐问个为什么,追究其根据,产生"假设",再求其证明。经过检验后,如果假设与事实相符则是确实可信,否则,放弃原假设另立新假设。每轮思考一般可分为四步:①感觉疑难;②辨识疑难;③提出假设;④推理论证。

不管何种职业的人员,包括研究人员或企业管理人员,如满足于生活和工作现状,安详自适,自然就没有什么思考。生活和工作中如遇到疑难和挫折,面临未曾碰到过的事件或事实等,就需要辨别疑难之所在,用恰当的概念把疑难表达出来。这就是研究报告或论文中的"问题提出"。于是渐渐回顾往事,是否遇到过此类疑难,如何处理的,也要借鉴他人的经验,追忆过去,比较现在,构成研究论文中综述部分的内容。感觉疑难和辨识疑难这两步很接近,难以区分,正确地辨识疑难所在是研究工作的关键步骤。例如,面对"国有资产流失严重"的疑难,可以从管理体制着手研究,也可以从内部管理或监督体系着手研究,作出判断后将引导整个思考和研究过程。

根据已辨知的疑难,研究者自觉或不自觉地就要提出一种假设,从研究工作过程来说便是研究设计。假设如幸而言中,则疑难就获解决。假设是备选的一份答案,答案是否正确,假设是否言中,须经过推理或经验论证之阶段。推理论证,也可说是理论探索过程中的实体内容。

图2-5表示从疑难开始的理论探索过程。现象Y是什么因素引起的,因素C会引起什么后果,这类疑难问题引起人们的思考;随后,对此疑难问题提出猜测性的解释,如Y是由X引起,C与D的出现相关等,此即假设;假设一旦得到证实便可充实理论构架。若干假设关联的集合便综合形成某种理论。当然,形成的理论又可作为提出假设的依据,并帮助人们发现疑难问题。

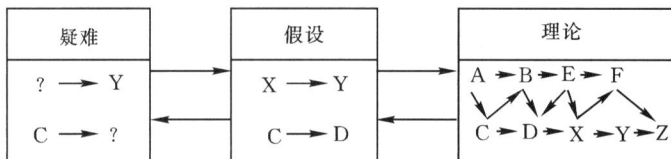

图2-5　理论探索过程

对于"理论"的理解还要说明几点:第一,理论是由若干个而不是一个命题组成的。假设一般表达两个变量之间的关系,理论较为复杂和抽象。如"决策理论"之所以称得起一门理论,它包括了"决策者追求效用值最大"、"未来风险事件状态具有可测性"(主观概率)和"决策过程具有阶段性"等命题。西蒙在决策理论发展中做出了重要贡献,能称之为西蒙决策理论的话,也是因为他提出了"有限理性论","决策过程分为情报、设计、抉择、实施四阶段","决策包括程序和非程序化决策"等一系列概念和命题。第二,所提出的理论必须能构成一套演绎体系,即要求这种理论在形式上是由多层次的不同抽象等级的命题构成。如决策理论中关于"效用值最大准则"的命题下面,可推演出效用值度量的一套公设和规则,根据不同公设和规则又可演绎出更接近实用的命题。理论的概括性和抽象性越强它的价值愈大,就是指它的演绎性而言。这种思路来源于自然科学,提出一个公理体系,然后演绎出一套定理、定义体系。牛顿力学体系就是以三大定律为公理体系,规定了"作用力"、"反作用力"、"匀速直线运动"和"外力"等术语之间关系的命题,然后逻辑地推导出全部定理。管理研究中的"X理论"和"Y理论",对人性不同的假设,便会在行为理论、组织理论方面演绎出完全不同的理论和命题。第三,理论要能解释现实。理论的最终目的还是为了揭示事物和现象、发生的原因、机理,不论如何抽象的命题,都要经受实践的检验。前述"决策理论"发展的历程,前期的理性决策规则,就是因为和实际决策行为偏离,先后出现许多用学术语言描述这种偏离的悖论,包括 M. 阿莱(Mourice Allais)悖论,特沃斯基等心理学家提出的参考点效应、框架效应悖论,等等。然而,这些发现又拓展了决策理论。

第七节　推理

推理(reasoning)是从命题出发,逻辑地推出另一个命题。推理过程涉及一组结构化的命题,这组命题常分两类:前提和结论。如果一个命题是以同一推论框架中其他命题为基础衍生而来,则此一命题称为此推理中的结论,而其他命题为此一结论提供证据和理由,称为前提,这是从逻辑学的角度而言的。从数学角度,前提和结论相应称为证据和假设,控制论的术语是输入和输出,医疗诊断推理则用症状和病症。所有前提、证据、输入和症状等都属推理者原有的或当前观测到的事实。运用这些知识推导出结论、假设、输出或病症的过程便是推理过程。

推理研究包含对推理程序的研究。所谓推理程序就是逻辑学所注重的推理所依据的推衍形式,也称之为推论(inference)。推论中一切作为前提的"理"都被抽掉了,所剩下的是共同推理的程序。如"月晕而风,础润而雨"。月晕,础润,为已知之事实前提。风,雨,是未知之事。推论者判断两者之间有因果关系,只要逻辑推论形式对,就予以承认。逻辑推论是一种工具,任何推理都必须依据它。管理研究需要推理,否则机理无法解释,无现实价值;同时,也要推论,讲求推理的程序,否则概念不衔接,表达不规范。犹如化工生产过程,既要设计各种容器、反应炉及管道这些"空道",又要研究这些"空道"中的各相物流及其反应过程。前者类似"推论"(inference)的作用,后者类似"推理"(reasoning)。当然,空道和道内实体要相匹配。

一、归纳和演绎推理

推理分归纳(induction)和演绎两类。归纳推理指从具体事实到抽象理论的过程,从数据或证据出发推出结论。事实支持结论,而结论解释事实,归纳出结论是一个推理上的飞跃。演绎推理则是指从抽象理论到具体事实的过程,它的结论必然能从前提推衍出来,如前提为真则结论为真。演绎常可理解成归纳的逆向思维。演绎从一般到具体,从解释到事实,而归纳从具体到一般,从事实到解释。

事实上,在研究过程中经常需要综合运用两种推理方法。当观测到一项事实并产生"为什么"的疑问时,归纳推理出现,人们将提出一种初步的解释(假设),如果能解释面临的事实或事件则假设合理。至于是否能解释这个事实或事件,根据是否正确,又要凭借演绎思维。

对比两种推理方法,可用考试复习时间和成绩之间的关系来说明。考试前复习时间多,成绩总要高些。按演绎推理的思路,首先根据这种认识提出复习时间与成绩为正相关假设,如图 2-6(a)。第二步,观测有关事实,图 2-6(b)代表收集到的统计数据散点图。图 2-6(c)则是观测值和假设的比较。观测数据不可能和期望的完全一致,人们需要判断两者的拟合(或差异)程度是否能确认原先的假设。按归纳推理的思路,图 2-7(a)表示开始收集的样本数据,然后便是概括阶段,找出一条最能反映此种数据分布的关系曲线,见图 2-7(b)。曲线表明,复习时间为 0～10 小时,考分随时间增加较快;10～30 小时之间,分数增加甚小;30 小时以上又急剧增加,归纳两变量关系得出初步结论如图 2-7(c)所示。在现实生活中,今后此两变量间是否符合此关系,有待检验。

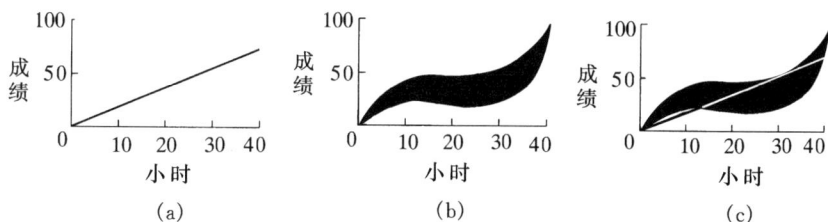

(a)假设; (b)观测; (c)接受或拒绝假设

图 2-6 演绎推理

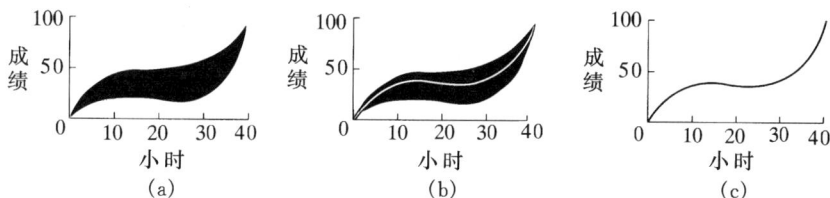

(a)观测; (b)设定拟合曲线; (c)初步结论

图 2-7 归纳推理

二、华莱士模型

实际推理中,演绎和归纳方法总是相互交替运用。图 2-8 所示的华莱士(W. L. Wallace)总结的科学研究过程推理模型,理论(theory)、假设(hypothesis)、观测(observation)和经验概括(empirical generalizations)四要素形成没有终端的研究工作循环。将此模型分成左右两半的话,右边 T－H－O 表示演绎推理过程,先以某种理论为根据提出假设,然后观测事实,验证此假设。左边 O－E－T 表示归纳推理过程,先观测事实,再进行经验概括,经验概括就是根据统计数据和事实,概括出经验定律或经验公式,然后将此经验公式纳入理论体系,作出机理解释。如将此模型分成上下两半,则上半部 E－T－H 表示理论研究内容。经验概括(E)又

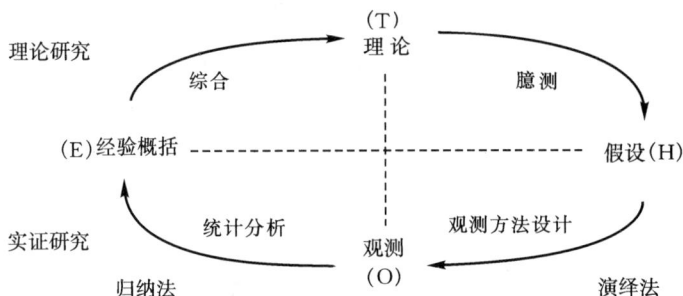

图 2-8 演绎与归纳的关系

可称之为研究发现(research finding),即通过验证的假设,这些发现和其它命题综合,抽象出新的理论或修正充实原有理论。如金属会生锈,动物要呼吸,煤炭可燃烧等均系经验概括,这些经验概括抽象出氧化理论,氧化乃是产生这些现象的共同原因。又如政府官员利用颁发资格证书、许可证、营业证、资源额度和审批建设项目及人事任命等权力谋取私利的现象,概括为官员利用这些政府产品寻租的问题,形成了"寻租理论"。这种由经验概括上升到理论,实际上是经历了认识上的一次"飞跃",并非是靠观测事实和规则概括就能推导出来的,需要研究者的直觉判断。在形成新的理论基础上,又可演绎(deduction)出新的假设,例如,按寻租理论可提出"建设项目审批环节少的政府部门比环节多的部门要清廉。"模型下半部H-O-E表示经验研究即实证研究,提出以一种假设作研究的起点,然后观测事实,并通过统计分析,总结这些观测结果,证实或证伪最初的假设,称之为经验概括。研究生学位论文工作的主要内容应反映出实证研究过程。

华莱士模型表示观测、经验概括、理论和假设四个要素直接或间接相互作用。从经验概括到理论(E-T)是综合抽象过程,T-H是以理论为根据臆测出某种假设的过程,H-O是设计收集数据和事实的方法以验证假设的过程,而O-E则是统计分析从数据和事实中定量地辨识出变量间关系的过程。然而,此模型上、下和左、右部分无法分割,实证研究中假设的提出离不开现有理论的导向,面临研究问题,有许多不同的处理方法,理论起到导向作用,指出最有效的途径,设定最有效的假设。理论也建立在若干事件观测和经验概括的基础上。理论推理与经验论证以及演绎推理与归纳推理的互动,形成研究工作的良性循环。具体的研究工作可能只包括其中一个或几个阶段,但都与此模型中的其他阶段互相关联,理论和观测事实不能脱节,从观测到经验概括阶段,这段工作价值的大小直接要看验证假设的价值,而假设的价值取决于它在理论架构中所处的地位。同样,在理论臆测推出假设的阶段,也要考虑到假设验证时现实生活中涉及的事实。

第八节　分类

概念的构成包括内涵和外延两方面。内涵指概念所反映事物的特性,定义就是界定概念的内涵。外延指具有概念所指特性的事物,分类则是辨明概念外延的逻辑方法。科学研究中对关键概念既要赋予清晰的定义,同时也离不开对概念外延的探讨,外延探讨是研究深入的途径和标志。

一、分类的作用

首先,分类是科学研究的主要内容之一。有些学科像动物学、植物学等有了分类才成为科学。以鸟的分类来说,鸟有 8 514 种(species)。种的含义是一个生育繁殖的群体,属于一个种群的鸟不会和其他不同种群的鸟交配。种之上是属(genus),一组类似的种形成属。属的上面是族(family),鸟共有 215 族。特征相近的族再归纳为级(order)。最后,所有级形成类(class)即鸟类。这种分类系统使科学家能确切地区分 8 514 种鸟。

图书编目、文献索引也都是值得研究的课题。像图书分类,在图 2-9 中,"图书"是总类,算最高层次;哲学、文学、科学等是第二层次;"科学"之下的数学、物理学等是第三层次,这样一直下去。管理学科分类本身就是有意义的研究课题,大学管理教育系科的设置,出版图书部门对

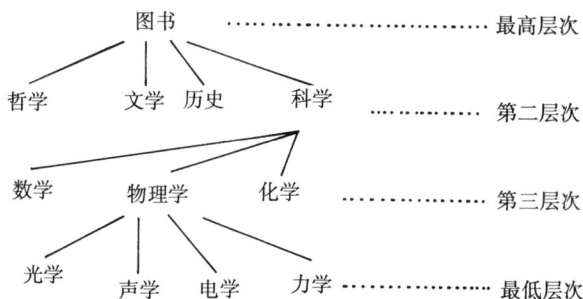

图 2-9　分类层次

管理书刊目录的厘定、研究项目指南、管理人员岗位设定等均有赖于学科的科学分类。

其次,分类是深化研究的一种途径。研究者研究任何事物情况都自觉或不自觉地会选定某种视角和某个层次(layer,level)来看问题。企业管理人员、政府官员和教师参观或考察一个企业,会得出不同的"心象"。即便是企业管理人员、总经理或从事人事、技术、生产、供销、财务等不同岗位的管理人员,看问题的角度也会不同。不同视角给研究者提供了新发现的潜力,机械制图有三个视角就可把所描绘的对象表示清楚,现实问题则可说是存在无限的视角。然而,对一个研究项目或研究论文来说,只能是选用某一个,最多也就2~3个视角,常听到有所谓"全方位"研究,实际上是做不到的、不可能的,动听的名词,仔细推敲却往往不符合事实。

从新的视角(perspectives)去看问题才会有新的发现。不同视角便有不同的分类,生产部门、社会福利部门和计划生育部门对企业职工都会有各自的分类。所以说,研究对象的分类并非是绝对或唯一的,而是视研究目的而定。门捷列夫(Менделеев, Д. И.)发现元素周期律之前,人们只追求把性质相似的元素归并在一起,而门捷列夫则把原子量相近的元素列为毗邻,把性质不相似的元素彼此联系起来。从原子量角度归类便能外推,预见新元素,成为化学学科的历史性重大发现。

选定了一定视角以后,研究对象还可按层次划分。如图书分类,先从某个视角,亦即某种准则来分,可按作者姓名字母顺序分类,也可按学科分类。如图2-9中按学科分类,随之再分层次。从最高层次开始,分到第二层次,再到第三层次,一直下去。分类之起点与终点都是相对的。在分类时,需要从被分类对象的哪一层开始,就以该层为起点,需要止于哪一层就止于那一层次。就此例来说,如果藏书室中只有科学书而没有别的书,分类只需要从科学书开始,因而分类的最高层次就是科学书。科学书分门别类很多、很专业,可以按层分下去,直至最窄的一层。

分类的始点与终点虽然可以不同,可是,在分类之中,各类层次必须清楚,而不能相混,这一原则是必须遵守的。同一层次的事物,在分类中必须与同一层次的事物并列,否则,便是分类紊乱。

研究问题总是要从高层次延伸下去,就像挖矿一样,宝藏往往在深层,研究工作的新发现也往往在深层次。逐层归类就是将研究问题逐步聚焦使研究工作深化的过程。

最后,分类和定义之间有密切联系。定义项一般情形下是属加种差,而归类就是把属分为若干种,给定义提供了条件,否则种差内容无法辨识。当然要把研究对象加以分类,也必须知道"属"的定义,否则无法区分共同属性和个性,无法找出种差。

图书馆编目以及生物学中则将生物分为种、纲、目、科等,这些都是分类的应用,而不是分类原则、原理。如果只注意到分类的应用,不注意分类的原则,遇到被分类对象太复杂时,分类就难免陷于混乱或错误。最简明的分类原则是二分法(dichotomy),X 表示最高类,由此开始,X 之下分 X_1 和 $\bar{X}_1$,$\bar{X}_1$ 是 X_1 之辅类即非 X 之事件。"国有企业"是一类,"非国有企业"是国有企业之辅类,X_1 类之下又分作 X_{11} 和 $\bar{X}_{11}$ 两类,如中央直属和非中央直属。这样一直下去,每一类及其辅类可再分一个层次,以至于无可再分或不必再分。二分法已被当作是分类中的最基本的程序,其他分类通常可看作是二分法之扩展。

二、分类规则

史济彦著文谈到分类问题,认为分类是研究中常碰到的事,似乎并不复杂。正因为这样,不易引起人们的重视,在实际应用中常常会出现不少错误和混乱。他说:"我对分类工作还是比较重视的,但常常处于想当然、自以为是或人云亦云的境地。后来为了某种需要,学习了形式逻辑学,才了解到分类时不但要有足够的材料,而且要有层次,每个层次要有同一个分类依据。于是我联系自己教学、科研中用到的一些分类例子,发现问题很多。当阅读他人论著或旁听其他老师讲课时,发现在分类上也存在不少问题。例如把抛木机分成机械式和动力式,就缺乏统一的分类依据。又如木材陆运常分成森林铁路运输、拖拉机运输、汽车运输等数种,其中,第一种分类依据是'路',第二和第三种的分类依据却是'机'。再如,在集材分类中,常会分成人力集材、架空索道集材等。其中,有的以力源、有的以机械、有的以道路等分类,依据标准不统一,层次不清晰。这些都表现出人们思维的混乱。"

在撰写论文或制订研究计划中,即使不进行分类研究也会涉及分类问题。论文中经常会提到"分两方面(或几方面)来谈……",这实际上也是分类。不能第一方面的问题谈的是企业内部问题,第二方面就转到宏观问题,两者不是同"属"。在评价一篇研究生论文时,如果论文、目录的各级标题符合分类规则的话,也是作者思路清晰、结构严谨的标志之一。有的论文在概括"特征"时，往往写上许多点，像有篇论文提出企业战略的 12 个特征：创新性、适应性、整体性、深入性、综合性、前瞻性、主动性、经验性、风险性、导向性和连续性等，就显得太随意。从分类规则来看，就能发现其中存在层次不清或分类依据不一或相互混淆的毛病。其实，在整个研究工作和论文工作中，研究者脑海中应该对涉及的每个关键概念，包括主题在内，都要有个清晰的层次、分类概念。为这些关键概念准确"定位"，才不会产生用词上的混乱，才能辨别名词和名词之间的关联是否安排恰当。

分类规则是分类过程必须遵守的基本规则，也是检查某项分类是否正确的准则。分类规则主要有四种。

1. 完备性

划分出来的种的总和，应当等于属概念的外延。

$$M = P_1 + P_2 + \cdots + P_n$$

这就是说，任何一个隶归于"属"M 的项目都能在"种"P_i 中找到，而种项之和应系"属"的完备集合，不能让该"属"的任何"种"项被遗漏，违反这条规则的叫"子项不完备"的错误。

例如，把海分为陆缘海、陆间海和岛间海，既没有超出海的外延又包括了海的所有可能的"种项"。这就是说，陆缘海、陆间海和岛间海已将"海"的概念外延，概括无遗。

分类所设置的项目必须足以穷尽所分对象，如果图书馆藏的哲学书有西洋、印度和中国的哲学，便需将哲学书分为三类。在生物学中，如果发现新种，原有的分类不足以涵盖它，便需要创建新的类别。

2. 准则（criterion）唯一性

每一层次的分类必须有一个准则，这是分类的出发点。看似简单的规则，但忽视或混淆分类准则，则是常见之事。俞吾金曾指出人们常把哲学分为中国哲学、西方哲学和马克思主义哲学，这里的"中国哲学"，以国别为分类准则，而"西方哲学"则以区域为分类准则，"马克思主义哲学"则以学派作为分类准则，这便是分类准则紊乱①。

每属分类只应有一个分类准则。例如，我们要对人类分类，可依其肤色来分，如果高兴的话，也不妨依其高矮来分。但是，每一种分类，在同一层次上只可用一个准则，如果采用两个以上的准则，那么便形成跨越分类

---

① 俞吾金.哲学的困惑和魅力，文汇报 2005.1.4.

(cross division)。跨越分类,为科学研究工作的一大忌。我们对人进行分类时,如果按肤色分,又同时按高矮分,那么便分出"高白种人","矮白种人","高黑种人","矮黑种人"等,这就不合适。

这种错误可用图 2-10(a)解析。只有不存在 P_1Q_1 和 P_2Q_1 情况的分类才是正确的,虽然现实生活中总是存在这种结合。正确的分类如图 2-10(b)所示。

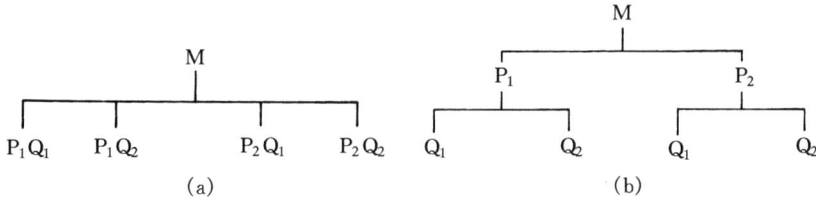

图 2-10　分类准则

（a）跨越分类；　（b）按同一准则分类

同一类别的种概念可能有质的差异,按研究需要,可容许用不同的准则划分下一层次的种群。如图2-11所示,P_1 下层次的种按 Q 的准则分为 Q_1,Q_2,而 P_2 下层次则按 R 的准则分为 R_1,R_2,这样的分类可称"异质分类"。

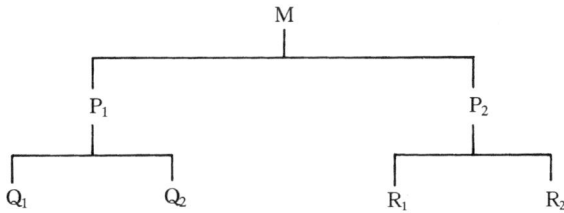

图 2-11　异质分类

3. 种的独立性

根据种差划分出来的各个种项应互不相容或称全异关系。如果任何一个被分类的对象既属于这个种项又属于另一个种项,便会引起混乱。违反了这条分类规则的错误,叫做子项相容错误。如果被分类对象之间相关,并非独立,也是相容错误的表现。

4. 分类中不得跳跃逻辑等级

此规则虽非绝对必要,但违背它会使分类丧失严谨性和直观性。分类层次不一致的情况下,容许一部分进行到下个层次,而另一部分不再分下去,如图 2 - 12(a),但不能把图 2 - 12(a)压缩成图2 - 12(b)。

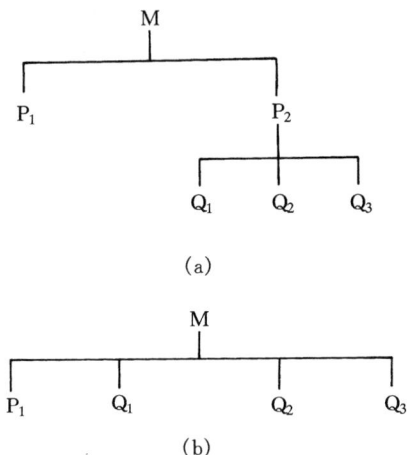

(a)

(b)

图 2 - 12 分类示例

(a)层次不一致的分类； (b)逻辑等级混同

三、规则偏离情况

按上述四种分类规则来审阅研究生论文的话,常会发现违反规则的问题。有篇论文研究公司对经营风险的承载能力,将影响承载能力的因素分为三类:环境因素、能动因素和效益因素。而环境因素包括决策能力、竞争能力,能动因素包括应变能力、聚合能力,效益因素包括发展能力、创新能力、盈利能力。进而,再分解到下一层次,例如构成应变能力的因素包括自负盈亏系数、自我消化系数、自我改造系数等,聚合、发展等其它能力也细分为若干系数。最后,给出各系数计算式,将各系数值逐级汇总得出风险承载能力值。

从分类规则来评论此例,可说每条分类规则都未得到遵守。首先,将风险承载能力分为环境、能动和效益三大类因素的准则是什么,环境、能动和效益为何是同"属",论文中没有说,读者也难以概括出来;其次,准则不明确,唯一性的规则难以符合,完备性也无从判断。如果有人说三项因素之外再加个"资源因素"或其他因素,加得对不对,没有个准则来衡量。环境的外延包括决策和竞争能力,让人费解。创新、竞争、发展能力之间相互关联,从独立性要求来看也有问题。本例中最高层次的概念"经营风险承载能力"和以下层次的概念像"竞争能力"、"发展能力"等,从逻辑层次上也值得考虑这种划分是否合适的问题。如把"风险承载能力"看作是"发展能力"的外延并非不可。研究生论文中,尤其是涉及项目评价、系统分析的论题时,经常碰到这类指标体系设计。近年来应用颇为广泛的层次分析法(AHP),其关键问题在于设定各级指标,如果指标体系分类不能符合上述四个分类规则要求,就不用再去追问它的有效性,所推算出的结果自然不可能和实际相符。

有篇论文将制造模式分成技术型、组织型和社会型三类。技术型包括手工生产、计算机辅助设计(CAD)、计算机辅助制造(CAM)、快速成型、成组技术等。组织型包括精益生产、并行工程、计算机集成制造系统(CIMS)、企业资源计划(ERP)、灵捷制造、柔性制造系统、绿色生产和清洁生产等。社会型包括清洁生产、绿色生产。在概括上述各类模式的特征时,该论文提出从主导生产要素角度来看,技术型和社会型的特征是资本、技术和知识,而组织型只是技术和知识。并说从利益享用角度来看,技术型是点利益,组织型是局部利益,社会型是整体利益。这样的分类存在以下几个问题:①分类对象的选择。既然是将制造模式分类,各分类对象应称得上是一种制造模式。CAD、CAM、成组技术、BPR 和快速成型等只是局部的生产技术和方法,还不能和灵捷制造、精益生产等并列为一种制造模式。每个层次的分类对象都应隶属于同一层次的种群,上下层次的种群不能混淆。同时,每种模式只能出现在一个类型中,组织和社会两类模式都有绿色制造和清洁生产,这就难以解释。从"种的独立性"来看,这种分类明显违反规则,CIMS 和 CAD,CAM 相容,精益生产和灵捷制造内容交叉。②分类的准则。按何种准则分成组织、技术和社会三类,不明确。CAD,CAM 是技术型,为何包容 CAD,CAM 的 CIMS 和柔性制造系统等却不归入技术型。③各类型的特征。独立的类型必然要具备"种差",即区别于其他各类型的特征。这一分类中,三种类型的主导生产要素基本一样,也就谈不上是特征或"种差"。其中提到的组织型缺资本一项,再细看,CAD,CAM 都需要资本,包括 CAD,DAM 的 CIMS 却不需要,显然说不过去。从利益享用来看,点利益、局部利益和整体利益的区分,其含义就不明确,CAD,CAM 为何是点利益,而 CIMS,ERP,BPR 就成为局部利益,也令人费解。可见,忽视分类的基本规则,在研究工作中容易出现混乱。

研究生论文中常用图形来描述变量之间的关系,亦即模型。模型的构造中贯穿着分类的思路并要遵守分类规则。首先是变量和参数的划分,变量中又分成自变量和因变量和控制变量等,参数也有定常和时变之分。其次,模型对各种变量、参数及相互关联性都要分门别类用特定形式化的符号区别开来,如系统动力学(system dynamics)模型中,用□表示水准变量,▱表示速率变量,○表示辅助变量,→表示流(物流、信息流),用来显示变量之间关联等。这样,每一种符号都应表现属于同一类的变量、名词或概念。现在,有些论文构造模型显示出随意性,这从分类的视角就能辨别出来。例如,一篇论文建构的模型中有许多方框,方框之间有箭头连接,同样形式的方框内,有的指资金等要素变量,有的代表要素变量的变化,有的又代表变量间关联的结果(如"不平衡"、"不和谐"等),有的则代表人的参与行为(如"评估"等)。同样形状的方框内不是同一类的变量,这种模型就不能清晰地表现各变量间的关联状况。

四、分类准则的选择

前面讨论准则的唯一性,至于准则的选择在分类中大有讲究,高明或笨拙,其效果差异甚大。段海光曾举例说明:假定有 10 个对象,都有 5 种属性,现以大写 A,B,C,D,E 分别表示具有这 5 种属性,以 a,b,c,d,e 表示没有这 5 种属性,试以 A 作为准则加以分类。有如下分组:

ABCDE	aBCDE
AbCDE	abcde
AbCdE	aBCdE
Abcde	aBcde
AbcDe	abcDe
⋮	⋮

从该组字符中可知第一列均具有属性 A,第二类中都不具备属性 A,在这两类中,除第一类有 A,第二类无 A 外,不能发现属性之间存在的关联。

如果再以属性 C 为分类标准,便有如下的结果:

ABCDE	Abcde
AbCdE	AbcDe
AbCDE	abcde

abCdE　　aBcde

aBCdE　　abcDe

　　⋮　　　　⋮

从这一组字符中可以看出,凡有 C 的对象均有 E,凡有 c 的都无 E,C 与 E 同存。除此之外,A,B,D 随 C 的出现或有或无,可能是偶然的性质,所以,第二种分类结果比第一种分类有用,有 C 和 E 关联的新发现。动物学家如以颜色与形状作为动物分类的标准,那么难免把鲸与其他鱼类放在一起,把蝙蝠与燕子视为鸟类,这样一来,一定会笑料百出。因为颜色与形状,在决定动物分类上,为不相干的因素,这样分类,势必产生混乱。如果动物学家以脊椎为分类准则,分动物为两大类:一类有脊椎类,一类无脊椎类。这么一来,便可表出其他同存的属性,例如,凡有脊椎者皆有齿和嘴,脊椎都有神经。

再以选举代表为例,人们都有意无意地在思想上确定一个选择的标准,这就是进行一种分类的活动。如果以"说话漂亮"为选择标准,那么,诚实、正直等代表所必须有的品质不见得会随说话漂亮而有,而且,不诚实、不公正等坏的品质,也可随说话漂亮而来。由此可见,"说话漂亮"并非是人们进行正确选择的标准。如果以"公正"为选择标准,那么,我们所要求被选者的其他属性,如诚实等,也可以相随而来;而欺诈、自私等恶劣性质不会随"公正"而来,所以,拿"公正"作选择代表的标准,比拿"说话漂亮"要可靠得多。

与分类刚好相反的便是归类,依事物的属性或其他共同点而把它们集成一类叫作归类。一般人们所作的归类,是依据个人的需要、兴趣,甚至注意力而定。当缺乏科学的眼光时,常常把不重要的属性当作标准来归类。呼吸、燃烧、生锈,一般人以为各是不同的现象,但科学发达以后,知道这是由于氧化作用所致,因而都是一类事物,这是原先不可想象的。

归类是在许多事物之中找共同之点。认识一个类,就是从许多单独的事物中认识基本相同的因素。归类方法是科学首先采用的方法,许多科学在一个很长时期停留在归类阶段,植物学、动物学尤其如此。

假若我们看见具有一些共同性质的对象,例如人,那么可以根据他们所有的共同性质把他们组成一类,叫人类。我们再发现一些东西,如马,它们彼此之间共同的程度大于它们与人类的共同程度,于是把它又组成一个类名曰马类,后来又看到人类与马类固然不同,可是两者之间的共同点多于两者与树和草的共同点,例如两者都能行动,这是树和草都没有的特点,于是把两者都归为动物类。当然,也能概括植物的共同特点,如能制造绿色素,能直接从土壤摄取营养等而归结出植物类。

归类也是有层次的,不过程序和分类相反。归类程序从最小开头,一层一层地归结到最大类,每归一次类则类加大一级。归类的时候所必须遵守的原则和分类所遵守的原则相似。

第三章
管理研究设计

　　研究设计(research design)是对研究课题的规划,也是谋求新发现的策略。研究设计内容可以多种多样,然而都围绕着两个目的:第一,辨识问题,提炼主题;第二,论证和验证主题,亦即回答解决什么问题,预期取得什么结果以及选择论证此预期结果的技术方法。

　　管理专业研究生撰写论文时,容易将研究领域和研究问题混为一谈。当回答选什么题时,往往会说像政企分开、现代企业制度、寻租问题、企业文化等题目,或者说得具体些,企图解决一些现实问题,如"国有企业亏损的原因"、"科技成果转化率低的原因"等,这些回答离开管理研究所要求的辨识问题还差距甚远。像政企分开和现代企业制度等是个研究领域,而一项研究课题或一篇论文不可能研究该领域的所有问题。如政企分开,指哪一级政府,中央主管部门还是省一级或地方政府。研究政企分开的原因和后果,还是实行政企分开的途径,或者政企分开和企业发展的关系等,需要有明确的目标。探讨国有企业亏损的原因同样有从何下手的问题,涉及的范围是全国的还是省或区域性的,研究课题的委托人是谁,政府还是企业,等等。研究生在选题时往往希望解决大问题,回答更多的问题。然而,绝非问题越大越多,研究课题的价值就越大。相反,问题越大越多,取得满意结果的可能性往往越小。诺贝尔经济学奖获得者科斯(Ronald H. Coase)在看了"天则经济研究所"的中国制度变迁的案例研究计划后,很感兴趣,但提出批评说,这个计划太野心勃勃了。现在只能是一个开端,四个月想完成是不可想象的,也许四年,也许 40 年①。好的

---

　　①　盛洪. 我读科斯(之二). 读书,1996.5.

研究设计决非无所不包追求全面完整,而是采取规范地探索有限主题的
策略。

研究设计过程可以用图 3-1 表示,分两部分:第一部分属于问题辨
析;第二部分则是假设论证(hypothesis argument)和假设检验(hypothe-
sis testing)的过程。

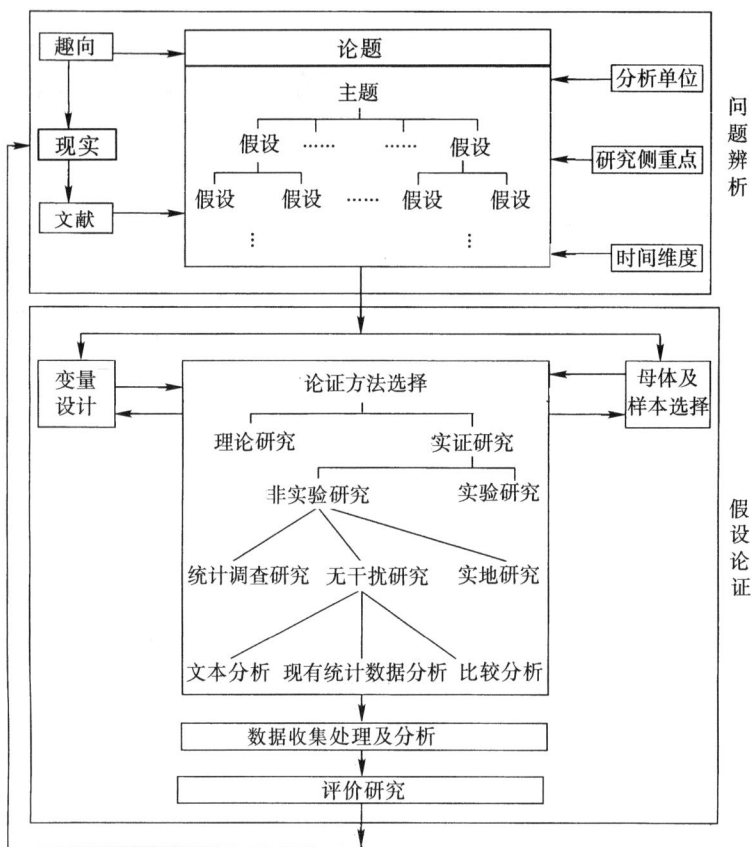

图 3-1 研究设计过程

第一节 问题辨析

图 3-1 中的第一框属于问题辨析或称问题阐明(problem formula-
tion)。对于研究生来说,选择适当的研究问题可能是研究工作中最困难

的一步,为了找到合适的研究问题可能要经历许多不眠之夜。找不到题目并不意味着缺少值得研究的问题,实际上可供论文工作研究的问题可说无穷尽,只是对现实的管理问题缺乏敏感、了解和深入思考,对有关文献还不够熟悉。所以,研究生不必为暂时找不到合适的论文题目而思想紧张,形成负担,只要悉心观察现实中的管理问题,认真阅读文献,方法正确,总是可以找到的。一旦找到合适的问题,研究工作就向前跨出了一大步。爱因斯坦曾经说过:"提出一个问题往往比解决一个问题更重要,因为解决问题也许仅是一个数学上或实验上的技能而已。而提出新的问题、新的可能性,从新的角度去看旧问题,却需要有创造性的想象力,而且标志着科学的真正进步。"李政道也说过:"要开创新路子,最关键的是你会不会自己提出问题。能正确提出问题,就是创新的第一步。"

一、寻求论题

为找到合适的研究问题而花费较多精力是值得和必要的。辨识问题的第一步是寻求论题,即选择一个范围较广泛的研究领域。例如,上面提到的现代企业管理制度、政企分开、国有企业亏损原因等都可以作为论题。然而,任何一个研究领域的提出都离不开研究者的兴趣,缺乏兴趣的研究,不得已或被动地去完成任务,很难取得有成效的成果。丁肇中说:"好奇心而非经济效益是科学研究的原动力。"张五常劝告:"同学们若没有好奇心,就不应该在什么学位名衔上打主意。"好奇心的表现形式便是兴趣。所以在图 3-1 中特别标出"趣向"的要求。只有对某一专业领域的酷爱和献身精神才能得出突出的研究成果。趣向一方面来自对新理论、新发现的追求,当现有理论或他人研究成果不足以解释实际现象时,引发人们的理论研究兴趣;另一方面,来自职业的需要和对实际管理问题的关心。疑难多来自现实问题,或对某些企业管理问题感到迷惑不解,如:企业的负债率为何那么高? 为何国有大中型企业亏损面那么大? 或对某些政策制定或实施结果有疑问,如:提了十几年的政企分开,为何总是分不开? 二战后,工业发达国家的企业总体利润率保持稳定上升,原有理论难以解释,需探索新的理论,熊彼特的技术创新和"创新消亡过程"理论却可用来很好地回答这个问题。实际和理论疑难都可能引发出有价值的问题,但在管理领域中,从解决实际问题出发更为可取,即使理论问题的提出也离不开对现实的观察和归纳。

对管理专业的研究生来说，撰写论文是知识和学问运用的过程，也可说是从学习阶段步入研究阶段的转折。知识本身并没有告诉人怎样运用它，运用的智慧在于书本之外。这是技艺(skill)，不体验就学不到。知识运用的训练正是研究生多年在课堂学习中所欠缺的。研究生要珍惜这样的机会，全身心地投入论文工作，才会激发兴趣。否则，自己可能会人在福中不知福，不知道充分利用一辈子不可再遇的大学良好学习条件，而自觉或不自觉地去追求一些别的目标，分散精力，兴趣不强烈而被动完成任务，只求捷径，能通过答辩就行，这样便无法做好论文。

目前，理工科背景的研究生有的偏好某种理论或方法，论文要解决的问题尚未辨析清楚就提出要用某种数学方法或模型，让问题适应他感兴趣的方法。这还是沿袭长期在校读书做习题的方式，题目都是书本或教师给出，自己只要选择方法解题，目的是为了学会某种理论或方法，并非解决问题。问题导向或方法导向是研究和学习区别所在。有文科背景的研究生有的偏好系统的理论框架，把某领域的知识都统进自己的框架中，用类似教材的写法完成论文，这也有悖于论文要求。当然，这并非否定研究生的专业基础，相反，要充分发挥自己的专业优势，形成自己的趣向。

按自己的趣向和优势找到论题，确定研究领域，固然必要，但离辨析出研究问题尚远，下一步则是将研究领域细化为研究问题。研究问题提出过程就是研究领域问题分类、问题定位和变量筛选的过程，先是确定对问题域的研究视角和切入层面，然后再寻找研究主题。在此过程中要辨析清楚下面一些要素。

二、辨析要素

问题辨析阶段主要任务是找出研究问题，即图 3-1 中的主题和假设树。在辨析过程中始终要把握住以下几个问题，即：(1)分析单位；(2)研究侧重点；(3)时间维度。

1. 分析单位(units of analysis)

分析单位是指研究对象。研究工作将围绕这些对象来收集资料，并描述和解释其特征。管理研究中，通常可概括出五种分析单位：个人、群体、组织、项目和社会产品。

(1)个人(individual)

管理研究经常把个人作为分析单位。企业高层管理者、工人、工程师、供应者、消费者和政府官员等都是管理研究给予关注的对象,研究者探索这些群体的特征和行为以及这些群体间的关联状况。然而,这些群体都是由个别的成员组成,只有以个人为分析单位才能描述和解释群体的行为和特征。像时间动作研究,是建立在个人工作写实基础上,研究结果却得出同类工人都适用的合理操作规程和劳动定额。

一旦确定了作为分析单位的对象,那么在整个研究中要保持前后一致,不能从某类个人或群体转移到另一类个人或群体。数据分析过程不免用到统计技术,借以归纳出一些描述群体的指标,如平均值等,但数据集结不能回避以个人为分析单位的事实,数据来自个体。

(2)群体(group)

当研究的着眼点是群体和群体间的行为差异时,研究单位为群体。即使研究个人,也只是表示某个群体的样本。如中层管理人员、生产工人、技术人员等,还可以细分,如各种学历的技术人员,不同工龄的工人等,都可作为研究单位。

(3)组织(organization)

组织是指具有共同目标和正式分工的群体,像企业、学校、医院、商店、政府机构等各种组织。对于各类组织,都有描述其特征的一些指标,如企业的年纯利润额、资产总额、R&D投入份额等。如果研究不同所有制企业的经济效益指标差异,其分析单位便是企业,观察对象为企业。

(4)项目(program)

项目可以为个人服务,如社会福利项目、培训教育项目;可以存在于组织内部,像新产品开发项目、技术转移项目等;也可以是跨组织项目,像国家级高新科技研究项目等;这些项目都可作为单独观测和收集数据的对象。

(5)社会产品(social artifact)

社会产品指由人们生产的各种有形和无形的产品。有形产品,如机器、厂房、汽车、家电等,无形产品即信息产品,如商誉、技术诀窍(know-how)、管理体制、管理渠道等。

管理研究涉及的问题繁多,包括:人的行为,个人需求,个人绩效和激励的关联等;人与人之间的交互关系,如委托代理关系、契约关系、谈判对手关系等;企业与企业间竞争、合作和交易行为的研究;社会产品研发、生产、分配的过程或传播过程,以及此过程的管理机制等等。然而,不管怎样复杂的管理问题研究也须辨别出分析单位,这对于论证阶段的数据收集和分析尤为重要。

清晰地认定分析单位可以避免出现错位的毛病,防止将按某种分析单位导出的结果归属于另一类分析单位。如某企业调查报告表明,该企业职工缺勤率高,未婚职工的比例也大,这可能引诱人们得出不恰当的结论:单身职工是引起缺勤率高的原因。此即分析单位的层次失误。企业调查报告是以企业为分析单位得出的。单身职工比例大、缺勤率高说明两者之间有相关性。但这毕竟是以企业为分析单位时出现的相关性,而要弄清单身职工和缺勤的关系,须以职工个人为分析单位,收集数据加以验证,因为还存在其他引起缺勤率高的因素。又如,企业某高层管理者在青工比例较大的甲车间获得的支持率比青工比例较小的乙车间要高,不能由此得出结论,青工较中老年职工更支持此高层管理者,因为,分析单位是甲车间和乙车间,并非青工和中老年职工,支持率高也可能是年龄结构之外的因素所引起的。所以,要注重分析单位的层次和对象,从收集数据到推导结论过程中,不可随意转换分析单位。

再说一下分析单位和数据源的关系。分析单位确定以后,便可围绕此分析单位观测和收集数据,但数据来源并不一定来自此分析单位。譬如统计年鉴各企业的规模、年销售额等数据,然而这些数据并非直接来自作为分析单位的企业,而是统计部门,实际上是统计部门的某些工作人员之手。所以研究者要注意数据来源所引起的偏差。即使统计部门的数字是根据企业上报综合的,企业内不同部门和不同人填写的报表也会有差异。

有的论文在论证过程中前后涉及不同的分析单位。如一篇研究企业委托代理关系的论文,所罗列的论据中谈到企业内部的主管和中层管理人员的委托代理关系,又谈到企业和政府之间的关系,还有政府内部上下级官员之间的关系,甚至讨论到大学校长和教师之间的关系,这样得出的结果难以令人信服。出现这种分析单位混淆的情况,可能由于作者对"分析单位"在研究中的作用不清楚,也可能来自一种担心,怕局限于某种分析单位而影响论文结果的价值。这完全是一种误解,一篇论文只能针对有限的研究范围,选定企业内部委托代理关系或国有企业主管和政府部门之间的委托代理关系都可以。研究结果在此有限范围内得到验证,便是扎扎实实地得出了别人可引用的创新成果。至于此结果能否扩展,是否适用于其他部门,这是后面要讨论的外部效度问题。外部效度需后续研究人员或对本研究结果有兴趣的同行进一步去验证。别人可以在此基础上继续纵深做工作,正说明本研究的价值所在,不可能也不应期望一篇委托代理的论文能适用在所有场合。有限范围内做出的成果,别人有兴趣试用,这就是研究工作的进展。

2. 研究侧重点(points of focus)

一项研究工作的范围总是有限的,研究设计初期要不断地"聚焦",缩小研究范围。在确定分析单位之后,接下来就要考虑研究这些分析单位的哪些方面,如研究对象是民营企业,那接下去一定要回答研究民营企业的什么问题,可研究的问题很广泛,一般说来可以从三个方面,即按门类、特性和行为来"聚焦"。

(1)门类

分析单位可以按某种特征或状态来分门别类。如分析单位为个人,则可按性别、年龄、高度、婚姻状况、出生地等人口学特征归类。群体和组织可按规模、组织结构、地点和成员组成归类。有形社会产品可按重量、形状、颜色和使用性能等归类。有时,也可按活动发生的时间、地点、涉及范围等归类。分析单位归类是研究工作深入、细致的一种途径。

(2)特性

分析单位如为个人,其主观特性可从个人的态度、价值观念、信仰、个性、动机、偏好、倾向、思维方式等方面来分辨。分析单位如为群体和组织,则组织的目标、政策、文化等方面都可以探索出其特性,像国有企业和民营企业有不同价值观,不同企业有各自的企业文化以及不同的经营策略和管理方式等。

(3)行为

行为研究往往是管理研究的重点。如个人的消费和投资行为等。群体和组织的行为如企业的产品定价、兼并、破产、采购、销售、招聘等。各分析单位之间的互动行为如寻租行为、谈判过程、委托代理行为等。

上述三项内容本身以及门类—特性、特性—行为和门类—特性—行为之间的组合等均可构成研究的主要内容。

图3-2表示研究侧重点"聚焦"过程。如分析单位选择为家族企业(family business),按辈次可将家族企业分为第一代、第二代等多种门类。特性可以在组织结构、治理结构、代际"蔽荫"等因素方面表现出来。

行为可以包括外包决策、销售、家族成员间冲突等。一项研究工作可以是这三项要素之间的不同组合,如本章第二节将提到的,不同辈次家族企业代际"蔽荫"对家族成员间冲突程度的影响问题,图中线条所示的路径只是研究题目的一种组合。

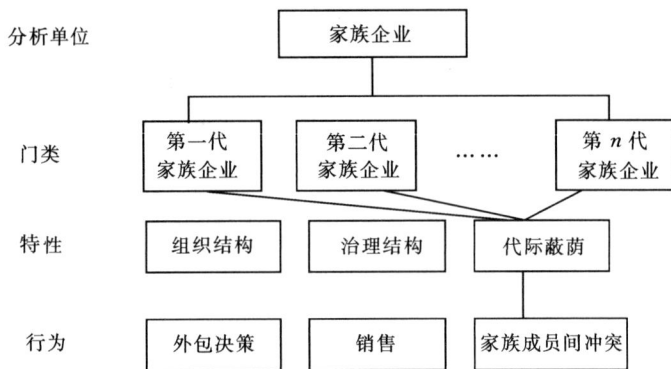

图 3-2　研究主题"聚焦"过程

3. 时间维度

描述问题阶段就需有明确的时间定位。时间是辨别因果关系的重要因素,同时,它涉及研究结果的适用跨度,此研究结果仅反映若干年前的情境,还是现在或今后若干年内适用。在明确分析单位以后,从时间维度来标定研究问题,亦是问题域细化的过程。

按时间维度来分,研究问题有横剖研究和纵贯研究两种类型。犹如拍照,是拍张全景快照,还是用摄像机连续拍下系列照片,前者即横剖研究,后者即纵贯研究。

(1)横剖研究(cross-sectional studies)

在某一个时刻点对研究对象进行横断面的研究,如经济统计年鉴即属于横剖研究。横剖研究虽然在某一时刻点收集数据,但仍可用于研究事物的发展过程。如研究工人技能提高过程,可以选择不同年龄组,例如20,25,30,35 岁,观测各年龄组的技能状况,找出各年龄组技能差距,从而推断一名工人提高技能熟练程度的经历。这种研究存在一个缺陷,研究者往往难以观察同一名工人技能的提高过程,而是三组不同的人,这样观察得出的差异可能还受到个人经历之外其他因素的影响。有时为了克服这个缺陷则采用纵贯研究。

（2）纵贯研究（longitudinal studies）

研究一段时期内自始至终的某种现象，即研究事件的变化和动态过程，时间跨度可以是年、月，也可以旬、日计，细分为三种：

① 趋势研究（trend studies）。研究分析单位某种事态随时间发生变化的规律，如企业销售额按年、月的变动情况。其特点是在不同时刻点观测不同样本。

②同期群研究（cohort studies）。研究同一时期同一类型的分析单位随时间推移而发生的变化。如企业中按年龄段或按专业分类的主体属性或特征变化过程。同期群研究注重某一类型，而不是某个体的特征。在不同时刻点可调查不同的人，只要属于同一类型就行。

③追踪研究（panel studies）。研究同一批对象随时间推移而发生的变化。跟踪研究与同期群研究比较起来，其特点是不同时刻都跟踪同一组样本。

现通过不同年龄段的人口研究说明三者的差异（图 3－3）。如果研究某时间点 41～50 岁年龄段的人口样本，并与其他年龄段（51～60 岁）的人口样本比较则称为横剖研究。如果研究 2000 年的某年龄段的人口并与 1990 年同年龄段但不同样本的人口比较则称为趋势研究。如果 1990 年 41～50 岁年龄段的人口与 2000 年 51～60 岁年龄段的人口相比

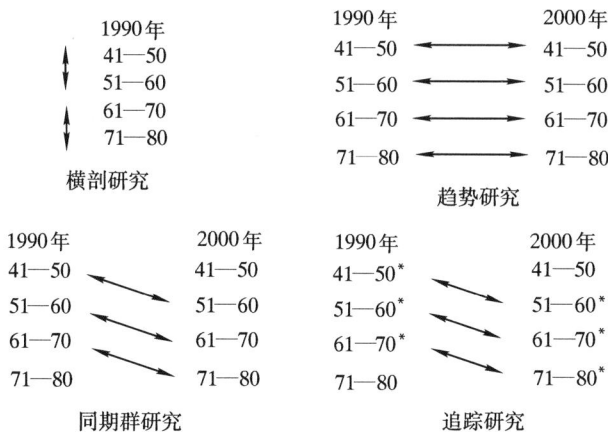

图 3－3　横剖和纵贯研究

↔表示比较；　　＊表示同一样本

较则称为同期群研究。追踪研究类似同期群研究,但 2000 年某年龄段人口的样本应取 1990 年同一样本。

采用横剖还是纵贯研究取决于研究问题性质和可操作性,纵贯研究特别是追踪研究可以提供精确的动态数据,但也有缺点,首先是被抽样的个人,其答案和行为可能受到前已观测到的事实的影响,一年后的态度即使有变化,也可能由于原先给出的回答而不愿意改变态度。其次,原先的样本,由于死亡、流动或主观原因,会逐渐减员,这就影响结果的有效性。最后,这种研究周期长,费用大,具体困难也多。横剖研究能较快、较容易进行,研究者也不用担心参与者减员。

上述分析单位和时间维度的辨析,实际上是对所研究的管理问题在空间及时间方面作出限定。这个过程的英文用词"focusing points"意思更明确:聚焦点,即找出研究重点。问题辨析犹如漏斗式筛选的过程,从感兴趣的研究领域逐渐缩小到研究主题。

三、主题

以上讨论都是为提炼主题做准备。图 3-1 中所示的主题和假设树则是阐明问题阶段的研究工作结果。一篇博士论文或一项研究计划(proposal)都应该有个主题。主题是对主要问题的说明和作者的主观回答。作为研究论文或研究报告,创新是主题选择的首要条件。一本教科书写得再好,也只属于知识的传授,而称得上研究成果或学术论文的,不论其水平高低或价值大小,都应该为现有知识宝库增添新的知识。缺乏创新就是失去论文和研究工作的灵魂。构思论文和研究计划首先要盘算是否已找到一个具有创新性而且有足够理论和实用价值、值得花精力去研究的主题。此阶段工作英文用 problem formulation 来表示,中文论文常采用"问题提出"。但问题提出还不能完全反映 formulation 的含义,后者包括提出问题和研究者答案两方面的内容,后者即是提出一种"假设"。后续的整个研究工作就是论证和验证此主观答案或假设的有效性,是否符合实际。解决前人未曾提出过的问题是创新,已有人提出过但给予不同回答也是创新。选择主题可以说是寻求创新点和提出假设的过程。

一项管理研究必须有明确的主题。艾丰在《新闻写作方法论》中将新闻作品的主题归纳为四类:无主题、暗主题、明主题和多主题。按此分类比较分析,可以更看清管理研究主题的特点。

新闻作品可报道像"喜降春雪"这类无主题的消息。这类客观事实的描述不能构成管理研究;离开阐明和解答问题,就不成为一项研究。统计报表、年鉴、科技情报等本身并无主题,也称不上一项研究。

暗主题指新闻报道的主题暗藏在报道之中,如被评为 1979 年的好新闻:

"偿还浪费公款　再次出任大臣

【本报讯】因出差花费过多而被解除职务的丹麦前教育大臣丽特·比耶尔夫人,在偿还超支的旅差费用后,最近又被提名为新内阁的社会事务大臣。"(人民日报 1979 年 11 月 5 日)

报道中看不到主题,而有弦外之音,实际是一篇提倡廉洁的报道,主题是"在资本主义国家政府廉洁问题都做到这一步,我们社会主义国家的政府官员则更应该做到这点了"。

这类暗主题同样不适合管理研究论文。因为学术研究的成果要令人可信和供人引用,问题的提出、解答问题的过程和答案一定要清晰、明确,尽可能避免读者的不同理解。

管理研究只能是明主题。把自己研究工作的主题,也就是自己的主要研究贡献或者叫创新点凸显出来,并贯穿在整个论文写作过程的始终。缺乏明确主题,很可能就把论文写成一篇知识性的教材式文章,令人读后不得要领,不清楚作者自己研究工作的贡献在何处。

多主题同样不适用于管理研究。一项管理研究和一篇论文只能有一个主题。整个论文工作要围绕这个主题展开,像照相机一样镜头只能聚集于一个焦点。如果有两个或再多的平行主题,就要写成两篇和多篇论文,像美国麻省理工大学管理学院容许三篇独立的论文代替一篇博士论文。有的研究生为了达到字数要求而犯多主题的毛病,结果各主题之间缺乏有机联系,论文难以在逻辑上形成一个整体。

单一主题并不意味着研究的创新点只有一个,创新点也有层次性,核心的创新点,作为一根红线贯穿研究始终,其他创新点则是从属性的。

1. 主题和题材

论文的主题和题材这两个概念的区别往往容易被忽视。主题指所聚集的研究问题,题材指隶属于论题范围的事实和资料数据。

题材和主题有着密切的联系。题材是提炼主题的重要依据,题材制约着主题,不可能离开题材去构思主题。管理研究的主题总是在观测某管理领域的事实后提出的。同时,主题对题材起着主导的作用,主题在研究工作之初就有了雏形,研究者根据该雏形去取舍具体事实和数据。主题和题材相互影响,主题愈明确,题材愈趋集中。

题材和主题的主要区别有:

①实和虚的区别。题材是实的,是研究中所要收集分析的数据及事实。主题是虚的,指的是要通过这些事实来论证的假设。

②平摆和贯穿的区别。题材是平摆的、罗列的素材。但主题贯穿在整个论文和研究工作过程之中,并按照此主题来筛选素材。一本好的教材可以把此领域内的题材叙述得有条有理,全面地传授此领域的已有知识,但并不存在一个主题贯穿整个教材的始终。

③已有的发现和新发现的区别。论文的研究结果中一定要有新的发现,要提出或解决一些前人尚未解决的问题。这个新发现构成了论文工作的主题。一本好的教材并不存在一个主题,它无须论证新发现。

④点和面的区别。题材的着眼点是向着"点"的,没有点无所谓题材。主题则正好相反,它总是朝向"面"的,概括性的。题材来自"个性",而主题须具备一定的"共性",概括面越大,价值越高。

主题的提炼和假设提出的思维方式是一致的,可归结为归纳和演绎两种。归纳式是指从观察现实世界的事实和现象中归纳出主题。例如,许多文献认为日本的工业政策对于二战后经济发展起到重要的积极作用,R. 比森(Richard Beason)等经过实际调研产生疑问,怀疑日本工业政策是否真的起到了积极作用,并提出"政府选择和扶持支柱产业的做法抑制了经济增长"的假设。以此为研究主题,后续研究工作便是收集战后50年来的经济发展统计数据,实证日本政府的工业政策并不成功,政府支持的部门,其生产率实际增长反而缓慢。演绎式则从公理演绎出假设。如根据西蒙提出有限理性论,可以演绎出以"满意解"取代"最优解"。由于是满意解,又衍生出关于主观效用值、主观概率等种种假设。

上述两种方式都可能提出有价值的主题。管理专业的研究生特别是缺乏管理实践的研究生,比较习惯沿用演绎法,喜欢从书本、文献概念去找主题,对所谓的热点理论和方法兴趣更大。原则上,归纳和演绎两种方式都成立,前已提到,两种方式并不能截然分开。然而从目前管理学科的研究和论文工作实际来看,更要强调归纳法。要防止对解决什么问题还未弄清就先确定用什么模型或什么方法,如把遗传算法、神经网络方法等技术工具在某种领域的应用作为主题等。技术工具一定要服从主题的需求，如能用简单方法验证主题，则比用复杂方法达到同样目的要高明。凭偏爱某种技术工具来确定主题，在应用背景很强的管理研究中至少不值得提倡，特别是研究生论文。

2. 主题先行

前面提到主题的含义应包括对问题的主观答案，初看起来似乎不好理解，答案怎么会在研究工作之前。在研究设计过程就要确定主题的主观答案，是否是定个框框再去找事实呢？艾丰在《新闻写作方法论》中谈到类似的争论，即"主题先行"问题。他认为"记者在提炼自己报道主题的时候不仅可以主题先行，进入具体的采访之前就可以考虑主题问题，而且还可以说，许多好的报道都是'主题先行'的，问题是有错误主题和正确主题之分"。这是重要的经验之谈。管理研究论文的写作或研究计划的提出，同样可以而且应该是这种"主题先行"方式，先对研究的主要贡献即研究结果是什么心中要有个设想，基本有数，研究或写作工作则是深入和具体论证的过程。

从认识角度来说，这种"主题先行"的方式相当于先有解释后找事实的"概念驱动"和演绎推论的观点，这和始于外界事实终于某种结论的"数据驱动"和归纳推论相对立。先有观点后找材料的这种思维方式往往容易受到指责，怎么可以先有个框框再去找符合这个框框的事实？由于在"文化大革命"中一些人把这种思维方式发展到了主观唯心主义的地步，"四人帮"提倡先确定"走资本主义道路的当权派还在走"的主题，然后去找新闻"事实"，甚至"没有的可以添加"，引起人们的极度反感。这导致人们的误解，以至有人以为在具体接触题材之前是不能考虑主题的。

艾丰列举了许多成功的新闻报道，指出记者在采访和写作过程中，"主题先行"是无可厚非的，问题在于所确立的是正确的主题或框框还是错误的主题或框框。错误的主题和框框经受不起社会实践的检验，迟早会被摒弃。对于主题的正确或错误，方法论无能为力，犹如推理过程符合形式逻辑并不意味着所推出的结论就符合现实。按照方法论的要求去写作正确的主题，论证会更有说服力。遗憾的是，有时按错误的主题先行的确也更会迷惑人。从前述管理情境可知，对待一个问题，思想上无框框或回避初始的主观解释也是不现实的。每个人的认识过程都是在自己原有的知识结构的背景下进行的，接收外界信息是个人主动选择、过滤的过程,信息处理方式亦取决于各自长期形成的"知识结构",无主观意向,真空式或录像机式地接收事实,这在现实生活中是不存在的。可以说,人们总免不了带着自己的框框来看待事物。假设并非是凭空猜测,它是建立在研究者知识结构和思维模式的基础上,从原有理论基础和经验提出的对问题的主观回答。

3. 逆向写作和重点突出

在撰写博士论文的研究生中,有很多人由于长期在学校读书,听老师讲课,读各种教科书,逐渐养成一种符合传授知识的思维。他们不熟悉、更未形成创造新知识的思维。这种传授知识的思维方式有异于研究问题的思维方式,两者的差异在论文写作过程中主要表现在两个方面:

第一,顺向写作还是逆向写作。写一份讲义或教材,总是先界定知识领域,给出其内涵、外延、分类和特征等,然后展开叙述。甚至写作者对其内容并未完全吃透仍可先编个提纲,按提纲顺序先动手写。写作过程中边写边深入掌握。然而,对于研究计划或论文的写作,这样做就不太合适。有的研究生对于论文的主题并未明确,没有一个基本假设和创新点,只选定某个研究领域(论题)就动手写起来,期望在写的过程中会有所发现,这样写下去十之八九是讲义式的,创新点不清晰,自己的观点和前人的混淆不清。研究论文的写作顺序要倒过来,研究者脑海中先要有"初步结果",即对某个问题有种创新观点,初步的主观答案,这就是主题。有了主题,整个论文的框架、内容和取材都要以此主题为主线进行筛选。对名词内涵、外延、归类和特征的描述,不同的主题会有完全不同的侧重点和写法,只有这样做取材才会切题和紧凑。整个论文内容取舍和安排都应围绕此主题,逻辑上才会严谨。即使是撰写研究计划(proposal),也要明确提出申请者的初步设想,对所研究问题提出回答的思路。现在有不少研究计划只是写自己准备研究什么问题,而不表明自己对此问题的新观点,评阅者就很难发表意见。譬如,一项研究计划题目是"经济可持续发展的预测模型研究",列出的内容包括"非线性时间序列预测模型的研究及应用,神经网络预测模型的研究及应用,多目标评价模型及应用,DEA评价模型及应用,区域经济可持续发展的实证研究,中国经济可持续发展的实证研究"等,看不出研究者在哪些方面有创新。用这些技术方法来构建预测模型能解决哪些以往人家未曾解决的问题,实证研究打算论证哪些问题等,计划中均未说明,令人无法判断此项研究计划的前景和价值。

第二,完整和重点突出。教材或讲义的撰写者,总是希望能够将自己认为该领域最重要的知识内容系统而完整地讲述清楚,让学生读过后,能准确而且容易地接受这些知识。研究论文的要求与此不同,其主要目的还不在于让读者弄懂你研究工作的内容和结果,接受这些知识,而是要让论文评审专家知道论文的创新点何在,它成立的根据,而且认为这个创新点是有足够分量的,值得去研究。整个写作过程中作者都要自始至终抱着"答辩"(defense)的观念,用学术的语言和内容显示自己研究工作的价值。因此,并不要求其内容面面俱到,能够完整地建立某个知识领域的理论体系,而是要重点突出,"表现"自己的创新性贡献。重点突出的要害是比较,任何一项研究工作不会前无古人后无来者,相近的研究总会有的。论文写作就是要找出个参照点,在前人某种理论或结果的基础上有所创新。参照点明确,创新及其价值才能明确,"站在前人的肩膀上"才能显现自己。在研究生论文中较常见的一种毛病就是创新点不突出,这与作者的知识传授的思维习惯有关。

对于这种主题先行、逆向写作的原则,工科专业的研究生似乎更易接受。实验或运算做出结果以后,才会动笔撰写论文。取材和内容组织都围绕实验结果亦即创新点展开。在研究工作的基础上再着手撰写论文。管理学科也理应如此,通过自己的观察思考和自己的研究工作,在有一定的结果后先确定主题和假设,开始写作论文应是后续的事情。

四、阐明研究问题

研究主题如前述是提出研究问题和给出初步答案。本节讨论如何提出和回答问题,并将此过程冠名为"阐明研究问题"。这项工作完成,论文选题才算完毕。阐明研究问题是学位论文工作的源头,是将后续各工作环节联系在一起的纽带。研究问题阐明不清晰或不准确,是战略性失误。常有研究生论文工作中途卡壳,做不下去,视为鸡肋,已付出了许多精力,弃之不舍得,做下去论文质量难以保证,究其原因,往往是选题不当。

"问题"这个在日常生活和工作中经常用到的名词,在不同的语境下有不同的意思。如"这份报告涉及五个问题","某某工作中出了问题","你提的待遇问题让我再考虑一下","这批产品质量有问题",各句中问题的含义有差异,分别是"话题","差错","要求""不合格"等。即使同一种语境,对同样的问题也可能有不同理解。就学位论文来说,问研究生论文是否开题了,研究什么问题,有些研究生可能回答,已经选好了,问题是"企业核心竞争力","企业创新能力","公司治理"等。其实,这些都是"论题",并非研究方法论视角下的研究问题。

研究问题可界定为:令人疑惑的预期与现实之间的差异。管理中任何一项决策都会考虑预期后果,这种后果一般可用某种状态指标来表示(图3-4),如企业原先的绩效指标(状态)维持在 P_1,从 t 时刻开始绩效逐渐下降到 P_2,实际却出现 $\Delta P = P_1 - P_2$ 的偏差,令人疑惑,这种预期和现实之间的差异便是"问题"。类似的情况很多,如企业利润一直较稳定,新年度开始突然上扬,企业领导层惊喜之余,还要弄清上扬之谜,这就是问题。"预期"与"现实"的差异,大体有两类。一是理论与现实的差异,书本的理论解释,现实应处于状态 P_1,实际却是 P_2,一是不同情境下现实出现的差异。

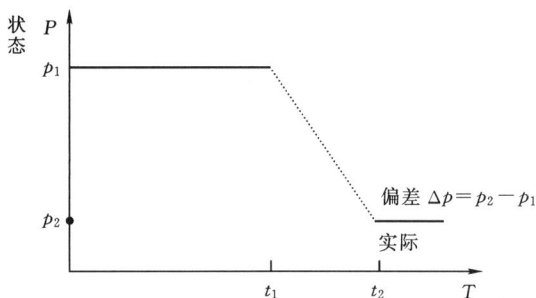

图 3-4 问题界定

如何提出研究问题,迄今尚无规范的科学方法,主要靠个人的经验知识和直觉判断,属于研究技能(skill),其中奥秘只能自己领悟,难以言传。逻辑思维和科学方法在提出研究问题过程中遇到了断层。问题求解方面,已有不少专著和教材。问题提出却不见有专著面世。

尽管提出问题靠直觉判断和想象力,难以总结出一套清晰的提出研究问题的步骤和方法,仍然有学者根据自己的研究经验,归纳出一些思路,供后学者参考。这里介绍三阶段提问的思路。

1. 发现问题

巴尔扎克说:"打开一切科学的钥匙都毫无异义地是问号",发现问题是提出问题的第一步。发现问题不外乎两种途径,一种是从观察现实入手,一种是从阅读文献入手。

著名的李约瑟之问,为什么中国在中世纪科技比较发达,到了 19 世纪对世界贡献就小了?欧洲出了牛顿、伽利略、法拉第等科学家,而中国没有。类似的钱学森之问,为什么中国冒不出杰出人才?"回过来看,这么多年培养的学生,还没有哪一个的学术成就能跟民国时期培养的大师相比。"耶鲁大学金融学教授陈志武提出"为什么中国人勤劳而不富裕?"这些都是从观察现实中发现问题的范例。上述有研究价值的问题引人思考,为什么这些现象人人都耳闻目睹,却只有个别智者提出问题呢。这就是洞察力和研究技能的差异。同时,说明值得研究的问题,并非高不可攀或难觅踪影,其实就在可闻可见的现实之中。结合管理研究来看,企业管理现实中总有各种令人困惑的现象,经营方面的销售额的突然上升或下降,人力资源方面的员工辞退频繁或求职人员增加,内部各部门或跨企业出现的差距等,都可从中发现问题。

从阅读文献入手发现问题,其实脱离不了观察现实。前述明兹伯格提出的管理者角色理论,最初就是抱着"高层管理者为何整天没完没了地忙碌工作"这个疑问开始的,对比书本、文献所说,差距甚大,才触发了他深入的研究工作。关于跨国公司对外直接投资的动因,文献中有各种说法,如利用东道国的廉价原材料和劳动力,绕过贸易壁垒或转移税收等,有学者对此提出质疑,认为靠廉价原材料和劳动力难以维持其超额利润,跨国公司对外直接投资主要受益来自无形资产,从此疑问入手得出有价值的研究结果。经济学家阿莱对以期望效用最大为准则的理性决策提出疑问,按模型算出的结果与实际决策正好相反,这个疑问推动阿莱等学者探索理论和实际差异的原因,导致行为决策理论的诞生。

研究生在论文开题阶段往往花许多时间阅读文献,这是必须的。但一定要结合实际发现文献中的疑点。不能单凭自己欣赏某篇文献或理论,就选作研究主题。有的研究生对某篇论文或某种理论有兴趣,就抓住不放,陷在人家的思维框架之中,从改变一两个变量入手做文章。例如,读到员工满意度与企业绩效关系的文章,完全从抽象概念推论,将满意度改成幸福感或者加上一个变量如员工承诺,作为研究题目,这样没有按问题导向行事,研究结果的水平必然有限。须抱质疑的态度去读文献,联系现实看文献中的论点还有哪些问题解释不了甚至不对的,在发现问题的基础上提出增加或改变某些变量,才可能做出有价值的研究。

2. 提出可供研究的问题

发现现实问题以后,可以凭自己的理论知识提出该问题发生的原因或主要影响因素,也就是为了解释或解决该现实问题,研究中准备引入的自变量。例如李约瑟之问、钱学森之问,答案可以是传统文化、教育体制、思维方式等,"为什么中国人勤劳而不富裕?"问题的答案可以是经济发展水平低、劳动生产率低、分配不公等。这些初步设想的答案和所关心的问题"科技发展水平""拔尖人才""勤劳而不富裕"结合起来,便形成可供研究的问题。

经济学家林毅夫说过[37],"不论经济学的理论还是其他社会科学的理论或自然科学的理论,都是一个所要解释的现象背后的各种变量之间因果关系的一个简单逻辑体系","经济理论无非是揭示几个重要的社会经济变量之间的因果关系,以说明我们所观察到的现象之所以会产生的逻辑","真实社会里有成千上万的变量,每个理论模型都只保留几个变量而已"。任何一项研究成果,归根结底都是新发现某种现象(因素,变量)与另一种现象(因素,变量)之间的关系。研究生懂得这个判断,对论文工作会很有帮助。

首先,开展一项研究时不至于茫无头绪,要从因素、变量入手,如上面提到的传统文化或教育体制,这都是外延较广泛的概念,着手研究时一定要设置一个变量来表征所要研究的涉及外延广泛的名词。有篇博士论文题目"环境、战略对人力资源系统与组织绩效关系的影响研究"涉及环境、战略、人力资源系统、组织绩效这些外延广泛的名词,作为一项研究,就要落实到用什么变量来表征环境、战略、人力资源系统、组织绩效,这些变量的属性是哪些,不可能研究环境或战略的方方面面,只能是抓住其中的某个特征。

其次,一项研究的注意力要放在辨识有限的几个变量之间的关系,自变量和因变量是关注的重点。因变量可以从令人疑惑的现象中概括出来,难点在于怎样从许多变量中找到关键的自变量,这有赖于研究者的技能和水平。其他要考虑的变量可作为控制变量或情景变量等处理,处理过程其实还是着眼于自变量和因变量的关系,看控制变量或情景变量在不同的属性下,自变量和因变量的关系有着怎样的变化。所以,开展研究工作时不要认为引入的因素和变量越多越好,主要精力要放在筛选变量上,在能解释现象的前提下,变量越少越好。

最后,为研究提供了评价准则。一项研究总是要有新发现或新论点,即对文献上尚未出现过的对某种变量与变量之间的关系做出的判断,管理学科博士学位论文要求的创新点,一般来说就是创新论点。有的论文不恰当地把名词定义,分类都看作是创新点,而定义,分类本身并非变量之间关系的判断,不构成论点。

提出可供研究问题阶段是先发散后收敛的过程。先用自己的理论知识或发挥集体智慧的"头脑风暴法"去提出各种可能的自变量,然后从这些自变量中筛选出关键的一个。

3. 选定研究问题

从现实中发现令人疑惑的问题着手,提出若干个可能的关键自变量,每个自变量与因变量构成一个可供研究的问题。随后,在若干可供研究的问题中,选择其中一个作为研究问题。选择过程中要根据研究问题的有效性来作判断。有效性是指该自变量与因变量之间确实存在因果关系或强关联。在开题阶段,该研究问题是否具备有效性,只能靠研究者在观测和调研的基础上的主观判断。同时要考虑这项研究工作的实际价值,是否值得作为学位论文,花几年的工夫去做。

上述三层次提出研究问题的思路可简括为:从现实疑难问题集中选出有价值的研究问题,以及表征该问题的变量,即因变量。接着找出与此因变量强关联的自变量。这两个因、自变量的组合便构成一项研究主题。在进一步开展研究时,还可能要引入有限的几个变量作为控制变量或情境变量等。

五、假设树

阐明研究问题环节找出主题以后,这项研究的价值就基本定位了,同时也决定了后续研究工作的走向。主题的表达形式也是假设,是一项研究工作中的核心假设,或者说最高层次的假设。整个后续研究工作都是围绕着这项核心假设。一般说来,一项研究工作只能有一个核心假设即主题,犹如一棵树一般只能有一根树干。伊丹敬之认为,"所谓树干,就是整篇论文的基本意思。树干要描绘得粗壮,而且只能描绘出一根树干"。当然,这并不是说一项研究或一篇论文中只有一个核心论点而没有其他论点,几万字的论文中一定会有多种假设。不过,众多假设在论文中的逻辑地位不同,处于不同层次。所有假设构成有逻辑关联,层次清晰的整体,这个整体可用图3-5的假设树表示。

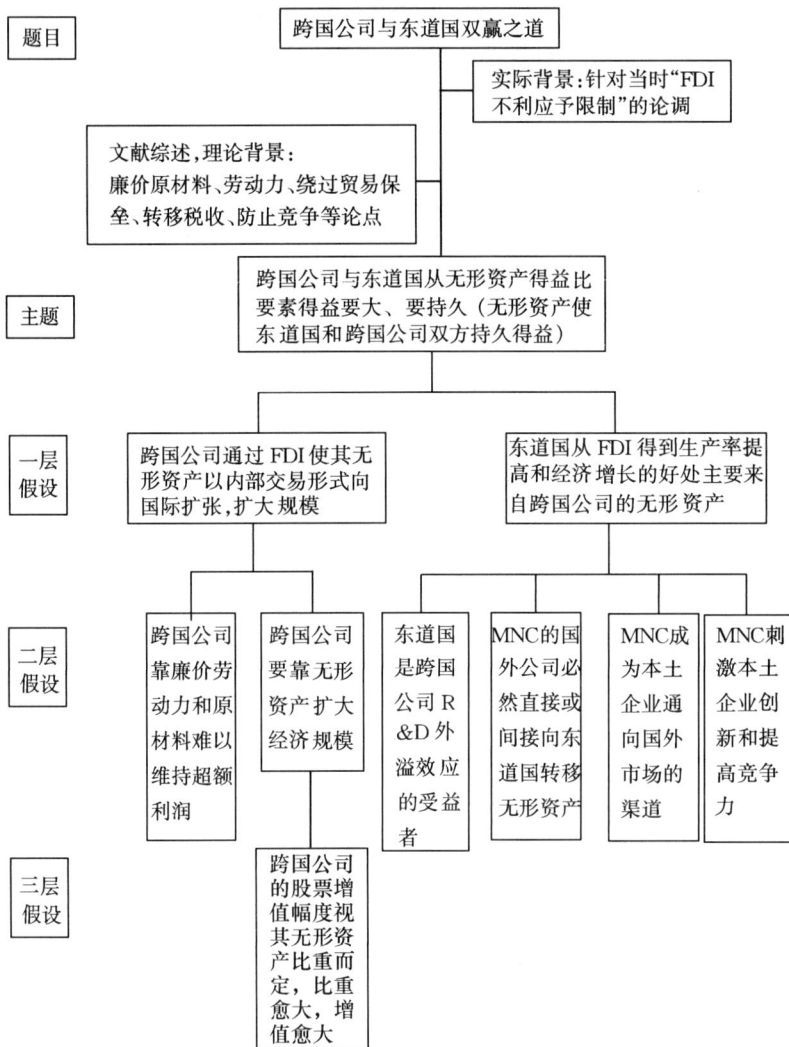

图3-5 "假设树"实例

假设树的顶层即主题,核心假设。下一层次的假设既是上一层次假设的论据,又是上一层次假设的子假设,子假设又需要再下层次的分假设作为论据,如此延伸,直至最底层须直接验证的假设,它只起到论据的作用,无需下层假设的支持,故称之为操作假设。

假设树是一项研究工作或论文所含假设的结构化表述。它体现出问题辨析阶段工作成果,表明研究主题以及科学论证该主题的路径。

主题作为核心假设处于假设树的最高层次。然而,论证某个主题,或者说要验证其真伪,需要从不同视角和层次去研究。"假设树"(hypothesis tree)(图 3-5)可用来综合反映研究设计在辨识阶段的成果。最顶层是主题即核心假设,下一层次的假设是对上一层次假设的支持和细化。主题反映论文的价值,多层次的假设构成该论文的研究实体。从最顶层假设到最低层假设的演绎过程,恰恰是研究工作深化的过程。层次愈低的假设并非不重要,相反地,层次愈低就愈可能成为直接验证的操作假设,愈有可能取得新发现。

1. 创新点的结构化表述

假设树是一项研究工作或论文创新点的结构化表述,它犹如一把智力钥匙,开启一条有效路径去准确地捕捉题材,收集数据。文献综述是论文工作必不可少的环节,有了假设树,引用文献便可根据假设取材,为"我"所用,据此说明本论文所提出的主题和假设树的来由和背景。更重要的是,通过综述,衬托出本主题和假设的理论和实际价值以及其创新之处。如果事先没有主题和假设树,那么在文献综述和搜集资料的过程中容易"全面出击",如图 3-6(a)所示的情况,在某个知识领域内从四面八方着手,企图找出一个创新点,这样做的效果,往往像大海捞针,事倍功半。研究者如在阐明问题阶段提出主题以后,便可聚焦在本知识领域的有限范围内,直赴主题,见图 3-6(b)。当然,图 3-6 中的(a)和(b)表示了两种极端的情况,提出主题之前不可能对此领域的知识一无所知而全方位收集资料,也不可能毫无弯路。提出主题和搜集资料有个迭代过程,刚开始搜集时面总是要广泛一些。概括这两种模式只是表明"主题先行"与否对研究工作效率的影响。实际上,企求面面俱到,直到论文或研究报告写作完毕主题还心中无数的情况并不鲜见。

提出假设树之后,研究工作就可按有限的方向深入下去,犹如油田勘探,不可能全面开挖,事前要周密考察和判定钻井位置,然后才能较有把握地深挖探宝。以为勘探范围越大越有价值,其实是误解。真正有价值的新发现还在深层,需一层层地挖下去,挖得宽是为挖得深创造条件。有了假设树,论文或研究工作就有了明确的目标,研究工作就可按假设树的结构,一层层不断深入进行下去。在后续论证过程中,实际上是从底层着手,自下而上地进行论证,同时从最高层着眼,始终把握所论证的底层假

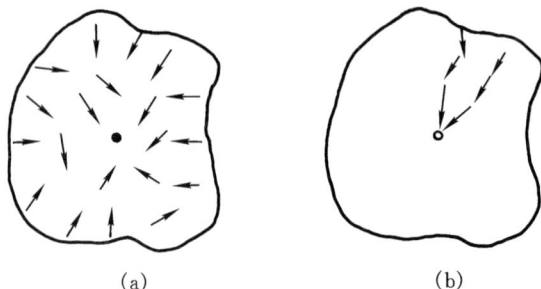

图 3-6　主题对资料搜集的影响

设在核心假设中的作用和地位。

　　研究生在论文写作过程中常碰到这样的情况,10 万来字的论文已经写好,交给指导教师审阅,提出修改意见。如果需要局部修改还问题不大,如要结构性修改,作者一般都不大情愿,即使承认指导教师指出的问题有道理,也会拿出各种理由来辩护,这种事例不少。这有"认知失衡"(cognitive dissonance)的原因。"认知失衡"理论认为,决策前和决策后的思维存在关联,而且决策后的行为和决策时的判断过程密切相关。作出判断和决策也许就是几分钟的事,但会在今后决策实施过程中长时间内产生影响。"认知失衡"使个人决策后的行为和此项决策粘连在一起,使人们容易在事后乐于接受正反馈信息,对自己原先的决策越看越好,越想越对,同时,容易拒绝负反馈信息,贬低负反馈信息的重要性,或作出推诿性的解释。决策过程中,如判断难度越大,或决策愈重大,或决策者的地位愈高和权力愈大,这种失衡效应愈强烈。这个理论可用来解释论文返工时研究生的心态。已写下十几万字的东西,花了很大工夫,"认知失衡"的心理驱使他偏好原先的决策,负反馈的东西很难听得进,缺乏激励和积极性去修改,也不舍得把自己辛苦写出来的东西放弃掉。所以说,一项研究或论文工作,假设树的构思很重要,假设树明确后,分阶段顺序推进,即使修改,只是局部而非结构体系变化。先把主题、假设树选好,站得住脚再做下去,这种方式的失衡效应比较小。

　　2. 构造思路

　　现举例说明主题和假设树的形式和构造思路(图 3-5)。有一篇题为"跨国公司与东道国双赢之道"的论文,该文作者不同意当时有些研究人员提出的国外直接投资(FDI)对民族工业不利,应予限制等论调,提出

"无形资产使东道国和跨国公司双方持久得益"的主题。这个主题也可表达为另一种假设:"跨国公司和东道国从无形资产得益比从要素得益要大,要持久。"接下去便是文献综述,关于跨国公司向外投资的动因有多种说法,如利用东道国的廉价原材料和劳动力、绕过贸易堡垒、转移税收和防止竞争等,而该文将跨国公司动机定位于无形资产,东道国的主要受益也是来自无形资产。下一层次假设可分为两个,分别是从跨国公司角度提出"母国公司通过 FDI 使其无形资产得以内部交易形式向国际扩张,扩大规模";从东道国角度提出"东道国从 FDI 得到生产率提高和经济增长的好处主要来自跨国公司的无形资产"。第二层假设又可细分,有关跨国公司部分,提出"跨国公司靠廉价劳动力和原材料难以维持超额利润"和"跨国公司要靠无形资产扩大经济规模"两个假设。而有关东道国部分又提出四个假设"东道国是跨国公司 R&D 外溢效应的受益者","跨国公司必然直接或间接向东道国转移无形资产","跨国公司成为本土企业通向国外市场的渠道"和"跨国公司刺激本土企业创新和提高竞争力"。下层假设支持上层假设,下层假设成立,则上层假设在逻辑上成立。第二层次假设还可深入一步分解为第三层假设,直到操作假设。按照操作假设即可以着手收集数据进行验证或论证的假设。本例中,如根据"跨国公司要靠无形资产扩大经济规模"的第二层假设,可衍生出第三层假设"跨国公司新设立国外分公司后,其股票增值幅度视该跨国公司的无形资产比重而定,比重愈大,增值愈大"。此即可作为工作假设进行实证研究。操作层次的假设表述,一般采用涉及两个变量的关系判断形式。

从此例可以看出,"无形资产使东道国和跨国双方持久得益"是该研究工作所要论证的核心假设。当然,研究者要有充分的根据来判定该假设的价值,由于当时围绕吸收国外直接投资的政策出现激烈争论,该文给出了明确解释,对于制定相关政策有现实意义。同时,现有文献中尚未曾明确提出"无形资产"是东道国和跨国公司双方的动因所在,所以理论上也有创新之处。从主题到操作假设之间的假设,是研究者为了论证此主题而演绎出的假设体系,这反映出研究者论证的路径和此项研究工作的"个性",操作假设本文中只设计了一个,即"无形资产比重大的比无形资产比重小的跨国公司增值要大",此即该文要实证的假设,也反映该论文的主要贡献。其他的二层假设当然还可以演绎出操作假设,这就要看研究者研究的重点了,不必要也不可能每个二层假设都按实证的要求去做。

有的可引用文献作为论据,如"东道国是跨国公司 R&D 外溢效应的受益者"已有不少研究工作成果支持此假设,在论文中只要引用文献说明即可。有的假设可从公理、定理来推论或援引事实来说明,如"跨国公司靠廉价劳动力和原材料难以维持超额利润"。

3. 注意问题

假设树的构造中须注意几个问题:

第一,假设树是一篇论文或一项研究工作创新点的结构化表述,并非是工作提纲或思考提纲。这就要求研究者对所研究的问题具有与前人不同的设想,亦即有初步的(尚未经过验证)却是明确的答案。如图 3-5 的实例中提出"无形资产是双赢原因"的判断。各层假设应以此为基点,逐步深入细化。提不出自己的答案,就无法构造假设树。如有位研究生研究社会资本和风险投资关系,把一层假设构造成"社会资本形成与类型","社会资本对经济人的行为影响","我国社会资本对风险投资发展的影响"。社会资本形成与类型的二层假设又写成"社会资本的形成","社会资本的分类","社会资本与经济发展",等等。这种表述只说明作者打算研究哪些方面的问题,并没有告诉读者(也包括作者自己)问题的答案,即论文作者自己的论点是什么。

第二,假设树中任何一层假设的表述都应是假设的形式,也就是变量和变量间关系的陈述语句。这也是假设树和思考提纲的主要差别。在图 3-5 的实例中,各层假设都能找到成对的变量。如主题中的"无形资产"和"跨国公司(东道国)收益";一层假设中的"无形资产"和"跨国公司规模","无形资产"和"生产率增长";二层假设中的"劳动力"和"超额利润","无形资产"和"经济规模","R&D 投入"和"东道国收益",等等;三层假设的"股票增值"和"无形资产比重"。而且,假设还表述两变量之间的关系,正或负相关。像"社会资本的形成","社会资本与经济发展"等均不构成假设形式。

第三,下层次假设一定要支持上层次的假设。这意味着各层假设之间要有逻辑关系,逐层深入,下层假设作为上层假设的证据。正如图 3-5 的两个一层假设是主题的两个组成部分;二层假设的跨国公司部分从正、反两方面来论证无形资产导致收益增加;东道国部分则从无形资产的四种转移形式来支持东道国收益增加的假设。有的研究生构造的假设树反映不出逐层深入。如主题是"企业的核心能力需要与组织模式匹配",一层假设是"能力存在于各部分之中","不同的组织模式有不同的能力",二层假设是"组织的不同层次有不同的能力","不同模式的组织,其核心能力结构不同"等。一层假设没有成为主题的论据,二层假设对一层假设同样如此。有的假设树下层和上层脱节或转换论题。如上层是"大量定制生产的效率较高",下层却是"大量定制生产提供质量较高、成本较低的产品",或包括"大量定制生产更重视顾客需求,更能赢得市场"。然而,顾客需求和赢得市场与效率问题不是同一论题。下层假设应围绕效率,论证大量定制和大量或批量生产比较起来,效率高到什么程度,或者高的原因。

就研究生论文而言,假设树中的操作假设可以作为本研究工作的创新点,而各层次的假设构成了研究工作整体的论证框架,同时显示创新点在此框架中的地位。但无需对每个操作假设都进行实证研究,有的可引用前人研究成果作为立论依据,有的可用理论推理来论证,一篇研究生论文一般能对有 2~3 个操作假设加以实证验证就很不错了。

4. 例文《为什么中国人勤劳而不富有》[38]

陈志武教授发表过一篇《为什么中国人勤劳而不富有》的论文。这是一篇体现创新点模式的论文,所反映的研究方法值得参照。

凡是到过美国、加拿大等发达国家学习和工作过的人,大都有过这样的疑惑:他们的学校、政府部门或企业的职工,只是在上班时间工作,不像我们加班加点乃常事;但这些国家人均 GDP 比我们高得多,人们生活舒适。陈志武从很多人都感受到的这种疑惑入手,提出现实问题"为什么中国人勤劳而不富有",同时对于这种现象给出理论解释亦即预设答案:制度成本对冲了勤劳的价值。制度成本指不适当的市场交易制度引起的附加交易成本。

中国人付出劳动多,理应创造越多的价值和财富,但事实对比表明,并非完全如此。这个问题提得很清晰,读者容易感受到研究这个问题的现实价值所在。答案也很明确,将现实问题归因于制度成本,这样,上述勤劳而不富有的现象和制度成本联系起来,便构成研究问题。

直接分析比较不同交易制度下的制度成本有困难,作者为了论证制度成本对冲勤劳的价值,提出了三个分论点,交易制度不完善的国家与完善的国家相比:①交易时间长。完成一项交易的时间长,意味着增加直接交易成本。②交易障碍多。障碍多则机会成本大。③第三产业在 GDP

中的比例低。比例偏低说明要靠廉价劳动力去对冲高制度成本。

论文作者从常识出发来论证第一个子论点：设想有笔 1 亿元的交易，由于资信体系不健全，双方对于司法解决合约纠纷的能力缺乏信心，卖方在收到付款之前不放心发货，买方在货到之前不放心付款。双方为了规避交易风险，找出彼此都能接受的方式，即把这笔 1 亿元的"大交易"，分成百万元计的若干笔"小交易"，本来一次交易完成的事，要分成 10 次，20 次来办，如一次交易要花费两天，分成"小交易"后，则需 20 天，40 天才能完成。看似辛勤工作，加班加点，在交易制度完善的条件下，这完全是多余。这样，每人每年完成的交易项目和交易量便会减少。人们创造的价值低，收入也不可能高。

作者用公司注册审批环节数和新公司注册资金等指标，来测度交易制度障碍。统计分析说明，从注册一个公司到开业所必经的审批环节平均数，加拿大最少（2 个），意大利最多（11 个），中国则需 7 个。从注册到开业所需时间，加拿大最短，只需 2 天，意大利最长 121 天，中国内地需 111 天。所需注册审批费用，美国、英国、加拿大均不到人均年薪的 1%，而在中国占人均年薪 11%，意大利占 25%。障碍多，人们不得不选择放弃交易。那些有创业理念和机会的人，由于资金欠缺就难以进入创业者的行列。这是作者第二个子论点。

对于第三个子论点，作者论证服务业较之制造业，对权益保护和信息披露制度的依赖性更强。中国经济发展恰恰是依靠制度依赖性较低的制造业来支撑，第三产业发展较慢。制造业相对第三产业而言，经济附加值低，利润率低，而劳动力占用多。低廉的劳动力成本对冲了高昂的制度成本。

从阐明问题的要求来评论这篇论文的话，首先，研究问题完全是从实际的观察思考中提出来的，这个现象几乎是众所周知，却未曾成为一个研究问题，作者提出来，体现了他的学术敏感性和研究水平。其次，作者在提出勤劳而不富裕问题的同时，给出了"制度成本对冲了勤劳价值"这样的预设答案，这是该论文的主论点，且有新意。进而，围绕此总论点提出几个子论点，并用实证和理论推理等方式加以论证。研究结果结论表明交易制度的重要性，对于政策制订部门来说有实际价值。论文虽然从解释一种实际现象入手，但论证了人力资本和制度资本的替代作用，从制度经济学角度指出制度资本在经济增长过程中起到重要作用，中国的交易制度不完善,却能够在近 10 几年来年 GDP 平均按 9% 以上的速度增长,是何原因?论文给出解答,这是人力资本替代作用的结果,这种解释具有理论价值。

这篇论文清晰地提出问题,预设答案有独到的见解,同时具有实际价值和理论意义,这就很好地完成了选题阶段该做的工作。

六、假设转化

将一个主题转化为分假设和子假设,是假设树构造中的主要工作。假设转化过程中始终要注意紧扣主题,从主题出发,合乎逻辑地推论出所有子假设,不要走题,不要节外生枝。假设转化实质上是从主题出发追究证据的过程。大前研一用通俗语言解释他论证某个论点(设想方案)时采用的构建金字塔结构法,他说:"在企划团队里,我经常会问:'你的设想是什么?请用一句话来说明。'如果对方真的以一句话说清楚了自己的论点,我会接着问:'你有什么证据?'如果对方回答,列举证据不是三言两语说得清楚的,有好几项。我还会继续问:'哪一项,每一项都有证据吗?'我这样做,可以让堆积在结论之下的二三层中的证据浮出水面,借以检验此金字塔结构是否有一贯的整体性[13]。大前研一这番话的意思是,主假设的表述要一句话说清楚,然后就请拿出证据。如果直接拿得出数据和事实证据支持此假设,那事情到此结束,否则,主假设要分解下去。这与用假设树来论证主题的思路是一样的。研究论文的主假设一般都很难直接拿出证据,不是三言两语说得清,要分若干项来说明,而每一项"证据"就是用一句话来表达的子假设。随后,又可能对每一项子假设追问证据,每个分假设又要靠几个分假设来说明。这样,反复做下去,直到拿出数据和事实证据为止。

主题以下的各中间层次的假设,既是上一层次假设的证据,又是本层次的假设,并要求下层次提供证据。直到最后一个层次的操作假设,着手收集数据寻找证据为止。可见,假设树构造过程就是"假设—证据"的转换过程。假设逐层转化的方法可概括出以下几种。

①外延法。按主题概念的外延,选择其中若干项形成子假设。如上述"勤劳而不富裕"的文章中,制度成本的外延包括交易时间,注册和审批的时间,还有像经济纠纷法庭审理的时间,交易对方资信信息获取的可靠性等。从制度成本构成去找出几项要素,引申出假设。

②反证法。设想和主论点相反的观点。如图3-5待论证的主论点是"跨国公司设立海外分支的动因是无形资产",可设置分论点"跨国公司设立海外分支的动因主要是廉价劳动力和原材料",如果能够论证该分论点不成立,等于支持了主论点。

③替代法。将主论点的概念用另一个概念来替代。在"勤劳而不富裕"的文章中,为了说明制度成本对冲勤劳价值,引出对交易制度依赖程度不同的两种产业,即制造业和服务业,服务业要求有完善的信息发布和资信体系,制造业对这类交易制度的要求较低。统计数据表明,中国制造业发展快,在工业中占有较大比重,服务业较之制造业,发展较缓慢,在国民经济中所占比重一直偏低。这说明由于交易制度方面的差距,不得不靠"勤劳"来推动制度要求较低的制造业发展,补偿因交易制度拖累而发展缓慢的服务业。然后,用"服务业比重偏低"作为子假论,替代了直接用制度成本建构的子假论。

假设树构造完成后,就可弄清有待直接论证的操作子假论或分假论。并非所有的操作,都需要本研究工作去论证。其中有些操作假论,前人已经进行过类似研究的,就可引用人家的研究数据,如"勤劳而不富有"文中,各国创业注册时间等操作假设,就是引用前人的研究数据来论证的。有的子假论和与前人研究结论一致,就可直接引用。虽不属于自己的研究工作,也可引用作为本研究的有机组成部分,同样支撑了待论证的主。这是对前人研究成果的继承,也说明参考文献的重要性,这种情况下,一定要注明这种的文献出处。所以,一篇学位论文尽管有七八个甚至更多的操作论点(可以是子论点或分论点,也可以是更下一级的论点),真正要自己着手收集数据去论证的,即论文的主体研究工作,也不过二三个。而一篇投期刊的学术论文,即使论证一个子论点,只要有价值,也可能通过。

有些学位论文直接并列出20~30个假设,并按此收集数据,实际上是把这些假设都视为操作假设。从假设树可以看出,操作假设本身如前例中的交易时间长,或注册费用高等,并不是验证的目的,验证操作假设是为了支持假设树的主题。如果论文描述研究结果,只是止步于说明假设检验通过与否,那论文的价值就显示不出来。不是为了假设而假设,是为了论证某个有价值的主题而提出假设。假设背后,有作者要表达的主论点和思想,这才是论文的价值所在。

图3-7表示一般的假设树结构,该示意图分三级,实际上也可能是

二级或四级,第一级即本文的主题,下面逐级分解,直到能够着手收集数据进行论证的操作论点为止,操作假设可以在第二级,也可在后面的各级。图 3-7 中,第二级有 1 个操作论点,第二级有 6 个。

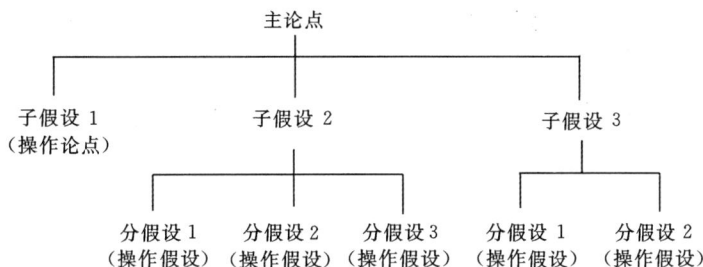

图 3-7　假设树结构

　　写一篇几万字的学位论文,一旦假设树心中有数,就变得很简明,不会杂乱无章。研究生要抱有信心,无论怎样复杂或多大篇幅的论文,必然能提炼出一个简明的假设树。当有人问及,你的论文主题是什么,你能用一两句话说清楚(依据的是梳理出的主题,树干);当有人问及,你的论文结构如何,你也能几分钟之内说清楚(依据的是构造出的假设树),这就说明你的论文工作已经很好地完成了"设计",等待下一步"施工",即去做具体的论证工作。有的研究生写完论文,却不能直截了当地明确回答上面两个问题,说明对论文各种观点之间的逻辑联系思考不够,难以做到深入浅出,分辨主次轻重。

七、创新点

　　创新是科学研究工作和博士论文的灵魂。研究工作是否有够分量的创新,在阐明问题阶段就可以判断出来。即使是研究课题申请书和博士论文开题报告,需要的恰是问题辨析阶段的工作内容,假设论证则属于图3-1 中论证阶段的工作。两阶段工作都可以创新,但管理研究主题和假设的创新与假设论证的创新比较起来,前者提出创新论点是第一位的,研究工作的理论和实用价值取决于主题。论证过程可以有数据收集、分析的方法创新,但对管理学科来说并非属于主流的。当然,如果论证工作不科学,主题不能成立,设想的价值再大也是泡影。问题辨析阶段需要较多的思辨和直觉判断,而论证阶段主要运用逻辑思维。

　　论文的创新点,在问题辩析阶段体现为创新论点,即经过论证的假设。张文修撰文提出"创造性思维的一个基本原则就是最大限度地提出关于研究目标的不同假设"。"这些不同假设可能是正确的,也可是不正确的,也可能是经过修改以后变为正确的"。主题和假设树的构建是简洁显现论文的创新所在。假设论证阶段则体现为方法创新,如新的数据收集方法,数据分析中新的求解算法等。

　　一篇学术论文都毫无例外地应有创新点。创新点的英文相应的词以选用 contribution 为宜,即贡献的意思。一般说来主题即是论文的最主要的创新点,如上述假设树中提出无形资产是双赢的关键要素。然而,就学位论文来说,为了审视研究生实体论证工作,可以从操作假设来判定创新点,如上述图 3-5 的假设树中跨国公司股票增值和无形资产比重正相关的假设。假设树中并非每一项假设都成为创新点,它要符合两个条件:一是相对于理论参照点而言,这个假设较前人进了一步,是前人未做过的工作;二是在本研究工作中进行了实证或理论论证,如上述假设树中有关股份增值和无形资产比重的假设,该论文中有实证研究的内容,便可作为创新点,而其它假设可以引用文献的论证结果作为论据,但非本文创新之处。

　　如何提出有价值的创新主题,研究方法论在这个问题上可以说难以为力。任何方法论的著作,只能对一门学问的研究过程予以形式上的界定,不可能阐明这门学问实质性的无法形式化的创造性活动。有些现象和事实人人都可以观察到,但有人就能敏锐地发现其中蕴含着有研究价值的问题,看似不相关联的问题,有人却提出它们相互有联系的假设,这种思维难以用语言说清楚。一个真正的创新过程不是严谨的逻辑行为。创新过程存在逻辑推理的断层(logic gap),有个从无到有的飞跃。这时,研究者的逻辑思维应该让位于直觉判断,不是接受知识而是应用知识的过程,这种无法在课堂上学到的技能(skill)只有在科研实践中才能锻炼出来。王国维在《人间词话》中有一段著名的比喻:"古今之成大业、大学问者,必经过三种之境界:'昨夜西风凋碧树,独上高楼,望尽天涯路。'此第一境也。'衣带渐宽终不悔,为伊消得人憔悴。'此第二境也。'众里寻他千百度,蓦然回首,那人却在灯火阑珊处。'此第三境也。"这段话生动地描述了学术研究的新发现往往是在"蓦然回首"一瞬间,直觉思维的火花瞬间闪耀。然而,这种思辨的成果是经历过艰苦探索、学习和思考的一种

"人憔悴"的境界。博士论文研究工作就是培养自己飞跃"逻辑断层"能力的极好机会。博士生在研究工作过程中实实在在体验到这三种境界者，研究素质必大有提高，无此体会则必然平平。

创新涉及逻辑思维与直觉或形象思维之间的相互关系问题。有的哲学家坚持认为思想必然通过体现逻辑思维的语言表达，并且仅存于语言之中。黑格尔(George Wilhelm Friedrich Hagel)就说过"我们在语言中思维"。另一些哲学家则持相反的观点，贝克莱(Geoge Berkeley)说"语言是思维最大障碍"；亚里士多德则说"如果没有心象，就不能思维"，"一旦用语言来描述思想，思想即已停止"。从创造过程来说，形象思维更为关键，爱因斯坦对此进行过生动的描绘，"在写作的时候，所使用的单词或语言对于我正在进行的思维活动几乎不起丝毫作用"，"含糊的思维过程乃是产生新思想的最重要的一步"，而这种含糊"思维元素是形象的，并在这种思维过程中，往往还伴随着一些无意识动作"。

八、"集中意识"和"支援意识"

知识论在解释形象思维对知识创新过程的作用时，将这种作用归结为支援意识的形成，林毓生在《中国传统的创造性转化》一书中对此作了深入阐述，并引用了博兰霓(Michael Polanyi)知识论的观点。博兰霓将人的意识分为可以明显自知的"集中意识"(focal awareness)和无法明确表达，在与具体事件经常接触以后经由潜移默化而得到的"支援意识"(subsidiary awareness)。人的创造活动是这两种意识相互激荡的过程。创造的真正源泉是来自个人心中无法明确表达的"支援意识"，而不是"集中意识"。博兰霓说："在支援意识中可以意会而不能言传的认知能力是头脑的基本力量。"林毓生举例说明支援意识，"例如，一个想做音乐演奏家的人，在他的集中意识中，无论多么努力地学会了各种演奏技巧，研究了许多名家的传记，听了各个名家的演奏会和唱片，坚持平日勤学苦练等，他还是不能变成大家。但如果他有好运，一朝被一位音乐大师收为门生，经常跟随他一起练琴，偶尔被这位大师相当武断地改正一下姿势或手法(艺术大师通常只知如何'做'，但却不一定说得出'道理')，日久天长，在潜移默化中，他渐渐形成了一种无法明说的'支援意识'，心中产生了如何拉弹才对劲的感觉，最后甚至可能超越大师的风格，自成一家，青出于蓝"。林毓生还认为，在导师指导下钻研本学科经典著作也是培养支援意识的一个重要途径,"当研读原典的时候,原典的内容是自己'集中意识'的一部分,但今后自己专心研究自己的问题而这个问题表面上与过去所研读的原典并没有直接关系的时候,当初与研究原典有关的那部分'集中意识'便已转化为'支援意识'。学生在深入自己的专业以后,并不能清楚地意识到早期熟读有限数目的原典对他们成熟期内学术思想产生怎样的影响,在自己的专著中,可能根本不会提到研究生时代所读过的原著。但事实上,原典中精微、深思与开广的观点对他们的影响是他们终生受用不尽的"。

与"支援意识"是创造的原动力说法一致,海耶克(Von Hayek)将学术工作者分成两种类型,第一类是"头脑清楚型"(clear-minded type),第二类是"头脑迷糊型"(woolly-minded type)。清楚型学者的"学习能力特别强,能把与现在有关的、人类过去的经验与思想,在他们的头脑中重新组织一遍,然后用大家能了解的现代语言清楚地说给大家听"。人类文明的成就能够一代一代地传递下去,主要靠这种类型的学者的努力。如以实例说明,哲学家罗素(Bertrand Russel)比较接近这个类型;在奥地利学派经济学家中,冯·巴威克(Eugen Von Bohm-Baweek)可作这个类型的代表。第二类学者的著作艰深晦涩,不易了解。"这类学者具有原创能力(originality)。他们不认可约定俗成的概念与定义,他们的头脑组织很奇怪,每一个简单的概念对他们而言都得重新界定,然后才能在他们的思想系统中找到适当的位置。因此,一般人认为极简单的概念,对他们而言,可能是很困难很繁复的问题。但是,正因为如此,他们常能在困思之中发现新的思想。人类文明的进展,主要靠这种类型学者的努力。如以实例说明,在哲学界,怀海德(A. N. Whitehead)比较接近这个类型;在奥地利学派经济学家中,宓塞斯(Ludwing Von Mises)可作这个类型的代表"。

如果承认形象思维、支援意识是研究工作创造性原动力的话,那么也就同样应该承认研究者接触实际的重要性。在管理研究中,真正使我们产生亲切感的,是管理实践中具有生命力的现象和事实。如果在研究工作中悉心观察周围的现象和事实,真诚地对这些现象和事实产生亲切感,这种亲切感自然会使我们的"支援意识"丰富而活跃,创造力也会充沛起来。如果拘泥于"集中意识"和抽象概念则难以取得创造性的成效。

九、文献综述

任何一项研究工作都不可能"前无古人"。管理研究,即使最著名的研究成果都是在前人工作基础上取得的。例如:西蒙是在检讨当时广泛流行的最优理论的基础上才提出有限理性论,明兹伯格发现法约尔的管理定义和现实之间的差距才提出管理者 10 种作用的理论。然而在研究生的论文工作中,未交代前人工作基础的论文并不鲜见。有一种情况是,作者认为前所未有才是创新,这显然是误解。研究即探索,犹如攀登高峰,高峰四周总有山峦才能凸显出本身之高。文献综述作用也是一样,将前人已做的工作阐述清楚,明确参照点,才能让读者(当然首先是让自己)弄清创新点何在。割断与前人工作的联系,无比较的创新,人们就无法判断其"高度"和价值。另有一种情况是作者未下工夫去查阅和学习前人已做的工作而企图走捷径。甚至个别的还误以为写上"填补空白"、"没有同类文献"等词句可以提高文章的价值,其实,"欲速则不达",弄清周围的山峦,找准"巨人的肩膀",才能最有效地攀登高峰。

研究者文献综述目的在于弄清与本研究主题有关的前人已做过的研究工作,找准有价值的主题。当然,文献综览在论文工作过程中的作用不只是为了找出主题,它对于本研究的论证构架、方法和步骤的选定也都具有参考作用。参考文献和本研究工作总会有异同两方面。同的一面指相同的研究领域、问题或变量,没有"同",也就失去参考基础;当然,没有"异",研究工作便无存在的必要,有异才有创新。文献综述的作用可归纳为以下几点:

① 防止盲目的重复研究。有时,重复研究可以容许,同样的主题从不同角度去论证仍有价值,这是"有意"的,但要避免在并不知晓别人工作的情况下,盲目的重复研究。同时,研究工作也有成本效益比的问题,花费的代价和重复研究的价值是否相称。

②帮助辨别本领域研究前沿,弄清自己的研究在哪个侧面、层次可能对本知识领域作出新贡献。理清研究背景,有助于解释该项研究在相应理论体系中的地位和价值。

③弄清前人对于该研究问题所持的不同解释或观点以及成功和不成功的论证工作。在各种观点、理论的启发下形成自己的主题和假设树,选择数据收集及分析方法。

文献综述是任何一项研究工作所不可缺少的。不了解该领域知识现状就不可能增添新知识,文献综述完成以后才能判断本研究工作的理论价值。实际文献综述过程往往会碰到以下几种关系处理问题。

①宽和窄以及泛读和精读。研究者总是力求将本研究主题有关的文献收集齐全。但何种文献和主题有关,并无规范的衡量指标,而是靠经验判断。通常查阅文献的方式有三种:一种是浏览,阅读摘要和结论,加上浏览全文,几分钟就可作出判断。相当一部分文献通过浏览以后就不用再去阅读,其中一些可能给研究者留下印象,一旦需要时还能追溯起来,有相当多的看过后就遗忘掉。另一种是泛读,浏览后选择其中一部分泛读,了解其主要贡献,记下与自己论文主题提出和论证可参考之处,注意读懂作者原意。撰写一篇博士论文泛读文献至少需要100篇。再一种是精读,这种和研究主题最贴近的文献,也就是两三篇,需要全文细读,反复读,这些文献是研究工作创新的主要参照点和基础。文献综述多半是从宽到窄、从远到近、从泛读到精读的过程,当然,也可在窄和精读基础上扩展阅览的范围,根据精选文章所参考的文献,采取滚雪球方式,查阅更多的文献。

文献检索过程中能否迅速而准确地判断文献的参考价值,作出浏览、泛读还是精读的选择,这属于个人学术研究能力的一部分。成熟的研究者一眼就能抓住关键的文章,不会耗费时间去读那些对本研究用途不大的文章。而涉足研究课题初期的研究者,一般都想宽一些,担心遗漏,把本研究领域的文献都收集齐全。其实,文献齐备只是相对而言,相关文献永远看不完,如果所收集到的文献足以辨析本研究主题的理论和实际价值,也就可以了。

一般说来,如系热点和成熟的研究课题,研究已比较深入,文献综述的面可以窄一些;如果属新的或研究成果较少的研究课题,则文献综述的面难以避免会宽一些。然而,某研究领域的文献量大小并不能反映该项课题的价值,文献数量多的课题并不表明价值就大,但也不是说出不了有价值的成果。文献多表明前人已攀登到相当的高峰,再攀登就是更高的山峰。文献数量少的课题并非不重要或价值小,可能是前人未曾发现的高峰,当然,海拔低一些的山峰攀登起来相对容易一些。

②学术期刊和书本、杂志。作为研究论文,参考文献必须以学术期刊为主。学术期刊(包括学术会议论文集)中的论文反映了本领域最新的研

究前沿和正在探索中的问题。教科书只反映本领域已成熟的知识,已经证实和取得共识的成果。学术期刊登载的文献一般会有创新,而教科书是传授知识,重在介绍本领域知识内容,要求系统、清晰,目的并非增添新知识。学术期刊才能帮助研究者辨析主题、提出假设。有些教科书也值得参考,它通常帮助研究者补充一些领域的知识,同时提供一些论证理论、工具和技术的知识。有些研究论文的参考文献几乎全是书籍,这就令人怀疑论文的创新性和贡献。杂志报纸的资料可以为论文提供背景材料,但是,杂志、报纸文章中的观点缺乏学术论证,难以作为前人取得的可信知识而加以引用。现在由于计算机网上检索的发展,可以找到尚未正式发表的工作论文(working paper),它们能反映学术研究的最新动态,也可属于参考文献。

③笔记和复印。马润泉教授撰文明确指出,研究生在文献收集和综览过程中,复印不能也不应代替笔记,这是切中要害的忠告。的确存在过量复印的现象,看得见的损失是资源滥用,无形的损失则是研究生们忽视了做笔记的自我训练。过多地依赖复印,慢慢会养成读书不够细微,不认真思考,粗疏、浮躁,只求数量不讲质量的坏习惯。记笔记时,促使自己真正读懂文献,思考材料取舍,把文献内容摘要记录下来,变成学到手的知识,这对写作能力也是很好的锻炼。

第二节 变量设计

从研究者思维过程来看,阐明问题阶段的第一步是研究者的某种设想或创意转化为研究假设,这主要涉及前述概念化过程(conceptualization);第二步则是操作化过程(operationalization),使得所研究的各种概念转换成在现实世界中可观可测的变量,设计出可供操作的数据观测方案。完成这个过程可以说是合格研究生论文的必要内容。变量设计包括三项工作:①操作变量设计;②变量的属性设计;③尺度选择。

一、操作变量设计

管理研究论文和课题申请书往往提出许多名词,如满意度、参与度、稀缺性、开放性、交易性等,这都是可以的,只是要求所提出的概念具有清晰的内涵,在研究开始时便界定清楚并贯穿整个研究过程,不能前后矛盾。然而,概念清晰界定后仍有可操作性问题,例如失业率,"失业率是失业人数除以总劳动力而得到的数字",这个定义是清晰的,但要能操作的话,还要澄清失业的含义,假设失业者定义为"那些没有就业,但积极地寻找工作或等待返回工作岗位的人"。至于哪些属于积极地寻找工作的人,便要给出操作定义。例如:指在最近四周内到就业机构登记寻找工作的人和从工作中被解雇下来而正等待恢复工作的人。总劳动力中也要界定不属于劳动力的人,包括上学的、操持家务的、退休的、重病而不能工作的或放弃寻找工作的人①。所以,还需要一个将概念化得出的名词概念转换为可操作化的过程。这一过程的主要内容是将难以直接观测的变量即名义变量转换成操作变量。以图 3-5 的假设树为例,第三层假设"跨国公司设立国外分公司后,其股票增值幅度视该跨国公司的无形资产比重而定,比重愈大,增值愈大"为操作假设,接下来需变量设计,按假设含义,股票价格为因变量,无形资产比重的指标为自变量。"股票价格"有公布信息可供收集,已达到操作变量可测的要求。公司的无形资产比重数据却难以获取,可视为名义变量,研究者采用公司的专有技术能力、营销能力和管理水平三项指标来间接反映无形资产比重,然而,这三项指标也无法直接测量,继而设计 R&D 费用、广告费和职工内部持股份额作为操作变量分别反映此三项指标(图 3-8),用这些操作变量来间接测度无形资产比重。这样,便可着手实证这三个操作变量和股票价格之间的关系。

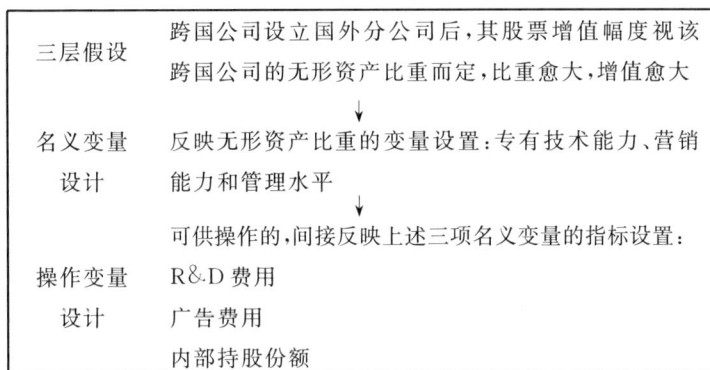

三层假设	跨国公司设立国外分公司后,其股票增值幅度视该跨国公司的无形资产比重而定,比重愈大,增值愈大
名义变量设计	反映无形资产比重的变量设置:专有技术能力、营销能力和管理水平
操作变量设计	可供操作的,间接反映上述三项名义变量的指标设置:R&D 费用 广告费用 内部持股份额

图 3-8 操作变量设计

图 3-8 概括假设树中名义变量转换成操作变量的过程,这是反映研

① A.萨穆尔森.经济学.第 12 版.北京:中国发展出版社,340.

究者"个性"的研究工作内容过程。研究生别轻视这项工作,论文应将此过程描述清楚,这正是显示作者自己研究工作贡献的内容,它构成论文"论证章"必不可少的内容。

操作变量设计以后便要处理变量属性的度量问题。下面先介绍选择属性度量尺度的要求,然后解释四种常用尺度。

二、变量的属性设计

从外延角度来看,变量是属性(attribute)的逻辑集合。例如:性别是变量,它由男性和女性两种属性组成。变量设计包括确定变量所包含的属性。譬如就业状况可简括地划为就业和失业两种属性,也可以多增加一些属性,将一些"老弱病残"、"在校学生"、自愿在家操持家务等人归结为另一种属性,每种变量的属性构成应符合前述分类的原则。一是完备性。研究中变量的每个观测值无一例外地可以归入其中的某个属性。设想按就业状态将人口分类,如果只分为就业人员、失业人员两种属性,则"在校学生"、"在家操持家务人员"便无归属,须加上"其他在劳动年龄内有劳动能力的人口"一项,"劳动力资源"这一变量的属性方才完备。二是独立性。如果从业人员指有劳动报酬和经营收入的人员,失业人员指要求就业的人员,按此分类,已有工作岗位又正在谋求另一工作岗位的人员便可能归入从业也可能归入失业,所以,失业人员要界定为"无业而要求就业","失去工作岗位正等待返回工作岗位"才符合独立性要求。同样,变量的各属性也要符合同一逻辑层次的要求,譬如就业人员和失业人员属于同一层次,就业人员包括机关、企事业单位职工,私营企业人员,个体劳动者等,这是下一层次,这层次的属性就不能与上一层次的属性即失业人员和就业人员并列。

三、尺度选择

变量的测量实质上是属性的测量。不同的变量和属性具有不同的测量特点,所选择的尺度也不同,最一般的分类,变量可分为离散变量和连续变量。离散变量(discrete variable)指测量值有限的变量,如职业,即使有成千上万项职业,但总是可以罗列出清单。连续变量指测量值至少在理论上可连续取值的变量。年龄从其性质上属连续变量,可以按月、周、日、时、分、秒为单位,当然,实用中按年计值一般就可满足要求,此时可作为离散度量处理,属性可取 18 到 60 岁,每隔一岁就是一种属性,也可取老年、中年、青年三种属性。变量属性可以有各种各样,但从测量值的关联性来划分可归结为四种属性,相应地有四种尺度,不同尺度不仅给人以粗略、精细之分,而且影响到统计工具的选择。这四种测量尺度分别为:定类尺度(nominal scale)、定序尺度(ordinal scale)、定距尺度(interval scale)和定比尺度(ratio scale)。与它们相对应的变量为定类变量(nominal variable)、定序变量(ordinal variable)、定距变量(interval variable)和定比变量(ratio variable)。在分别叙述这些尺度前,先介绍测量特性。

测量是根据一定的规则将数字或序号分派于所研究的属性。不同尺度满足一定的测量特性。重要的测量特性有同一性、优先性和可加性。

(1)同一性

如第一章所述,同一性为的是将同一属性的不同事物归为一类作为研究对象。表达为:

$A = B$ 或 $A \neq B$,两者必居其一;

如 $A = B$,则 $B = A$;

如 $A = B$ 及 $B = C$,则 $A = C$。

A, B, C 均为研究变量,$A = B$ 意味着 A, B 变量的属性值相等(以下 P, Q 等亦代表变量)。

(2)优先性

优先性用以比较属性的大小、强弱、高低、快慢、好坏等程度上的差异。表达为:

如 $A > B$,则 $B \not> A$;

如 $A > B$ 及 $B > C$,则 $A > C$。

(3)可加性

可加性表示属性值之间可进行加减运算。表达为:

如 $A > 0$ 及 $B > 0$,则 $A + B > 0$;

$A + B = B + A$;

如 $A = P$ 及 $B = Q$,则 $A + B = P + Q$;

$(A + B) + C = A + (B + C)$。

四、尺度类型

1. 定类尺度

定类尺度是只符合同一性要求的一种尺度,借以规定变量的有限属性集合。对于所研究对象可给以数码或文字标定其属性,起到与其他研究对象区别的作用。譬如球场上的运动员,运动衣上都有号码,1号、10号、23号等,这些号码并不表示运动员的水平,也不表示其身高体重或资历深浅,只是用于区别运动员,供裁判、观众和其他运动员识别,这种尺度方法基本上属于定性标识,但可帮助进行一些统计运算,如用来统计球员犯规次数、得分等。简言之,定类尺度只用于分辨异同。

管理研究中,定类尺度常用于聚类分析。譬如企业的各个管理职能部门,各种规格品种的产品,各类人员等,赋予一定的识别代码后可按此代码进行各种统计分析。

2. 定序尺度

定序尺度比定类尺度进了一步,它能满足同一性和优先性两种性质。用于将变量的属性排序,可以互较长短。两种商品价格可以比较孰高孰低,一组商品经过两两比较,就可确定其价格高低顺序。定序尺度的可比性和传递性要求,在实际应用中常会遇到困难。一批球队、一组文章或一组商品往往很难确定其优劣次序。可能会出现不可传递或团团转的情况,像球队比赛,A队胜B队,B胜C而C胜A,定序尺度就难以解决,得寻求另外辅助的测度方法。

管理研究中定序尺度应用甚多。如企业人员状况分析,教育水平是个变量,将受过高等教育的人员归为一类,高中毕业未入高校的又是一类,高中未毕业的为另一类。按这三种属性划分,符合前述完备性和独立性的要求,对于企业中任何一个成员,可归入其中一种属性并判断其受教育程度高低的顺序。

定序尺度只是排出各研究对象的优先次序,但不能反映优先程度或强度。如两个成员的受教育水平,一个属于高校,一个属于高中毕业,顺序上显然前者在先。然而高校可能是博士生,也可能是本科生,这种程度上的差异就无法判断。如果按考试成绩排名次为D,B,C,E,A,这五人的实际成绩可能是100,99,98,97,50,也可能是100,87,25,10,5,定序尺度看不出这种差别。

3. 定距尺度

定距尺度除了与定序尺度一样,都具有同一性和优先性外,同时,它还满足可加性要求。定距变量不仅可以辨异同、排先后,还可以相加减。定距尺度排定的优先序次之间的差异程度是等距离的。上述按D,B,C,E,A排序的成绩,按定距尺度计分的话只能是100,90,80,70,60或100,

95,90,85,80,每低一级,降低的程度都一样。日常生活中常用的温度计就是按定距尺度定值的,温度 30℃ 和 40℃ 的差异与 50℃ 和 60℃ 的差异程度是一样的。温度计反映定距尺度的另一特点,即零点是人为给定的,无论是 0℃ 或 0℉,并非表示没有温度。

管理决策和经济行为中常用到的反映个人满意程度的变量"效用值(utility)"也是采用定距尺度,效用一般在 0～1 之间取值。0.4 增到 0.5 时满意程度的增长与 0.8 增到 0.9 时的满意程度增长是一样的,同时,效用值为零时并不表示此人收益为零。零值的确切含义需根据主体情况而定。

4. 定比尺度

定比尺度是功能最多且最精确的一种尺度,它除了具备其他三类尺度的功能外,还符合可比性,可以施行加、减、乘、除等数学运算。定比尺度与定距尺度的差别在于具有实际意义上真实零点,譬如收入就可用定比尺度来度量,完全无收入即为零点,这样,收入 20 000 元,即为收入 10 000 元的 2 倍,为 60 000 元的 1/3,可进行数字运算。而定距尺度,不具备实际意义的零点。如 GMAT(Graduate Management Admission Test)评分范围在 200～800 之间,200 分并不表示该考生完全没有攻读管理研究生的能力,800 分也不表示极限的能力,只是表示考试最低和最高成绩。也不能说考 600 分的比考 300 分的学生的能力高出一倍。

时间、重量、长度等均可采用定比尺度。60 分钟是 20 分钟的 3 倍,40 公斤是 10 公斤的 4 倍。A 物是 212℉,B 物是 32℉,却不能说 A 的热量(或温度)比 B 高 6.6 倍,因为无实际意义的零点,如换算成摄氏温度则分别为 100℃ 和 0℃,可作为定比尺度。

现举例说明四种尺度的关系,1989 年,美国通用汽车公司销售额为 127.0 亿美元,福特汽车公司为 96.9 亿美元。如用定类尺度只能说,通用公司销售额属于大于 100 亿一类的企业,福特公司属于小于 100 亿一类的企业。如用定序尺度则可评定出通用公司销售收入大于福特公司。如用定距尺度可说通用公司销售收入为 127.0 亿,福特公司为 96.9 亿,通用公司比福特公司销售额多 30.1 亿。如用定比尺度,不仅可以得出前三种说法,而且可说福特公司的销售额为通用公司的 76%。

度量尺度设定的目的是将属性观测值分类和比较。对于分类的要求,这四种尺度都可满足。排序的要求,除了定类尺度外,其他三种都可以满足。差异强度的要求,定距尺度和定比尺度可以做到。而真实的零点则只有定比尺度具备,它可满足度量差异比例的要求。四种尺度功能比较见表3-1。

表3-1　测量尺度比较

尺度	功　　能	特性	例
定类	辨识异同	同一性	电话号码、就业状况 居住地区、职业
定序	辨识异同 比较高低(大小,名次……)	同一性 优先性	500强排名,企业信誉 等级
定距	辨识异同 比较高低(大小,名次……) 度量差异强度	同一性 优先性 可加性	温度计,智商测评
定比	辨识异同 比较高低(大小,名次……) 度量差异强度 度量差异比例(由于具有真实意义的零点)	同一性 优先性 可加性 可比性	重量、工时、工产业值、销售额、生产率等计算

　　了解尺度类型以后,可以看出上述变量属性设计还应包括一项内容,即选定取值幅度。取值幅度有两方面的含义,一是对定序、定距尺度来说,由于零点和上限值都是由主观确定,取值幅度设计则是指选择最高、最低值以及间距划分。例如 TOEFL 成绩取 0～680,GMAT 取 200～800,一般考试成绩取 0～100 便是取值幅度。财富效用值,对于富者说来10 万元都可能作为效用值的零点,而对穷者来说 10 万元则可能是最大值,效用值为 1。又如调查职工对某项管理措施的反映,可以设计为"坚决支持,积极支持,一般支持,无所谓"四种属性,然而也可以将反对意见包括在内,设计成"积极支持,一般支持,无所谓,反对,坚决反对"。对定比尺度来说,理论上从零到无穷大都可取值,实际上却仍然有合理设计取值幅度的问题。譬如,企业年销售收入,大的有几百亿,小的有几十万的销售额,作为变量就需要设定其上、下限,下限不一定选为零。

　　许多变量具有明确而单一的指标,像性别指的是男性和女性。年销售收入,可以从财务报告中的数据得出。然而,有的变量需要有多种指标的观测值,并建立组合尺度才能判定该变量的属性。最常遇到的是业绩考核。如学生的学业成绩作为变量,一门功课的成绩只是指标之一,不能反映学生总的学业成绩,需要综合若干门课程成绩并以算术平均或加权平均方法才能算出该生总的学业成绩,作为总体评价指标。

五、示例

从假设树构造开始，经操作变量设计直至属性及尺度设计，构成实证研究设计工作的完整过程，这是一项研究工作不断深入细化的规范过程，也是一篇研究生学位论文应该交代清楚的，反映作者自己研究工作的内容。现以一篇研究论文"家庭企业辈次和成员间冲突关系的研究"①来说明此过程。

该项研究的主题假设是家庭企业创业者的"蔽荫"(shadow)和家庭成员间的冲突呈正相关。一层假设包括两方面的内容，一是不同辈次之间，成员间冲突程度不一样，而且逐代增剧，只是各辈次之间的冲突增剧程度不同。一是有创业者"蔽荫"和无"蔽荫"的家庭企业成员间的冲突程度有差异。二层假设即是可据此验证的操作假设，共计五项：H_1 第二代比第一代家庭成员间冲突加剧；H_2 第三代比第二代家庭成员间冲突加剧；H_3 第三代比第二代成员冲突加剧程度与第二代比第一代的加剧程度比较起来，前者要小；H_4 有创业者"蔽荫"的第二代、第三代企业成员间冲突要比无"蔽荫"企业的冲突程度要增大；H_5 有"蔽荫"企业的代际间冲突增剧程度比无"蔽荫"的企业要大。这几个假设即可作为本研究的创新点。

操作假设确定以后还不能立即着手验证。像"冲突"、"蔽荫"这些名词都是难以直接测量的名义变量，须转换成为可测的操作变量。待验证的操作假设中涉及三个变量，冲突、辈次和"蔽荫"。第一代或第几代辈次的界定比较容易，该文中给出了划分标准。冲突用冲突度的变量来表示，冲突度难以直接度量，作者选用两项指标：冲突幅度(S)和冲突频次(F)。冲突幅度指成员间在多少问题上发生冲突，冲突频次指冲突发生的频繁程度。冲突度 $C = S \cdot F$。作者对"蔽荫"给出清晰的界定：凡继承人接管企业后，前辈继续参与日常工作或者前辈不干预日常工作但在重大决策问题上继续施加影响，均视为"蔽荫"。

属性设计是规定各变量的外延。冲突幅度的属性，作者设定为四种，即家庭成员可能在所有权或控制权、企业内所起的作用、收入和报酬以及企业长期发展策略这四个问题上存在分歧和矛盾。冲突频次则设定为偶尔、间或、有时、经常和频繁五种属性。"蔽荫"变量的属性设定为有、无两种。

为了测度观察值还需设置尺度。该研究选用等距尺度，冲突幅度的

① Peter S Davis，Paula D Harveston. In the Founder's Shadow：Conflict in the Family Firm. Family Business Review，No. 4 Dec. 1999.

每种属性用三级计分,1 表示冲突程度弱,2 表示中,3 表示强,四项属性总计分在 4~12 之间。冲突频次则赋予各种属性从 1~5 的不同分数。

　　到此为止,便可以着手选用收集数据的方法,该研究选用问卷法。工作假设及其变量和属性设计完成后才能着手设计问卷,问卷中各个问题都是为验证假设而设计的,问卷的量表也要符合研究者已作出的属性和尺度设计。反之,如研究假设尚未深入细化到属性及尺度设计这一步,甚至连假设都未形成就去设计问卷,所设计出的问卷必然缺乏针对性,导致实证内容和研究假设不衔接,甚至"两张皮"。

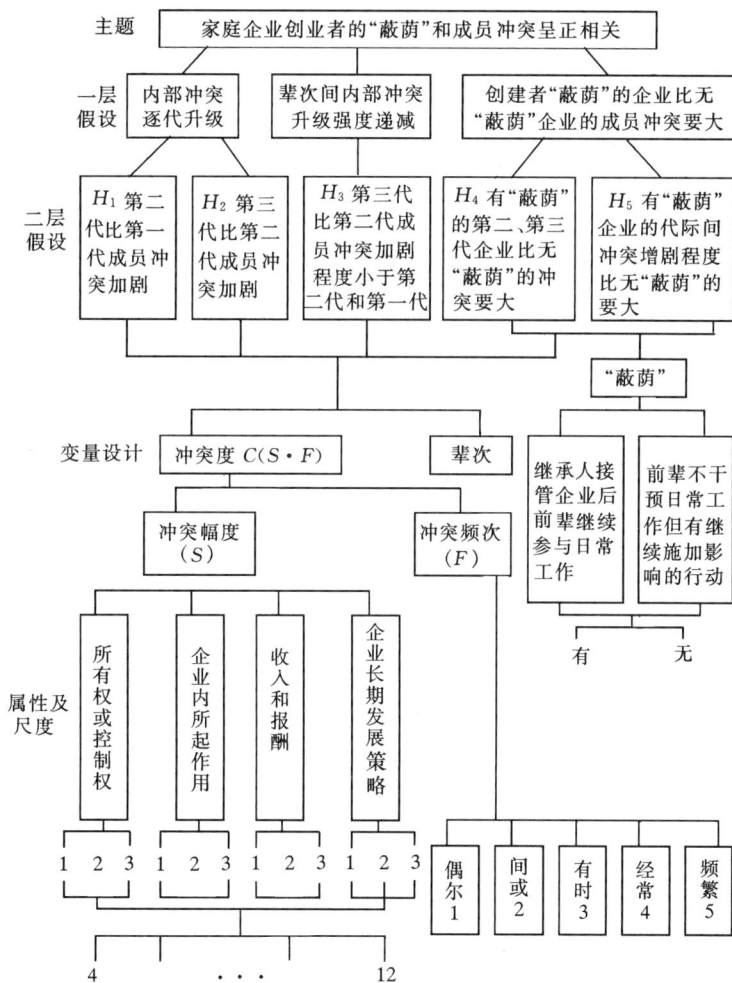

图 3-9　家族企业成员冲突的实证研究设计过程

第三节　抽样

　　管理研究要明确界定研究对象,研究哪些人或哪些事件(who or what to study),这在前面分析单位一节中已讨论过。总体即研究对象全部元素的集合,普查研究(census research)指研究总体内的所有元素。然而,人们往往难以采用普查研究,而偏好抽样研究。抽样是从总体内选择部分元素作为样本(sample),从抽样研究的结论推论总体。

　　抽样(sampling)在社会科学研究中的应用缘于大选前的民意测验。Literary Digest是美国1890—1938年间一份普及的新闻杂志,1920年该杂志编者按电话簿和汽车执照地址向六个州的公众发出明信片,询问在即将进行的总统选举中,"哈丁(Warren Harding)和柯克斯(James Cox)之间你将投谁的票?"根据调查结果,正确预测出哈丁将当选。此后,1924,1928和1932年同样做出了正确的预测。直到1936年该杂志编辑发出1 000万张而回收200万份问卷,预测兰道(Alf Landon)和罗斯福(Franklin Delano Roosevelt)得票比例为57∶43,而大选时罗斯福赢得61%的选票,该杂志的声誉从此逐渐下降。与此同时,另一个年轻的民意测验者盖洛普(George Gallup)却正确判断罗斯福将击败对手,于是取代了Literary Digest的地位。现在在美国,盖洛普似乎成了民意测验的同义词。

　　1984年美国共和党里根(Ronald Reagan)和民主党的蒙代尔(Walter Mondale)竞选美国总统,结果里根以59∶41的选票比例取胜。事前几个民意测验所得的预测结果分别为:CBS/New York Times 64∶39;Gallup Poll 59∶41;Gallup/Newsweek 59∶41;ABC/Washington Post 57∶43。其中,盖洛普的预测结果和实际完全一致。

　　1998—1999年,美国总统克林顿(Bill Clinton)因绯闻被弹劾。在整个事件过程中,不断有民意测验,民主党和共和党双方的策略都建立在民意测验基础上。可以说是民意保住了克林顿的总统职位。此类民意测验的实际样本不到2 000,却效度甚高,公众相信其结果。为什么研究这样小比例抽样却能得出准确的预测结果,而上面提到的200万份回收问卷却反而不正确,这正是抽样技术所要研究的内容。

　　设想在一个总体中,如果每个元素的所有属性都是一样的(如人的性别、年龄、态度、性格、经验和行为等），则无需抽样过程，每一个元素就可以担当典型样本之任务，用以研究整个总体的特征。事实上，任何总体的要素都有多样性，单个样本只能代表总体中具有同样特征的集合。概率抽样提供了有效的选择样本的方法，用以正确地选择总体中反映某类特征的元素。

典型样本是所在总体的代表，它的特征和总体中各元素的特征很接近。样本无需代表总体的所有特征，只须具有研究者关注的那些总体特征。

设想从企业选择 100 个职工作为研究样本。可以在企业职工上下班途中随机选择，这也是未经过训练的研究人员常用的方法，但这种方法存在不少问题，研究者个人的偏好往往影响抽样，比如，抽样者可能偏重于选择那些穿戴比较奇特的人或自认为符合研究要求的人。即使按一定规则去选，如选择每逢第 10 位的上下班者，但也可能忽略了有些上班早或下班晚的那些人。概率抽样（probability sampling）可较好地解决这种偏差，同时能估计出这种样本的准确性和典型性。

一、基本概念和术语

①元素（element）。元素是信息分析单位。如问卷研究中，元素即一个人或一类人，一个企业或一所学校等。元素和分析单位常常相同，前者是抽样研究中的术语，后者则属数据分析的术语。

②总体（population）。总体是所研究元素的集合。

③研究总体（study populations）。研究总体指已被抽样的元素集合。

④抽样单位（sampling unit）。抽样单位指抽样阶段中供抽样的元素。个体与抽样单位在有些研究中是相同的，但在实际抽样中，抽样单位常常是多层次的。例如在城市中先将行业作为样本，再从该行业的企业中抽样，然后从所选择的企业的工人中抽样。这种情况相应叫初级抽样单位、次级抽样单位和终级抽样单位。

⑤抽样框（sampling flame）。抽样框指从中抽取样本的抽样单位清单。抽样框与抽样单位的层次相对应，前述三个层次的抽样单位即行业、企业和工人，则对应的抽样框中应有全部行业名单、行业样本中的所有企业名单和企业样本中的所有工人名单。如果学生样本是从学生名册中抽

出的,则学生名册便是抽样框。

一般是先有研究总体,然后考虑可能的抽样框,再考察和研究这些抽样框,看何种抽样框最适合代表所研究的总体。

⑥参数值和统计值(parameter and statistics)。参数值是关于总体中某一变量的综合描述,例如,全国工业企业职工年平均收入;统计值则是调查样本中某一变量的综合描述,例如,从一组样本中得到的职工年平均收入;抽样调查是通过样本的统计值去推算总体的参数值。

⑦抽样误差(sampling error)。抽样误差指统计值和参数值之间的差异。概率抽样方法很难提供一个统计值能完全精确地等于所估计的参数值,用样本的统计值去推算总体的参数值总会有偏差,这就是抽样误差。

⑧置信水平和置信区间(confidence level and confidence interval)。置信水平和置信区间是估计抽样误差的两个关键指标,置信水平表示抽样统计值的精度,即指总体参数值落在样本统计值某一区间的概率。而置信区间指在某一置信水平下,样本统计值与总体参数值的误差范围。

二、抽样方法

样本质量决定了研究结论的概括性,样本选择是研究工作中很重要的环节,花费许多精力和时间从事一项研究,如果得出的结论适用范围很小,没有"共性",则是一种浪费,设想研究工作结果只适用于此时、此地,其他人不能用于彼时彼地,新知识将无法产生。

样本的最主要特点是它的代表性,即代表总体特性的程度,不同的抽样方法会有不同程度的总体代表性。科学研究和管理研究中常由于操作困难(即可行性问题)而不得不降低对代表性的要求,如医药研究中,用动物代替人作为样本,管理研究中也有类似问题。

无论采用何种抽样方法,抽样基本步骤如下。

1. 界定总体

界定研究总体指确定基本构成单位及其时空范围,亦即确定调查对象的内涵、外延及数量。这种界定要和研究目标及要求相符,并要有理论依据。一般情况下,研究总体就是实施调查的总体,但在某些情况下,两者不一致,调查总体可能只是研究总体的一部分。

2. 确定样本规模

确定样本规模包括确定样本所含个体数目和选择样本的具体方法。

3. 抽样

抽样常用方法有四种：随机抽样（random sampling），分层随机抽样（stratified random sampling），聚类抽样（cluster sampling）和系统抽样（system sampling）。

（1）随机抽样

随机抽样指抽样过程中总体包含的所有个体都具有同等的和独立的机会被选为样本，或者说所有的个体被选中的概率相同而且相互不影响。

随机抽样是一种最简单的获取有代表性样本的方法。包括随机抽样在内的所有抽样方法都不能保证样本完全代表总体，但随机抽样获得有代表性样本的概率较高。所选择的样本之间或样本和总体之间的差距较小，且非系统偏差。譬如，在人员总体中抽样，样本得出的男女性比例不可能和总体的男女性比例完全相同，随机抽样可以做到两者很接近，而且男性比例偏大的概率和女性比例偏大的概率相同，样本和总体两者比例的偏差缘于偶然因素，并非研究者自觉或不自觉引入的人为偏差。

随机抽样符合统计推论的要求，统计推论能借助样本的行为推论总体。如果样本并非随机选出，则破坏统计推论的前提假设，推论结果便有疑问。

以企业人员状况调查为例说明随机抽样步骤：

① 确定总体。即企业在册人员，设为 5 000 人。

② 确定样本量。选择总体的 10％，即 500 人。

③ 编制代码。将 5 000 人的花名册每人给予一个代码，从 0 000～4 999。

④ 在随机数上，选择一列数码。如总体数为 90，采用随机数的后两位数码。现总数为 5 000，则采用后四位数码。设在随机数表（random number table）中选出一列数字如下：

59 058，11 859，53 634，48 708，71 710，83 942，30 000，…。

⑤ 设先选定第三个 3 634 号样本。下一个随机数 8 708 超过 5 000，应予放弃，此后顺序地选出 1 710、3 942 和 0 000 样本（即代码为 5 000 的成员）。继续从第七个数 30 000 以后的数码中选择，直到选满 500 个样本为止。

随机抽样简单易行，无偏见，企业内各类人员包括管理人员、工程技术人员、工人都有同等机遇进入样本,然而并不能保证样本和总体人员结构完全一致。

(2)分层随机抽样

分层随机抽样过程分两步,先将总体按其特征和研究要求分为若干集合即分总体。所选择的样本集合结构应和总体结构一致。

以调查企业职工对退休政策的态度为例,研究者为了分析全国各地、各种职业、各种受教育程度等各种类型人员的态度,按照这些特征将职工划分为若干分总体,并分配分总体样本数,调查结果便能显示某地区各类人员(如受过高等教育的工程技术人员等)与另一地区各类人员对退休政策态度的差异。

分总体样本分配可采用按比例和非比例分配方式。按比例分配指各分总体的样本比例应与分总体的结构相同,如企业职工男女比例为 60:40,则分总体的样本量的男女比例也应 60:40。当总体组成为工程技术、管理人员、工人,设其比例为 10:20:70,如果研究者重视工程技术人员的态度,可将样本量比例取为 20:20:60,即为非比例分配。

分层随机抽样步骤及示例:

① 确定总体。如企业员工,设为 3 000 人。

② 确定样本量。设为 450 人。

③ 企业员工按工程技术人员、管理人员和工人分类,组成相应为 10:20:70,按比例分配样本,则相应为 45,90,315 人。

④ 与纯随机抽样相同,应用随机数表,从三类人员中分别按随机数确定 45,90,315 人。

(3)聚类抽样

聚类抽样是分层随机抽样的扩展,它同样先将总体分为分总体,但改变抽样方式。分层抽样中,所有分总体都分别抽取样本,聚类抽样则将性质类似的分总体聚类一起,称为聚类体,然后从聚类体中抽样。

总体中个体数量大且分布范围很广时,研究者往往不可能得到总体中所有成员的信息,或者难以接触某些成员,可应用聚类抽样。在中间层次设立聚类体,从聚类体中抽样,而不是像分层随机抽样那样从分总体按比例抽样。从聚类体抽样较之从各分总体分别抽样要节省人力和财力。

聚类抽样过程与随机抽样或分层随机抽样的主要差别是多了一个随机选择聚类体的内容。聚类抽样步骤举例说明如下:

① 确定总体。设调查全市 5 000 个小企业。

② 确定样本量。设为 500 个。

③ 界定聚类体。设以街道办事处作为聚类体,全市的街道办事处为 50 个。

④ 估计每聚类体的平均个体数,然后确定聚类体数。一般将样本量除以聚类体平均的样本数得出聚类体数。本例中,每个办事处平均样本数 5 000/50＝100 个,则需选择的聚类体即办事处 500/100＝5 个。

⑤ 根据随机数表选定 5 个样本聚类体。

⑥ 选择 500 个样本。5 个聚类体中的全部企业都属于样本,调查可以集中在此 5 个办事处进行,不必去所有 50 个办事处。

聚类法的缺点也很明显。所选择的样本分布不均匀,代表性差,如可能出现经济效益差的企业集中在某个办事处。解决的办法:一种是增加样本聚类体数量;另一种办法是采取多阶段聚类抽样(multistage cluster sampling),如将各办事处的企业再分成经济效益好、一般、亏损三类,则 5 个样本聚类体又可细分为 5×3＝15 个,这意味着可从 15 个聚类体中选择样本,每个聚类体样本量为 34(100/3)。聚类后引起的另一个问题是统计推论不大适用,聚类体样本实际上难以随机选出,研究者在采用此方法之前要注意这个缺陷。

(4)系统抽样

系统抽样是纯随机抽样的变种。在总体的个体序列中每逢第 k 个便取出一个个体作为样本。k 值取决于总体规模和样本量的大小。系统抽样与其他抽样方法的差别在于总体中的个体并不具有独立被选择的机会,第一个样本一旦被选定,其他样本将自动地产生出来。

系统抽样的样本之间尽管相关,仍可看作随机样本,只要总体所含个体序列是随机排定的。原则上说,选择过程和个体序列两者,有一个符合随机要求就可以。然而,个体序列随机排序实际上比较困难,例如,按姓氏字母顺序排序,Q,Z 等字母的姓氏排在后面,往往选不上。

系统抽样步骤及示例:

① 确定总体。仍以小企业调研为例,企业总数为 5 000。

② 样本量取 500。

③ 给出企业清单。此清单一般都按行政区划、行业排定,必要时可将其随机化。

④ 取 k 值。一般是总体个数除以样本量,如 $k=5\,000/500=10$。

⑤ 随机抽取清单的第一个样本,如为 3,即第 3 个企业,则依次的样本为第 13,23,33,43 个企业等等。

比较以上四种概率抽样方法,纯随机抽样和分层随机抽样应是较合适的技术,有时聚类抽样很有用,只是在很少情况下才使用系统抽样。

三、抽样误差和偏差

抽样技术再好,也不能保证样本完全代表总体,也就是说,统计值不可能完全和参数值相等,只是在样本量足够大的情况下两者很接近。研究者无法控制的因抽样机遇而产生的误差,属于抽样误差(sampling error)。至于抽样偏差(sampling bias),它并非是随机误差,而是研究者的失误造成的系统误差。美国 1936 年总统竞选预测说明这种情况。前述 Literary Digest 未能预测到罗斯福将当选总统,所设计的调查样本数很大,有 1 000 万,然而样本选择出了偏差。Literary Digest 根据汽车注册和电话簿名单抽样,1936 年正值经济萧条,有相当数量的选民并没有自购汽车或安装电话,这部分人口的投票状态被忽视了,这是抽样偏差。

抽样偏差主要来自非概率抽样。由于研究人员怕费时和花钱,往往主观随意抽样,尽管有偏差,但使用简便。管理研究中常采用的主观抽样的方式有以下三种。

1. 简便抽样

研究者将自己所能遇到的人员、事件作为样本,如"街头拦人"作为调查对象,这在电视节目上常常看到。到企业参观,向所遇到的职工提问了解情况,这都属于简便抽样(convenience sampling)。这种抽样调查可提供信息,但很难据此得出普适的结论。譬如,研究人员想弄清银行营业所工作人员如果每上班 1 小时后休息 5 分钟是否能减少差错,便在就近找了两个营业所比较,一个安排短暂休息,一个连续工作,一个月以后,短暂休息的营业所差错减少,那么,是否就能得出结论,短暂休息对减少营业所人员操作差错有好处?并不能。因为此样本并非从总体中选择出来,对该营业所有效,并没有足够理由断定其他营业所也有效。

2. 判断抽样

判断抽样(judgment sampling)是研究者根据自己的知识结构和研究目的而主观断定样本的过程。这种方法在探索性研究初期很适合,在未完全辨识清楚研究对象的总体构成前就可进行研究,发现问题。比如,研究企业亏损原因,可以主观挑选有代表性的企业进行研究,研究结果有助于发现亏损原因,但不能得出普遍亏损原因的结论。有的企业采取本企业员工试用新产品的办法,判断新产品的市场前景,如员工都通不过的产品,预计在市场上也不可能成功,这也是判断抽样法的应用。

主观判断实际上背后隐含着某种准则,例如,可根据历史记录来判定样本。美国总统选举预测往往把几个州作为样本,注意力集中在人口不算多的几个州的预选,原因是这几个州的预选结果历来与最后选举结果接近。也可根据问题的重要性来判断,500 个国有大型工业企业的产值占全国国有企业总产值的绝大部分,从这 500 家企业中选择样本推断国有企业总产值具有充分理由。然而,主观判断抽样总是存在以偏概全的可能。

3. 配额抽样

配额抽样(quota sampling)是按计划给各类分总体分配样本数。盖洛普民意测验 1936 年预测成功和 1948 年预测失败都是采用配额抽样。配额抽样先要辨识与研究有关的总体多种属性,如企业职工先按工作类别分类,再按年龄、受教育程度等属性分类。这样可分出如大学学历、男性工程技术人员等类的职工最基本集合,然后按算术平均或加权方式对各基本集合分配样本额度。

配额抽样的缺陷主要是,额度分配难以精确代表各集合之间的实际比例,特别是当前的动态信息难以及时收集。1948 年,盖洛普错误地预测杜鲁门将落选,其原因就是样本额度分配不当。再者,样本是主观判定的,是否在本集合中有代表性也有疑问。

总的说来,非概率抽样方法较之概率抽样法可靠性要差,然而比较容易应用,耗费也较小。

四、样本量

样本并非是一个标准,总体内的各个个体要向它看齐,而是一个"代表"。如果能找到一个"代表",真正能与总体的特性一样,那当然最好,"解剖一个麻雀"就行。财力和时间耗费使得研究者希望样本的数量尽可能小。然而,实际样本多大合适,这要回答两个问题:第一,总体内的各个个体的同一性程度。如果所有个体在研究者所关心的属性上很一致,则样本可取得很小，如果变异程度大则样本较大。第二，研究所需要的精确程度。容许样本属性和总体属性差异的范围，即容许误差。总的说来，总体的变异愈大，精确性要求愈高，样本量愈大。

研究人员对于同一性很难控制，在确定样本量（sample size）时主要考虑第二个问题，即总体参数估计值可容许的误差。例如在居民区抽样调查得出对某项政策的支持率为 70%，设想如果进行全员调查，可能得出的支持率在 75%（上限）和 65%（下限）之间，这个区间即是置信区间，而抽样误差为 ±5%。

容许的抽样误差取决于抽样研究的目的，例如市场需求调查，中长期需求预测与短期需求预测比较起来，允许抽样误差就可以大一些。

研究人员根据总体的变异状况和容许的抽样误差，可用下面的参考算式估计样本量：

$$样本量 = \left(\frac{置信水平 \times 总体标准差}{容许误差} \right)^2$$

式中，标准差反映总体变异状况，同时引入超出容许误差发生的概率，如 5%，则相应置信水平为 95%。

假定某种商品定价的事前调研抽样。总体标准差可以从以前的调查研究记录中得到，设为 20 元，常用的置信水平为 95%，式中用标准值 Z 值表示，为 1.96。设容许误差为 2 元，代入算式后得：

$$样本量 = \left(\frac{1.96 \times 20}{2} \right)^2 = 384$$

如容许误差为 1 元，则样本量应取 1 537，如为 4 元则样本量只需 96。

第四章 数据观测和收集

第一节 假设论证途径

在确定主题和假设树并完成变量设计和抽样方案以后,就要着手论证所提出的主题。论证的途径,可分为两大类:理论研究和实证研究(图4-1)。

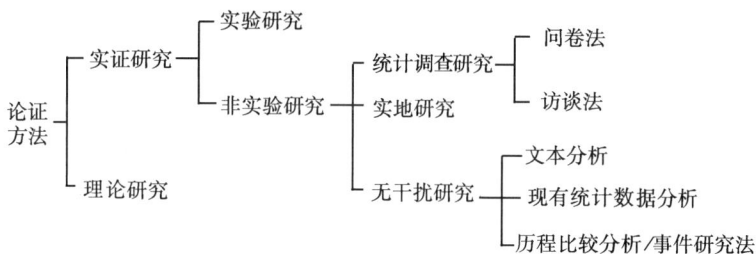

图4-1 论证方法类型

一、实证研究和理论研究

这里的实证研究和理论研究是从研究假设的论证途径而言,实际上,正名为经验论证(empirical verification)和理论论证(theoretical verification)可能更贴切,不过同类教材中都沿用"研究"二字,约定俗成也可以。同样,图4-1的各种数据观测方法,"实验观测法"比"实验研究法"的含义更贴切,但一般都称为实验研究法。实证研究和理论研究分别反映归

135

纳法和演绎法的思维方式。理论研究和实证研究两者可以独立运作,也可相互配合。

从研究生论文工作要求来看,实证研究应是主要的工作内容。现有管理、社会科学研究方法论的书籍一般只介绍实证研究,无理论研究的内容,究其原因,可能有以下三点:第一,管理学科本身实用性很强,研究结果可以直接从实践中检验。目前发表的管理研究论文及成果中,实证研究是薄弱环节。国际期刊刊登我国学者管理方面的文章,较之工程学科来说要少得多,缺少实证可能是主要原因之一。第二,原创性地提出公理毕竟是极少数"头脑迷糊型"学者思辨研究的结果,方法论无能为力。根据公理进行理论推演是研究生长期在校学习期间已较熟悉的思维方式,所以,研究生论文工作以实证研究为宜,把基本功锻炼扎实,为今后在学术研究上作出原创性的贡献打基础。第三,可能是根本原因,任何理论研究结果,最终还得事实的验证,否则再高明的理论也不能视为得到科学证明的理论。英国著名物理学家霍金(S. Hawking Hoken)至今未获诺贝尔奖,有报道指出,原因就是其理论尚未得到实验证实。本章着重介绍实证论证方法,只在最后一节讨论理论研究。

实证论证方法是建立在事实观测的基础上,通过一个或若干个具体事实或证据而归纳出结论。然而,研究工作中理论推理仍然很重要。正如第二章华莱士模型所表示的,实证研究以假设为起点。假设的提出虽然基于对现实生活中事物现象的观测,但无论如何离不开以理论为依据进行臆测。所谓以理论为依据,体现在以下几个方面:第一,假设必然在某种理论体系中占有一定位置。因为理论是若干相互关联假设的集合,假设和理论的关系犹如在分类一节中所指出的"种"和"属"的关系。在假设提出前,要综览文献,了解此领域的研究动态,有关理论和论题已取得的进展和存在的问题。目的是为了使自己的研究假设在某种理论体系中定位,显示出研究的理论价值。前述假设树的例子中,"无形资产使东道国和跨国公司双方得益"的假设,是国外直接投资理论,具体地说,是 FDI 动因理论的一个组成部分。第二,假设的提出必然涉及现有的理论或命题,这些理论或命题反映出本领域已有的进展,亦即本研究的起点,这就要求理论推理。仍以 FDI 假设树为例,为了凸显"无形资产"是关键因素的假设,要从理论上解释为何廉价劳动力和原材料等,并非真正的动因,为何 FDI 可以解决跨国公司的"无形资产不可交易性"的困境等。第三,证实的假设或理论往往是在否定或修正前人的假设或理论后形成的,即便如此,被否定、修正的命题或理论仍然是假设提出的基础。前述决策理论的发展过程就说明了这一点,没有理性决策理论的发展,就不可能有行为决策理论的出现,也显示不出行为决策的价值。以上是从"臆测"假设过程而言,在完成实证研究得出经验概括结果以后,还需"机理分析",找出因果关系链并纳入某种理论体系,以说明此项经证实的假设与其他命题的关联,这又将实证研究结果提高到理论层次。

可见,实证研究并非只限于事实和数据分析而与理论密不可分。E. 巴比(Earl Babbie)在其第七版《社会研究实践》中说,科学研究的特征可用合乎逻辑的实证性(logico-empirical)来形容,这意味着科学有两个支柱,一是逻辑性或理性(rationality),二是观测性,缺一不可。理论研究如无观测事实和数据支持,不能被最终确认;实证研究如果缺乏理论逻辑,价值也很有限。有的研究生论文专门有标以实证研究的一章(往往是最后一章),其内容包括某个企业或分析单位的调查数据、事实或案例,再进行数据分析得出结论。然而,这一章的内容是否名副其实,还要看数据观测和理论分析是否结合。有数据、事实分析本身并不能说明这就是一项实证研究,要看这些数据收集和分析工作是否有理论针对性,即是否围绕验证假设服务。

从实证研究的阶段来看,论文工作的问题辨析阶段与理论关系最为密切,理论分析体现在假设的提出和表述过程。第三章"研究设计"主要讨论理论分析方面的问题,此阶段的"输出"信息即假设树。研究假设明确以后,接下去便是假设实证的内容,按华莱士模型表示便是:假设(H)—观测(O)—经验概括(E),此过程包括两项工作内容,观测方法(modes of observation)选择和统计分析。观测方法指针对此项研究假设采用何种收集数据、事实的方法,这是本章要讨论的内容。统计分析则是逻辑地比较分析实际观测数据所显示的变量间关联与研究者所期望关联的一致(或差异)程度,也可称之为数据分析,"统计"二字把分析的手段和工具清楚地表达出来。"数据分析"是第五章要讨论的内容。

观测方法,有的教科书中称之为"研究方法"(research methods),本章标以"数据观测和收集",其内容与同类教材中有关"观测方法"、"研究方法"的内容是一致的,都是讨论数据的观测方法问题。

二、日常观测和科学观测

"观测"是人们日常生活所离不开的一种行为,每天耳闻目睹之事实不计其数,去一趟商场便能看见和接触许多人和事,但能存储在记忆中的数据和信息真是微乎其微,绝大部分被忽略和遗忘掉,更不用说所观测到的是否为应该观测的信息。日常观测和科学观测比较起来至少有两方面的差别:第一,日常生活中对周围事物的观测通常是一种不自觉行为(unconscious activity),而科学观测则是自觉行为(conscious activity),在观测之前便要进行决策,拟订并选定观测行动方案。同时,观测者在整个观测过程中都清楚自己所要做的是什么,该做到什么程度。第二,科学观测较日常观测要周密。科学观测一定要采用专门方法和技术,避免日常观测中容易出现的偏差。

日常观测的偏差来源可归结为下面几种:①过度延伸(over-generalization)。人们在观测周围具体现象时,往往把少数类似现象看成是一般通用模式。譬如,到企业某个部门了解企业销售额逐月下降的原因,先和两三位职工交谈,听到的是同样的理由后,很可能认为该部门的职工都有同样的认识,这就是过度延伸。科学观测为防止这类偏差就要求设计合理的足够大的观测样品。另外,重复观测也是防止过度延伸的有效方法。②观测的选择性。人们往往是容易接受自己有兴趣、期望观测到的现象而忽略那些自己无兴趣、不期望观测到的现象。例如初到某城市,在问路、购物过程中遇到几次态度粗暴的对待,便可能形成该城市的人待人粗暴的"过度延伸"的结论。一旦形成此概念,在之后的交往过程中,凡符合自己"粗暴"印象的事实就特别敏感,易于接受。科学观测要求对观测过程设计,规定从哪些方面去观测,预期观测出什么。③非逻辑推理。当事实和自己的预期或设想相反时,人们往往用"这是特例"来加以排除。科学观测则讲求清晰的逻辑关系,分析事实出现的来龙去脉。④个人意气(ego involvement)。观测过程所涉及的问题往往和个人的利益相关联,对事物的了解便和个人情境密不可分。如本单位竞争上岗,自己失败而某位同事成功。对于失败原因,往往归于自己和主管的关系不好,对主管和这位同事交往的事实和信息很敏感。即使在科学研究中,研究人员得出某种结论以后,如果遭遇其他人的反对,其反应很难完全客观,不带自己的意气。非典型呼吸道严重感染症(SARS)突然爆发初期,有位学者在显微镜下观测到衣原体,便宣布 SARS 病原体已找到。而另一位学者明确表示反对,认为非衣原体是死因,病因乃冠状型病毒。这位学者听到反对意见后,仍坚持己见,直到世界卫生组织等多方面证实是冠状型病毒才承认自己有"浮躁情绪"。这种判断偏差,对 SARS 防治对策而言有"南辕北辙"之别。可见,科学观测中谨防个人意气误事之重要。科学观测中有关信度和效度的分析,就包括所得出的观测判断是否排除了个人意气,客观可信。

可见,"观测"这种行为,人人皆知,人人皆会,但真正做到科学观测,则大有讲究。不是说研究报告提供了一些数据、事实或事例就是实证,还要看这些数据事实或事例是怎样获取的。观测方式或数据收集方式是研究工作中反映研究工作特色的重要内容。

研究设计阶段与数据收集和分析阶段的关系,犹如规划与执行的关系。数据收集和分析工作从属于研究设计阶段提出的研究假设,根据研究假设的要求,有针对性地选择观测方法,从这个角度看,研究设计更有意义,属于谋划、出主意、出"思想",研究生对于这些事情一般很有兴趣。然而,数据收集和分析在一项研究工作中与研究设计同样重要,犹如规划实施比规划制订还难。没有实证,再好的研究假设也将落空。作为研究生论文工作,这个阶段的工作必须自己做,尽管数据收集工作繁琐、重复、细致、费时、枯燥,但这是一项研究成功的必经之途。研究生不能回避、厌倦甚至看不起这项工作,要认识到这才是锻炼研究基本功,要从中找出乐趣,这不仅能体会到数据分析结果证实假设时带来的喜悦,而且是对严谨逻辑思维的一种锻炼。有些教授学问做到一定水平以后,可以自己提出一个理论框架,若干研究假设,让研究生去实证,但研究生论文无论如何不能这么做。即使是这些教授,也应具有数据收集和分析全过程的研究经历,否则,难以指导后续的论证工作。

实证方法实质上是观测和收集数据的方法。根据其观测的模式可分为不同类型。按研究对象的可控性分为实验研究和非实验研究。在实验研究的情况下,研究者控制并设计研究对象的行为,如无法控制研究对象的行为则属于非实验研究。非实验研究中,研究者和研究对象之间若保持沟通和直接接触则划归为有干扰研究一类,即统计调查研究。无沟通和无直接接触情况下则属于无干扰研究。

各种数据资料收集方法都有其适用的场合,没有一种方法适用于任何场合,也不能笼统说哪种方法最好。它们各有优缺点,有时可综合应用几种方法。

第二节　实验研究

实验研究是自然科学和工程技术上采用的主要观测方法,较适用于验证因果关系一类的假设,管理研究中应用相对少得多。然而,人们在管理行为中仍常采用实验的手法来确认某种判断。比如,一位管理者要两名或几名下属职员去分别完成同样或类似的事情,视完成结果而对每位职员的工作能力作出判断;又如,对比产品销售方式变更前后市场占有率的差异等。

一、基本概念

实验研究是一种受控的观测方法,通过一个或多个自变量的变化来评估它对一个或多个因变量产生的效应。实验研究按数据观测地点的差异可分为两种:一种称为实验室实验(laboratory experiments),在人为建造的特定环境下进行;另一种称为现场实验(field experiments),在日常工作环境下进行。

1. 实验刺激或实验处理

研究者的控制行为可以说是实验法的核心。控制行为都是作用于研究中关注的自变量,研究者期望弄清这些自变量的变化对因变量产生的效应,对自变量施加的控制行为叫实验刺激(experimental stimulus)或实验处理(experimental treatment)。而对于非研究关注的变量,也可能影响自变量,实验中不可忽视,对它们也需控制,主要是保持这些变量无变异。实验组(experimental group)则是指接受实验刺激的一组研究对象。

2. 实验变异

研究者关心实验组自变量的变化所引起因变量的变异,这种变异称为实验变异(experimental variability)。问题在于因变量的变异不只是来自实验刺激,测量误差和随机干扰以及未接受实验刺激的其他自变量也是引起变异的因素。由于实验刺激之外的因素引起因变量的变异称为外部变异(extraneous variability)。实验研究的难点,往往就在于如何消除外部变异而凸显实验变异,或者区分因变量的哪些变异属于实验变异,哪些变异属于外部变异。为此,实验中要引入控制变量和控制组。控制变量(control variables)指实验过程中其值保持不变的自变量,这些变量引起因变量的任何变化都应消除。控制组(control group)则指未接受实验刺激的一组研究对象,实验结束时,比较实验组和控制组便可看出实验刺激产生的差异。控制组提供了测量实验变异的参考点。

实验组和控制组在实验过程中,全都处于同一条件下,只是实验组研究变量接受了实验刺激。因变量在实验前后数值的变化应完全来自研究变量接受实验刺激的结果。然而,要判断这种差异是否只来自实验刺激,还需比较实验组和控制组试验结束时的状态。

控制变量和控制组的作用有所不同。采用控制变量的概念是为了使非研究变量对因变量产生的影响最小,而控制组则是用于排除各种外部变异源包括研究者未发现的因素对因变量的影响。

3. 配对和随机化

为了比较实验组和控制组的状态并确定实验变量产生的影响,两组的构成要素必须尽可能类似,消除外部变异,否则,实验结果将无法比较。比如某位工程师提出一种新的操作方法,他在两个班次试验这种操作方法,白班作为实验组采用新方法,晚班作为控制组仍按原方法生产,经过一段时间发现白班的工作绩效比晚班要好,那么,是否可得出结论,新操作方法就是比原来的要好?答案不能肯定。两个班次绩效的差异可能来自其他原因,而不只是操作方法的不同。例如,晚班工人因白天要做家务或周围环境干扰,难以休息好,即使不采用新操作方法,白班的绩效比晚班也要高。为了避免这类问题,使实验组和控制组的组成要素(样本)具有相同条件,可采用配对(matching)和随机化(randomization)两种方式。

配对是指各对实验主体的一种或多种变量具有类似的属性,并将成对的主体一个分入实验组,一个分入控制组。例如,在上述新操作法实验中,可将有同样睡眠时间的两人分别分配到实验组和控制组。当然,还有其他一些导致外部变异的变量,如性别、年龄、技术熟练程度等也影响绩效。但对所要考虑的变量不能选择过多,否则往往难以实施。配对还有另一个困难,实验前并不知道研究主体的何种变量将影响实验结果。

随机化是随机分配实验组和控制组成员,缩小各成员间的差异。例如,将参与实验人员的名单编码,然后,由计算机随机抽样将成员分别分配到实验组和控制组,每个成员都有相同的概率分配到两个组。这样,在大样本情况下两个组的成员间可以做到无系统误差,使实验结果凸显出实验刺激的效果。随机化方式利用概率的原理,而事先无须对研究对象的各种属性进行研究。

随机分配样本也会出现两组成员不对称状况,特别是在小样本的情况下。表4-1说明两组样本间出现较大差距的情况。表中列出8个样本及其性别、身高两变量的属性,实验前,按实验主体某个重要变量的属性值排序,从2到18,变量的属性均值为10。如分为实验组和控制组,最好是两组的变量均值都是10,如BCFG和ADEH两组,分总体的平均值与总体的平均值一致。但样本小的情况下,随机分配难以达到此要求。如随机抽出ABCD为一组,另一组为EFGH,因变量值分别为5和15,差异甚大。

为了防止这种差异,研究人员可采用配对和随机化相结合的方法即分块法(blocking):将样本先按某关键变量配对,然后随机分配。实验前,先判断与某变量强相关的自变量,表4-1中,性别明显与该变量相关,而身高却不明显。于是将样本按性别变量配对,同一属性的主体给实验组和控制组各分一个,即两组各有两男两女,按性别分块后再随机选择。这时,两组因变量平均值,最坏的情况为8和12,差异为4,比不分块差异为10的情况改善得多。如果选择与某变量弱相关的身高分块,再随机选择的话,差异情况仍与随机分配一样,未得到改善。分块后,尽管比随机化分配的情况要好,但是否要分块,取决于分块的复杂程度及其成本。

表4-1 随机化及分块说明

	A	B	C	D	E	F	G	H	总数
性别	男	男	男	男	女	女	女	女	N=8
身高	矮	高	高	矮	高	矮	矮	高	均值
某变量	2	4	6	8	12	14	16	18	=10

	实验组	均值	控制组	均值
理想分组	BCFG	10	ADEH	10
随机分配的最差情况	ABCD	5	EFGH	15
按性别分块最差情况	ABEF	8	CDGH	12
按身高分块最差情况	ABCD	5	EFGH	15

4. 内部效度(internal validity)

实验的目的是为了帮助研究者弄清现象之间的因果关系,验证假设。前述控制变量、控制组、配对和随机化等概念的提出,都是为了帮助正确辨别因果关系。"效度"作为一种辨别实验正确程度的指标,指观测结果所得到的变量间关系达到期望的真实程度。实验研究的内部效度指实验前后因变量观测结果的差异直接来源于实验处理的程度,或者说消除外部变异源的程度。内部效度越大,则愈有信心作出因变量的变化来自实验自变量变化的判断。现实情况下,内部效度受到许多因素的干扰,坎布尔(Donald Campbell)和斯坦利(J. Stanley)概括出 7 种干扰实验研究内部效度的因素,如下:

(1)历程(history)

在实验过程中,可能发生某种外部事件干扰研究主体。许多实验设计中,在进行实验处理前测量因变量值为 O_1,实验后再测量因变量值为 O_2,O_1 和 O_2 之差别即反映实验处理带来的变化。如果在两次测量之间,外界环境发生某种研究者事先未曾估计到的事件并干扰实验结果,此即历程效应(history effect)。

(2)成熟程度(maturation)

受试者随着实验进程的推移而产生的生理、心理和思维的变化,如饥饿、疲倦、操作熟练程度等,以致影响实验结果。

(3)测试经验(testing)

这类误差产生在被试者须接受多次测试的情况下。受试者在多次测试中产生学习效果,并影响到下次测试结果。如多次参加智商测试,会由于熟悉测试方式而提高后续测试的成绩。

(4)测试工具(instrumentation)

上述测试经验偏差来自被测试者,而测试者在实验开始和终止期间发生的变化,包括测试人员疲倦、熟练程度和他对结果的主观预期,以及测试者、测试问题更换等原因所引起的偏差均可归结为测试工具偏差。

(5)统计回归(statistical regression)

当实验组和控制组的实验主体按照某种变量分类,且所选样本集合的变量平均值极高(或极低)时,则会出现样本集合平均值向总体的变量平均值回归的趋向。比如,一项培训方法实验中,选取成绩排列在最后面 10% 的人员(或最前面 10% 的人员)作为样本,则实验后低分的员工其平

143

均培训提高成绩会高于总体的平均成绩(高分的员工平均培训提高成绩会低于总体的平均成绩)。

(6)选择(selection)

实验组和控制组的实验主体一定要有可比性,否则无法得出实验结果。这主要防止实验主体的某些变量的属性有较大差异,如表 4-1 所示的"性别"差异。如果各组实验主体重要变量的属性不同,分析实验结果就难以判定其差异的来源。随机化和配对技术常用来处理这类误差。

(7)实验消耗(experimental attrition)

实验消耗指实验过程中,各组成员的减员或变化将降低效度。实验组的受试者可能不乐于接受某种控制,或者因为时间过长而离开,引起实验组和控制组的外部变异。

干扰实验内部效度的因素实际上还不止上面七种。弄清这些干扰因素可帮助辨别因变量的变化是由于实验处理还是外部变异所引起。通过科学的实验设计可以控制内部效度,这正是实验研究的中心内容。

二、实验设计

实验设计是实验内容和步骤的规划。它明确告诉人们实验做什么、何时做,以及实验对象是什么。一项实验设计要满足两项功能要求:第一,能够表明自变量对因变量的效应,得以验证所提出的假设;第二,排除实验结果的其他可能解释。实验设计可用字母表示,常用的字母符号有:

O—— 因变量的观测值;

X—— 对实验主体或研究变量施加的实验刺激;

R—— 随机分配样本。

同时,字母按时间顺序排列,如

$$O \quad X \quad O$$

表示先测量因变量,接着实验刺激作用于研究变量,然后再测量因变量。评价研究变量的效应就是看实验前后因变量的测试值。

实验设计分为三类:预实验设计(preexperimental design),未通过随机化办法提高内部效度;真实验设计(true experimental design),使用随机化和配对等技术控制内部效度;准实验设计(quasi-experimental design),指在真实现场环境下,无法进行真实验设计而进行近似的实验设计。

1. 预实验设计

(1)单组前后测设计(one-group pretest-posttest design)

实验组：O X O

这种设计只有一个研究变量，其效应通过因变量后测与前测的差异来反映。这是一种简便然而缺点甚多的方法。前面所述的多种内部效度干扰如历程、成熟、测试、统计回归等因素都难以避免并影响实验结果。

(2)静态组间比较(the static group comparison)

实验组：X O

控制组： O

这是引入控制组的另一种预实验设计，受测者分为两组，一组接受实验刺激，另一组未接受，视为控制组。然而，这个控制组还不能起到完全控制的作用，只是属于自然状态的群体(intact group)，在实验条件下并不能保证两组之间的可比性。例如，比较两个企业，一个采用工资包干，另一个未采用包干办法，很难就得出工资包干这种办法的效果，因为两个企业存在许多其他差异。同时，这种实验缺乏事前测试，事后测试结果的差异可能包含着两组之间本来就存在的差别。

预实验设计尽管缺点较多，但适用于研究的初始阶段，取得初步结果后再做更规范的实验。

2. 真实验设计

预实验设计的主要缺点是无法确知实验组与控制组在事前的差异。真实验设计则对两组受测者加以控制，有下列五类设计。

(1)前后测加控制组设计(pretest-posttest control group design)，或称典型设计(classical design)

实验组：R O X O

控制组：R O O

这种设计由于采用随机化分配使两组具有可比性，有时称为随机化的前后测量加控制组的实验设计。这种设计原则上可消除实验消耗之外的各种效度干扰因素。由于两个组在实验过程中，除了一个未接受实验刺激外，都经历同样的事件，历程干扰可以排除。两个组所经历的实验时间都一样，因此成熟因素带来的干扰也可以剔去。测度工具误差对两个组产生的影响相同，统计回归的干扰也由于随机分配受测者而对两组产生类似影响。只是实验刺激引起实验组受试者的短缺，即"实验消耗"效应无法消除。

（2）所罗门四组设计（the Solomon four-group design）

实验组 1： R　O　X　O

控制组 1： R　O　　　O

实验组 2： R　　　X　O

控制组 2： R　　　　　O

此设计的前一部分相当于典型设计，后一部分则相当于静态组间比较。它的主要特点是能提示因变量的变化是否来自前测和实验刺激的交互作用。实验组 2 接受实验刺激但未受前测，与经受前测的实验组 1 相比较，如果后测结果不同的话，表明前测和实验刺激具有交互作用。例如，实验研究某项培训对职工业务水平的影响，一种方式是职工参加培训前后各考核一次，前后考核成绩的差距就反映了培训的作用，即实验组 1。另一种方式是不参加事前考核，直接比较参加和未参加培训的两组成绩差距，即实验组 2。前一种方式可能出现这样的情况，由于参加过事前测试，在培训过程中会围绕考核内容去重点学习，前测和培训两者交互作用使得后测成绩高于实验组 2。所罗门四组设计中，如存在交互作用则实验组 1 和实验组 2 的结果应不相同。如实验组 2 和控制组 1 的结果相同，而与实验组 1 不同，则表示只存在前测及刺激的交互作用。

所罗门设计得以辨别因变量变化的原因，"历程"和"成熟"因素引起的误差既可控又可测。精确是此法的优点，然而参与实验的组数加倍，时间和成本也得成倍增加，研究者要考虑它的可行性，进行成本效益分析。受试者对前测敏感，或者说前测和刺激交互作用显著时，则更适于采用下述后测控制组设计。

（3）后测控制组设计

实验组　R　X　O

控制组　R　　　O

这种设计通过随机分配受试者来控制"历程"、"成熟"、"统计回归"等效应引起的误差，衡量工具效应的影响因只测量一次而减低。此设计简便易行。

实验设计有的是为了辨别某种因素（自变量）的影响是否存在，像前述典型设计即可达到此目的。有时，不仅是辨别有无影响还要求辨别影响程度和大小，研究变量变化到什么程度才引起因变量的某种变化，这样便采取多实验组设计。

（4）多实验组及单控制组设计

实验组 1：　R　　O　　$X1$　O

实验组 2：　R　　O　　$X2$　O

实验组 3：　R　　O　　$X3$　O

控 制 组　　R　　O　　　　　O

$X1,X2$ 和 $X3$ 等表示研究变量接受不同程度的刺激,从各实验组结果比较中可得出自变量和因变量的关联特性。

上述的各种设计,每次实验都只能辨识某个自变量对因变量的影响。然而,自变量还存在交互作用,例如某种改进方案,对于素质高(技能、自信心等综合能力)的工人产生的业绩改善效果比素质低的工人来得大,"改进方案"和"工人素质"都是自变量,但两者对于业绩并非孤立地起作用。研究多变量之间交互作用的影响,便要采用因子设计。

（5）因子设计

实验组 1：　R　$X1$　$X2$　O

实验组 2：　R　$X1$　　　　O

实验组 3：　R　$X2$　　　　O

控 制 组：　R　　　　　　　O

因子设计需要有足够实验组数以便研究自变量的各种组合,上列实验组 1 的结果和实验组 2 及 3 的累计结果比较,如果不相同的话,则辨别出两变量的交互影响。假定改进方案有两种,即方法 A 和 B,"工人素质"有两种属性,即高和低。两个变量,每个变量有两种属性,则有 $2×2$ 种组合,即为最简单的因子设计。图 4－2(a)表示设想的实验结果。表格中的数字表示每种组合的实验后测结果,素质高的工人接受方法 A 后,业绩评分提高到 80,接受方法 B 则为 40。素质低的工人接受方法 A 后,业绩为 60,接受方法 B 则为 20。无论工人素质高或低,接受方法 A 比方法 B 的业绩都要好,方法 A 的两类工人平均业绩为 70,B 为 30。可见,方法 A 优于方法 B,工人的素质和方法无交叉效应。图 4－2(b)表示的情况不一样,方法 A 和 B 何者较优很难笼统而论,取决于工人素质。对于素质高的工人,方法 A 好(80∶60);而对于素质低的工人,方法 B 好(20∶40),两种方法的平均业绩相同,均为 50。可见因子设计将"工人素质"和"方法"两因素组合实验,便显示出交互作用的影响。

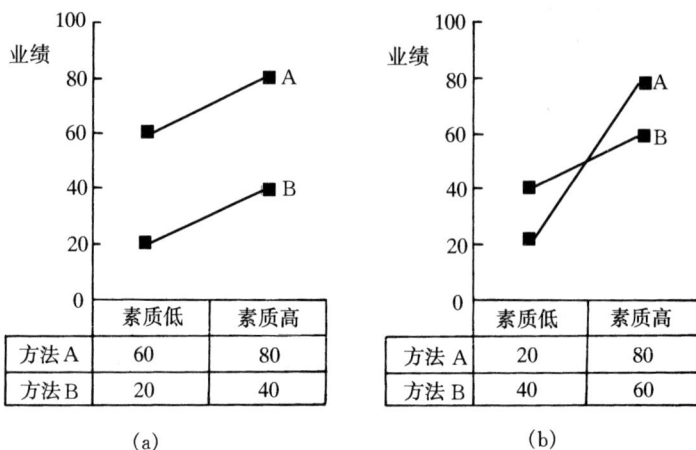

	素质低	素质高
方法A	60	80
方法B	20	40

(a)

	素质低	素质高
方法A	20	80
方法B	40	60

(b)

图 4-2　自变量的交互作用

因子设计可以扩展到两个以上的变量,每个变量的属性也可能超过两种,然而,设计的复杂性增加,实验组数迅速扩大,例如三个自变量、三种属性的因子设计则需 $3 \times 3 \times 3 = 27$ 个实验组。组数增大往往使得实验研究失去可行性。

3. 准实验设计

真实验设计所需的各项条件在现实环境下往往难以满足。最普遍出现的问题是实验主体不大可能按研究者的意图随机分配,建立一个严格的与实验组比较的控制组十分困难。这在现场实验的情况下问题更突出。在难以充分控制自变量,也难以按实验设计要求进行实验处理时,可采用准实验设计。

(1)时间序列设计

实验组:O_1　O_2　O_3　O_4　X　O_5　O_6　O_7　O_8

时间序列设计是最简单而实用的准实验设计。它在实验前后的若干时点进行重复测量,从实验前后的因变量的变化趋势发现自变量的影响程度。前测、后测的次数可以不同,但不宜少于三次,时间序列设计可将重复测量数据作图表示,以显示因变量变化是否受自变量影响。图 4-3说明几种时间序列可能得出的实验结果。研究者关心 O_4 和 O_5 之间施加实验刺激之后的反应,A,B,C 情况下,刺激 X 显然产生影响,O_4 和 O_5的差别比其他任何相邻测量值都要明显。E 和 F 的情况说明并非实验刺激而是其他因素在起作用，O_4 和 O_5 的差异与其他相邻测量值差异基本一致。情况 D 则可能是由于实验刺激 X 的时延效应或者其他因素引起。

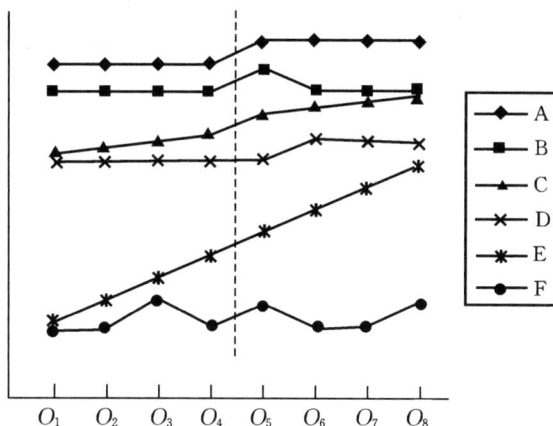

图 4-3　时间序列结果分析

时间序列设计可以很好地控制干扰效度的各种因素。"成熟"、"测试"、"衡量工具"、"回归"、"消耗"等效应都是渐变过程，不可能影响到对 O_4，O_5 之间突变的判断，只有"历程"是时间序列可能存在的效度干扰因素，如果某外界事件和实验刺激正巧在同一时间发生，刺激 X 的效应便会扭曲。实验设计者难以对这种干扰加以控制。

（2）不同群体时间序列设计

R　　O_1

R　　　O_2

R　　　　O_3

R　　　　　O_4

　　　　　　X

R　　　　　　O_5

R　　　　　　　O_6

R　　　　　　　　O_7

R　　　　　　　　　O_8

时间序列设计要求在一定时间段内测量同一实验组，这就要求受测者合作。如达不到此要求，便可采用不同群体时间序列设计，并不重复测量同一组而是随机选择若干实验组,每个组在不同时点上只测量一次所产生的数据。

与上述时间序列设计的数据类型一样,可用图形显示出变化趋势,对干扰效度因素的控制能力也和时间序列设计类似。这种设计缺点是需要许多随机样本,只在抽样成本不高的情况下适用,例如,商业调查中通过电话定期向各种随机样本征询意见。

(3)多时间序列设计(multiple time series design)

实验组:O_1　O_2　O_3　O_4　X　O_5　O_6　O_7　O_8

控制组:O_1　O_2　O_3　O_4　　O_5　O_6　O_7　O_8

前面所述几种时间序列设计都存在对"历程"因素难以控制的缺点。多时间序列设计引入控制组,以便辨别实验刺激期间是否还存在其他影响因素。

现以实例说明。肯布尔(Campell)和罗斯(Ross)研究康乃狄格(Connecticut)州超速罚款措施对高速公路事故率的影响,康州在1955年高速公路事故率迅增情况下制定了对超速驾车者重罚的条例。从图4-4的统计数据表明,此后几年的事故率一直下降,但下降的原因是由于罚款条例还是其他因素尚难以判定,因为康州前几年的事故率也有这种波动。采用相邻近的某州作为控制组后,邻近州的事故率在1955年后并无明显下降,因此可以有把握地得出结论,超速罚款条例是事故减少的原因。

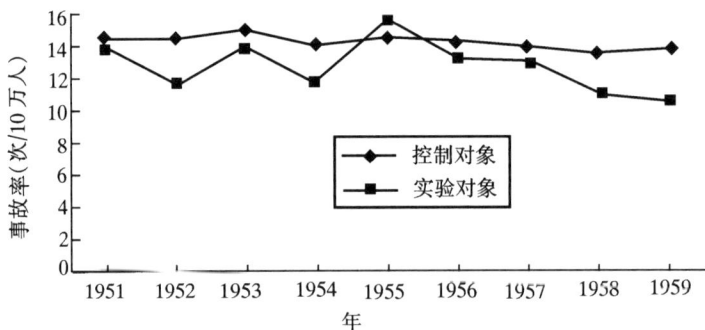

图4-4　多时间系列分析

三、实验外部效度

外部效度(external validity)指实验得出的结果推广到不同时空范围和不同研究对象的可能性。实验研究结果发现的变量之间的因果或相关关系,只有具备概括性(generalization)或可推广性才称得上有价值。当然,实验研究如缺乏内部效度便谈不上推广和外部效度的问题。内部效度是外部效度的基础,外部效度则反映实验研究结果推广价值的大小。实验结果的精确性和概括性之间互有矛盾。为了达到精确性就要人为地严格控制情境和外部变量,或多或少违背和破坏了事件发展的"自然状态",越是精确,违背和破坏越多。这种"非自然状态"(unnaturalness)限制了实验结果推向现实世界的可能性。精确性越高,概括性则越差。内部效度是衡量精确性的指标,外部效度是衡量概括性的指标。实验设计者面临两难困境,若提高内部效度则降低外部效度,或者相反。实验与准实验设计比较起来,前者内部效度较高而外部效度较低,后者则相反。内部和外部效度的矛盾不可能在一次实验中求得两全答案。靠重复实验可以检验研究结果的外部效度。同样的研究结果或检验过的假设,在某种变异的环境下如能得出同样的结果,则此结果的普遍意义增强。通常为了验证某种假设,首先在实验室或者严格控制条件下进行实验,如得到支持(也可能否定),便在稍放松的条件下再实验,如满意,再从另外一些角度和放松条件重复实验。通过重复达到内部和外部效度的双重目标。

外部效度的干扰因素可归纳为以下几点。

1. 测量效应

实验中的前测可能引起实验主体认知的变化,并影响其在后测中的表现。当研究结果推广到未曾接受前测的总体中,便会产生误差。

2. 样本的代表性

实验主体是否有代表性是外部效度的关键问题。实际上,实验研究中要在任何已知总体中找到真正有代表性的样本并非易事。实验主体一般都是自愿参与,多少受到某种利益或兴趣的驱使,同时,研究者也总是选取就近和便于合作的实验主体。由于这些主观偏好因素,从样本得出的结果推广到更一般的总体中,外部效度就可能有问题。当然,可以采取强制性安排实验主体,但这类受试者对参加实验缺乏兴趣甚至抵触,不一定会按实验引导的方向作出反应,在涉及人的管理研究实验中,要妥善处理自愿和强制选择实验主体问题。

3. 实验环境效应

实验环境本身导致参与实验的人们失去"平常心",而采取与日常不同的行为。实验环境具有一些需求特征(demand characteristics),要求受试者该做什么不该做什么,要求和研究者密切合作,以致受试者原本不愿去做的繁琐枯燥的事,在实验条件下却可能会认真去做,这就影响到实验结论的普遍适用性。前述的霍桑试验就是在影响生产率因素的实验研究中,发现了实验研究环境本身对研究主体产生的效应。

实验的需求和研究者的期望可能引起因变量的变化,这就是实验环境造成的干扰,变量和干扰两者的影响容易混淆。为了减少实验环境的干扰,可采取"盲试"的办法,不让实验主体了解实验的意图和欲验证的假设,如果能让受试者感觉不到自己在被试之中,效果会更好。当然,从伦理角度来说,被试者不应受蒙蔽,待实验后期应予解释清楚。

研究者由于对实验抱有主观期望,对符合自己期望的观测值较敏感,予以重视。反之,对不符合的则忽略或赋予种种开脱性解释。这种干扰可采取"双盲实验"(double-blind experiment)的办法来克服,让研究者自己也不知道实验主体谁属于实验组,谁属于控制组,不明白实验主体的回答是支持还是否定所期望的结果。

在运用实验法观测和发现变量间关联方面,自然科学和工程技术取得的成果和积累的知识,远远超过管理领域。实验研究结果清晰、可信、可验证、可重复并能用科学语言来说明问题,这是管理研究者渴望应用的一种科学观测方法。

实验法有不少优点。首先,实验研究者有独立自主性,可完全按照检验假设的要求来决定研究哪些变量、设计变量的属性和取值等,而不用完全遵守现实环境的"自然状态"。后述的其他一些研究方法,受现有数据和观测值的约束较多。其次,从时序角度看,实验法是序贯式研究。实验在一段时期内进行,按多个时刻进行测量,得以研究变量的动态变化,而其他研究方法像问卷调查等,只有某一时刻的测量值,不能直接观测出一段时期内的变化。第三,实验法的耗费通常比其他研究方法要省,因为控制变量、样本数都比较小,而现场研究、问卷等方法的出差费、专访费用都比较大。

实验法的主要缺点来自"非自然状态"。研究者人为地营造实验条件,实验的特定需求又影响到受试者和研究者的行为,容易导致研究结果外部效度差。此外,样本也难以完备,实验只是限于某段时间和少数样本,样本增加研究成本随之增大,而小样本使得测量误差问题愈显重要,研究结果的普适性愈差。

第三节 统计调查研究

统计调查研究（survey research）和社会调查（social survey）的概念密切相关。社会调查一般指向研究对象样本询问问题的方法。由于它离不开通过统计抽样和问卷收集资料的方法，译作"社会统计调查"较为贴切，而"survey research"则相应译为"统计调查研究"。

统计调查研究已经广泛应用于各个领域，包括政治学、社会学、经济学、教育学和管理学科。它是以研究样本（被调查者）回答问题的数据为基础辨析总体状况的研究方法。总体状况，一般指成员的态度、意见和特征信息。"survey research"有的文献中就译成问卷法，实际上，统计调查研究方法包括两类资料收集方法：问卷法（questionnaire）和访谈法（interview）。而按调查对象规模，又可分为样本统计调查（sample survey）和普查（census survey）两种。样本统计调查指研究者根据样本信息推断出总体信息，普查则是获取总体中每个成员的信息。研究总体的范围可以很广泛，大到如全国选民，小可到某个企业或车间的职工。统计调查研究常易受人轻视，似乎它并不需要复杂的技术工具，谁都可以做，加之人们经常遇到被问卷调查的情况，多少有些受干扰和厌烦之感。然而，统计调查研究毕竟是能够提供最有价值信息的有效方法，从历届美国总统选举的民意预测以及 1998 年克林顿绯闻事件的民意调查可以看出统计调查研究的有效性和可靠性。民意测验旨在判别总体成员对于某项政治、社会、教育或经济问题的看法，几乎都采取抽样方式，按照诸如社会经济地位、性别、地理位置等变量划分的抽样框抽取样本，并分别得出各框和总体的结果。

在管理研究领域中，统计调查研究经常应用在以下几方面。第一，人员态度、观点的调查。如企业内职工对工作、培训、产品质量等的态度和看法，用户对于企业产品和售后服务的意见。或者用来判断一个企业及其各部门成员的行为、态度和期望，并用此比较各企业间职工行为的异同，分析企业文化的特点。第二，研究企业不同时期的差异，即跟踪研究。例如，高层管理人员定期掌握组织内部职工和用户的态度、看法的动态信息，以正确制定组织发展策略。判断企业执行某项计划、措施以后发生的变化，例如资金、人力的投入是否带来相应的效益，也常用到跟踪研究。

当然,有些措施有滞后性,属长期效益,则要配合其他分析研究方法。第三,评价性调查研究。包括对组织业绩、产品和某种方案(如组织结构形式、分配方案)的评价。

统计调查研究要收集样本或总体中所有成员规范化的定量信息,为了数据的可比性,应对所有被询问者提出同样的问题。下面分别讨论两种最常用的收集信息的方法:问卷法和访谈法。

一、问卷法

问卷法使用广泛。在使用中存在的突出问题是误用,即将随意构建的不完善的问卷向公众分发,或者以为有张问卷就算是实证研究,而不审视问卷的质量。构建合适的问卷需要时间和技能,它是论证阶段的一项研究工作。问卷法和访谈法比较起来,费时少,成本低,而样本量较大,特别是电子邮件技术发展后,通过计算机发送问卷使得问卷法更为便捷有效。

构建问卷之前首先要阐明问题。明确问卷的主题即所要研究的问题和待验证的假设,以便被询问者可根据个人意见无误解地给出答案。然后,采用合适的抽样技术选择调查对象。研究者应估计所选对象是否能够并愿意提供所预期的信息。有些人尽管可以提供信息,但毫无兴趣或认为该项研究意义不大,便不作出回答。有必要事先费些精力去辨别被调查者接收询问的可能性。有些场合下,问卷不直接给调查对象本人,而是发给他的上级再转达可能更有效。

1. 问卷构建

问卷(questionaire)构建是问卷法的主要内容。问卷通常包括封面信、指导语、问题及答案、编码等。

①封面信。封面信即致被调查者的短信,常放在问卷的封面或封二,故称封面信或卷首语。封面信的内容包括自我介绍调查、主办单位简况和个人身份,调查内容和目的,解释调查工作的价值,并直接或间接示意被调查者不会因此受到利益损失或带来麻烦。

②指导语。指导语告诉被调查者如何正确地填写问卷,解释问卷中复杂或特殊的问题并给出填答形式的示例。

③问项和答案。这部分是问卷的主体。测量调研对象特征、态度和行为主要靠问题和答案。问卷中的问题,形式上可分为开放式和封闭式

两类。开放式问题（open-ended questions）指不提供具体答案而由回答者自由填答的问题，如"你认为你所在企业亏损的主要原因是什么？"封闭式问题（closed questions）就是在提出问题的同时，给出若干答案，让被调查者选择。例如上述问题加上几项拟定的答案如"内部管理"、"管理体制"和"高层管理人员素质"等，就成为封闭式问题。开放式问题的答案，能最自然地反映出回答者各不相同的特征、行为和态度，所得到的资料往往比封闭式问题要丰富和生动得多。开放式问题要求被调查者用自己的语言把观点、态度和特征表达出来，花费的时间和精力多，甚至令人畏难而退。同时，统计和处理开放式问题的答案比封闭式问题要困难得多，有时甚至是不可能，分类准则远远满足不了答案中各式各样的语言形式。封闭式问题正好相反，主要优点便是回答问题简便、省时，不用过多费时去组织书面文字答案，只需按要求划圈就行，同时便于统计分析，各种答案通过编码变为简单的数字。开放式问题常用于探索性调查问卷中，不要求对答案作统计分析，只求对问题有初步了解。封闭式问题则用于收集大量数据来定量验证假设。不过，封闭式问题构成的问卷中，往往在末尾包含一两个开放式问题，用来收集那些未能列入问卷的情况。

从问题的内容来看，又可归结为特征、行为和态度三方面的问题。特征问题即那些用来测量被调查者基本情况的问题，如年龄、性别、职业、文化程度等，调查研究的统计分析中，这些特征常视为基本变量，用作分类的基础信息。行为问题用来测量被调查者过去发生或现在进行的某些实际行为和事件。例如："你今年提过几项技术革新建议？"有的文献把行为问题和特征问题合称为事实问题，包括有关被调查者的客观事实。态度问题则是指那些被调查者对某一事物的看法、意愿、情感、认识等涉及主观认知的问题，如前述关于企业亏损原因的看法。态度问题是问卷中很重要的一部分，由于态度问题往往涉及个人内心深处的东西，任何人都有一种本能的自我防卫心理，调查中了解态度比事实要困难得多，然而这也正是问卷价值的所在。

问卷除了包括卷首语、指导语外，还有一些辅助内容，如问卷名称、问卷编号、问题编码等，其中编码最为重要。所谓编码就是将问题和答案用代码来表示，以便对答案进行统计处理和分析。封闭式问题编码可在设计问卷时进行，即预编码。开放式问题由于研究者不能准确地预估会有多少种答案，无法预编码，一般在问卷回收后再编码，即后编码。

2. 问项设计

问卷主要包括问项和量表两部分。问项设计总的原则应尽可能简明,便于回答和有吸引力。忌讳冗长,两三个小时才能回答完,会令人感到是设计盲目、不负责任的问卷。问卷中只应包括与研究目的有直接关系的问题,封闭式问卷所列举的答案应尽可能完备,且各答案之间有明显的差别。例如,"有时"和"常常"区别就不很清楚。

各问项应遵循"一个问题包括一个明确界定的概念"的原则,不能有双重含义。任何可能引起被调查者不同理解的名词和概念都应加以说明,例如:"你每周到现场视察工作的时间是多少?"给出答案为"很多、较多、一般、较少"的话,就可能有不同解释。有人以为每周有 4 个小时就是较多,有人以为每天有 1 个小时才是较多。如答案改成 1～2 小时,2～4小时,4～6 小时,6～8 小时及以上,则答案间的可比性更好。有些情况下要明确指出参考点,如问"你是否认为到现场视察实际工作的时间较多",就不够确切,可代之以提问"你认为与企业其他高层管理人员比较起来,你到现场视察的时间是否较多?"

设计问项时还有几点禁忌。首先,不能带倾向性,避免提问方式对回答者形成诱导,令回答者感到研究者提出的问题是想得到某种特定的回答,或者是鼓励和期待他作出某种回答。为此,在用词上注意保持中性的原则,不要用贬义和褒义的词语。其次,不提有可能难以真实回答的问题。例如,问一位管理者是否按高标准要求自己的工作。这就犹如问母亲是否爱自己的孩子一样,答案只能是"当然是"。如问"你在招收职工中对女性求职者是否有歧视?"一般人不会回答有。第三,不能把未经确认的事情当作前提假设。例如,问一位管理部门的负责人"你单位是否已不再乱收费了?"如回答者原来未曾乱收费,回答"是"的话等于承认原来有乱收费,当然也不可能回答"否"。又如问"你对去年工资增加额度是否满意?"如果回答者去年正好工资未增加,就无法回答。在这种情况下要先提出个过渡性问题。

答案是封闭式问项的重要组成部分,直接关系到问卷价值的大小。问卷中的每个问项都是在对某个变量进行测量,而答案就是为变量可能的属性赋值,要求列出的答案具有完备性和互斥性。即包括所有可能的答案没有遗漏,又不能相互重叠以至选择一个以上的答案,而且要将答案转化为定量的属性值。这就涉及量表设计。

3. 量表

量表(scale)指由一组符号或数字按一定规则和格式建构的答案表。被测者按此量表给出符号或数字答案。据此,可转换成变量属性的定量值。量表和问项设计要综合考虑遵循提高信度的原则。问卷中通常采用下述几种量表。

① 总加量表。总加量表由一组对事物的态度或看法的陈述构成,回答者分别对这些陈述发表"同意"或"不同意"的看法,然后按某种标准将回答者在全部陈述上的得分加起来,得出该回答者对这一事物态度的量化结果。

② 李克特(Liket Scale)量表。这是问卷设计中用得最多的一种量表。它也是由一组对某种事物的态度或看法的陈述构成。与总加量表不同,回答者对这些陈述的态度不再是简单地分成"同意"和"不同意",而是分成"非常同意、同意、不知道、不同意、非常不同意"或者"赞成、比较赞成、无所谓、比较反对、反对"五类。

③ 语义差异量表。两端为一对意义相反的形容词,中间分为七个等级。每一等级的分级从左至右分别为 7,6,5,4,3,2,1,也可以设计为 $+3,+2,+1,0,-1,-2,-3$。

问卷同样有个效度问题,研究者可能回避效度的评价,因为需花费更多时间和精力。有句谚语"任何值得做的事都值得做好",既然费工夫设计问卷就要保证质量,使调查研究结果和实际一致,一般采用的效度判断方法是抽样观察回答者的实际情况是否和问卷调查得出的有关态度、行为、看法的结果一致。

问卷设计完毕后不要仓促发出,可找几个人先试答问卷,发现问卷中的问题,修改后便可连封面信分发。如样本量大,第一批可发给为数不多的样本。如果第一批问卷的回收率很低,答案分析结果和预期目的差距大,说明问卷设计存在问题,应该经过仔细审定修改后再全面寄发。

问卷发出后并非每个被调查者都会填好寄回,有些人就不想回答,有些人搁在一旁时间久了就会忘记或遗失掉,然而,研究者总是希望回收率愈高愈好,尽管不大可能达到 100%。经验表明,问卷的回收率如小于70%则调查结果的效度便有问题。为此,问卷发出后做一些跟踪工作很有必要,主要采用寄发提醒信的方式。当然口气不能生硬,如从询问信件是否收到的角度出发催促回信。

叙述问卷调查结果时，一定要说明问卷总的回收率、样本数以及各项问题的答案。调查结果的表达方法中，最简单的一种是直接给出某个问题回答者分布的百分比。例如"关于 MBA 学历状况的问项中，30％回答有，40％回答没有，20％回答正在攻读，还有 10％未回答"。进一步可以分析比较变量之间的关系，例如"具有 MBA 学历的回答者，有 80％曾从事企业咨询工作，而无 MBA 学历的只有 40％曾有过咨询工作经历"。这种调查有助于验证"MBA 教育重视结合企业实际"之类的假设。

二、访谈法

访谈法是另一种调查研究收集数据的方法。问卷法要求回答者阅读问题并填写答案，访谈法也需要问卷，不过是研究者口头提出并当时记录答案。访谈一般是面对面，但也可采用电话访谈方式。访谈法的优点主要是可以得到问卷法难以得到的深入的资料。主要缺点是太费时，成本大，以致样本数有限。访谈法有时和问卷法结合在一起应用。例如，在组织发展分析中，研究者可访谈高层管理者，而对职工采取问卷法，或者先访谈少数人，据此设计问卷并与访谈结果对比。风靡一时的管理著作《走向卓越》(Peters & Waterman,1982)就是进行了大量访谈的成果。作者进行了 33 个公司的深入访谈调研，22 个公司的一般访谈。

访谈法比较灵活，研究者可根据采访对象选择提问的方式、语气和用词，尤其适用于那些不具备多项选择答案的问题。当面交谈，更易形成友好合作气氛，容易得到问卷法难以得到的资料。由于研究者可把研究目的要求和问题解释得更清楚，当场可提出附加的问题，答案也就更精确。然而，由于面对面交谈，研究者的形体语言可能影响被访者的答案。

访谈法与问卷法研究步骤和要求基本一致。确定问题和形成假设过程相同，抽样过程也相同，只是访谈的样本量较小。两者都需被调查者的合作，不愿意填写问卷答案的人一般也不会接受访谈，然而，这对访谈调查就要严重一些，因为后者样本小。两者的主要差别有：访谈提纲取代问卷，研究者需要良好的公关和沟通技术，需要记录技术和访谈前的充分准备。

1. 设计访谈提纲

采访者必须具备书面的访谈提纲，包括问题、提问次序以及可能提出的附加或试探性问题。特别要预防在访谈中谈不下去而得到"半截子"答案以致前功尽弃。如访问工作忙碌的高层管理者，"你如何决定管理培训方式?"其回答"根据需求分析",就须立即追问"何种需求分析,问卷或访谈方式还是非正规的交谈?"否则,一般性的答案其信息价值不大。

问卷法所提问题一般都是结构化问题(structured question),被调查者可从几种答案中选择其中的一种。访谈中所提的问题有结构化问题,还有半结构化(semi-structured)和非结构化(unstructured)问题。所谓非结构化问题,指被访者可以随意回答和发挥,只是这样得到的信息难以定量分析。实际操作中第一段多提出结构化问题,随后逐步提出半结构化和非结构化问题,旨在弄清结构化问题答案的理由。

访谈问题应尽可能简单清晰,必要时应对一些名词概念加以界定,向被访者提供答案的参照点。

2. 沟通

访谈中有效沟通最为关键。通常采访者事先需要接受培训。采访者给被采访者的第一印象很重要,好坏差别很大,务必要有个好的开端,在正式提出第一个问题以前,要有一段融洽沟通的时间,采访者解释此项访谈研究目的以及保证为答案保密等今后不会出现麻烦的话语。采访者可视被访者的反应,解释各种与研究目的有关的内容并采取灵活的应变方式。例如,被访者回答某个问题有难度,答不上时可换个问题,或从另一角度提出,逐渐将被访问话题引入研究主题。最重要的是,无论如何要避免任何言行引起被访者的不快。采访者不能有皱眉头、不以为然、烦躁等类表情。

3. 访谈记录

访谈者可以自己记录被访者的谈话,也可用录音或录像机等记录设备。笔记可以是边谈边记,也可以一个问题回答完毕后记录。笔记并不要求记下每一个字,只要记下被访者谈话的要点和关键事例。如果征得被采访者同意采用录音或录像,则可加速访谈过程。

4. 试点

访谈提纲、程序和分析方法应在研究工作正式开展前进行试点,找个别的样本先进行访谈。所获得的反馈信息可用于修改一些不清晰、得不到所期望信息或令被访者不快的问题。试点也有助于决定访谈结果分析方法。

第四节　实地研究

实地研究(field research)是对自然状态下的研究对象进行直接观察,收集一段时期内若干变量的数据。自然状态(naturalistic setting)指所研究的变量不会在研究者可控的环境或条件下发生变化,而是顺其自然,保留研究者未出现时的原来面目。采用实地研究方法隐含着一个出发点,即所研究对象受其环境的影响,变量是在一定的情境(context)下发生变化的,要弄清变量之间的变化关联就必须弄清其所处的情境。例如,组织内部职工行为必然受到组织内外环境的影响,研究现实环境中职工行为,只有辨识出其特定的情境因素,研究结果才有应用和推广的可行性。

实地研究最主要的优点是它们的综合性。研究者通过对研究对象的直接观察(direct observation),可以取得许多形象信息供直觉判断。有些研究课题,靠定量分析往往不够或不合适,实地观察则可以发现用其他研究方法难以发现的问题。概括说来实地研究最适用于三类课题:①在自然状态下才能确切描述变量间的关联。实验法和问卷法都是在研究者设定的环境下取得数据,但并非所有行为和现象都可以通过实验或问卷测出,譬如企业的文化氛围。②重大或关键的发展过程。管理中的重大决策或重大事件往往是一次性的,实地研究者如亲身参与此过程便有助于了解管理者、职工的行为。如果重构或重演这种事件,事后总结,往往就失去意义,发现不了问题。③形成研究假设阶段。实地研究不仅是收集资料的方法,还是一种形成研究假设的行为。在研究工作开始阶段,还难以精确地提出研究假设,实地研究交替应用归纳和演绎方法,先从实际事实、数据提炼出初步设想,然后进一步深入观察,有助于修正原来设想直至提出假设。

从观测和调查研究者的身份来看,实地研究者可有下述四种角色之分:完全参与者(complete participant),参与者身份的观测者(observer-as-participant),观测者身份的参与者(participant-as-observer)以及完全观测者(complete observer)。

完全参与者的角色指被观测者根本不知晓研究者的身份,研究者和被观测者相处在一起,同样生活,完成类似的工作,适用于研究者身份暴露会影响被观测者行为的情况。参与者身份的观测者角色,研究者以这种身份出现可能会影响研究后果,被观测者的注意力可能转向研究课题而不是在一种"自然状态"下工作和行动。研究者本人由于参与,也可能受到被观测者的影响而放松原来研究的中性立场,即使采取预防措施也难以完全避免这些影响。霍桑实验就属于这种情况。有的文献将参与者身份的观测者对研究产生的影响归结为霍桑效应(Hawthorne effect)。观测者身份的参与者是群体中的一员,和群体中其他成员交往无任何伪装,而其本人又具备研究者的身份,本企业人员研究本企业的问题即属于这一类。完全观测者角色则指研究者不参与群体活动,只进行观察。有的情况下,观测者的目的被隐瞒起来,这种方式可降低"霍桑效应",却又引起研究道德问题。未经被观测者同意而进行观测,观测结果也不让他们知道,这种做法涉及隐瞒和侵犯隐私。研究者以何种身份最为合适,要根据具体情况作出判断,但要从研究方法论和道德两方面来考虑,两者有时相互矛盾。

一、准备工作

研究者去某个企业进行实地研究,事前要掌握有关该企业的知识。有两条渠道:一是通过收集到的书籍资料,二是通过曾与该企业有交往的人员。通过阅读和交谈,可以构成对该企业的初步印象,进行实地研究方案的构想。当然,这些书面和口头信息都是"事实"和"观点"的组合,因为任何叙述者提供的信息都离不开叙述者本人的价值观念和知识结构。

可以采取各种不同方式与企业人员初次接触,这取决于研究者准备起到何种作用,扮演何种角色。如作为完全参与者,必须取得该企业职工的身份。作为研究者角色的管理学科的师生,大多数是以完全观察者或观察者的身份的参与者。无论何种身份,初次接触方式也有不同选择,自上而下或自下而上,都影响到下一步的观察。如果企业的实地研究先从高层管理者开始,研究者对企业的最初印象便自觉或不自觉地受高层管理者观点的影响。如果首先接触职工,初始印象便会很不相同。与企业人员接触时,首先要解释研究和观察的目的,一般以全面、如实地解释为好。然而,在有些情况下先解释目的倒会影响被观测者的合作和行为。这要兼顾研究要求和学术道德原则,给予一种可接受的解释方式。

二、抽样

在实地研究中,样本选择的原则和其他收集资料方法一样,不过,随意性更强。实地研究人员期望观察企业内部所有情况,并无抽样概念,然而,全面观察所有情况并不现实,不可能做到,所观察到的现象和人员实际上就是样本,只是这种样本一般并非可控样本。研究人员往往想和企业各类人员交谈,从中挑出若干代表人士,这并非符合研究要求的最好抽样方法。麦卡尔(G. J. McCall)和西蒙斯(J. L. Simmons)推荐了四种适合实地研究的抽样方法。

(1)配额抽样法(quota sampling)

组织内各类人员如能以某种重要特征进行完备分类,便可能采取配额抽样。如企业可按高层、中层和基层的管理人员,或老、中、青,或男性和女性等不同特征进行分类。样本的分配应和总体中该特征的结构一致。至于按何种特性分类,则取决于研究目的。

(2)"滚雪球"抽样法(snowball sampling)

先以随机或规定方式选出比较容易辨识的个体或某一组群,然后利用此个体或组群来寻找其他新的个体或组群。企业调研,可以询问企业内对所研究课题最有发言权即最具影响的人,交谈后,对方又可推荐其他最有影响的人。也可以按事件的来龙去脉,顺藤摸瓜,找出应该访谈的人。

(3)变异抽样法(deviant sampling)

有时变异事件或现象往往能说明问题。如某个组织内,许多部门劳动纪律松散,凝聚力差或产品质量差,而某个部门却纪律好,凝聚力强或产品质量高,便选择这个部门作为调研样本。

(4)计划抽样法(purposive sampling)

可控抽样一般不适合实地研究,然而可采用计划抽样,按照研究主题事先确定最能反映此主题内容的样本。如最有发言权的人或最能反映出问题的部门等。

研究者在实地研究的抽样过程中,有两个问题始终要注意:第一,从样本观察到的信息能在多大程度上反映所期望解释的现象。第二,实际观察到的样本情况是否反映了所有可能观察到的情况。

三、提问

实地研究,顾名思义指实地观察所研究的事件或过程。像明兹伯格关于管理者工作性质的研究,就是在管理者日常工作写实基础上得出的。实地研究免不了要提出问题和访谈,前述访谈法一节中所述访谈要点仍适用于此,但有一项主要区别,访谈法的问卷或问题大纲是结构化的,而实地研究所提问题则系非结构化的。

非结构化问题指研究者只准备一般性的调研计划,并不列出已排定顺序、斟酌过措词的一组具体问题。非结构化访谈实质是一种对话,研究者提出谈话方向,促使被访者自己确定谈话内容。在交谈中,被访者谈话应占用大部分时间。

访谈用词是一种技能,要防止被访者顺着研究者的意图回答问题,即"得到的回答即是访问者主观预期的"。实地访谈的优点是它的灵活性,访问者要采取启发式提问,根据被访者对上一个问题的答案形成下一个问题。照事前拟定的问题照本宣读,效果不会好。研究者要边听、边思考和边交谈。听被访者回答,琢磨对方的中心意思并构想进一步的提问,或者在原来答案基础上深入提问,或者将对方注意力引导到调研的主题。

访谈时的交谈和一般群体交谈要求还不一样。常规交谈时,每个交谈者力求使其他人对自己的谈话感兴趣或认为有帮助,形成好印象。如果实地研究中还持这种态度便可能会产生负效应,应该形成一种相反的局面,让被访谈者感到自己是令人感兴趣和对人有帮助的。

访谈是实地研究中不可少的环节,研究过程中每天都要定期回顾实地观测和访谈记录,已观察到什么,所研究的情况已弄清了哪些,还要弄清什么,提出什么问题。

四、观察记录

实地研究的基本工具是笔和记录本。即使有录像和录音等先进设备,还得靠笔记才能抓住所研究事物和过程的重点,将研究者主观的知识框架和现实事件结合一起。只要条件许可,不影响被观察者的正常行为,应边观察边作记录。如果条件限制,也应事后尽快追记下来。

记录可包括两部分,实际观察到的事实和对此事实的诠释,记录所知道的已发生事件和对这些事件的认知。例如,记录甲某对企业主管的某项决策持不同看法,这是事实,同时可设想甲某代表哪一部分成员的看法,也可认为甲某与主管的关系不和或是其他原因,一并记录下来。

实地观察不可能观察到事件或过程的各个方面,同样,记录也不可能记下你所观察到的所有事实。观察记录需记住几个原则。第一,除非不得已,不要只依靠记忆,不要过分相信自己的记忆。同时参加同一访谈的几个人,对具体情节、内容、细节的描述必然会有不同,有记录可以互补。第二,记录要及时整理,间隔越久则遗漏越多。在访谈阶段,以自己所熟悉的方式记录下所观察和访问到的内容,然后详细整理和重写初始记录。然而,要做到这些并非容易,研究者需要毅力和付出艰辛。第三,整理记录别怕做"虚功",应把观察和访谈记录都详细地整理出来。实地研究中什么细节重要或不重要当时往往并不清楚,只有等大量信息分析以后才能确定。看似不重要的细节,可能会引发你重要的设想。当然,大部分原始记录不会出现在最后的研究报告中。大部分记录内容看似浪费,但这并不足以为怪,世界上含量最富的金矿,每吨金矿石最多只能出产30克黄金,即999 970克的矿石将弃而无用。记录是矿石,期望从中提炼出黄金。

整理好的记录应详细描述在某时期内所观测到的内容,不同的研究问题记录内容应有所区别,但有五项内容必须具备:

①"流水账"式描述。"流水账"式描述一般要占去记录中的大部分内容,如实记录下每天观测和访谈所得,不去分析所涉及的人和事,也无须推论和判断。

②相关联事件的描述。实地观察和访谈到的事实,可能会唤起记忆中一些相关事件。类似的或相反的事件对下一步的分析有帮助。

③分析性的观点和推论。记录整理过程中往往会出现一些新思路和设想,如重要变量的设定,因果关系的设想,变量间关联的设想等"亮点",这很宝贵,应及时记录下来,供进一步观察分析数据和撰写研究报告之用。

④个人印象和感受。每个人都是凭着自己的知识结构来观察问题,各人之间不可避免地有接收和处理信息的差异。写下个人印象和感受,可以比较分析各研究者看问题的角度和侧重。

⑤后续需求。后续需求包括下一步计划观察、调查哪些事件和人员。

五、资料分析

实地研究中最关心的问题应是如何判别和发现观察中的重要事实,如何分析观察事实并引出结论。事实上,分析和观察是相互交错进行的,并着重应用归纳推理的思路。

观察和分析现象中,最常采用也最有效的思路是找出现象的相似和差异(similarities and dissimilarities)之处。被观察对象的行为中哪些相互之间有相似属性,该实地研究现象与其他背景下的现象有何相似之处等等,都是资料分析中所要考虑的问题。如发现事件的相似性便可找出观察对象之间的共性或找出研究的参照点和参照模式。同时,研究者要注意事物的差异,被观测个体反映出的与总体的某种差异往往是新发现的开端。相似和差异的思路意味着研究者对所观察的事实和现象要自觉或不自觉地进行归类,归类以后,才能理清共性和差异现象,发现新的种属和特征。

实地研究和其他观测方法一样,实际事件的观测需以研究假设为引导。研究人员实地观测时,耳闻目睹的事情很多,眼花缭乱,无休无止,若不自觉地找出重点,便会陷入漫无目的的历程,耗费时光。研究开始时就需有初步的假设,根据此假设可以有效和敏感地收集信息,发现各种支持或不支持假设的事实和证据。当然,研究者不能过于执著于初始的研究假设,实地环境最能丰富研究者的思路,研究者要不断反省自己的观测视角(perspectives),包括自己所提出假设的局限性,从不同观点出发去比较各种假设,按事实和证据调整初始假设。

实地研究可以将数据收集和数据分析结合起来。问卷法只能通过问卷收集数据,如果后续的数据分析中发现遗漏了某些重要变量,重新调查便相当困难。而实地研究便可及时修正和补充原定研究设计,继续观察。

实地研究人员的经验很重要,从懂得数据收集和分析技术知识到真正具备有效地运用这些知识的技能,其间还是有很大的鸿沟,经验是唯一有效弥补此鸿沟的手段。实地研究人员和案件侦探人员很类似,阅历和洞察力将优秀侦探和初出茅庐的侦探区别开来。实地研究者也只有积累经验才能成为行家里手。

实地研究的优点有:第一,能提供深入的、个人实际感受和理解的数据资料。特别适合于研究人们日常"自然状态"下的行为和态度以及这些行为和态度发生的环境。问卷或访谈方法通过被访者的语言或文字回答作出判断,不过人们口头说的和实际做的往往还有差距,实地研究便可避免这种误差,将语言文字信息和实际行为信息联系起来。像观念"开放"或"保守",工作态度"积极"或"消极",光凭问卷难以得出结论,观察才能收集到确切反映这些概念的事实和论据。第二，适于研究群体的行为和特征。其他方法所采用的个人回答问卷的方式，难以发现群体的特征。例如企业文化研究，不深入现场体验就无法概括出该企业的企业文化特征。第三，多数实地研究都是动态地研究事件的变化过程，便于弄清事情发生的前因后果。

实地研究的缺点主要来自非规范性，观察和研究结果取决于研究者个人的经验和技能。观察者的思维定势及所处情境决定了研究结果具有浓厚的主观色彩，而不能靠结构化的工具和方法保证结果的客观性。由于研究者和被观察对象在工作过程中总会相处一段时间，可能出现研究者过分认同（over-identification）被观察对象的典型性，并急于扩展研究结果的应用范围。研究的非规范性使得研究结果难以精确地重复，而重复性恰是科学研究的重要标志。实地观察的记录都离不开主观选择，在同样的环境下，不同研究者对于同一次调研，选择记录的事件都会不一样。再者，实地研究收集到的一般都是定性和描述性的资料而非定量数据，使得假设检验出现困难。实地研究者在自然状态下观察，不施加控制手段，有时可能遗漏重要变量。

实地研究是很有潜力而且历史悠久的一种研究方法，它与实验法和问卷法、访谈法等各有长短，相辅相成。

第五节　无干扰研究

前述实地研究、问卷、访谈或实验研究，研究者会在不同程度上打扰被观测者的正常工作。实验研究干扰最严重，研究者要严格控制被观测者的行为，随后是访谈法和问卷法，即使实地研究，也可能会引起被观测者行为变化。无干扰研究（unobtrusive research）指研究者不直接观察研究对象的行为，也不直接沟通，不引起研究对象的反应，更不干扰其行为。在现实生活中，可以通过观察图书馆中书籍的破损及手渍等痕迹来推估它的借阅人数，观察屋内摆设可以探知主人的兴趣和职业，观察工作地布置状态可知企业内部管理水平等。

无干扰研究可分三类：文本分析（content analysis）、现有统计数据分析（existing statistics analysis）和历程比较分析（history comparative analysis）。文本分析借助各种文件、报纸、期刊和书籍等书面出版物发现和分析问题。现有统计数据分析则顾名思义,利用所能收集到的统计数据进行论证。历程比较研究旨在从历史记录中掌握关键情节。

无干扰研究或称为无反应研究,最初是由韦伯(Eugune J. Webb)等在 1966 年出版的《Nonreactive Measures in the Social Research》中提出的,韦伯从人们行动所留下的痕迹中来研究人们的行为。譬如展览馆中哪个展室的展品最受人欢迎,可以从意见本或观众访谈中得出结果,韦伯则建议看各展室台阶的磨损程度,磨损越多则说明此展室愈受欢迎,展览橱的玻璃板上唾液越多,则表明深受小孩们的欢迎;调查广播频道的听众情况,可到汽车修车行去统计待修的汽车所选择的频道。像侦探人员注重蛛丝马迹一样,管理行为的许多重要特性会体现在细微的迹象上。

无干扰研究有以下几种特征。

① 研究者无法操纵和控制所研究的变量。无干扰研究所依据的文本、统计数字和历史记录都是过去已发生的事件,研究者无法像实验法那样对所研究的对象施加控制,无法改变这些事实,只是按照科学方法的要求,分析这些已发生的事件。无干扰研究旨在解释过去事件的因果关系和发展趋势,用于观察现在和预测未来事件。由于认知上的弱点,人们会自觉或不自觉地漠视与自己想法相悖的事实,而倾向在过去经历的事实中找出支持自己想法的论据。因此,无干扰研究中研究者并非无可作为,他的主观判断对于取得科学可靠的结果至关重要。

② 假设提出过程和论证过程重合。"管理研究设计"一章中为了叙述方便,将假设提出和假设论证分为前后两阶段。实际上两者有相互交替的关系。前述跨国公司和东道国双赢缘于无形资产的假设提出,事前必然观察到一些双方从无形资产得益的事实,不可能凭空"拍脑袋"想出来。而研究者观察跨国公司和东道国企业的各种具体现象和事实时,总力图从理论高度加以概括,形成假设,得出一般性原则以指导后续的观察。假设提出和论证的关系实际上反映了演绎法和归纳法交替应用的关系。

尽管假设提出和论证过程关联,不同论证方法的关联密切程度还是不一样。实验研究、问卷或访谈研究等,一般都是先有假设,然后才着手设计实验和问卷或访谈提纲。无干扰研究方法不一样,假设就是从已有文本、统计数字和历史记录的使用中辨析出来的,后续的论证仍旧是从这些文本统计数字和历史记录去分析、综合,只不过比假设辨析阶段更为深入精确。

③ 研究者不干扰被研究对象。在实验研究和统计调查研究过程中，研究者都要直接接触和观测被研究对象，无干扰研究顾名思义则不存在此问题。

不直接观测研究对象，就谈不上引起被测者的反应，不会构成"霍桑效应"型偏差，这是无干扰研究的直接好处。同时，无干扰研究给社会科学、管理学科研究者重要启示，直接接触研究对象和环境并非是科学观测的唯一途径。研究人员每天阅读报章、期刊、书籍，耳闻目睹的各种事件都是研究工作的信息源泉。每天新闻媒体都要发布许多企业管理方面的信息、统计数字，有心人及创新和钻研意识强的人，往往就比较敏感，可以从中发现新问题。

无干扰研究为管理学科研究者提供了更广阔的研究空间，与自然科学和工程技术研究比较起来，这应该说是管理研究的一种优势。管理研究者无须像工程研究那样依赖实验室或某种设施，而可以广泛应用图书馆、各种新闻媒体和网上信息进行研究。无干扰研究的思路可以随时用来发现问题，提出新假设。

后面将要提到有篇关于股市研究的论文，研究者从上海股市价格行情信息发现，上市公司股票价格涨跌的同步性很强。对比美国、加拿大的股市却非如此，涨跌的公司数量比较均衡。为何有这种差异，其中是否反映了某种发展规律，作者由此提出问题，利用现有统计数据对这种差异作了定量描述，并提出相应假设和理论解释。这篇论文构思缘于对股市价格的观察和现有统计数据的分析，这是人人都能接触到的信息，有心人却能从中提炼出有分量和有进一步研究价值的研究主题。实际上，现有的文本、统计数据和历史记录中有无尽的"宝藏"，蕴含着无数有待人们去发现的问题和规律。所以，对于以培养探索新知识能力为主的管理学科博士生来说，不能局限于课堂和教科书中的知识，应该关注现实生活，阅读各种传媒信息。

无干扰研究方法的缺点也很明显。首先，研究所应用的资料并非按照研究者的主题和假设去调查收集而来，各种现有文本、统计资料和历史记录都离不开资料提供者所处的客观环境、主观知识结构和收集目的。这些情境和研究目的的差异，带来文本、统计资料和历史记录理解上和应用中的偏差。其次，所应用的研究文本和资料并非按规范格式安排，使文本的应用带来困难和局限性，难以进行横向比较分析。最后，研究者本人难以核实这些文本和资料的准确程度。由于这些缺点，无干扰研究不得不注意效度和信度问题。所谓效度问题，就是说研究者把研究基点放在这些可获取的资料上，即手头有什么文本或数据就只能研究什么文本和数据，至于这些文本或数据是否能有效地反映研究者当前欲论证的假设、变量和概念，多少会有差距。文本总是"记录作者所想记录"的事情，统计数字背后也许由于提供者的功利原因和技术上的原因而失实，这就存在信度问题。

无干扰研究依靠现有文本和数据（exiting data，available data），所谓"现有"是相对直接收集而言。实验数据和问卷、访问所得资料乃研究者针对问题直接收集而来，这种资料的内容组织表达形式都是服从研究主题和假设的需求，符合所研究问题的领域知识背景，不过，研究者直接收集数据太费时间，成本也高，有时还无能力做到这点。"现有信息"则非研究者本人而是其他人或组织收集的资料，虽与研究者的目的不同，仍可供研究分析之用。

现有信息可分两大类。一类是统计资料（statistics），即定量观测值。各级政府部门定期收集和出版的人口、社会经济等统计资料，这构成了研究中的重要资料来源。同时，一些专业信息机构和咨询公司提供经过综合的专题资料，像国家竞争力排名，世界前 500 家企业的经济指标，世界各国政府廉政状况排名和生活质量排名。官方或信息咨询企业提供的统计资料应属研究工作的软基础设施，犹如企业运营中的水、电、运输等硬基础设施同样重要。研究工作特别是实证研究，缺少这些统计资料很难进行。假如说我国管理研究工作与发达国家相比存在差距的话，缺乏统计资料和咨询信息是重要的客观原因。另一类为文件（documents），指所有非定量的各种传媒形式记载的信息，包括书籍、期刊、信件、回忆录、日记、档案（即各种社会、经济和法律事件记录）。关于统计资料的应用在下面的"现存统计资料分析"一段中讨论，文件的应用则分别在"文本分析"和"历程比较分析"中讨论。

一、文本分析

文本分析是一种将文件中的文字及图像内容从零碎和定性形式转换成系统和定量形式的一种研究方法。J．纳什比（John Naisbit）的名作《大趋势》（1990 年）就是应用文本分析研究的成果，作者翻阅了 6 000 份报纸,判断各地区的发展趋势和差别,据此预测美国生活的趋势。

实际上,问卷法、访谈法和文本分析一样,都是将输入的零碎和定性的资料转换成系统和定量形式的输出,转换过程的关键环节是变量抽取和属性归类。所有待论证的假设,不外乎是阐明某种因素或现象和另一项因素或现象的关联。定性资料输入转换成定量输出的要求,意味着这些因素要以可度量的变量形式出现,并将变量所包含的各种属性归类。问卷法中的编码、量表就起到这种作用。所不同的是,问卷法和访谈法所依据的资料,是研究者为了特定的研究目标而设计和主动收集的。文本分析则是利用他人为了其他研究目标而收集的资料,借以达到自己的研究目的,变量抽取和属性归类只能在现有文本基础上进行。

文本分析步骤可划分为:假设形成、变量抽取及属性归类、资料分析和结果分析。

1. 假设形成

假设形成可以在正式进行文本研究之前,也可能在文本研究过程之中。现举两例说明假设形成。

杜兴(Wayne Duehim)等进行过一项医生和患者之间沟通的文本研究。在美国当时的医院环境下,28%以上的求诊患者在与医生交谈一阵以后,未经诊断和处方便离开医院,这样显然浪费资源并挫伤医生积极性。杜兴欲解释清楚造成这种现象的原因,据他的观测和设想提出假设:"医生和患者谈话初期如果双方不融洽,患者将会感到不满而离开医院。"

另一个例子,一位研究者在看电视过程中觉察到,在播送暴力影片过程中男性用品制造商的广告似乎较多,因此从研究角度提出假设:"男性用品制造商比其他商品的厂商更愿意赞助暴力影片。"

2. 变量抽取和属性归类

在上述医院的例子中,研究者的初步假设是"谈话不融洽"的因素引起患者的过早离开。至于怎样度量"融洽",研究者提出两个变量:一是一致性(congruence),指双方谈话内容相互协调程度。例如,患者问:"我的病治疗要多长时间?"医生回答:"目前还难以断定。"这是一致性回答,答其所问。如果医生反问说:"你有什么病?"这便是答非所问。另一个变量是相关性(relevance),指双方谈话和患者治病的相关程度。这两个变量值愈高表示愈融洽。

变量确定后,便要设定变量的属性。研究者将一致性分为三类属性:

①实质一致;②非实质一致,如只说"嗯"、"啊",表示注意到患者的谈话,但并未传给患者任何信息;③不一致。

相关性的属性亦可归纳为三类:①相关;②非实质相关;③不相关。事前选定医生和患者对话的 24 项话题,这样,"相关性"就成为可测的变量,只要双方谈话内容符合其中一项话题就算相关。

电视广告的例子中,变量设置比较明显:一是制造商类型,其属性分为男用商品、妇幼商品和男女兼用商品三类。另一变量是电视节目类型,属性分暴力和非暴力。

3. 资料分析

医疗一例所依据的文本资料即医生和患者的谈话记录。电视广告一例的文本资料则是电视记录。

文本资料分析时"分析单位"须辨析清楚。分析单位和观测单位(units of observation)有时不是一回事。例如研究平均家庭收入,家庭是分析单位。然而,为了弄清家庭收入,须问清家庭中每个成员的收入,家庭成员便成为观测单位。类似地,研究企业文化,企业是分析单位,但企业管理者和职工是观测单位。假如分析企业的管理规章条例中是否存在歧视女性的倾向,分析单位和观测单位是统一的,都是规章、条例。根据抽样的规章、条例文本,分析比较其中男、女性待遇的差异。

医院一例的分析单位和观测单位一致,都是患者和医生的谈话记录。电视广告一例中,为了验证"男性用品制造商比其他制造商更乐于资助暴力影片"的假设,研究者没有选择电视台、制造商或暴力影片作为分析单位,而是采用制造商的广告活动和电视台的节目作为分析及观测单位,根据记录来确定男性用品制造商的广告活动和暴力影片之间的关联。

分析和观测单位选定以后便进行资料分析。医院一例中,研究者从 109 个提前中止诊治的病案中选取 32 个谈话记录,从 139 个完成诊治的病案中选择 32 个样本。资料分析表明,按"一致性"指标统计,"非一致"答案在中止诊治一组中占 14.3%,而继续诊治一组占 6.9%。按"相关性"指标统计,"非相关"答案在中止诊治一组中占 21.7%,而继续诊治一组占 12.1%。可见,中途退出治疗的患者,他们和医生谈话的融洽程度较差。这意味着医生有可能通过诊治过程中的谈话内容和方式来减少提前退出医院的患者比例。电视广告一例中,资料分析则根据电视节目和厂商广告活动来分析两者关联,设计出供文本分析用的数据如表 4-2。

表 4 – 2　文本分析记录

厂商名称	男用商品	妇幼商品	男、女商品兼营	广告播送次数	
				影片前	影片后
一统	✓			6	4
二顺	✓			6	4
三元	✓			4	3
四方	✓			3	0
五星		✓		3	0
六魁		✓		3	0
七夕			✓	0	1
八达		✓		1	0
九维			✓	1	0
十全		✓		0	0

按照表中记录数据,"一统"推销的是男用商品,有 10 次在暴力影片节目前后做广告,而"十全"推销非男用商品,不做暴力影片的广告。统计表明,4 种男用商品,每种商品在暴力影片节目前后做广告平均 7.5 次,而非男用商品为 1.75 次,男女兼用商品为 1 次。如果进一步观测,观测数据足够多,且有类似结果的话,便说明男用商品厂商更愿意花钱做暴力影片的广告。

电视广告一例的抽样比医院一例要复杂一些。为了按表 4 – 2 的统计要求做好电视记录,不可能对所有频道每天 24 小时观测,要事先设计好抽样框架。设研究者制订出观测计划:

3 月 7 日频道 2,4,9,下午 7—9 时,9—11 时;

3 月 8 日频道 2,4,9,下午 7—9 时,9—11 时;

3 月 9 日频道 2,4,9,下午 7—11 时。

这表明研究者已通过适当的抽样技术对频道、观测时间作出了选择。

4. 结果分析

以上两例的定量分析结果明显支持研究者的假设:医生和患者融洽

的交谈有助于减少提前退出的患者,男性用品制造商比较乐于资助暴力电视片。然而,资料分析结果的价值有赖于它的效度和信度。变量的效度指设定的变量和赋予的属性组成能否真实地反映研究者企图描述的因素,如上述"一致性"和"相关性"是否能充分反映研究者意想中的"融洽程度"。譬如说,医生做到了正面回答患者所提问题,谈话内容也是与患者疾病相关的问题,但态度冷漠,语言生硬,即使"一致性"和"相关性"指标值甚高,事实上并不能说融洽,患者也可能提前退出。这就引起人们对此研究结果效度的质疑,即使增加一项"态度"指标,单凭谈话记录如何辨识医生的态度也是问题。

信度指文本分析方法用于同样研究对象所得到同样研究结果的重复性。文本分析的信度受到许多因素影响,首先是变量属性分类,各种属性的区分是否清晰,愈清晰和客观则信度愈高;其次,文本本身表达规范程度,愈规范信度愈高。当然文本分析人员的技能等主观因素不可避免,每次研究得到的结果多少会有偏差。

文本分析的效度和信度要求常相互矛盾。信度要求变量设置和属性归类越明确越清晰越好,然而清晰却不一定能确切反映研究者心目中企图度量的深层含义。以文字文本来说,按表层到深层来划分,分析方法可分为计词法、概念法和语意法。计词法是最简明的方法,首先确定与研究问题有关的关键词,如研究某报刊或期刊对于"开放"的态度,可选择"开放度"作为关键词,然后统计反映开放这个关键词及其关联词在各个文本样本中出现的频数和百分比。如根据"开放""合资企业""对外贸易"等词组出现频数和百分比划分为"很开放""开放""保留""保守"等属性。计词法只考虑文字形式,概念法则注重词的含义,如研究一段时期传媒关心什么热点问题,如社会保障体系、社会治安、反腐败或其他等。可将有关报道、文献内容按这些论题归类,也可将文本扩充到与这些论题有关联的概念,如与反腐败相关联的"监督"、"权力"等概念。语意法,则类似第三章研究设计所述的暗主题法,从词句上或出现频率高的概念上未必反映文本的主题,如文本出现"开放"字眼多,并不一定反映此文本属于"很开放"一类,甚至可能相反,以"开放"的旗号行"保守"之实,属于"保守"一类。这种方法都依赖分析人员主观判断,意味着信度较差,然而往往效度高。当然,效度和信度的矛盾不只出现在文本分析,其他实证方法有类似问题。实地研究偏重于深度,在广泛、深入观察基础上作出判断,但不同研究人员对同样情况会得出不同判断。问卷调查,变量的度量结果基本上不会因人而异,清晰度较高却不一定能令人满意地反映该变量的真实情况。

二、现存统计数据分析

现存统计数字可来自多方面。第一,研究报告,例如一些管理、经济和社会研究组织发表的各种研究报告,提供大量数据可供其他研究课题重新分析或称二次分析(secondary analysis)之用;第二,官方统计资料,包括全国人口、工业普查资料,国家统计部门、各级政府部门和各种专业机构编制的供公众应用的年鉴、报告、报表等;第三,信息调查研究机构和咨询公司的数据库。由于计算机的发展和应用,这类经营数据和信息的企业日益增多。在美国等发达国家这三类数据的来源都较丰富,有许多机构、专业人员从事此项工作,而且检索、获取和使用各个环节运作规范,研究人员按需使用这些数据较方便。我国在数据来源和运用各环节还存在较大差距,应该说这是目前管理研究论文不够规范、高质量论文较少的一个重要原因。

现存统计数据研究方法和后面要提到的统计数据分析不同。前者属于为验证假设而观测和收集数据的一种方法,统计数据分析则是验证工作后期的数据处理和分析技术。现存统计数据研究方法的应用步骤也与文本分析类似,分为假设形成、变量提取和属性分类、数据分析和结果分析。下面通过两项研究来说明现存统计资料研究方法。

法国社会学家迪尔凯姆(Enaile Durkheim)1897年成书的《自杀论》是社会科学形成的标志和实证研究的典范,同时也体现了现存统计资料分析研究的全过程。

先看此项研究的假设形成。关于自杀的原因,一般都从自杀者本人遭受到的不幸事件来解释,如失恋、破产、受辱或精神失常等。迪尔凯姆通过阅读各种有关自杀的统计资料,发现各个国家的自杀率相对稳定,年复一年都几乎不变,然而却出现夏天炎热季节自杀率较高的现象。为此,他最初验证了气温和自杀率相关的假设,比较分析了不同纬度地区的自杀率。如果假设成立,欧洲南部各国气温较高,自杀率应比北部、中部各国要高。验证结果,西班牙、葡萄牙和意大利等气温较高的国家,自杀率却比法国要低,最高自杀率的国家纬度居中,说明气温并非自杀率变异的原因。

迪尔凯姆继续探索其他与自杀率相关的因素,从统计数据看出,不同年龄段的自杀率不一样,性别上也有差距,男性自杀率比女性要高得多。然而,影响自杀率的原因究竟何在,直到从统计数据中发现这样的一个现象:1848 年法国大革命时期自杀率显著增高。他才根据这个事实构思出初步因果关系假设,即"社会均衡的破坏可引起自杀"以及"社会的稳定与和谐可减少自杀"。

迪尔凯姆将这个总假设细化并深入分析,发现各个国家的自杀率很不相同。例如萨克森(Saxony)比意大利的自杀率要高出 10 倍,而且按自杀率高低排序,各国相对名次长期不变。各国自杀率如何会这样有规律的差异,迪尔凯姆发现了一种值得注意的现象,以基督教为主的国家自杀率总是比以天主教为主的国家要高,以基督教为主的国家自杀率为每百万人口 190 人,基督教和天主教均衡的国家为 96 人,而天主教为主的国家为 58 人。

迪尔凯姆验证了宗教因素和自杀率的关联,统计数据表明,德国的巴伐利亚州(Bavaria)是天主教人数最多而自杀率最低的地区,基督教居多数的普鲁士州(Prussia)自杀率要高得多。从巴伐利亚州和普鲁士州内部来看,基督教最多的省份,其自杀率也最高,见表 4-3。

表 4-3　自杀率数据分析

宗教特点	每百万人中平均自杀人数
巴伐利亚州(1867—1875 年)	
天主教成员<50%	192
天主教成员占 50%～90%	135
天主教成员>90%	75
普鲁士州(1883—1890 年)	
基督教成员>90%	264.6
基督教成员占 68%～89%	220.0
基督教成员占 40%～50%	163.6
基督教成员占 28%～32%	95.6

资料来源:引自参考文献[1].

迪尔凯姆确认宗教是影响自杀率的重要因素,并将此新发现和政治动乱时期自杀率上升的发现结合起来,从理论上抽象出更一般的结论:"自杀是反常(normlessness)的产物",即是说,自杀是社会不稳定和不和谐的产物。政治动荡时期,人们感到社会旧的框架已崩溃,失望和沉闷,自杀是一种解脱。如果社会稳定、和谐,意味着每个人感到整个社会人们相互依存和忍让,则起到防范自杀的作用。这也可以用来解释宗教的因素,基督教与天主教相比更强调个人独立和自由精神,容易陷入怀疑和孤独的境地,在政治动荡时,尤易走向极端。而天主教内部结构相对比较稳定,自杀率随之不同。

迪尔凯姆从现存统计资料中形成上述"自杀是社会不稳定和不和谐产物"的假设。为了进一步验证,还需将此假设落实到变量层次。迪尔凯姆抽取出"整合度"这个变量来反映社会稳定与和谐的程度,进而概括出操作层次的假设:"自杀率与个人所参与的社会集团的整合度成反比。"无论是家庭婚姻、宗教等因素对自杀率的影响,都可从整合度这个变量加以解释。

此项研究在自杀理论方面提出了创新的主题并加以验证。创新之处在于,提出了自杀的主要原因并非取决于个人的内在秉性,而取决于支配个人行为的外部环境及带有某种共性的社会思潮。社会势力、社会潮流将个人引向死亡。每个自杀的人似乎都是自己的主意,由个人自己作出的决策,实际上不过是集体力量的牺牲品。迪尔凯姆这本经典的社会科学研究著作内容丰硕,上面只是很肤浅的介绍,旨在说明政府和信息机构的现存统计数据可以是提出假设和进行验证的源头,利用它有可能做出很好的研究工作。

"自杀是社会不稳定和不和谐的产物"这个假设,并非迪尔凯姆以前别人从未想到过,即使现在,未读到过《自杀论》的人也会有此感觉。我国的历次政治运动中,特别是"文化大革命"时期,机关、学校的自杀率明显增多;而改革开放以来,特别是近十几年来自杀已是少见罕闻的事。研究工作的价值恰恰在于:许多人耳闻目睹甚至习以为常的现象,某个有心的研究者能把握住它所蕴含问题的分量和潜在的价值,把它作为研究主题提出来,并进行学术论证,用数据、事实和科学分析来说话,排除各种各样似是而非的理论解释。有时人们会感到社会科学和管理学科研究的结论近乎常识,读到这类研究文章,似乎自己也曾考虑过,和报纸媒体上的某些报道似乎也相差不远。然而,其中有个重大差别,即取得结论所用方法的差别。作为研究论文,要经过科学观测,严谨的论证、验证和探索,而一般新闻报道无需论证过程和提供论证所必需的各种证据。常识往往反映人们的智慧,但缺乏清晰概念的描述,不去追究内在的深层因素及其间的关联。

研究方法论所提出的一些基本概念,在具体研究问题时有不同的运用,这里介绍《自杀论》研究对"分析单位"和"效度"问题的处理。先看分析单位。现存统计数据的集结单位往往和研究所需分析单位不一致。迪尔凯姆的自杀研究中,现存资料的分析单位并非是个人而是群体,像上面提到的政治地理单位包括:国家、区域、州和城市等。迪尔凯姆企图辨析天主教和基督教成员自杀率的差异,但现存统计数据中找不到按宗教来分类的自杀率数据。最后从基督教国家、区域和州的自杀率较高推断出基督教成员自杀率较高的结论,但这种结论并非严密无瑕,因为群体的行为并不完全反映个人行为。例如,在基督教为主的区域内,天主教成员可能更容易失望和孤独而导致自杀,甚至不能排除基督教为主的高自杀率区域倒没有任何基督教成员自杀。这就是"分析单位"更换而引起的"生态误区"(ecological fallacy)。迪尔凯姆为了避免此陷阱,从两方面着手:一方面在依靠经验事实推论的同时进行严格的理论演绎,理论和事实互补以避免得出矛盾的结论;另一方面,从其他视角和层次来反复验证假设。验证结果,基督教为主的国家自杀率比天主教为主的国家自杀率要高,天主教国家内基督教区域比基督教国家内天主教区域的自杀率要高,等等。这一系列假设都得到证实,增添了证据,支持"基督教成员比天主教成员自杀率较高"的假设。

再看效度问题。现存数据分析意味着研究者只能有什么数据分析什么数据,而不能完全根据研究者的兴趣和需求来提供数据,根据这些数据得出的变量属性值并不一定能反映研究者原本期望得出的结果。科学方法的两个特征可用来改善效度。一是逻辑推理,如上述迪尔凯姆知道收集不到自杀者的宗教归属的资料,用基督教为主的地区自杀率高的数据来推论基督教地区自杀率较高,存在逻辑上的漏洞。因此,迪尔凯姆进一步从不同视角和层次寻找证据填补漏洞,完善逻辑推理链。另一是重复验证。为了验证气候影响自杀率这个假设,重复验证了不同纬度地区的自杀率,同一国家不同地区以及不同国家在不同季节的自杀率等,最后得出自杀率差别不能用气候差异来解释的结论。

现在介绍前面曾提到的,利用现存统计资料进行的一项题为"新兴市场的股票价格为何同步涨落"的研究,刊登在期刊《The Journal of Financial Economics》上。来自中国的加拿大博士研究生发现上海股市价格要涨大部分都涨,要跌大部分都跌,并将这种现象告知指导教授,这位教授难以置信,再核实统计数据,果真如此,于是就抓住这个"异常"现象去探索其中隐含的机理和规律。最初提出了多种假设,有的通过统计数据分析不成立而放弃,摒弃一些假设亦可看作从相反的角度来论证主题的成立。有两个假设在后续的实证分析中得到证实:①人均 GDP 较高的国家股票价格变化的同步性较弱,而人均 GDP 较低的国家则出现较强的涨落同步现象;②美国股票市场也有过类似的经历,20 世纪 20 年代股票价格变动的同步性也较强,以后稳步地下降。

研究者为了验证上述假设,设定了有关的自变量和因变量。人均 GDP 这个自变量概念明确,统计资料的口径也一致。反映价格变动同步性的变量设定则是一项新的工作,研究者取同步度 R^2,并赋予可操作的度量算式。然后,根据统计资料计算 40 个国家的相应指标,得出同步度最低的国家为美国、爱尔兰、加拿大、英国和澳大利亚,同步度最高的国家和地区为波兰、中国、马来西亚、中国台湾地区和土耳其,并经统计分析验证了股票价格变动同步度和人均 GDP 之间呈负相关的假设。

研究者在统计数据分析基础上进一步寻求理论解释,为何股票价格变动同步度和人均 GDP 存在显著的负相关关系,人均 GDP 是反映经济发展的综合指标,是否有某些经济发展因素引起价格同步变动,而人均 GDP 是这些因素效应的反映。所以,进一步去找其他与价格同步度相关的因素,并分析这些因素与人均 GDP 这个变量之间的关系。

研究者将这些因素分为两类:一类是结构性变量,包括经济地域规模、宏观经济的稳定性、经济的多样性等;另一类是体制性变量,包含会计标准指数、股东权利维护指数和政府信息透明度。通过实证分析这些因素与同步度之间的关系,发现结构性变量对同步度的效应不显著,而体制性变量则效应显著。

针对上述实证结果,研究者赋予同步现象的机理解释。会计标准指数和股东权利维护指数愈大,意味着股东防止公司经营者营私舞弊的能力愈强,公司股票价格与公司经营信息挂钩愈密切,而与整个市场信息的关联较弱,导致同步度较低。同样,政府信息透明度和清廉程度较高使得市场整体波动较小,而减小同步度。美国 20 世纪 20 年代以后股市价格变化受市场整体波动的影响愈来愈小,而上市公司具体信息的影响愈来愈大,说明美国股市当年也经历过现在发展中国家股市类似的状况。

研究者进而对出现同步度和人均 GDP 负相关的机理作了如下的结论性解释:①发达国家和发展中国家比较起来,公司具体信息较多地与公司股票价格挂钩。由于许多发达国家的有效法律保护,公众股东可以阻止公司经营者的舞弊行为。如果没有可问责性(accountability)的环境,会计标准指数因素对股市价格不会有什么影响。②发达国家股市整体波动较发展中国家要小,这反映政府对私人产权保护的程度不同,政府对公司的干预使得股市价格随政府政策波动而并非取决于经济因素。③发展中国家股市作为经济信息处理器的作用不像发达国家那么有效。熊彼特和索罗(Robert M. Solow)等经济学家强调优化资本积累对于经济增长的重要性,有效的股市应起到信息处理器的作用,业绩好的公司会引来更多资金投入,资金不会去投向那些亏损、效益不好的公司。为了提高股市信息处理效率,政府需制定法律保护投资者免受贪婪的公司经营者和腐败官员之害,否则股市中的隐藏之手将误导资金投向并减缓经济增长。

从现存统计数据发现问题,提出假设,进行实证论证然后赋予理论解释,按这种技术路线做的研究工作必然有个性,研究者的贡献和创新容易凸显清楚。

三、历程比较分析

管理研究离不开对以往事件的了解,研究者掌握管理问题发展历史知识,可以更有把握地判断有效的和可行的管理思路、方法和做法,不会被一些新潮的名词和说法所迷惑。管理中的许多问题,如管理伦理、工人参与管理等并非新问题,德鲁克指出群决策、群体解决问题的实践至少可以追溯到 1890 年德国的蔡斯公司,1925 年美国 AT&T 公司以及后来的 IBM 和迪斯尼公司都采用这类技术。历史知识使研究者能从更广阔的时空视野来洞察当前管理环境和状况,更深刻地发现和解释问题。研究一个企业,如果对企业文化、组织结构、价值观、决策机制、市场和人事等状况的形成历史不了解就无法发表见解。当前某些现象和事件的出现可能是 5 年、10 年甚至更早的决策造成的后果,对过去事件的研究必不可少。

历程研究方法是系统地收集和客观评价以往事件的有关资料,用以验证各种涉及因果关系、相关关系的假设,起到解释当前事件和预测将来事件的作用。这种研究方法往往被看成是思辨的而非科学的研究方法。实际上,历程比较研究也涉及系统、科学地收集分析数据以及假设证实或证伪问题。

讨论历程比较研究方法旨在规范地研究过去事件的发生过程,这仍可与其他研究方法一样,按假设形成、变量设置、资料收集和分析、验证结果等基本步骤进行。

1. 假设形成

管理问题的历程比较研究并非为了澄清历史,而是解释和预测某些现象和事件。历史事件五彩缤纷,要想找出一些事实来支持自己的某个假设并不困难,甚至可以说,任何一个观点都可能有意或无意地在历史资料中找到事实支持。因此,历程比较研究尽管与别的研究方法一样,由假设引导数据资料收集,却要特别注意客观地权衡各种证据,以得出能站住脚的结论。

历程比较研究人员无法"创造"数据,无法参与和观测事件发生的过程,问卷和访谈等手段可以应用,但作用不大。历程比较研究的特点和局限性就在于可用的数据(资料)有限。资料有限便无法证实或证伪某项假设。由于这种局限性,适于采用历程比较研究法论证,应属问题面窄、具体和清晰的假设,忌讳那些面广而模糊不清的假设。有一项较有影响的历程比较研究是探索公司主管的死亡对股票交易额的影响。它通过历史资料验证了公司主管的死亡对股票交易额有显著影响,发现主管的知名度和死亡的突然性这两个变量与公司股票营业额之间存在负相关。这种假设的问题面就较窄。

2. 资料收集和变量设置

历程比较研究资料来源主要包括已有的合法文件、书面报告、会议记录、访谈记录、信件和报刊记载等,这些资料往往难以从图书馆按主题或作者姓名检索出来。因此,文献综述的内容除了提炼主题、衬托主题这个共性的作用外,还和论证工作过程重合,变量设置就包涵在这些文献资料的辨识、分类和分析过程之中。

历程比较研究资料可分为原始(primary sources)和二手(secondary

sources)资料(data)。原始资料包括实际参与者或直接观察者的报告和记录文件,二手资料包括各种参考书、百科全书、报刊或实际参与者和观察者的亲朋好友的记录。企业的某项决策,如由参与决策过程的人写出来则属于原始资料,如系此人的妻子或采访记者来写便是二手资料;在所有资料中,原始资料显然最好,二手资料甚至转手几次的资料有时比重很大,不可能排除不用,但要留心其可靠性。盖伊(L. R. Gay)引用一个例子说明信息传递产生的扭曲:一位教师让坐第一排的学生读一段话,读完轻轻讲给第二排的学生听,然后逐排传下去。这段原话是:"有项实验结果,学生在大教室听教授讲课时,任何时刻都有60%的学生思想开小差,还有20%在想有关男女性的问题,只有20%的学生思想集中在听教授讲课。"这一段话传到最后一排的学生时,他们只能说出这段话讲的是"教授、学生和性"的事情。所以,在有条件的情况下要尽可能利用原始资料。

从原始和二手资料收集有用数据的过程与一般的文献查阅过程一致,包括:①判断此文献和所研究主题的相关程度和价值;②如认为相关并有价值,便记下资料的检索目录;③记录或复制与假设论证有关部分的内容;④写下对此资料的评述、问题。与其他研究方法比较起来,这类历史资料并非像期刊文献那样都围绕某个主题,可能许多研究和假设都可在同一资料中找到有用的内容。

历程比较研究对于原始和二手资料的精确性要求更高,这是与一般文献综览的不同之处。原始或二手资料原都是为别的目的而撰写或记录的,不一定就适合于论证研究者的假设,例如公司年报,公司主管和撰写者往往把它作为公司广告,把实际问题掩饰起来。可以从以下几点来辨别一篇资料的精确性。

①资料撰写者的信息来源。公司经验和教训总结之类的报告,如主管亲自执笔或作为回忆录来写,与记者或作家执笔写作的精确性就不一样。记者或作家未直接参与其事,知识结构也不同,必然按照自己所处的情境来写。"官方"发布的信息,是靠下面逐级上报收集而来,还是组织专题调研或样本调查而来,其精确性又不同。

②时间滞后性。事件发生和资料撰写的时间差是一个关注因素。如会议记录、日报表、流水账比起总结报告、分析报告就要精确些。

③撰写者的动机。人们往往有意识或无意识记录和报告一些不正确的信息,从认知角度来说,人们总是企图记住他所想要记住的东西,企图

放大甚至添加一些细节使自己的观点表达得更生动,以至按照自己某种原先的想法来解释事实。以企业亏损原因的解释为例,主管、中层管理人员和外来的咨询人员会有不同的解释。任何事件记录和现象总结都与撰写者所处的情境相关。

④证据的一致性。资料中的各个证据之间是否有矛盾,多位观察者的记录和观点是否有矛盾。一致程度愈高,显然效度愈高。

3. 结果论证

历程比较研究最后要规范地组织和综合资料,得出证实或证伪假设的结果。历程比较研究重在逻辑分析,按研究假设来解释历史资料中丰富的事实,包括它们的来龙去脉和前因后果。从这些事实理出一条逻辑上能成立的推理链,说明假设的成立(或不成立),论证工作便告完成。至于怎样推出这样的推理链或因果链,很难提出个规范的步骤,有赖于研究者的判断。

历程比较研究同样可应用定量分析技术,如时间序列分析方法可以发现像增长率、生产率这类变量的动态及转折情况,相关分析可用来分析因素之间的关系等。

四、事件研究法

"事件研究法"是历程比较分析中发展得比较完善的一种数据观测和分析技术。下面专门介绍此方法。

事件研究法(event study method)已有很长历史,1933 年 J. 多莱(James Dolley)首次运用此法研究分股对公司股价的影响。他分析 1921—1931 年间 95 个公司分股的数据,发现分股后公司股价上升的有 57 个,下降的有 26 个。20 世纪 60 年代后期,事件研究法趋于成熟,多用于研究各个经济或管理事件对企业产生的影响,如企业的并购行为,赢利信息的发布,新债券的发行或宏观经济事件(如利率调整等)对企业的股价和绩效的影响。

事件研究法无严格的研究规范,这里根据 A. 麦金莱(A. C. Mackinlay)的论文[10]概括一般适用的研究步骤如下:

1. 界定事件及事件期间

应用事件研究法首先要判别研究工作关注的是何种事件。这显然又要依据研究假设。例如,如果研究者设想"企业分股行为将导致股价上升"或

"企业赢利增长与并购行为相关",则"分股"或"并购"成为研究者关注的事件。在界定了所关注的事件之后,还需要辨别、确定与之相关的事件期间或称事件窗(event window),即事件可能对因变量(股价、赢利)产生影响的时间段。

事件发生的日期(时刻)自然应该包括在事件窗之内,如分股、并购的信息披露之日。通常事件期间要在事件发生日期前后延伸一段时间。这段时间的信息能显示因变量(如股价、赢利)变化的情况。同时,考察事件发生前一段时间的股价,有利于捕捉事件前期预兆和事前泄露信息造成的影响。

2. 界定估计期间和后事件期间

划出估计期间或称估计窗(estimation window)的目的,是利用该期间的数据去估算在事件未出现情况下因变量之值,即期望收益值。将期望收益值与事件期间因变量变异后之值(即实际收益值)相比较,便得出事件所带来的异常收益值。

估计期间要比事件期间长,如有项研究采用的估计期间为$-250 \sim -11$,共 240 天,相应的事件期间为 $\tau = -10 \sim 10$,共 21 天;另一项研究采用的估计期间为 $-255 \sim -1$,共 255 天,事件期间为 $\tau = 0$,仅为 1 天。

有些情况下,须进一步界定后事件期间或称后事件窗(post-event window),该期间数据和估计期间数据共同用来估计无事件情况下的期望收益,以便在有趋势性变异情况下提高期望收益值估算的可靠性。

事件、估计和后事件三种期间的关系可用图 4-5 表示。

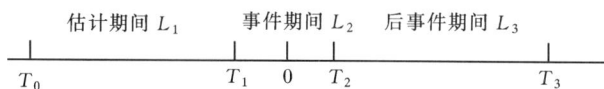

图 4-5 事件研究的时间窗

3. 确定分析单位

事件和各类期间界定清楚后,随之要确定观测和收集数据的对象(数据源)。如研究某一事件引起的国内上市公司股价变动情况,可选定上海或深圳证券交易所的上市公司,或两者的公司都包括在内。当然,有时分析单位也可能就是某一个特定的公司。研究者要根据假设论证要求来选择这些分析单位。

下面讨论的各个步骤,从方法论角度来看,不少属于数据处理和分析的内容,但为了较完整介绍事件研究法,仍放在数据观测这一章。

4. 预期正常收益计算

事件研究法关心的是事件期间的异常收益(abnormal returns)。异常收益为事件期间的实际收益和事件未出现情况下预期正常收益之差,表示如下:

$$AR_{i\tau} = R_{i\tau} - E(R_{i\tau} \mid X_\tau)$$

式中:$AR_{i\tau}$ 为第 i 只股票在事件期间的异常收益;

$\quad R_{i\tau}$ 为第 i 只股票在事件期间的实际收益;

$\quad X_\tau$ 为事件期间的条件信息;

$\quad E(R_{i\tau} \mid X_\tau)$ 为正常收益期望值,或称期望收益。

式中的 $R_{i\tau}$ 可从股市信息取得数据。异常收益值计算的主体内容是对期望收益 $E(R_{i\tau} \mid X_\tau)$ 的估计。

正常收益期望值的估计通常采用两种模型,一种是定常均值收益模型(constant mean return model),条件信息 X_τ 为假定某只股票的平均收益在整个研究时段内不变。另一种是市场模型(market model),此模型的条件信息 X_τ 为假定某只股票的收益率与市场收益率有稳定线性关系。

(1) 定常均值收益模型

设 μ_i 为第 i 只股票的均值收益,则有

$$R_{it} = \mu_i + \zeta_{it}$$
$$E(\zeta_{it}) = 0, \qquad Var(\xi_{it}) = \sigma_{\xi_i}^2$$

式中:R_{it} 为 t 期间第 i 只股票的收益;ξ_{it} 为 t 期间的扰动项,其期望值为零,方差为 $\sigma_{\xi_i}^2$。

虽然定常均值收益模型也许是一种最简单的期望收益估计模型,但是它往往可以得出与那些更复杂的模型相近的估计结果。

(2) 市场模型

市场模型在事件研究法中的应用最为广泛,该模型设定市场上个股股价波动符合联合正态分布,且具有叠加性质。

$$R_{it} = \alpha_i + \beta_i R_{mt} + \zeta_{it}$$
$$E(\zeta_{it}) = 0, \qquad Var(\xi_{it}) = \sigma_{\xi_i}^2$$

式中:R_{it} 为 t 期间第 i 只股票的收益;R_{mt} 为 t 期间市场收益。

扰动项 ξ_{it} 期望值为零,α_i,β_i 和 $\sigma_{\xi_i}^2$ 为市场模型的参数。在英文文献中,多选择 S&P500 index,CRSP Value Weighted Index,CRSP Equal Weighted Index 等市场指数来反映市场收益。

市场模型中的各参数,可以利用估计期间的观测值按最小二乘法估计得出

$$\hat{\beta}_i = \frac{\sum\limits_{\tau=T_0+1}^{T_1} (R_{i\tau} - \hat{\mu}_i)(R_{m\tau} - \hat{\mu}_m)}{\sum\limits_{\tau=T_0+1}^{T_1} (R_{m\tau} - \hat{\mu}_m)^2}$$

$$\hat{\alpha}_i = \hat{\mu}_i - \hat{\beta}_i \hat{\mu}_m$$

$$\hat{\sigma}_{\xi_i}^2 = \frac{1}{L_1 - 2} \sum\limits_{\tau=T_0+1}^{T_1} (R_{i\tau} - \hat{\alpha}_i - \hat{\beta}_i R_{m\tau})^2$$

式中:$\hat{\mu}_i = \frac{1}{L_1} \sum\limits_{\tau=T_0+1}^{T_1} R_{i\tau}$;$\hat{\mu}_m = \frac{1}{L_1} \sum\limits_{\tau=T_0+1}^{T_1} R_{m\tau}$;$R_{i\tau}$和$R_{m\tau}$分别为第$i$只股票的收益值和市场指数的收益值;$L_1$为估计期时间长度。

5. 异常收益计算

市场模型计算预期收益,第i只股票在事件期间L_2($\tau = T_1+1$至$\tau = T_2$的时间段)内的异常收益为

$$AR_{i\tau} = R_{i\tau} - \hat{\alpha}_i - \beta_i R_{mt}$$

可见,异常收益即是市场模型中的扰动项,在异常收益的扰动均值为零、服从正态分布和具有可叠加性的假定下,

$$\sigma^2(AR_{i\tau}) = \sigma_{\xi_i}^2 + \frac{1}{L_1}\left[1 + \frac{(R_{m\tau} - \hat{\mu}_m)^2}{\hat{\sigma}_m^2} \right]$$

式中:L_1为估计期间天数;

$R_{m\tau}$为大盘指数在事件期间τ的收益值;

$\hat{\mu}_m = \frac{1}{L_1} \sum\limits_{\tau=-T_1}^{-1} R_{m\tau}$为大盘指数在事件期间的平均收益值;

$\sigma_m^2 = \sum\limits_{j=-T_1}^{-1} (R_{m\tau} - \mu_m)^2$。

在上式中,当L_1值足够大时,$\sigma^2(AR_{i\tau})$可近似地等于$\sigma_{\xi_i}^2$,这也是L_1值选择比L_2的值大得多的原因。

6. 异常收益累计

定常均值收益模型或市场模型算出的第i只股票的异常收益只是对某个事件日期而言。而事件包括从τ_1到τ_2的时间,为此,须计算事件窗期间内该只股票的累计异常收益$CAR_i(\tau_1, \tau_2)$,$T_1 < \tau_1 \leqslant \tau_2 \leqslant T_2$。

$$CAR_i(\tau_1,\tau_2) = \sum_{\tau=\tau_1}^{\tau_2} AR_{i\tau}$$

第 i 只股票事件窗内平均异常收益为

$$\overline{AR_{iC}} = \frac{1}{n}CAR_i(\tau_1,\tau_2)$$

n 为事件的日期数

当 L_1 足够大时, CAR_i 方差为

$$\sigma_i^2(\tau_1,\tau_2) = (\tau_2-\tau_1+1)\sigma_{\xi_i}^2$$

某支肌票的异常收益按时间集结,当研究的分析单位为多只股票时,例如研究证券监管条例变更事件的影响,需要集结各只股票的异常收益。N 只股票在 τ 期间的平均异常收益为

$$\overline{AR_\tau} = \frac{1}{N}\sum_{i=1}^N AR_{i\tau}$$

当 L_1 足够大时,

$$Var(\overline{AR_\tau}) = \frac{1}{N^2}\sum_{i=1}^N \sigma_{\xi_i}^2$$

因此, N 只股票在 τ 期间的平均累计异常收益为

$$\overline{CAR}(\tau_1,\tau_2) = \sum_{\tau=\tau_1}^{\tau_2} \overline{AR_\tau}$$

$$Var[\overline{CAR}(\tau_1,\tau_2)] = \sum_{\tau=\tau_1}^{\tau_2} Var(\overline{AR_\tau}) = \frac{\tau_2-\tau_1+1}{N^2}\sum_{i=1}^N \sigma_{\xi_i}^2$$

还可以从另一种方式进行累计,先求出每只股票在 τ 期间的累积异常收益 $CAR_i(\tau_1,\tau_2)$,然后再求 N 只股票平均异常收益。两种累积方式的计算结果是等效的。

$$\overline{CAR}(\tau_1,\tau_2) = \frac{1}{N}\sum_{i=1}^N CAR_i(\tau,\tau_2)$$

$$Var[\overline{CAR}(\tau_1,\tau_2)] = \frac{1}{N}\sum_{i=1}^N \sigma_i^2(\tau_1,\tau_2)$$

7. 统计检验

在计算出异常收益后,接下来就需要进行统计检验,以判断在某一显著性水平上事件是否对股票收益产生了影响。统计检验是事件研究法的重要组成部分,确保事件研究法应用结果科学可靠。

一般而言,仅检验股票在事件期间某一天的异常收益,对于推断事件

在事件期间产生的整体影响并无很大帮助。通常需要对事件期间的累积异常收益进行统计检验,以确定事件对股票整体收益的影响。

统计检验的步骤如下:

第一步　提出零假设 H_0:"披露事件对股票的收益无影响"。

第二步　构造统计量 $CAR_i(\tau_1,\tau_2)$ 或 $\overline{CAR}(\tau_1,\tau_2)$。当分析单位是某一特定股票时,选用 $CAR_i(\tau_1,\tau_2)$;当分析单位是一组股票时,选用 $\overline{CAR}(\tau_1,\tau_2)$。从前面的讨论中可知

$$CAR_i(\tau_1,\tau_2) \sim N(0,\sigma_i^2(\tau_1,\tau_2))$$
$$\overline{CAR}(\tau_1,\tau_2) \sim N\{0,Var[\overline{CAR}(\tau_1,\tau_2)]\}$$

将上述服从正态分布的统计量标准化可得

$$\theta_i = \frac{CAR_i(\tau_1,\tau_2)}{\sigma_i(\tau_1,\tau_2)} \sim N(0,1)$$
$$\theta = \frac{\overline{CAR}(\tau_1,\tau_2)}{\{Var[\overline{CAR}(\tau_1,\tau_2)]\}^{\frac{1}{2}}} \sim N(0,1)$$

显然,τ_i 和 τ 的值愈大对 H_0 愈不利。

第三步　根据事先给定的显著性水平 α,确定 H_0 的拒绝域:

$$\left\{\theta \mid |\theta| > Z_{\frac{\alpha}{2}}\right\}$$

第四步　计算 θ_i,θ。注意到 $\sigma_i^2(\tau_1,\tau_2)=(\tau_2-\tau_1+1)\sigma_{\xi_i}^2$,则有

$$Var[\overline{CAR}(\tau_1,\tau_2)] = \frac{(\tau_2-\tau_1+1)}{N^2}\sum_{i=1}^N \sigma_{\xi_i}^2$$

计算 θ_i,θ 时,由于 $\sigma_{\xi_i}^2$ 是未知参数,在实际应用中可用样本的方差近似计算 $\sigma_{\xi_i}^2$。当 θ_i 或 θ 落入拒绝域时,拒绝 H_0,即可认为披露事件对股票收益有影响;否则接受 H_0。

8. 机理解释

异常收益估计出来并进行统计检验以后,就可以验证观测值对研究假设的支持程度,实证工作告一段落。但往往还须延伸到机理解释,探讨此事件和异常收益间的因果链。或者由此实证结果,对于现有的各种理论解释作出判断。

五、应用示例

A. 麦肯莱研究公司季度赢利报告对其股价的影响。事件界定为"季度赢利报告披露",分析对象为道—琼斯工业指数(Dow Jones Industrial Index)中的 30 家公司,时间跨度自 1989 年 1 月至 1993 年 12 月,相应的季报时间为 1988 年第四季度至 1993 年第三季度。这 5 年时间内共提供 600 个季报,研究中围绕研究假设收集和分析三种信息:季报日期、实际赢利额和期望赢利。日期数据以及实际赢利额可以从公司发布的信息中得到,主要问题是期望赢利的计算。

季报披露信息对该公司股票市场价格的影响,取决于该季报所发布的实际赢利和市场事先预料的赢利差异程度,美国 I/B/E/S(Institutional Brokers Estimate System)根据各公司的月统计数据分析得出公司季度赢利预测报告,所发布的公司季度赢利的预测值通常被用来作为期望赢利额。

当公司季度发布的实际赢利额高于或低于预测值即期望赢利时,季报披露这个事件便对公司股价带来异常变化。实际赢利高于预测值,将导致股价升高;反之,将导致股价降低。

1. 事件期间设计

以“日”为单位,事件期间选择 41 日,包括季度信息披露日,披露日之前的 20 日和披露后的 20 日。每一事件期间之前的 250 个交易日作为估计期间。未设定后事件期间。

2. 观测及计算数据

根据上述样本和算式得出样本的异常收益 AR,并进而计算平均累计异常收益 $\overline{CAR}$,此观测及计算数据如表 4-4 所示。该表按道-琼斯工业指数中 30 个企业在五年之内的 600 个样本汇总而成。所发布的信息内容归结为三类:好消息、坏消息和无新消息。表中 AR 表示作为样本的 30 个企业在事件窗内每日的平均异常收益,$\overline{CAR}$ 为 30 个企业从 -20 日起至该日累计的平均异常收益。表中数值为异常收益波动的百分比。

从表 4-4 可以看出,季报发布日(事件日期为 0),好消息样本的异常收益为 0.965%,坏消息样本的异常收益为 -0.679%,而无新消息样本的异常收益为 -0.091%。

表 4-4　异常收益数据

事件日期	好消息		无新消息		坏消息	
	AR	$\overline{CAR}$	AR	$\overline{CAR}$	AR	$\overline{CAR}$
−20	.093	.093	.080	.080	−.107	−.107
−19	−.177	−.084	.018	.098	−.180	−.286
−18	.088	.004	.012	.110	.029	−.258
−17	.24	.029	−.151	−.041	−.079	−.337
−16	−.018	.011	−.019	−.060	−.010	−.346
−15	−.040	−.029	.013	−.047	−.054	−.401
−14	.038	.008	.040	−.007	−.021	.−421
−13	.056	.064	−.057	−.065	.007	−.414
−12	.065	.129	.146	.081	−.090	.−504
−11	.069	.199	−.020	.061	−.088	−.592
−10	.028	.227	.025	.087	−.092	−.683
−9	.155	.382	.115	.202	−.040	−.724
−8	.057	.438	.070	.272	.072	−.652
−7	−.010	.428	−.106	.166	−.026	−.677
−6	.104	.532	.026	.192	−.013	−.690
−5	.085	.616	−.085	.107	.164	−.527
−4	.099	.715	.040	.147	−.139	−.666
−3	.117	.832	.036	.183	.098	−.568
−2	.006	.838	.226	.409	−.112	−.680
−1	.164	1.001	−.168	.241	−.180	−.860
0	.965	1.966	−.091	.150	−.679	−1.539
1	.251	2.217	−.008	.142	−.204	−1.743
2	−.014	2.203	.007	.148	.072	−1.672
3	−.164	2.039	.042	.190	.083	−1.589
4	−.014	2.024	.000	.190	.106	−1.483
5	.135	2.160	−.038	.152	.194	−1.289
6	−.052	2.107	−.302	−.150	.076	−1.213
7	.060	2.167	−.199	−.349	.120	−1.093

事件日期	好消息		无新消息		坏消息	
	AR	$\overline{CAR}$	AR	$\overline{CAR}$	AR	$\overline{CAR}$
8	.155	2.323	−.108	−.457	−.041	−1.134
9	−.008	2.315	−.146	−.603	−.069	−1.203
10	.164	2.479	.082	−.521	.130	−1.073
11	−.081	2.398	.040	−.481	−.009	−1.082
12	−0.58	2.341	.246	−.235	−.038	−1.119
13	−.165	2.176	.014	−.222	.071	−1.048
14	−.081	2.095	−.091	−.312	.019	−1.029
15	−.007	2.088	−.001	−.314	−.043	−1.072
16	−.065	2.153	−.020	−.334	−.086	−1.159
17	.081	2.234	.017	−.317	−.050	−1.208
18	.172	2.406	.054	−.263	.066	−1.142
19	−.043	2.363	.119	−.144	−.088	−1.230
20	.013	2.377	.094	−.050	−.028	−1.258

$\overline{CAR}$数列表示事件窗内逐日平均累计异常收益,它在一定程度上表示市场对于即将来到的披露事件的"预知"程度。根据表 4 - 4 的$\overline{CAR}$数据画出的折线图 4 - 6 可以看出,好消息公司在发布日之前的 20 天(−20 到−1)内,平均的累计异常收益值已开始逐渐升高,而坏消息公司在发布日之前一段时间内,平均$\overline{CAR}$已逐渐下降,而发布事件后 2~8 日内,$\overline{CAR}$曲线渐趋稳定,尽管收益有稍许升高(收益)或下降,但在统计上无显著性。

事件发生日最值得注意。股票在披露事件当日的异常收益值及累计异常收益的走势,从表 4 - 4 及图 4 - 6 可看得很清楚。好消息事件发生日,AR 出现大幅度增长,从前一日的 0.164 增加到 0.965,而$\overline{CAR}$从 1.001 升到 1.966,这种升幅和事件前期的日升幅明显大得多。坏消息事情发生日,AR 出现大幅度下降,从前一日的−0.180 跌到−0.679,$\overline{CAR}$从−0.860 跌到−1.539。然而,这种变异是否就是此披露事件所带来而非扰动所引起的随机误差,还要通过统计检验作出判断。

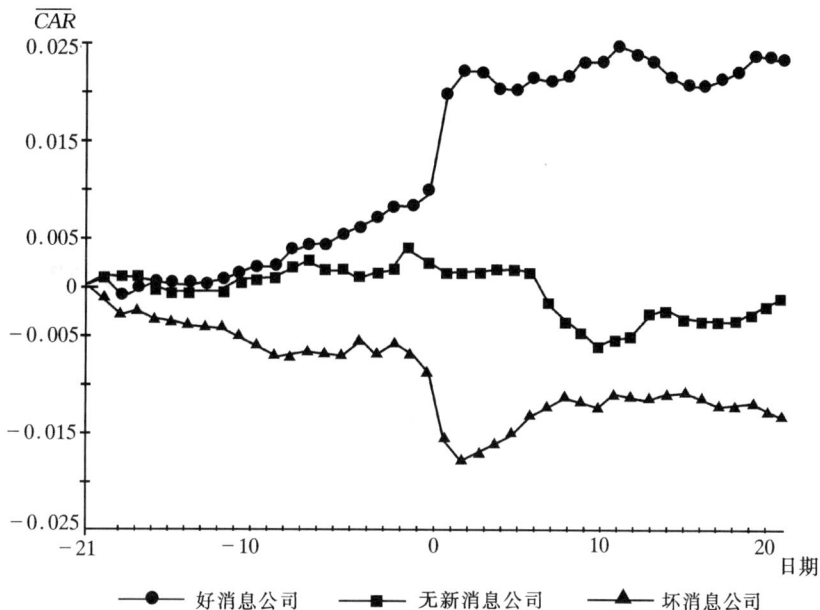

图 4-6 股票异常收益累计值

3. 统计检验

设对立假设 H_0 为"事件披露对收益(股价)无影响",则在此假设下有:在事件披露日 $AR \sim N[0, \sigma^2(AR)]$。

对于好消息的股票:$AR = 0.965\%$,$\sigma(AR) = 0.104\%$,相应得出

$$\theta_1 = 0.965/0.104 = 9.28$$

此时 θ_1 落入拒绝区,H_0 被以较高的显著性水平拒绝。

对于坏消息的股票:$AR = -0.679\%$,$\sigma(AR) = 0.098\%$,相应得出

$$\theta_2 = -6.93$$

H_0 同样被以较高的显著性水平拒绝。

对于无作用消息的股票:$AR = -0.091\%$,$\sigma(AR) = 0.098\%$,可见,异常收益 -0.091% 小于 σ。$|\theta_3|$ 之值甚小,未入拒绝区,H_0 被以较高的显著性水平接受。

从事件披露的次日来看(表 4-4 中日期 1),好、坏消息股票的累计异常收益分别为 0.251 和 -0.204,其值均大于 2σ。表示 H_0 仍被以较高的显著性水平拒绝。这说明在事件披露日脱市闭市以后,公司披露的信息仍引起股价继续波动。

第五章

数据分析

前几章讨论了研究假设形成、变量设计以及数据观测收集的方法,本章讨论的是研究方案的最后一步,即数据处理和分析,得出研究结果的阶段。

数据是现实情况的记录。数据包括数值数据和非数值数据。在管理研究中,文字、图表等非数值数据与数值数据一样不可或缺。本章主要面向数值数据,只有定性分析一节讨论非数值数据分析。前述问卷法、访谈法等数集的主要是非数值数据,但在数据处理中往往是将收集到的文字数据转换成清晰、规范的数值,供后续定量分析之用。例如问卷法,各个问项的文字数据通过量表答案中的"√"或"○"等符号,转换为数值,然后按数值数据处理和分析。每个变量的各种属性都由不同代码表示,一个变量的所有数据都存在一个文件中,编制一份代码本(codebook)记录各个变量的文件名称及属性代码。

数据分析(data analysis)是从实际观测数据中发现变量的特征、变化规则以及变量之间关联的过程。统计技术是管理研究中被普遍采用的数据分析方法。统计技术应用在数据分析中有两个目的:描述和推论。相应地,数据分析内容包括描述统计和推论统计。描述统计寻求一种对众多观测数据简明的数学表述方式,而推论统计则是在描述统计的基础上检验研究假设。

第一节 描述统计

描述统计(descriptive statistics)用数学语言表述一组样本的特征和样本各变量间关联的特征,用来概括和解释样本数据。众多观测数据的含义往往不能从单个的观测数据中显现出来,描述统计则将众多数据融合一体,对这些数据集合形成新的认识。比如,问一位大学生学习成绩如何,他可以回答每门课程考试成绩是多少,一旦课程门数增加,如在十门以上,各门课程有不同成绩,询问者就很难得出这位大学生成绩的总体印象,描述统计便要找出一种简便的方法,对十几门课程的成绩给出总体评价。

描述统计在寻求数据集合含义的同时,却不可避免带来缺点,会忽略个体数据的含义。比如,这位大学生十几门功课的平均成绩为 78 分,可以标志其学习成绩的总水平为"良",但此平均成绩却不可能反映出某门功课的成绩特别好,如 95 分,或某门功课特别差。不过,这并不影响描述统计的价值。为了弥补信息缺失,可以从不同视角进行描述统计。如所在班级平均成绩的排名,按课程成绩排名等。综合不同视角的描述统计便可得出这位大学生成绩较全面的图像。

描述统计既然是对数据集合的描述,显然和数据的尺度类型有关,后面的内容按前述的定类、定序、定距和定比四种尺度展开讨论。

描述统计可归纳为单变量、双变量和多变量三类。

一、单变量描述统计

单变量描述统计(univariate descriptive statistics)描述某个变量属性值的集中趋势、离散趋势及其分布。

(一)集中趋势分析

描述统计中常用某个指标来描述一组数据的集中趋势。常用的这类指标有三种:众数(mode)、中位数(median)和平均数(mean),它们分别适用于不同的场合。

1. 众数

众数是观测数据中出现频率最高的属性值。如观测 51 位博士研究生的年龄,得出如表 5-1 所示的数据。面对这组数据,如何用一个简单指标来描述整个样本组的年龄状况,是大还是小,或其多数人的年龄是多少。用众数来表征的话便是 27 岁,因为出现次数最多,有 12 人。这种情况下,年龄是变量,25～31 岁为属性取值范围。众数不用计算,它可从一组数据中判断出来。众数这个指标有缺陷,一组数据中可能有两个甚至更多的众数,此时便不够简明。如果随机抽取同样大小的样本,两组样本的众数不相同,便在形式上表现出两组样本存在实际上可能并不存在的差异,这就限制众数的应用价值。不过在定类尺度的情况下,众数是唯一适用的指标,如甲A足球联赛球队水平如何,只有选用积分最多的冠军队来代表。

表 5-1 集中趋势分析数据

年 龄	25	26	27	28	29	30	31
人 数	6	7	12	10	6	5	5(4)
累计人数	6	13	25	35	41	46	51(50)

2. 中位数

中位数是将观测数据按大小顺序一分为二的变量属性值。只需把观测数据按高低顺序排列,若样本总数是奇数,中间的那个便是中位数,如表 5-1,按样本总数和累计人数便可判断出第 26 号样本居中,中位值即28 岁。用算式表示的话,把样本总数 N 加 1 后除以 2,得出的便是中位值的位置。若为偶数,便算出中间值 $(N+1)/2$,相应的上下属性平均值便是中位值。如表 5-1 所列数据,假设 31 岁的人数少一个,成为(4),样本总数随之减到 50,中间值 $(50+1)/2=25.5$,上下两数为 27,28,则中位数相应为 $(27+28)/2=27.5$(岁)。

管理研究常把变量属性集结成组,如年龄变量按 5 岁为一组。求中位数时,按 5 岁的跨距计值未免过于粗糙,可按下式计算。

$$M_d = L + \left[\left(\frac{N}{2} - cf \right) \Big/ f \right] w$$

式中:M_d —— 中位数;

     L —— 中位数所在属性组的下限;

     N —— 样本总数;

     cf —— 中位数所在组以下的累计数;

     f —— 中位数所在组的样本数;

     w —— 中位数所在组的属性间距。

表 5-2 表示某企业职工年龄组分布。现以此来说明中位数的计算。

首先找出中位数所在的属性组。由于 $(1\ 150+1)/2=575.5$,中间值位置在 575 和 576 之间,年龄变量的中位数便落在 30~34 年龄组内。然后,根据算式,此中位数为:

$30+[(1\ 150/2-350)/270] \times 4=30+(0.82 \times 4)=33.3$(岁)

表 5 - 2　中位数分析数据

年龄组	人　数	累计人数
25～29	350	350
30～34	270	620
35～39	230	850
40～44	200	1 050
45～49	100	1 150

中位数最适合于描述定序尺度的数据聚中趋势(central tendency)。对于定比和定距尺度变量,中位数有时也能适当地反映其聚中特征,例如收入的中位数或房价的中位数。Fortune(财富)500 家企业的评估中,中位数就是个重要指标,1989 年 Fortune 500 的销售额中位数为 1.6172 亿美元。第 250 位和 251 位的销售额分别为 1.618 和1.6165 亿美元。

3. 平均数

定比和定距尺度下,平均数是应用最多的反映聚中趋势的指标。观测值的总和除以观测次数即得出平均数,一般用下式表示:

$$\bar{x} = \frac{\sum x_i}{N}$$

式中:$\bar{x}$—— 平均数;

　　x_i—— 观测值;

　　N—— 观测次数。

平均数是根据数组内的所有数据计算出来的,虽不像中位数那样具体明确,且受极端数据影响,譬如,群体中有某个人收入特别高,整个群体收入的平均值使骤然提高,这时倒不如中位数那样能反映聚中的实际情况。然而,人们在定序和定距尺度情况下仍然偏好平均数指标,因为它比众数和中位数更精确和稳定。从同一总体中多次随机抽取同样规模的样本,这些样本的平均数会比较接近,而各样本组的众数和中位数相互之间可能有较大差异。众数一般不适宜用于定距定比尺度下的数据分析,中位数不能"确切"地代表总体,只是总体中的典型。例如一组反映 9 位工人上周产出的数量为 96,96,97,99,100,101,102,104,155,则三种反映聚中趋势的指标分别为:众数＝96,中位数＝100,平均数＝105.6。如果依据这些指标描述总体产出状况,众数显然偏低,而平均值高于除 155 外的所有产出数,数字显然偏高,中位数较好地反映典型的产出状况,如这些数字用来确定下周生产目标,中位数较适合。企业收入分配中常碰到职工收入总体状况指标的选择问题,设某部门职工收入为:22 万,23 万,23 万,25 万,26 万,28 万,55 万,则有众数=23 万,中位数=25 万,平均数=28.857 万。职工一方往往偏好众数,而管理层则偏好平均数,因为与平均数相比,收入较高的管理者超出一般职工收入的额度显得小些。

(二)离散趋势分析

统计中反映聚中趋势的指标固然非常有用,但不够充分,例如以下两组数据:

A: 79 79 79 80 81 81 81

B: 50 60 70 80 90 100 110

两组数据的中位数和平均数都相同,然而数据差别甚大,数组 A 较聚中,而数组 B 较分散,各数据间距大,因此,须选用一个指标来衡量数据的离散趋势(dispersion tendency)。有如下几种可供选择。

1. 极差

极差(range)指数组中最高值和最低值的差距。它只适用于定比和定距数据。如数组 A 的极差为 2(即 81−79=2),而数组 B 的极差为 60。这种度量方法简便直观,但它由两极端偏异值决定,并不能充分地反映数据的分散程度。

2. 四分互差

四分互差(quartile deviation)用于度量定序数据变异的指标。把一组数列等分为四段,各段分界点上的数称为四分位数。具体来说第一个四分位数 q_1 以下包括 25% 的数据,q_2 是中位数,q_3 则包括 75% 的数据。四分互差即指第三个和第一个四分位数差距之半,即 $q = (q_3 - q_1)/2$。如用来分析 Fortune 500 家企业的数据,第三个四分位数代表销售额第 125 名的企业,第一个四分位数代表第 376 名企业,则四分互差为第 125 家和第 376 家企业销售额差距之半。如四分互差较小,说明数据较聚中,同时也说明中位数越有代表性。中位数指标适用的场合,四分互差指标也适用,四分互差计算与中位数的计算很类似。

3. 标准差

标准差(standard deviation)适用于度量定比和定距数据变异的指标,也是统计中最常用的指标。分析离散趋势的标准差和分析聚中趋势的平均数的重要性相当,综合反映一组数据的特性。将各个数据和平均值的差距平方后相加,除以样本总数后取其平方根,便得出标准差

$$\sigma = \sqrt{\frac{\sum (x_i - \bar{x})^2}{N}}$$

式中：σ—— 标准差；

$\quad x_i$—— 样本值；

$\quad \bar{x}$—— 平均数；

$\quad N$—— 样本总数。

平均数和标准差在描述统计中常以配套指标的形式出现。对于一组单独的数据分布来说,标准差的作用还不明显,它主要用来比较各组数据的离散状况。

(三) 频数和频率分布

面临一组变量的观测数据,研究者往往需要直观地感受它的分布状况,为此,通常采用频数分布(frequency distribution)和频率分布(percentage frequency distribution)。频数分布描述变量观测值中各属性值出现的次数。一个班级男生 50 人,女生 25 人,如以性别作为变量,这就是最简单的频数分布。频率分布则是用比率的形式表示,属性值出现的频数除以个体总数(在上例中男生为 67%,女生为 33%),这便是频率分布。

变量的频率分布可以分成对称分布和不对称分布两类。正态分布(normal distribution)是应用最广泛的一种对称分布,适用于描述管理研究中许多变量的属性分布,如销售量、生产周期和工时等。正态分布的众数、中位数和平均数三者相同。对称分布的极端数据在高低两端出现的频率都是相同的,而不对称分布通常总有一端的极端数据比另一端要多。如果极端数据出现在高端,则称为正偏态分布;如出现在低端,则称为负偏态分布(图 5-1)。

在不对称分布中,由于极端数据的"拉动",平均值总向极端值的某一方偏移,负偏态分布的平均数往低偏移,小于中位数,而正偏态分布的平

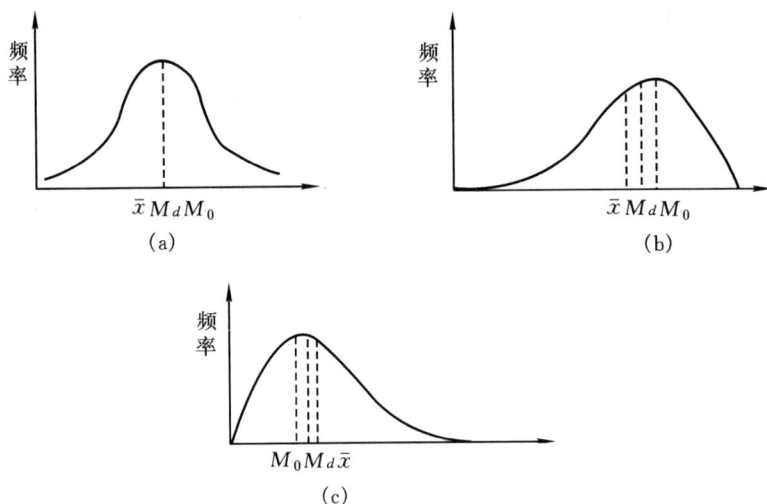

(a) 正态分布；（b）负偏态分布；（c）正偏态分布

图 5-1 频率分布

均数则往高偏移，大于中位数。当观测数据或样本值无重复值时，中位数则总是将频率分布分为两半，平均数 $\bar{x}$、中位数 M_d、众数 M_0 三者之间的关系可概括为：

正态分布 $\qquad \bar{x} = M_d = M_0$；

负偏态分布 $\qquad \bar{x} < M_d < M_0$；

正偏态分布 $\qquad \bar{x} > M_d > M_0$。

一旦知道某组数据三种指标相等或接近的话，则往往可以推测该组数据属于或接近正态分布。如 $\bar{x}$ 大于或小于 M_d 则为正偏态或负偏态，这时，正态分布的一些假设就不适用于这组数据。

二、双变量描述统计

前面所讨论的单变量描述统计是基础工作。实际的研究假设都是描述两个或多个变量之间的关系，数据分析中离不开同时分析两个或多个变量，判别一个变量变化时另一个变量是否也随之变化。本部分介绍双变量描述统计(bivariate descriptive statistics)，分析两个变量间的关联。由于分析方法视变量的尺度类型而异，下面按定类定序和定距定比两类情况加以讨论。

（一）定类和定序变量的关联分析

1. 关联表

关联表（crosstabulation，crosstab）是以表格的形式显示两变量各种属性值组合的频数或频率。它是最简便而有效的一种双变量关联分析方法。表5-3为关联表的一般形式。构造此表有两点约定俗成的做法：第一，两变量如分别为自变量和因变量，则各列表示自变量，各行表示因变量；第二，变量属性值排序，自变量的左端一列最低，右端一列最高。因变量的底层一行最低，第一行最高。当然不按此方式排序，并非不可，但用此习惯表达法，便于解释和比较，有些统计程序也是按此规范设计。

表5-3 定序变量频数关联表

自变量

		低	中	高	总计
因	高	21	47	12	80
变	中	38	41	20	99
量	低	79	14	28	121
	总计	138	102	60	$N=300$

关联表中各格数字为因变量属性值出现的频数，两行、两列的表称为 2×2 表，表5-3则称为 3×3 表，显示定序变量间的关联。第一行表示，自变量属性值为"低"时因变量属性值为"高"的样本出现频次为21，自变量值分别为中、高时，因变量则相应为47和12。因变量值为高时的样本合计为80，自变量值为低时的样本合计为138。样本总数为300。构造关联表时通常先选定行，2×3 表示2行3列，它与 3×2 表示不同的自、因变量数。

表5-3所示的关联表各要素均为频数，由于各行、列样本的总数不同，相互之间无法进行比较，难以判别变量之间的关系，为此，将各要素的频数变成百分数，即将频数除以相应行列的总数，形成频率关联表，便于考察因变量受自变量影响的程度。频率关联表须算出各列的汇总数，表5-3转换成百分比后即得表5-4，表中15.2%即由相应频数21除以该列总数138而得。

表 5 - 4　定序变量频率关联表

自变量

因变量		低	中	高
	高	15.2%	46.1%	20.0%
	中	27.5%	40.2%	33.3%
	低	57.3%	13.7%	46.7%
总计		100% (138)	100% (102)	100% (60)

从表 5 - 4 中可以看出自变量的不同属性值引起因变量属性值的变化。自变量属性值为中时,因变量的高属性值比重最大。

关联表可用于直观地辨别自变量对因变量的影响。例如表 5 - 5 表示某商店采用 A,B 两种销售策略后销售业绩得到改善的商品占全部商品的百分数,比较同一行中两列数字之差,第一行表明策略 B 使业绩改善的商品数比策略 A 增加了 6.8 个百分点,第二行相应地表明业绩未改善的商品数降低了 6.8 个百分点,说明销售策略 B 更有效。

表 5 - 5　关联表举例

	策略 A	策略 B	
改　善	35.3%	42.1%	
未改善	64.7%	57.9%	%d＝6.8
	100%	100%	

差异百分点(%d)可用来判别变量关联的强弱。一般说来,差异百分点较小(如%d＝1～2)表示弱关联,如%d＞10 时则有实质差别。不过这也取决于样本规模,如样本量大,分析的是全国范围的就业人数,一个百分点就涉及百万人数,如系小样本,则须有大的差异百分点才能表明存在强相关。

2. 变量关联的度量

关联度量指度量变量间关联的强度或密切程度。最强的关联是完全相关,一个变量发生某种变化时另一变量随之发生某种确定的变化。完全相关在管理研究中并不多见,多数是变量间有共同变化的趋势。对于定序、定比和定距数据,两变量关联可以是正、负或非线性相关,正相关表示变量数值朝同方向变化,同增或者同减。如果一个变量增加另一个减少则称为负相关。非线性相关则是两变量相互变化趋势不一致。如 U 型非线性相关,自变量的最低值和最高值都相应于因变量的高值,在这种情况下,自变量的低值区属于负相关,而高值区属于正相关。完全正相关的度量值为 1,完全负相关的度量值为 -1。两变量关联越密切,相关值越接近 1 或 -1,越接近零则关联程度越弱。

(1)定类数据

管理研究中,许多变量属性值属于定类尺度(nominal scale),如性别、职业、行业等。这类变量最适合的关联度量指标是 λ(lambda)。λ 度量变量间的相关程度,与其他指标一样,是基于误差消减比例(proportional reduction of error,PRE)的思路,即引入另一个变量属性的数据后,某个变量猜测值的误差会减小一定的比例。通过设想例子可说明 λ 的含义。表 5-6 给出按两定类变量(nominal variable)性别和就业统计得出的属性值。总体有 1 100 人已就业,900 人未就业,人们判断此样本的就业状况是就总体而言,表中数据显示多数人已就业,因此猜测某人是否就业时总是猜"已就业",这比猜"未就业"的误差要小,但仍存在误差,2 000 次猜测中有 900 次失误。

表 5-6　定类变量数据分析

	男	女	共计
已就业	900	200	1 100
未就业	100	800	900
共计	1 000	1 000	

如在掌握已就业和未就业总数后又了解其性别,这时猜测策略就会改变,如遇到男性则猜测其"已就业",如遇到女性则猜测其"未就业"。于是误差从 900 减少到 300,其中男性为 100,女性为 200。这意味着在掌握分析对象的性别后,失误减少 600 次。

λ 表示误差降低额占总体误差的比例。本例中,λ = 600/900 = 0.67,此值即代表性别和就业两变量的相关程度。λ 的最大值为 1。

如果性别和就业两变量相互独立,则意味着男性和女性的就业分布相同,这种情况下,即使知道性别信息也不会导致误差减小,即 $\lambda = 0$;如果所有男性均就业而所有女性均未就业,在掌握性别信息后猜测误差可以减少到零,此时 $\lambda = 1$,代表完全相关。

(2)定序数据

管理研究中常遇到定序变量之间的关联分析。如对于 Fortune 500 家企业排序结果,分析这种次序与这些企业的其他变量如职工人数、职工人均收入、销售额排序是否一致或相关程度如何;又如企业招收新职工,考试成绩排序和应聘人员实际能力排序以及主管面试后的排序等关系如何。与上述 λ 的设置思路一样,这类定序变量间关联度量指标的设置,也是基于误差比例消减的思路,不同的是,对于定类数据推测精确值,而这里推测的是属性排列顺序,推测两变量的排序是正相关或负相关以及其相关程度。

①全序。

对定序变量关联的度量有多种方法,选择时首先要考虑所分析的数据是否完全排序(fully ordered)。如果每个分析样本都有单独的序号,没有重复的情况,则称为全序。表 5-7 表示完全排序数列。全序的变量关联度常用 γ(gamma)来表示,取值在 1 和 -1 之间,其计算式为

$$\gamma = \frac{N_s - N_d}{N_s + N_d}$$

式中:N_s——同序对数目;

N_d——异序对数目。

表 5-7　定序变量数据分析

分析样本	自变量序次	因变量序次
A	5	4
B	4	5
C	1	1
D	3	2
E	2	3

同序对指分析样本甲在两个变量的属性排序上都高于(低于)乙,异序对则指分析样本甲按一个变量排序高于(低于)乙,而按另一变量排序则低于(高于)乙。若分析样本总数为 N,则一共可组成 $\frac{1}{2}N(N-1)$ 对

级序。表5-7分析样本为 A,B,C,D,E，则应有10对级序，其中 AC,AD，AE,BC,BD,BE,CD,CE 为同序对，$N_s=8$；AB,DE 为异序对，$N_d=2$。于是，$\gamma=\dfrac{8-2}{8+2}=0.6$，自变量和因变量序次正相关。

②偏序。

一般情况下并非每个分析样本都能排定单独的序次，而是若干分析样本都归结为某个序次，或者说出现重复序号，这种数列称为偏序（partially ordered）。表5-8表示工人专业培训时间和废品率两变量之间的关联，两变量属性都采用定序尺度，短、中、长和低、中、高，表中各元素项指分析样本出现的频数。两变量级序关联总的趋势可以直观看出，接受培训时间越长的工人，低废品率的概率越高。

表 5-8　偏序变量数据分析

废品率	培训时间		
	1（短）	2（中）	3（长）
低	20	40	80
中	60	90	50
高	90	30	10

对于这种偏序的变量间关联度量，现以表5-8的数据为例来说明。元素项中的频数即分析样本数目，如（1,1）项为20，即20个样本都有相同的自变量属性和因变量属性。如80一项，即80个样本自变量序次处于3（长），因变量序次处于1（低）。须从表中数据算出同序对和异序对。

可以看出，表中（20）和第二行的（90）两个元素项形成同序对，因为从因变量看，两者形成"低—中"次序，从自变量看形成"短—中"次序，都是从低到高的次序，与表5-7不同的，只是同序对并非一对，而有 $20\times90=1\,800$ 对。元素项（80）和（60）形成的则是异序对，两者因变量是"低—中"，而自变量则相反是"长—中"次序，有 $80\times60=4\,800$ 对。从算法的角度说，表中要素（1,1）表示培训时间短而废品率低的20名分析对象，其同序对要从右面的子矩阵中去找，即有（2,2），（2,3），（3,2）和（3,3）元素，这些项和（1,1）项按两变量属性排序都是同序的。如选要素（1,3）和（1,1）比较，按废品率两项属性均为1，而按培训时间，则一项属性为3，另一项属性为1，故（1,3），（1,1）不能作为同序对。元素项（2,2）的矩阵的同序对只有（3,3）一项，故同序对数目为 90×10。异序对则从左面的子矩阵中去找,计算思路与同序对计算相同,例如要素(1,3)的 80,其异序对为要素(2,1),(2,2),(3,1),(3,2),这些要素按两个变量属性排序,都是一个变量属性的序次增大而另一个变量属性的序次减小。

现算出全部同、异序对数目 N_s 和 N_d。

本例的同序对数量为

20×(90+30+50+10)+60×(30+10)+40×(50+10)+90×(10)
=3 600+2 400+2 400+900=9 300

而异序对数量为

80×(60+90+90+30)+50×(90+30)+40×(60+90)+90×(90)
=21 600+6 000+6 000+8 100=41 700

得
$$\gamma = \frac{9\ 300 - 41\ 700}{9\ 300 + 41\ 700} = -0.64$$

γ 为负表示两变量负相关,−0.64 说明所考察的各对级序中,异序对比同序对多出的数量占总对数的 64%。

γ 系数只考虑同序对和异序对,而不考虑同等对。所谓同等对,表示有两种情况:一种是自变量的属性相等,如元素项(20)与(40)和(80),这类同等对数量标以 T_x;一种是因变量的属性相等,如元素项(20)与(60)和(90),总数为 T_y。

如考虑同等对,则引用森马氏 d_{yx} 系数来表示变量关联度。以表 5-9 为例,企业招聘有六人应试,按考试成绩排序,C 分数最高应列第 1 名,然而 D,E 的分数相等,这时通常采用对应序次的平均值,即 D,E 都取 2.5。

表 5-9　同等对分析

分析对象	考试成绩		主管排序
	分数	序次	
A	61	4	5
B	59	5	5
C	78	1	2
D	65	2.5	1
E	65	2.5	3
F	58	6	5

主管判断中视 A,B,F 同等,则三人均取 5 级。按此表有自变量同序对 $T_x = 1$(D,E),因变量同序对 $T_y = 3$(A,B)(A,F)(B,F)。现用森马氏 d_{yx} 系数来表示考试序次和主管排序之间的关联度。

计算原理与 γ 系数一样,只是将 T_y 计入算式内:

$$d_{yx} = \frac{N_s - N_d}{N_s + N_d + T_y}$$

表 5-9 分析样本有 6 个,应有 15 对级序。异序对只有 1 个,同序对有 10 个,同序对共有 4 个,故

$$\gamma = \frac{10-1}{10+1} = 0.82$$

$$d_{yx} = \frac{10-1}{10+1+4} = 0.6$$

回到表 5-8,计算 d_{yx} 时,因变量同序对 T_y 等于表中的左列每个元素项乘以它右面的同行各要素项之和,再加总:

$$\begin{aligned} T_y = {} & 20 \times (40+80) + 40 \times (80) + 60 \times (90+50) \\ & + 90 \times (50) + 90 \times (30+10) + 30 \times (10) \\ = {} & 22\ 400 \end{aligned}$$

自变量同序对等于顶行每个要素乘以它下面同列各元素之和再加总:

$$\begin{aligned} T_x = {} & 20 \times (60+90) + 60 \times 90 + 40 \times (90+30) \\ & + 80 \times (50+10) + 50 \times 10 \\ = {} & 21\ 200 \end{aligned}$$

同序对共有 $T = T_x + T_y = 22400 + 21200 = 43600$ 算出

$$d_{yx} = \frac{9\ 300 - 41\ 700}{9\ 300 + 41\ 700 + 43\ 600} = \frac{-32\ 400}{94\ 600} = -0.34$$

γ 和 d_{yx} 的计算式的含义是,分母代表由一个变量序对推测另一个变量序对的最大可能消减的误差比例,分子代表减少的误差,N_s 和 N_d 相差愈大,减少的误差愈多。

(二) 定距和定比变量的关联分析

因、自变量均为定距或定比尺度的情况下,回归分析和相关分析是用来描述两者关联的最常用技术。定距、定比变量的属性值一般都是连续

值,较之定类、定序变量的离散值而言,对变量属性的描述更为细致,蕴含的信息量更丰富,同时,具有后者所不具备的可加性和可比性。所以,分析这类变量间的关联,不仅可以分析两变量间关系的有无、大小和方向,还可以得出两者属性值关联的具体形式,具有预测功能。

1. 回归分析(regression analysis)

$y=f(x)$是两变量间关联的最一般表达式,意即 y 值可能从 x 的变异中得到解释,说得更直接些,x 引起 y 的变异或 x 值决定 y 值。回归分析便是确立 y 和 x 之间函数具体形式的方法,回归分析视关联的复杂程度而有不同方法,最简单但也最常用的便是线性回归(linear regression)。

线性回归用图 5-2 来说明,点图上标出四个具有 x,y 属性值的数据。$x=1$ 时 $y=1$,等等。表示两者关联可用 $y=x$ 来描述,此方程称作回归方程(regression equation),四个点都处在同条直线上,此直线称作回归直线。

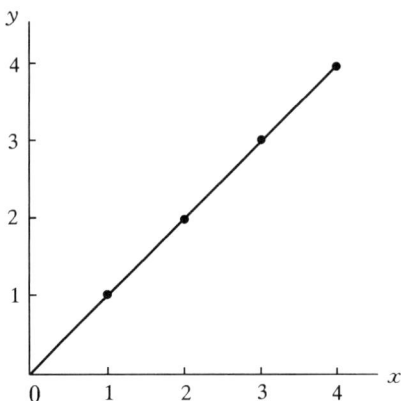

图 5-2 线性回归

线性回归模型是描述变量关联的有力工具。回归直线提供了关联的图形表达方式,回归方程则以回归系数来概括两者的关联程度,并为统计推论提供了推测值。根据回归方程描述两变量关联的正确程度,方程可用来推测已有数据之外的其他关联值,本例中,若 $x=3.5$,则可推出 $y=3.5$。

实际情况不会像图 5-2 这么简单。图 5-3 表示中小城市人口和犯罪率关联的例子,图中每个点表示一个城市的数据,显示犯罪率(y)和人口数(x)的关系。数据表明,当 x 值增加,y 一般也增加,但不如图 5-2 那么清晰。不可能作条直线通过图中的所有散点。然而,总可以得出一条直线近似地表达两者的关系。

一元线性回归直线方程为 $y=a+bx$,x 为零时,$y=a$,而 b 为直线斜率。如已知 a,b 值,则可估计出任何 x 值相应的 y 值,图 5-2 的直线方程为 $y=x$,即 $a=0$,$b=1$。一元线性回归分析技术便是用来确定最接近散点分布的直线方程,这种方程有描述性和推测性价值,既是 x,y 两变量关联的数学描述,又可在已有值的条件下得出推测值,图 5-3 的例中,则可用已知人数来推测犯罪率。

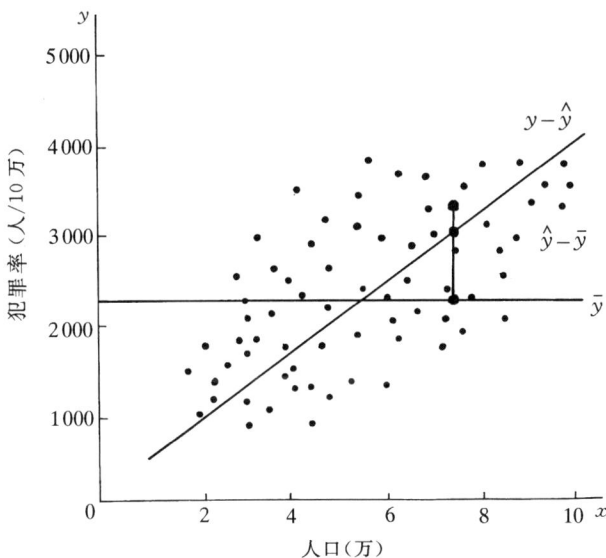

图 5-3　回归直线

回归直线的斜率 b 亦可称为回归系数,表示自变量 x 每变化 1 单位值时,因变量 y 会变化多少。图 5-3 的示例中,回归直线方程可表述为 $y=0.005x$,如一个城市比另一城市多 3 万人口,则人口较多的城市预计犯罪率要高出 $0.005\times3=0.015$。斜率 b 的符号则表示两变量关联的方向。如为正,则表示正相关,自变量的值增加,因变量也增加;如为负,则表示负相关,自变量增加,因变量的值减少。

回归方程包含了许多有用信息,它可以给出自变量为任一数值时 y 的期望值,对两者的关联形态作出定量的描述。但是,回归系数并不适合度量两者的关联强度,因为此系数受变量测量单位的影响。以图 5-3 为例,此回归系数甚小,为 0.005。如果自变量人口的单位不以万计,而以 100 万计,则 $y=0.5x$,回归系数从 0.005 增大到 0.5,但这并不意味着两者的关联强度有任何变化。所以,回归系数表示因变量随自变量变化而产生的关联变化量,但并不表明关联强度。描述自、因变量关联强度还要靠相关分析。

2. 相关分析(correlation analysis)

对于任何反映两变量属性值的统计数据集合,研究者都可以画出类似图 5-3 的一条回归直线,且斜率不为零。尤其是应用计算机统计分析软件,输入样本统计数据后,总可以输出回归直线方程并给出图形,于是,研究者可以说自、因变量间存在这种关联。然而,这条直线并不一定贴近此数据集合的各点,也不能说明此直线关联符合统计显著性。所给出的直线可能是拟合得最好的一种,但数据点总是分散的,直线不可能通过或接近所有数据点。关联强度实际上就是回归直线与数据点贴近的程度:数据与回归直线离得愈远,则两变量关联强度愈弱;愈近,则关联强度愈强;如所有数据点都落在此直线上,则两变量之间呈现完全线性关系。

数据点往往数以百计,直观上很难确切地描述回归直线与这些数据点的贴近程度,所以两变量关联的强度需要统计学工具的帮助。皮尔逊积矩相关系数 r(Pearson product-moment correlation)是应用最为广泛的度量变量间关联强度的统计量,简称为相关系数。任何回归直线都可以算出其相关系数,表征此直线与数据点的贴近程度。相关系数取值从 0 到 ± 1,前者表示无相关,后者表示完全相关。

相关系数的概念是从回归方程因变量的偏差分析中导出的。

利用回归方程推断出的变量值 y 一般用 $\hat{y}$ 表示,称作估计值,$\hat{y}=a+bx$。式中 x 是自变量的给定值,a,b 则要根据实际数据辨识出来,辨识的原则是,在已知 x 条件下,实际的 y 值和估计值 $\hat{y}$ 的差别最小,通常采用最小二乘法。y 的所有实际值和估计值 $\hat{y}$ 之差称作不可解释的偏差(unexplained variation),即使求出估计值,这部分误差还始终存在。

回归方程能反映的偏差,相应地称作可解释偏差(explained variation),它是总偏差减去不可解释偏差。总偏差如何确定?需要一个基准。如表 5-6 的就业示例,即以 900 为基准,而对于定距或定比变量,则常以平均数为基准。因而,总偏差指 y 的观察值 y_i 与 y 的平均值 $\bar{y}=\dfrac{1}{n}$

$\sum y_i$ 之差,即 $y - \bar{y}$(图 5-3),其组成为图中所示的两部分:

$$(y - \bar{y}) = (\hat{y} - \bar{y}) + (y - \hat{y})$$

即总偏差＝可解释偏差＋不可解释偏差。而可解释偏差的平方和除以总偏差的平方和则得出类似前述的反映消除误差比例的指标,称之为"决定系数"(coefficient of determination),用 r^2 表示。由于

$$\sum (y - \bar{y})^2 = \sum (\hat{y} - \bar{y})^2 + \sum (y - \hat{y})^2,$$

故有

$$r^2 = \frac{\sum (y - \bar{y})^2 - \sum (y - \hat{y})^2}{\sum (y - \bar{y})^2}$$

$\sqrt{r^2} = r$ 即相关系数,如 $r = 0.7$,决定系数 $r^2 = 0.49$ 表示有约一半的偏差可通过 x 值和回归方程来解释,也可理解成两变量双方共同变异的程度。

前已指出,回归系数和回归直线的相关系数的涵义不同。回归系数(直线斜率)表示因变量随自变量变化而发生多少变化,相关系数表示因变量的偏差中有多少可由自变量的变化来解释。现实中,完全可能出现直线斜率大而相关系数低的情况,这意味着自变量每变化 1 单位时,因变量变化甚多,但回归直线并不贴近各数据点。反之,也可能出现直线斜率小而相关系数大的情况,因变量随自变量的变化而变动不大,但回归直线却能很好贴近数据点。

回归直线的斜率取决于变量间客观存在的关联和所选择的变量度量单位,它的大小一般不涉及研究者的偏好,然而,研究者一般希望相关系数大,即关联强度高,直线的拟合好,很贴近数据点。

图 5-4 列举了六种类型的回归和相关分析的结果:(a)直线斜率小的正而弱相关;(b)直线斜率大的正而弱相关;(c)直线斜率大的负而弱相关;(d)直线斜率小的正而强相关;(e)直线斜率大的负而强相关;(f)自、因变量不相关,即不论自变量如何变化,因变量保持不变。

后面推论统计中将要讨论,相关系数还有个重要用途,即作为统计显著性检验的指标。两变量的相关系数一旦计算出来,就可以查相应的检验表,看此值是高于或低于统计显著的置信区间。

研究人员有时用相关分析来筛选变量。它不用构造数学模型来描述两变量间的定量关系,只观察此自变量对因变量变化的解释程度,如发现

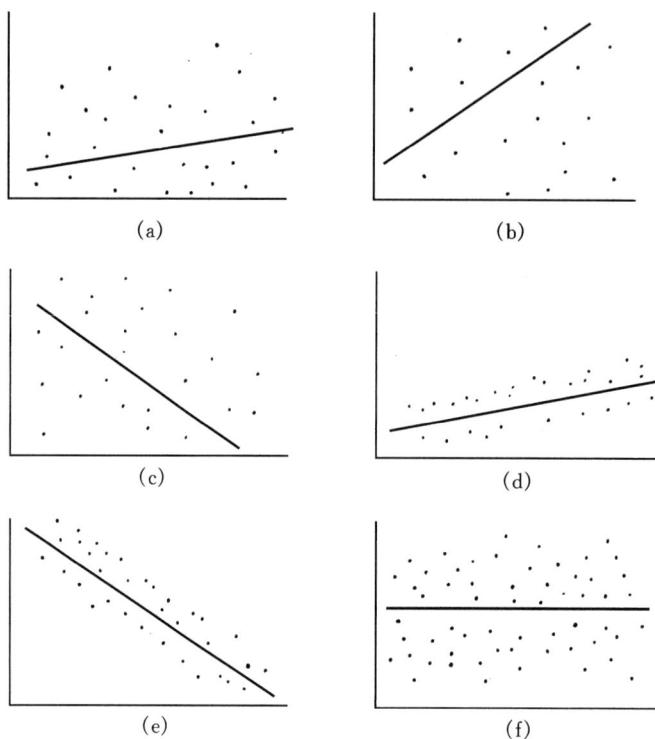

图 5-4　六类回归和相关分析结果

有些自变量解释偏差的作用甚小，可删去，不必讨论，解释偏差作用大的就成为关键变量。为此，采用"相关矩阵"（correlation matrix）作为分析工具，起到综合各散点图的作用，单个散点图当然也可显示两变量的相关强度，如分析的变量多于两个，则散点图往往很难或无法绘制。相关矩阵的表述可参阅后面的表 5-14。

实证研究中 x 和 y 并不一定呈线性关系，回归方程可以是非线性方程，如幂函数、指数函数形式等。一般说来非线性方程较之线性方程可以更精确地描述观测数据。回归分析的目标除了定量描述已有的观测数据外，还要进行推断，从自变量推测因变量数值。一个复杂的非线性方程可以很好地拟合各个观测点，然而再精确的拟合也未必能完全保证新观测点一定落在此曲线上，即拟合曲线未必能代表两变量间的总体关系。非线性回归方程是一种选择，但现实中更多地采用线性方程。

三、多变量描述统计

前面讨论一个自变量和一个因变量关联的有无、大小、强弱、方向和统计显著性。然而管理研究中一般会面临两个以上的变量,假设检验中也要处理多个变量,可以说多变量数据分析方法是管理研究人员离不开的工具和必须掌握的基本功。

研究多个自变量与一个因变量之间的关联问题主要出自两个原因,一是为了能够充分地解释某种现象,二是探索现象的成因。管理现象如果由一个自变量就能解释清楚当然是求之不得的事情,但事实上很难做到。一个企业的利润指标改善,可能是提高产品质量、降低成本、调整营销策略等多方面活动的结果,关联因素很多,要解释清楚势必是多变量问题。至于现象的成因,更离不开多变量分析,两变量间强相关,不一定就是因果关系,可能两者都是由第三个变量引起的。例如,有项研究发现,城市交通死亡事故率和汽车强制性检修制度强相关,有强制性检修制度的城市交通死亡事故率较低。然而并不能由此断定强制性检修制度就是该城市事故率低的原因,还有人口密度、交通信号标示系统、交通监督管理系统等因素的影响,只有排除了这些因素作为原因事件的可能性才能作出"检修制度"是原因事件的判断。

本部分先讨论适用定类、定序变量多变量关联表,再讨论适用于定距和定比变量的多元回归分析。

(一) 多变量关联表

上面提到,因果关系分析中要引入第三个甚至更多个变量才能分析出自变量对因变量的效应以及是否是原因事件,这其实是第四章讨论过的实验研究的思路,分析两变量间的关联时,取第三个或更多个变量作为控制变量。实验研究是采取实验组和控制组对比方法,而管理研究中,实验方法的运作难度较大,常采用统计控制方法,对控制变量的观察加以处理,凸现自、因变量之间的关联。多变量关联表(multivariate crosstatulation)就是沿此思路进行分析的。

多变量关联表分析,有的文献称之为细化分析(elaboration)。细化分析时引入第三个变量,按此变量的属性来分别考察自变量和因变量之间的关系。图5-5说明细化分析的过程。为了简化起见,各变量只含两种属性。图中 a 表示自变量 x 为 x_1,时因变量 y 为 y_1 的样本百分比,c

表示 x_1 时出现 y_2 的样本百分比,两者相加应为 100%。b,d 表示 x 为 x_2 时,y_1,y_2 出现的百分比。

只反映自变量和因变量关系的表称为零级表,"零"意味着未引入另外的控制变量。引入控制变量后得出各种细分表,如只有一个控制变量,此细分表为一级细分表,一级细分表的数量和控制变量的属性值有关,每个属性相应有一个细分表,相当于控制变量的某个属性固定不变情况下 x 与 y 的关联状况。图 5-5 中控制变量有两个属性值 z_1 和 z_2,相应有两个一级细分表,构成多变量关联表。如果有更多的控制变量,则称为二级细分表、三级细分表等。不过实用上,一般只应用一级细分表,因为控制变量越多则细分表数目迅速增加,操作困难,同时,细分表划分愈多,则表中各元素的样本量随之减少,其结果的可信度降低。本例的零级表中,样本分给表内的四个要素,而分到一级细分表,每个要素平均只有 1/8 的样本数。

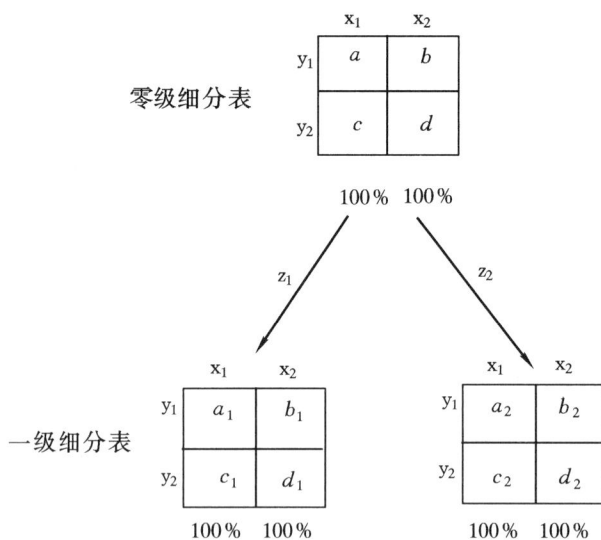

图 5-5　细化分析

引入控制变量并形成一级细分表后,可能有三种结果,如图 5-6 所示。

第一种无效应。一级细分表和零级细分表的结果相同或相似,从图 5-5 中看,即 a 与 a_1,a_2 相同,b,c,d 各项也和一级细分表中各对应项相同,这意味着引入的控制变量和自变量及因变量都无关联,因而控制变量对两者关联无影响,如图 5-6(a)所示。

第二种结果是关联减弱。零级细分表显示的自、因变量之间的关联

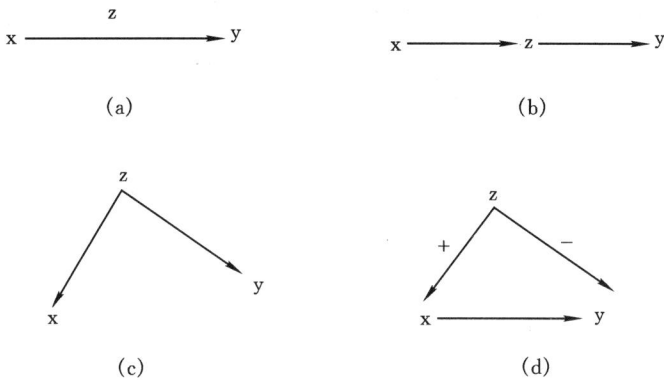

（a）无效应；（b)干预效应；（c）掩盖效应；（d）抑制效应

图 5-6　控制变量作用方式

强度,由于控制变量的介入而减弱甚至消失。造成这种结果有两种可能。一种是控制变量的干预作用。如果按出现时间先后排序,控制变量处于中间的话,即 x 先通过 z 再作用到 y,见图 5-6(b)。当 z 受控时,x 与 y 之间的关联受阻,关联强度变弱。设 x 为工资水平,y 为员工流失率,控制变量 z 为组织承诺,按 x 和 y 的数据回归,可显示两者呈负相关。如果控制变量 z 介入,固定在某个值,x 与 y 之间的负相关程度便削弱,因为工资水平增长促使员工组织承诺度提高,组织承诺再影响到员工流失率。一旦组织承诺度固定,工资水平对员工流失率的影响就不明显了。

另一种可能是控制变量的掩盖效应,见图 5-6(c)。控制变量在时序上处于因变量和自变量之前。零级表显示的并非自变量和因变量两者直接存在的关联强度,而是控制变量 z 对 x 和 y 作用的结果。例如,统计数据表明火灾现场的消防车辆出动数量和火灾损失额呈正相关。显然,消防车辆数量多并不引起火灾损失,而是另外的变量火灾规模等,这个变量既影响消防车辆出动数量又影响火灾损失额。当火灾规模处于受控情况下时,在一级细分表中车辆出动数量和火灾损失额的正相关效应将削弱。

第三种抑制效应,见图 5-6(d)。控制变量 z 对 x 和 y 产生影响,同时 x,y 之间也直接相关。如图中所示,z 和 y 负相关,表示在零级表中,未受控制的控制变量 z 已抑制了 x,y 之间的相关强度。在一级细分表中,剔除了控制变量的影响,自变量和因变量相关程度或者更强或者更弱,视三变量之间相互影响强度而定。

实际上碰到的棘手问题是这 3 种结果的交互作用。自变量和因变量的关系视控制变量的属性值而定,图 5-5 中设定两种属性 z_1,z_2,有可能出现两个一级细分表反映出不同结果。一个一级细分表显示控制变量无效应,而另一个表现为关联削弱,这种情况下就不能简括地说三个变量之间存在某种单纯关系,只能说在 z_1 下属"无效应"的关联,条件 z_2 关联削弱,等等,三种结果可能有不同组合。

上述分析限于最简单的情况,即自变量和因变量只有两个属性值,控制变量只有一个,实际情况要复杂得多。

例 5-1 某单位民主选举本单位领导,候选人有甲、乙两人。选举前调研人员欲预测投票情况。甲、乙原来都是本单位的职工,每个职工心目中已有自己的评价,或倾向甲或倾向乙。但调研人员认为,群众对待人事改革政策很关心,改革力度大或基本维持原状的小力度改革也影响选票去向,并形成一种研究假设:"赞成改革力度大的职工倾向投甲的票。"

根据抽样调查结果得出关联表 5-10,从此表看,似乎上述假设得到证实,有 64% 赞成改革力度大的职工投甲的票。然而,引入另一变量后,便有可能给予投票行为不同解释。设想引入个人年收入作为控制变量,其属性分为高、中、低三档。将 1 000 个样本数据按年收入得出多变量关联表如图 5-7 所示,从一级细分表可以看出,按高、中、低收入划分样本后,候选人的人事改革政策和选票去向之间便不相关。控制变量固定在高收入时,细分表中的自变量属性无论是改革力度大还是小,因变量的数值不变,都是 80%,20%。中、低收入的细分表情况一样,力度大小不影响投票结果,这就相当于图 5-6(b)所示的干预效应,一级细分表呈现的自、因变量关联,实际上是反映控制变量与因变量之间的关联。

表 5-10 例 5-1 关联表

因变量 (选票去向)	自变量(改革力度)		样本数 (n)
	大	小	
甲	64%	46%	555
乙	36%	54%	445
总数 (n)	100% (550)	100% (450)	1 000

	大	小
甲	64%	46%
乙	36%	54%

控制变量	高收入			中收入			低收入		
	大	小		大	小		大	小	
甲	80%	80%	(240)	60%	60%	(210)	30%	30%	(105)
乙	20%	20%	(60)	40%	40%	(140)	70%	70%	(245)
样本数：	(250)	(50)	(300)	(200)	(150)	(350)	(100)	(250)	(350)

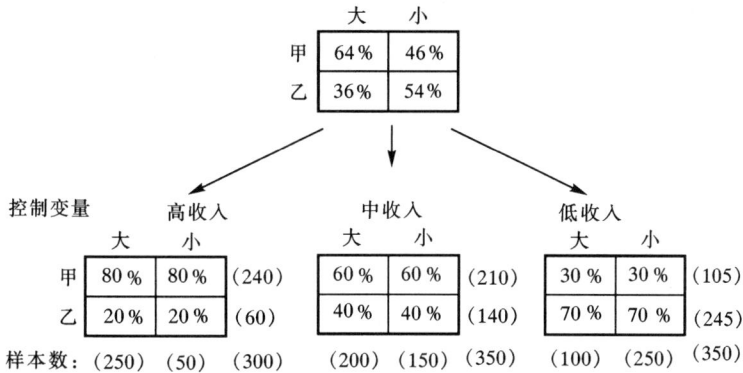

图 5-7　多变量关联表示例

如设定改革力度为控制变量，考察年收入和选票去向两变量之间的关联，表 5-11 为一级细分表。从细分表显示的结果可见，年收入作为自变量与作为控制变量的分析结果都是一样的。可见，年收入和改革力度这两个变量中，年收入对于解释选票去向更为重要，年收入较改革力度更有可能成为原因事件。年收入影响职工对改革政策的态度，而对改革政策的态度改变不了个人年收入状况，所以，这三个变量的关系应该是年收入影响因变量（选票去向）。

表 5-11　例 5-1 一级细分表

控制变量	力度大				力度小			
	高	中	低		高	中	低	
甲	80%	60%	30%	(350)	80%	60%	30%	(205)
乙	20%	40%	70%	(200)	20%	40%	70%	(245)
样本数	(250)	(200)	(100)	(550)	(50)	(150)	(250)	(450)

（二）偏相关分析和多元回归

多变量关联分析方法，通过控制第三个以至更多个变量揭示变量间的关联，适用于控制变量的属性值为离散型的情况，而且，对于定序、定类尺度，多变量关联分析是唯一的适用方法。但这种按控制变量属性归类分析的办法，三个变量还可以，随着变量数增加，细分表的级数增多，模型就越复杂，且每个控制组的样本数据减少。为此，人们就要寻求其他能适用于定距、定比尺度下的多变量关联分析方法，这方面最通用的技术当属偏相关分析和多元回归。细化分析方法的思路是"控制"第三个变量的属性值,偏相关分析和多元回归的思路则是"调整"(adjustment)第三个变量的效应。

1. 偏相关分析

偏相关表示在消除第三个变量的影响后,自变量和因变量的关联程度。例如,有文献研究个人受教育水平和参加投票率之间的关联,两者的关联又受年龄影响(图5-8)。偏相关分析首先用一元回归分析年龄(自变量)和受教育水平(因变量)之间的关系,回归方程的残差项说明"教育水平"不能由"年龄"来解释的那部分偏差,然后,再求出年龄和投票率(因变量)的回归方程及其残差,反映不能由"年龄"来解释"投票率"的偏差。最后,用第三个回归方程来分析第一个回归方程残差和第二个回归方程

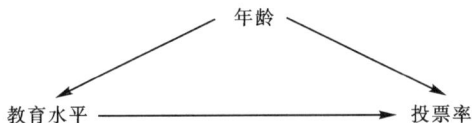

图5-8 偏相关示意图

残差之间的关联,它显示出消除"年龄"对其他两变量的影响时教育水平和工作绩效之间的关联,由此两组残差算出的相关系数即偏相关系数。偏相关系数表示控制变量的影响消除后因变量可解释偏差部分,此系数平方后便是可解释偏差在因变量总偏差中所占的比例。

实际运用时,可直接算出偏相关系数:

$$r_{ij,k} = \frac{r_{ij} - (r_{ik})(r_{jk})}{\sqrt{1-r_{ik}^2}\ \sqrt{1-r_{jk}^2}}$$

式中:k——控制变量;

i,j——自变量和因变量。

右端的各相关系数可按i,j双变量的相关分析得出。

设上例中,年龄与受教育水平相关系数为+0.38,年龄与投票率的相关系数为0.2,受教育水平与投票率的相关系数为+0.50,则当年龄为控制变量时,教育水平(自变量)与投票率(因变量)的偏相关系数为:

$$r = \frac{0.50 - 0.38 \times 0.20}{\sqrt{1-(0.38)^2}\ \sqrt{1-(0.20)^2}} = 0.47$$

偏相关系数可以按不同的控制变量计算出来。因而,可以显示出在

消除了一个或多个控制变量的影响后，自变量和因变量的相关关系是否还继续存在。偏相关系数可以表示两变量间的关联强度，但不能反映两者之间变化的定量关系，即不能回答投票率提高到某水平后，教育水平应提高多少，回归分析可以提供这类信息。

2. 多元回归分析

前述一元回归直线分析中，涉及二维空间的数据散点图，并据此求出贴近这些数据点的直线。回归方程描述两变量的定量变化关系，而相关系数表示两者的关联的强度并借以判断关联的统计显著性。回归方程可用来计算任何 x 值情况下 y 的预测值，以及每次观测中 y 的观测值和预测值之差，即残差。

多元回归分析的内容和功能与一元回归分析完全一样，只是回归方程中包含两个或更多的自变量，回归系数表示方程中其他自变量受控的情况下该自变量与因变量的关联，这里所谓"受控"，并非将样本数据按受控的自变量属性值归类，而是"调节"每个样本的变量属性值。

多元线性回归方程一般表述为：

$$y = b_1 x_1 + b_2 x_2 + \cdots + b_n x_n + a$$

此式表示 y 的截距为零的情况，b_i 表示自变量 x_i 变化一单位时在其他自变量保持不变的情况下因变量 y 的变化量，a 表示随机误差。当给定方程中各个自变量之值时，便可算出 y 的预测值。

需要指出，多元回归方程并不能反映出各个自变量的相对重要性，因为 b_i 值与自变量的度量尺度有关，b_i 大于 b_j 并不表示 x_i 对 y 的影响较 x_j 要大，可能是由于 x_i 采用较小的尺度单位。

为了评判各自变量的相对重要性，回归方程的系数 b_i 可以标准化，即顾及各变量的均值和标准差。标准化后，各回归系数 b_i 转换成标准化回归系数 β_i（beta），它可以反映出在解释因变量 y 的变化中多个自变量的相对重要性，β_i 值在 $-1 \sim +1$ 之间，它表示引起因变量变化的方向以及变化的数量。

从多元回归方程可以检验自变量和因变量关联的统计显著性。计算机程序算出多元回归方程的同时，会输出回归系数的标准差（standard error），此数据可用来检验显著性，如在 0.05 的显著水平下，回归系数至少要大标准差一倍，否则，此自变量和因变量关联的假设便不可接受。

一个多元回归方程对于因变量总偏差的解释程度与一元回归方程类

似，可用复相关系数 R 和决定系数 R^2 来表示，R^2 等于因变量中可以由各自变量共同变化来解释的偏差平方和除以总偏差的平方和。$R^2 = 1$ 时，表示 y 的全部偏差都可由回归方程中各自变量来解释，R^2 越大，y 与 $x_1, \cdots, x_n$ 的线性关联越强，亦即误差消除比例越大。如 $R^2 = 0.77$，则 $R = 0.877$ 表示 y 的总偏差中 77% 可由这几个自变量的变异来解释。

在管理研究和社会科学研究中，多元回归分析是较为完善且普遍应用的描述多变量关联的技术。研究人员可用以在控制一个和多个控制变量的条件下考察一个自变量与因变量之间的关联，进而定量评价每个自变量变化对因变量产生的效应，并成为因果分析的依据。由于多元回归同时分析一组自变量对因变量的影响，研究人员可以对管理现象作出较完善的解释。

上述各种多变量描述统计技术，其差异主要在于对控制变量施加控制的方法，多变量关联表分析方法通过观测值归类来控制，而偏相关和多元回归分析通过调整变量值来控制。这两种方法各有优缺点：归类控制可以衍生出便于分析的关联表，但各类的样本数降低；调整控制可以较精确地描述自、因变量间的定量关系，但可能以偏概全，因为按控制变量的不同属性值加以控制时，自、因变量间的关系可能不同。

（三）因子分析

原则上说，多元回归分析可以采用任意个数的自变量来解释因变量的变化，自变量越多，对管理现象的解释能力越强，然而，随着自变量数目的增多，人们越难抓住问题的"要领"。一种病症可能和许多心理、生理因素相关，列出十几种直接或是间接的影响因素并不难，即使分析出这十几种自变量和因变量之间的定量关系，也难以据此开出药方，只有诊断出关键病因才能对症下药，管理现象的考察和诊断，情况类似。多变量数据分析中，在保证适当的对因变量变化解释能力的条件下，自变量的个数越少越好。因此，通常希望找到降维的多元分析方法。

1904 年，首创因子分析（factor analysis）方法的斯皮尔曼（Charles Spearman）认为，智商测试中所采用的各种变量，有的与"共同智力因子"（general intelligence factor）有显著关联，有的涉及某种技能（如数学），又与"专门因子"（special factor）相关，按此两因子论点，智商（IQ）应由受测者的共同因子加上专门因子组成。

因子分析就是一类降维的相关分析技术,用来考察一组变量之间的协方差或相关系数结构,并用以解释这些变量与为数较少的因子之间的关联,如斯皮尔曼的智商测试中所有的变量都可以用共同因子(先天的)和专门因子(学习的)来解释。因子分析的目的就是试图用几个潜在的、不可观测的随机变量即因子,来描述初始变量间的协方差关系。按因子将初始变量分组,分在一个组内的各个变量是高度相关的,而与其他组的变量相关性较小。

研究工作中,常常会遇到如何从很多数据中发现规律性,分析、把握样本或总体的主要特性的问题。例如,从含有 p 个数量指标(变量)的总体 X 中获得了 n 个样品,$X^{(1)}, X^{(2)}, \cdots, X^{(n)}$,其数据如表 5-12 所示,共有 $n \times p$ 个数据。

通过这些数据分析样本或总体的特征时,往往由于 p 个指标变量之间存在相关关系而使数据分析复杂化。但在很多情况下,上述 p 个指标变量的大部分特性能够由它们的 m 个(m 比 p 小得多)所谓"综合指标"来概括。此时问题就可以得到简化,可以按 m 个指标来把握样本或总体的特性。因子分析就是寻找这类综合指标的方法。

表 5-12　数据表

变量 样本号	x_1	x_2	$\cdots$	x_{1p}
1	x_{11}	x_{12}	$\cdots$	x_{1p}
2	x_{21}	x_{22}	$\cdots$	x_{2p}
$\vdots$	$\vdots$	$\vdots$	$\cdots$	$\vdots$
n	x_{n1}	x_{n2}	$\cdots$	x_{np}

因子分析方法虽然在 20 世纪初就已提出,然而,由于分析步骤复杂、费时,实用性差,只是在计算机及界面友好的统计软件出现以后才得到广泛的应用。因子分析法现已经成为行为科学等领域中分析的有力工具[46]。

设有 p 维的可观测的随机变量 $x = (x_1, x_2, \cdots, x_p)^T$,其均值是 $\mu = (\mu_1, \mu_2, \cdots, \mu_p)^T$,协方差矩阵 $\Sigma = (\sigma_{ij})$。因子分析模型一般为

$$\begin{cases} x_1 = \mu_1 + a_{11}f_1 + a_{12}f_2 + \cdots + a_{1m}f_m + \varepsilon_1 \\ x_2 = \mu_2 + a_{21}f_1 + a_{22}f_2 + \cdots + a_{2m}f_m + \varepsilon_2 \\ x_p = \mu_p + a_{p1}f_1 + a_{p2}f_2 + \cdots + a_{pm}f_m + \varepsilon_p \end{cases}$$

其中 $f_1, f_2, \cdots, f_m$ 为公共因子，$\varepsilon_1, \varepsilon_2, \cdots, \varepsilon_p$ 为独立因子，表示该变量与其他变量有所不同的独立部分，都是不可观测的变量。$A = (a_{ij})_{p \times m}$ 称为因子载荷(loading)矩阵，为变量 x_2 在公共因子 f 上的载荷系数。

1. 分析步骤

第一步是计算变量的协方差矩阵，如果变量已经进行标准化处理，则此时变量的协方差矩阵即为变量的相关矩阵。

第二步是在协方差矩阵(或相关矩阵)的基础上建立因子模型，即确定因子载荷矩阵和特殊方差矩阵。主要的参数估计方法有主成分法(principle component method)、主因子法(principle factors method)和极大似然估计法(maximum likelihood method)。这里主要介绍主成分法。

主成分法在实践上是比较简单的一种方法，其思路是尽量使变量的方差被主成分(公共因子)解释，且各公共因子对变量的方差变异的解释比例依次降低。因子分析的主要内容是由各个变量中抽出公共因子，并确定每个变量在各个因子上的载荷系数，以及共性方差(communality) h。共性方差表示因子 $f_1, f_2, \cdots, f_m$ 共同对变量 x_i 的方差所作解释的比例。

公共因子的个数如果不是根据某些理论预先确定，那么选择因子个数 m 常用的规则是，令 m 等于样本协方差矩阵 Σ 正特征值的个数，或者令 m 等于 Σ 中大于 1 的特征值的个数。在实用过程中抽取出 2～3 个为数不多的因子即可终止。

表 5-13 中因子载荷阵反映出主成分法提取因子的结果，表中数据均为假定。有 $A \sim F$ 共 6 个变量，提取出两个因子，分别为因子 Ⅰ 和因子 Ⅱ，矩阵中的元素即为因子与变量之间的相关系数，在因子分析中此相关系数称作载荷，变量 A 和因子 Ⅰ 的载荷为 $f_1 = 0.7$，因子 Ⅱ 的载荷为 $f_2 = 0.4$。表 5-13 中的"特征值"可视为公共因子 f_j 对各个变量的总方差的贡献，是衡量公共因子重要性的一个尺度，其值为各变量在 f_j 上的载荷的平方之和，如因子 Ⅰ，其特征值为 $0.7^2 + 0.6^2 + 0.6^2 + 0.5^2 + 0.6^2 + 0.6^2 = 2.18$。此值除以变量数目即为该因子所能解释的总偏差比例，如因子 Ⅰ 能解释 36.3% 的总偏差，而两因子累计能解释的偏差的 59.5%。h^2 为公共方差，表示每个变量的总偏差可由两因子来解释的部分，如变量 A，共性方差为 $h^2 = 0.7^2 + (-0.4)^2 = 0.65$，即变量 A 的偏差有 65% 可由因子 Ⅰ、Ⅱ 作统计上的解释。

表 5-13　因子载荷矩阵

变量	A(未转轴)			B(已转轴)	
	因子Ⅰ(f_1)	因子Ⅱ((f_2))	h^2	f_1	f_2
A	0.7	−0.4	0.65	0.79	0.15
B	0.6	−0.5	0.61	0.75	0.03
C	0.6	−0.35	0.48	0.68	0.10
D	0.5	−0.5	0.50	0.06	0.70
E	0.6	−0.5	0.61	0.13	0.77
F	0.6	−0.6	0.72	0.17	0.85
特征值	2.18	1.39			
可解释偏差比例	36.3	23.2			
累计可解释比例	36.3	59.5			

　　第三步是在因子模型建立之后对模型中的公共因子给予合理的解释,凭专业知识和经验对每个公共因子给出具有实际意义的定义和名称,以便于对因子的理解。研究人员期望因子分析出现这样的结果:各个变量在某个因子上面具有高载荷,在其余的因子上面具有较小的载荷,这样,分析结果就容易赋予明确的解释,减少因子和变量之间关联的模糊性,然而得到这样理想的简单结构并不总是可能的。例如表 5-13 中的变量 D,其因子 f_1、f_2 的载荷分别为 0.5 和−0.5,难以判断变量 D 应属于何种因子。变量 E 和 F 的情况类似。因此,因子分析中常用到因子轴的旋转(rotation)方法,简称转轴法,将因子载荷的差距拉大,使因子之间的区别更明确。

　　将因子 f_1、f_2 分别为横、纵轴作图,则表 5-13 因子载荷矩阵中的各项要素值都是此因子载荷图(图 5-9)中的一个点。表 5-13 中各变量在 f_1 和 f_2 轴上的载荷均比较接近。为了对取出的因子作合理、明确的解释,可将因子轴进行顺时针或逆时针旋转,使各变量向量在两新轴上投影的方差差别尽量大。经过转轴的因子载荷矩阵中,每个变量只载荷于少数的因子上,而矩阵中 0 或接近于 0 的载荷系数越多越好。

　　常用的因子旋转方法有正交旋转(orthogonal rotation)和斜交旋转(oblique rotation)。正交旋转时因子轴保持垂直关系,因子正交旋转时不改变共性方差。斜交旋转,两因子轴呈钝角或锐角关系,这较正交旋转更符合因子结构的实际情况,但是各因子不再是相互独立。图 5-9 表示正交旋转的情况,经过转轴,变量 A,B,C 可明确归类于因子 f_1,而 D,E,F 则归类于因子 f_2。

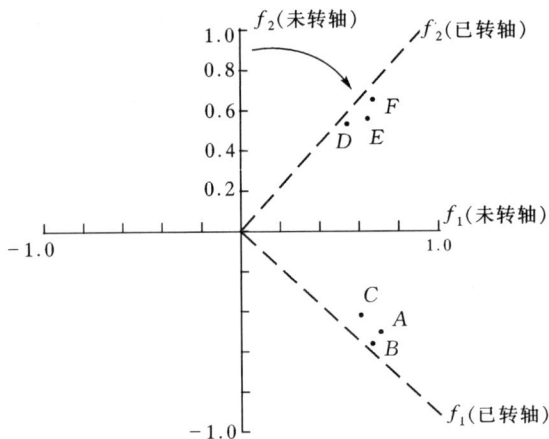

图 5-9 因子载荷图

最后,在有些应用中,研究人员需要评价每个样本在总体样本中的地位,即对于 m 个公共因子,估算每个样本相对于每一个公共因子 f_j 的综合得分,用来评价这个样本在公共因子 f_j 上的排名大小。因子得分常用的估计方法有加权最小二乘法和回归法。

2. 示例[①]

某大学 MBA 项目主任分析学员第一学年的成绩单,感觉到各门功课的成绩之间有一定关联,从中可能区分出不同类型的学员。拟通过因子分析来检验这种设想,假定选择 21 份成绩单作为样本,采用 SPSS 软件来完成因子分析。

首先,算出 10 门课程成绩的相关系数矩阵,表 5-14 列出其中部分数据,数据表示各门课程之间零阶相关系数,如财务会计(V_1)与管理会计(V_2)关联较强,相关系数为 0.56,而与生产管理(V_7)负相关(-0.44)。

---

① 本例引自 C. Emory《Business Research Methodology》.

表 5 - 14　课程成绩相关系数矩阵

变量	课程名称	V_1	V_2	V_3	…	V_{10}
V_1	财务会计	1.00	0.56	0.17	…	−0.01
V_2	管理会计	0.56	1.00	−0.22	…	0.06
V_3	金融学	0.17	−0.22	1.00	…	0.42
V_4	市场学	−0.14	−0.05	−0.48	…	−0.10
V_5	行为科学	−0.19	−0.26	−0.05	…	−0.23
V_6	组织设计	−0.21	−0.00	−0.56	…	−0.05
V_7	生产管理	−0.44	−0.11	−0.04	…	−0.08
V_8	概率论	0.30	0.06	0.07	…	−0.10
V_9	统计学	−0.05	0.06	−0.32	…	0.06
V_{10}	定量分析	−0.01	0.06	0.42	…	1.00

　　输入此相关矩阵后，由 SPSS 软件进行因子分析计算，并得出因子负荷矩阵（表 5 - 15）。按照计算机程序，所抽取的因子个数可以与变量数目一样多，但实用时要少得多，本例中有 10 个变量，抽取三个因子后就终止运算。

　　表 5 - 15 的共性方差表示每个变量的总偏差可由三个因子来解释的部分。可以看出，有些课程可解释的部分较大，如财务会计为 73％，金融学为 95％，而有些课程就较小，如行为科学占 11％，这说明所抽取因子的解释能力还相当有限。

表 5 - 15　因子负荷矩阵示例

变量	课程名称	因子 1	因子 2	因子 3	共性方差
V_1	财务会计	0.41	0.71	0.23	0.73
V_2	管理会计	0.01	0.53	−0.16	0.31
V_3	金融学	0.89	−0.17	0.37	0.95
V_4	市场学	−0.60	0.21	0.30	0.49
V_5	行为科学	0.02	−0.24	−0.22	0.11
V_6	组织设计	−0.43	−0.09	−0.36	0.32
V_7	生产管理	−0.11	−0.58	−0.03	0.35
V_8	概率论	0.25	0.25	−0.31	0.22

续表 5 - 15

变量	课程名称	因子 1	因子 2	因子 3	共性方差
V_9	统计学	-0.43	0.43	0.50	0.62
V_{10}	定量分析	0.25	0.04	0.35	0.19
特征值		1.83	1.52	0.95	
可解释偏差比例(%)		18.3	15.2	9.5	
累计可解释比例(%)		18.3	33.5	43.0	

表中的特征值用来度量各个因子的解释能力。例如因子 1 的特征值为

$$(0.41)^2+(0.01)^2+\cdots+(0.25)^2=1.83$$

此特征值除以变量数便是因子可以解释变量方差的比例,三个因子可以解释各门课程总偏差的 43%。

为了使因子的涵义更明确,使用方差最大的正交转轴法得出表5-16的结果,由此表看出,每个因子包含几个负荷系数较大的课程并归类为一组(表5-17),这组课程与该因子正(负)相关性强。

最后,对因子分析结果作出解释。解释这个环节很重要,但在相当程度上要依靠主观判断。本例中,可以按表 5 - 17 的课程归类将学生分成三类:一类是专长于会计学科的,一类是专长于金融学的,还有是市场学的。当然还可作其他解释,如将各因子理解为定量分析的难度等。

表 5 - 16 转轴后的因子负荷矩阵示例

变量	课程名称	因子 1	因子 2	因子 3
V_1	财务会计	0.84	0.16	-0.06
V_2	管理会计	0.53	-0.10	0.14
V_3	金融学	-0.01	-0.90	-0.37
V_4	市场学	-0.11	-0.24	0.65
V_5	行为科学	-0.13	-0.14	-0.27
V_6	组织设计	-0.08	-0.56	-0.02
V_7	生产管理	-0.54	-0.11	-0.22
V_8	概率论	0.41	-0.02	-0.24
V_9	统计学	0.07	0.02	0.79
V_{10}	定量分析	-0.02	0.42	0.09

表 5－17　课程归类

因子 1		因子 2		因子 3	
财务会计	0.84	金融学	0.90	市场学	0.63
管理会计	0.53	组织设计	−0.56	统计学	0.79
生产管理	−0.54				

结果的解释还受到其他因素的影响。包括：①样本大小，如果有更多的新样本，所得出的相关矩阵和负荷矩阵便会不同；②抽取因子的个数，本例中，如抽取五个而不是三个因子，可能显示的是另外一种模式；③情境的影响，某门课程可能由于教师的教学方式或不同要求而影响成绩，并非课程特点引起成绩差异。可见，因子分析虽是很有用的多变量数据分析工具，但使用中，特别是解释结果时必须特别慎重。

（四）原因事件的辨识

复相关分析、多元回归分析或因子分析，可以辨别变量间的关联情况，但并不能断定两者是否是因果关系，最多是能够为因果关系判断提供依据。心理学和行为决策中的"归因理论"（attributed theory）专门研究不确定条件下的因果判断。从第二章的华莱士模型来看，因果判断属于机理解释的内容。这里简要叙述辨识原因事件的几个要点。

1. 事件的变异性

自变量和因变量都是在一定的情境（context）之下产生的。如果某个变量在某种情境下必然出现，则成为原因事件的可能性甚少。以"生"与"死"的关系为例，虽然生是死的必要和充分条件，但现实生活中人们不可能把生说成是死的原因，总是在隐含的"生"这个必然前提下来推断死亡的原因。换言之，出生在任何原因背景下都显得正常，并不使人们有何差异之感，不把它作为原因事件看待。所以，在进行细分分析前，"变异性"准则可帮助研究者辨析何者应作为原因事件的自变量，何者作为控制变量。至于变异性的辨析，要审视事件发生的情境，房屋窗户玻璃破碎人们总会归因于硬物撞击，而玻璃生产厂出厂前的产品检验中，出现玻璃破碎时，玻璃质量弊病成为变异事件。

又如判断火灾原因，可能是由于电器短路引起，然而，周围有易燃品、无有效的火灾报警灭火系统才会形成火灾。通常把变异性最明显的因素作为原因事件，即把电器短路视为火灾原因，而易燃品、报警灭火系统等看作必要条件。

2. 时序性

如果存在因果关系,自变量必须发生在因变量出现反应之前。然而事件发生的时序判断并非易事,研究者获取数据方式常会引起一些问题。原则上说,实证研究属于序贯性研究,跟踪事件发生的全过程,事件的时序性应很清楚,问题在于许多研究方法如问卷法、访谈法、现存统计资料分析法等,自、因变量的数据都是同时获得的,难以分辨它们之间的时间顺序。例如,通过经济效益指标来考核企业的绩效这并没有错,但凭这些指标的好坏来推断该企业管理者管理有方或管理不善,将经济效益指标看成是"自变量",管理者的管理水平是"因变量",就违反了时序性原则。不能将时序在后的事件作为原因事件。经济效益指标是后续出现的因变量,管理水平是可能原因之一,不能完全用因变量来推断自变量。实践中,这种时序不分的思考常误导人们的行为,如为了显示自己的能力以求提升而虚报谎报绩效指标等。

3. 呼应性

因果事件在空间上的呼应程度也是因果判断中的一个准则。所谓呼应性指与自变量、因变量关联的事件发生在特定的空间范围之内。例如,学校范围内成立的因果关系在企业范围内不一定适用,深圳企业发生的事件不能用来推断西安企业出现的后果。当然,有些空间范围不同的事件也可能有因果联系,但要找出有证据的、逻辑推理解释得通的事件关联因果链。如前述太阳黑子和经营周期的因果关联问题,当时从空间呼应性看不能成立,但随着研究深入,这个因果假设可以用因果链来解释:太阳黑子影响气候,气候变化直接影响农作物生长和农产品利润,进而使农产品和其他产品价格产生波动。

因果关系和相关关系既有联系又有区别。这主要体现在:自变量和因变量之间如存在因果关系,必然存在相关关系,但存在相关关系,并非一定是因果关系;因果关系中自变量必然发生在因变量关系之前,而相关关系并无此要求;因果关系分析要排除各种干预、掩盖、抑制效应的影响,才能辨析自变量对因变量产生的影响。

有些论文冠以"机理"研究,机理研究意味着要把事情的前因、后果说清楚,发现、描述和论证两变量间的因果链,这是机理研究的必要内容,如果缺乏变量间因果分析(causal analysis)就不能称为机理研究。

第二节　推论统计

管理研究和社会科学研究绝大部分都采用样本研究,从较大的研究对象总体中抽样收集数据。访谈法中挑选有代表性人员交谈,问卷法寄发有限的问卷,文本分析法分析若干报纸的文章等,都是通过抽样进行研究。然而研究者不是为了样本而研究样本,不会局限于精确地描述样本本身,最终目的是要从样本来判断样本所在的总体的特性,将样本研究中的发现作为推论总体的基础,从样本研究中找到的特性如前述的聚中、离散和关联的指标,是否真正能代表研究者最终关心的研究总体的特性,这是推论统计(inferential statistics)所关注和力图解决的问题。

简而言之,统计推论是一套有清晰逻辑程序的统计计算,对于从样本观测值得出的发现(findings),作出是否适用于总体的判断。发现亦即研究的结果,这些结果不外乎以下几方面的内容:

假设中的自变量和因变量之间有无关联?

这种关联的趋向和形式如何?

这种关联的强度如何?

这种关联从统计意义来说是否称得上显著?

这种关联是否是因果关系?

自变量的属性值变化引起因变量的属性值发生变化,说明两变量间存在相关。例如发现某个企业的职工年龄越大,请事假或旷工的次数越少,这就表明"年龄"和"出勤率"这两个变量相关。一旦确定两者相关以后,相关的趋向和形式便成为研究者关心的问题,趋向指正相关或负相关,本例中年龄大则出勤率高,为正相关。完全可能存在另一种相关,年龄大,出勤率低,成为负相关,两种结果性质就不一样。相关形式指出勤率是随年龄这个自变量线性增长,还是对数或指数等其他增长形式。关联强度的判断则是指观测值中有多大比例的因变量属性变化值可从自变量的属性值来解释。如果只是很少的观测值表现出这种关联,便称为弱关联;绝大部分都显示出来,则是强关联。然而,何种程度算强,何种程度算弱,不是靠主观判断,而要用统计语言来推断。

研究者从观测数据中发现的关联有可能是偶然发生的随机现象,用样本所显示的这种关联来描述总体便不精确,统计技术用统计显著性来检验所观测到的关联是随机性的还是系统性的原因。如果处理的是样本数据,则要计算目标总体不出现样本所显示的关联的概率,如果此概率表明总体存在此关联的可信度太低,则样本观测结果的重要性便要打折扣。

自变量和因变量之间存在关联并非表明自变量就是因,因变量就是果,前面一节已提到,这涉及许多因素和主观判断。推断统计虽涉及因果辨析问题,但难以作出明确判断,因果辨析一般属于实证研究之后机理分析的内容。

可见,数据分析的内容主要围绕变量间关联的存在性、趋向和形式、强度及统计显著性四个方面。描述统计已涉及存在性、趋向及形式和强度的内容,推论统计则主要回答统计显著性问题。下面讨论推论统计的一些基本概念,进而简介几种统计显著性检验方法。

一、抽样分析

前面提到,描述样本分布情况的特性值称为统计值,描述总体分布情况的特性值称为参数值,所以通常称"样本统计值"(sample statistics)和"总体参数值"(population parameter)。样本统计值是否能代表总体参数值,怎样才能代表参数值,这正是推论统计解决问题的出发点。人们发现,统计值和参数值两者的关系可以通过"抽样分布"(sampling distribution)这个概念连通起来。从总体中抽出的样本都有研究变量的属性统计值,这些统计值的分布情况就是抽样分布。抽样分布有个重要的特性:在一般情况下,随机抽样分布往往接近正态分布,不仅总体本身是正态分布时如此,就是总体分布不是正态分布时,只要样本数足够大,其抽样分布也接近正态分布。一旦知道样本统计值的正态曲线,统计推论便可在此基础上进行。

在正态分布情况下,若已知平均值和标准差便能绘出正态分布曲线。为了避免变量因取值单位不同而导致同样的平均值和标准差有不同形状的分布曲线,统计学者把正态分布标准化,以平均值为横坐标的零点,标准差则作为横坐标的度量单位,各个变量值转化为标准值计量,标准值(Z-score)用下式求得:

$$Z = \frac{x - \mu}{\sigma}$$

式中 x 指变量值,μ 为均值,σ 为标准差。正态分布曲线下每个标准值所对应的概率是固定的,统计学中设计有专门表格(附表1),只要算出标准值便可查出所占曲线下总面积的比例以及相应的概率。标准值为横坐标的正态分布曲线也就成为从样本推论总体的不可缺少的工具。Z值愈大,正态曲线覆盖的分布比例愈大,变量值大于此值的概率愈小,这个特征提供了推论统计过程中的重要判断内容。数据分析者设定某个Z值,即主观容许的偏差幅度,这一幅度称为置信区间。总体变量值在置信区间内出现的概率称为置信水平或称置信度(confidence level),这是后面讨论的参数估计中的主要因素。从另一个角度看,如果从样本得出的偏差值大于预设的某个Z值,则表示此样本值不能真正代表总体,数据分析者能容许的样本值落在这个预设Z值之外的概率称为显著度(significance level),是假设检验中要考虑的主要因素。

二、参数估计

统计推论可分为参数估计(parameter estimation)和假设检验。参数估计是从随机样本的统计值来估计总体的参数值,其逻辑程序是先有样本分布,然后推论总体。假设检验的逻辑程序则相反,先对总体参数作出假设,然后从样本统计值去检验它是否跟假设参数值一致。

参数是概率分布的特征值,各种概率分布有不同的特征值,最常用到的参数有平均数(μ)和方差σ^2。参数估计是用样本的平均数$\bar{x}$来估计总体参数μ,用样本的方差s^2来估计总体的方差σ^2。

1. 点值估计

参数估计分为点值估计(point estimation)和区间估计(interval estimation)两类。点值估计结果得出一个给定值。现以估计商品价格为例,设欲掌握某种牌号饮料的平均价格,全市商店的真实平均价为总体参数μ。随机抽取五家商店作为样本,这五家商店出售此种饮料每瓶价格分别为1.89,1.76,1.93,1.99和1.78元,样本的平均价则为$\bar{x}=9.35/5=1.87$。如果只有此信息,管理者便可能会按1.87元来定价。实际上还会去了解其他商店的价格。另选五家商店作为样本的话,平均价多半会不同,如这五家商店价格分别为1.62,1.74,2.04,1.91和1.89,得$\bar{x}=1.84$。可见,点值估计值$\bar{x}$本身就是个随机变量。

利用样本数据还可对全城此种饮料价格的方差作出点估计值。如取第一组样本,则有

$$s^2 = \frac{\sum_{i=1}^{n}(x_i - \bar{x})^2}{n-1} = \frac{(1.89-1.87)^2 + \cdots + (1.78-1.87)^2}{4}$$
$$= 0.009\,65 = (0.098)^2$$

点值估计值既然是特征变量的随机观测值,就不能期望此值准确地等同于总体真实的特征值。因此,单纯利用点值估计还不能回答现实问题,在实际中都是应用区间估计。

2. 区间估计

数据分析得出的估计值如果总是偏高或偏低于真实值,则属于估计偏差(bias),当然这并非预期得到的结果。所得到的估计值有时偏高,有时偏低,如果继续估计下去,得出的平均估计值将与总体真实特征值一样,亦即预期的估计结果,这就是无偏估计。实际上每次估计值与长期估计的平均值(long-run average value)之间总有随机误差,这种随机误差称作抽样误差,在参数估计中抽样误差是一个重要的基本概念。

抽样误差的一个很有用的特点是它符合正态分布。如果从某一总体中随机抽取规模相等的一大批样本,虽然每批样本的平均数不会相同,然而,这些样本的平均数将围绕总体的平均数呈正态分布。所有这些样本平均数的平均数将是对总体平均数的无偏估计,多数样本的平均数靠近总体的平均数,离总体平均数越远则样本数越少。

参数估计还可应用正态分布的另一个性质。在正态曲线下,约 68% 的随机变量值会落入 $\pm 1\sigma$ 之间,99% 以上落入 $\pm 3\sigma$ 之间。相应地可将样本统计值转化为标准值 Z,使参数估计工作更为简明和规范。

区间估计不是采用通常度量准确性的办法,如容许估计值与真值有百分之几的误差等,而要判断真值有多大可能落在样本统计值分布的某一幅度以内。这个幅度越大,统计值的准确性越低。人们既然接受估计值很难与真值完全相同的事实,便同时可以接受一个较为模糊的估值,容许估值落在一定的偏差幅度之内。只要估值落在容许偏差幅度内的概率愈大,则估值的可靠性便愈高。

偏差幅度视数据分析人员主观选择的置信水平而定。一般管理研究和社会科学研究选择 95% 或 99%,即有 0.95 或 0.99 的概率,真值落在偏差幅度以内,只容许不超过 0.05 或 0.01 的概率落在此区间之外。因此,区间估计值总是说在什么样的置信水平下的估计值。

置信水平选定后,按正态分布,0.95 和 0.99 的概率所对应的标准值 Z 值分别为 1.96 和 2.58。如果所估计的参数为平均值,则估计值的容许偏差幅度为

$$x = \bar{x} \pm Z\sigma$$

此偏差幅度统计术语称为置信区间。其中 $\bar{x}$ 为样本平均值,Z 为标准值,σ 为总体标准差。

设欲估计某商品的平均销售价格,抽样调查了 600 名顾客,从这些样本中得出平均价为 70 元,σ 用样本的标准差 s 除以样本数 N 的平方根来代替,设此样本的 s 为 15.2 元,如置信度取 95%,则

$$x = 70 \pm 1.96(15.2/\sqrt{600})$$
$$= 70 \pm 1.22$$

即估计值在 68.78 和 71.22 之间时,真值落在此置信区间之外的概率,亦即失误的概率为 0.05。若置信度改取 99%,则估计值为

$$x = 70 \pm 2.58(15.2/\sqrt{600})$$
$$= 70 \pm 1.8$$

估计值介于 68.2 和 71.8 之间,准确度小了,但失误的概率减小到 0.01。

像商品市场占有率的调查,某候选人得票比例的预测等都属于参数估计问题。参数估计方法提供了一套规范程序,只要按照这套规范,包括符合随机抽样要求、总体属正态分布、样本足够大等条件,总体的参数值会以预设的概率如 95% 或 99% 落在估计出的置信区间内。

三、假设检验的基本概念

参数估计关心从样本特性推论出的总体参数是否落入置信区间,而假设检验的着眼点却是落在置信区间以外的统计值。出现落在置信区间以外的统计值,从统计检验角度来说,并非一定是"坏"事,倒可能是新发现的标志。实际研究工作常遇到辨析两组样本平均数的差异问题,例如在实验研究中,实验设计总是根据假设进行的,假设预定自变量和因变量之间存在某种关联,数据分析的目标便是辨别实验组和控制组两组实验结果的差异,判断因变量的平均数差异是真正差异还是随机差异。所谓真正差异,指因变量的平均数变异是自变量变化(实验处理)所引起的,而非缘于随机抽样误差。如辨明是真正差异,则研究假设成立。这类研究属于假设检验。

1. 对立假设

待检验假设可分两类：一类是"研究假设"，即研究者希望验证的命题；另一类是"对立假设"（null hypothesis），即研究假设的逻辑对立面。对立假设旨在作出差异产生于随机因素的解释，说明两总体的参数间无真正差异，所出现的差异不过是随机误差，"计件工资的数据录入员和计月工资的数据录入员两者的生产率平均数无显著差别"，"A厂商和B厂商提供的商品次品率平均数无显著差别"便是原研究假设的对立假设。

对立假设与研究假设相悖，如研究假设说一种方法比另一种方法更有效，对立假设则说两者有效程度一样。假设的证伪往往比证实更有力。如果从正面找出支持研究假设的论据（evidence），那充其量也只是在某种具体条件下假设被证实，并不能得出假设已被证实的一般结论。而否定的证据只要有一个，研究假设便被证伪。例如，所有质量高的管理学科博士论文作者都在博士研究生学习期间参与过企业实际研究课题，这是个研究假设。找出一位研究生曾完成过实际课题而论文质量又高，这便是证实的证据，然而，这不过是一个证据而已。如果能够发现一份高质量论文的作者从未参加过企业的课题，则上述假设便被证伪。换言之，即使有1 000位参加过实际研究课题工作而论文又做得好的研究生，也不足以充分证明此假设，而找出一位不符合此条件的研究生就足以否定假设。对立假设就是根据这种思路而和研究假设相呼应地被设计的。如果对立假设被否定，便是对研究假设的有力支持。在一般情况下，如对立假设"参加和未参加过课题的研究生论文质量水平相同"被否定，便支持参加过课题的研究生论文质量高的研究假设。

设研究假设为 A＞B，则相应的对立假设为 A≤B。如果对立假设被否定，则支持研究假设成立；如对立假设未被否定，则研究假设未获支持。简要表示此逻辑如下：

设 A≤B（对立假设，差异不存在）。

如发现 A＞B，则对立假设被否定，存在差异。否定对立假设，便是支持研究假设。

回到上面研究生论文的例子，有人可能提出"有1 000名研究生证实此假设已足够，一例证伪无妨"。的确如此，这意味着研究者要选择一个风险概率，愿意承担出现失误的概率。这就涉及显著性试验问题。

2. 显著性检验

置信度指真值落在容许偏差幅度（即置信区间）内的概率。研究者也可以容许出现失误，按真值落在置信区间之外的概率来设定指标，这个指标即为显著度（significance level），用 α 表示。如选择置信度为 95%，则相应的显著度 $\alpha \leqslant 0.05$，若置信度为 99%，则 $\alpha \leqslant 0.01$，表示失误机会分别小于 5% 和 1%。与置信区间的概念相对应，相对于每个显著度都有个否定值，如 $\alpha = 0.01$ 时，标准正态分布每边相对的否定值便是 2.33，标准值大于 2.33 的正态分布区域便是否定域（critical region）。

从参数估计的角度来看，置信度为 99% 时，样本 Z 值若大于 2.33，则表示出现不能容忍的失误。前面提到，有时倒希望样本值不落在估计值的置信区间以内，由此证实两变量间关联的研究假设。所以，假设检验关心的是否定域的统计值和显著度。

显著性检验（test of statistical significance）先由主观预先选定一个显著度 α，判断实验组的平均值是否落入否定域，如落入，则可断定实验组的平均值与控制组的平均值之间差异显著，证实自变量起作用的假设。

在选定显著度的条件下，有多种显著性试验方法可供选择。选取何种合适的试验方法，取决于所研究的问题，涉及试验中数据类型（定类、定序、定距和定比）、自变量和因变量的数量等因素。至于显著度 α 如何主观选定，要考虑选择中的误差问题。

3. 甲种误差和乙种误差

研究人员运用推理统计时，总是离不开两个相斥相成的假设，即"研究假设"和"对立假设"。如研究假设为"样本平均值和总体平均值之间存在差异"或"总体的变量 x 和变量 y 之间存在关联"，则"对立假设"为"样本平均值和总体平均值之间无差异"或"总体的变量 x 和变量 y 之间无关联"。假设检验时总是先检验"对立假设"，如果证据否定对立假设，则支持研究假设是真实的。

前面提到直接证实"研究假设"比较复杂甚至不可能，不如间接地否定其"对立假设"来得简明有力，所以假设检验总是围绕"对立假设"进行。上述显著性试验也是如此，对立假设如成立，则表示差异来自随机误差，研究假设便被否定。如对立假设被否定，则差异源于自变量。

研究人员就"对立假设"进行检验时离不开主观判断。如果自变量 x 对因变量 y 的影响非常明显，那也用不着应用推理和统计工具。如果说清华大学毕业生的质量比一般大学要高,一般都能接受,主观就能断定。如果说其他同一档次的大学孰高孰低,相互之间便不大"服气",都能拿出自己比对方质量高的事例来。这种情况下才需要"假设检验",用以判断所举出的各个具体事例是随机的还是真正差异。什么条件下才要进行统计假设检验,有赖于研究者主观判断。

如果所有样本的对立假设统计检验结果为真(A=B),研究人员判断亦为真,或所有样本的对立假设为假(A≠B),研究人员判断亦为假,这无疑是正确的判断。但在现实中,不论是研究者接受或拒绝对立假设,都有可能出现与判断相反的样本,这些样本意味着,或者是"拒绝了一个正确的对立假设",或者是"接受了一个错误的假设"。这就引出了推论统计中的两种误差,甲种和乙种误差,或称 I 类误差和 II 类误差。

甲种误差是指把正确的对立假设推翻的可能性,其出现的可能性大小取决于显著度。如选择 $\alpha = 0.05$,则误判的可能性最大为 5%。设想待检验的对立假设为"总体中变量 x 和 y 之间无关联",而统计检验样本却发现两者存在关联的样本,这在一定程度上是容许的。显著度为 0.05,表示即使有 5% 的样本表明两者存在关联,统计检验仍得出对立假设为真的结论。当然,并不排斥数据分析人员在这种情况下会作出否定"对立假设"的判断,不过这种误判 不会超过 0.05 的概率。

设想选择 $\alpha = 0.01$,则有 1% 甲种误差;如 $\alpha = 0.001$,则误判率最多只 0.1%。照此推论,α 取值更小如 0.000 01 岂不更好。的确,α 非常小时出现甲种失误的概率很小,不再会否定真实的对立假设,但这时出现乙种误差问题。

乙种误差指把错误的对立假设视为真实而接受的可能性,钟伦纳形象地把甲种误差比喻为"杀错良民",将同类样本视为异类,把乙种误差比喻为"引狼入室",将异类样本视为同类。随着甲类误差减小,显著度愈小,随机抽样误差的容许偏差范围增大,要求两种平均数之间的差异幅度增大。例如,设想在 $\alpha = 0.05$ 的情况下,两平均数差异值为 13 已经可表明总体的真实差异,如选择 $\alpha = 0.001$,为了照顾平均数不落入 $\alpha = 0.001$ 所相应的 $\pm 3.05\sigma$ 范围内,则要求差异值增加到 $20(\sigma = 13/Z = 13/1.96 = 6.6, 6.6 \times 3.05 = 20)$,否则仍然认为是随机抽样误差和对立假设为真。如实际分析的平均数差异值为 15,按 $\alpha = 0.001$ 的要求,则应视对立假设为真,尽管事实上存在真实差异$(15 > 13)$,这就将本可否定的对立假设误判为真,增加了乙种误差。

甲、乙两种失误相互制约,研究者要根据研究问题性质分辨两种失误的重要程度,预先选定显著度 α 值。例如评价一种新工艺方法或新管理方案,从研究开发人员的角度来说,偏向于接受较大的甲种误差,希望条件不要卡得太严,承认新方法产生的效应,故选用的 α 值较大。在医药研发中,研究新药或处方的疗效,事关人身安全,要求非常严格,容许的甲种误差要很小。设检验的对立假设为"新药 X 不安全",便要严加控制不安全的样本,α 值取得很小,如 0.001,表示一千个样本中只要有一个样本为真,就不能拒绝此对立假设,否则,便可能有人服用不安全的药物。不过大多数管理研究中采用 $\alpha = 0.05$,这是一般情况下各方面都能接受的水平。

有一个容易出现的误解,以为否定对立假设就是证实了研究假设。否定或肯定一个对立假设只是从概率的角度表明支持或不支持某个研究假设,否定对立假设只是说两组平均值可能存在真正差异,但还不能说这种真正差异的来由就是研究假设中的自变量所引起的,也可能是其他因素导致的差异。如果不能否定对立假设也不能就说研究假设已被证伪,可能是假设的测试次数还不够多。

4. 单边检验和双边检验

显著性试验常采取双边检验(two-tailed test),对立假设陈述如为 A=B,双边检验则考虑正态分布正负两个方向出现差异的可能性。例如,一组平均数可能高于也可能低于另一组平均数(A>B 或 B>A),一个新方法可能提高效率也可能还比不上原方法的效率。而单边检验(one-tailed test)则设想只能在正态分布的一个方向出现差异,如假设新方法只会提高工作效率,即 A>B,此时相应的对立假设为 A≤B。以前面提到的对立假设"计件工资与计月工资的数据录入员的生产率无差别"为例,在双边检验的条件下,研究假设可表述为"计件工资与计月工资的录入员的生产率有差异",表示计件工资人员可以高于或低于计月工资人员。如是单边检验研究假设,则为"计件工资录入员比计月工资的录入员生产率要高",此时研究人员设想计月工资人员不大可能高于计件工资人员的生产率。

从正态分布曲线来看,否定域可以预设在正态分布的两端或任一端,如设在两端则为双边检验,设在单端则为单边检验。单边检验的好处是在同样的显著度下,单边检验的否定值是双边检验否定值之半,因而较易否定对立假设。

研究者采用单边检验时,一定要有十分把握认定差异只会在单方向发生,否则就会冒事与愿违的风险。如果能用单边检验,其好处是比较容易找到显著差异。例如显著度 $\alpha = 0.05$ 时检验两平均数的差异,如系双边检验,便要容许出现正或负值,亦即第一组平均数可能高于第二组,$\bar{x}_1 - \bar{x}_2$ 为正数,也可能相反,$\bar{x}_1 - \bar{x}_2$ 为负数,α 的值 0.05 也要相应分为正负两半,各为 0.025。而 0.025 意味着容许失误的样本数,只有单边检验的一半,实现相对比较困难,即研究假设较易通过。表5-18表示在几种常用显著度情况下,单边和双边检验时的临界否定值(Z),当样本的标准值大于此 Z 值时,即可推翻对立假设。

表 5 - 18　单边和双边检验的 Z 值

$\alpha \leqslant$	Z 的临界否定值	
	单边	双边
0.1	1.29	1.65
0.05	1.65	1.95
0.02	2.06	2.33
0.01	2.33	2.58
0.005	2.58	2.81
0.001	3.09	3.30

5. 自由度

在选定显著度、单边或双边检验进入显著性试验时,要根据规范的抽样分布表格来判定两组平均数差异是否显著,这些表格设计除考虑显著度和单、双边检验外还须考虑自由度(degree of freedom)。自由度是指可以自由变动数值的样本数目。自由度的概念可以通过一个例子来说明,设想请你说出五个数目,你可随意说"12,18,20,30,10",这时,$N = 5$,你可有五种选择或者说五个自由度。如果给你附加一个条件,即五个数的平均数要等于25,这时你不得不按此平均数来更换其中一个数,例如将10改成45,这样,原来的五个自由度现在只能有四个,即($N - 1$)个。各种显著性检验方法有各自计算自由度的公式,皮尔逊积矩相关系数算式中自由度为 $N - 2$。

6. 参数检验和非参数检验

不同的显著性检验适用于不同类型的数据。从尺度类型角度可将显著性检验分为参数检验（parametric statistical test）和非参数检验（nonparametric statistical test）。数据为定距和定比类型时对应的检验方法为参数检验，而定类和定序数据以及总体偏态分布或分布情况不明情况下，对应的检验方法为非参数检验。

采用参数检验时须符合一些前提条件，包括：总体的分布类型已知（如总体服从正态分布）；变量度量系用定距或定比尺度；抽样的独立性，总体的各个成员都有同等的被选择的机会；所比较的两组样本的总体变异状况即标准差相同，等等。对于这些前提条件，管理研究的一些变量还能符合要求，或稍许放松便可进行显著性判断。独立性条件在实际中最值得注意把握。

非参数检验处理总体分布未知时的检验问题，因而，根据变量分布曲线作出判断的方法，应用便比较困难。但统计技术中也有多种非参数检验方法如 χ^2 检验法等。管理研究所处理的变量许多属于定序或定类尺度，这可以说是管理研究的特色。尽管有些场合下，定序尺度的变量可转换为定距尺度（如问卷答案的处理），非参数检验的问题仍会经常遇到。

四、t 检验

管理研究中常用到的参数检验方法有 t 检验（t-test）和 F 检验（F-test），用于检验定距和定比变量间的关联性。这里先介绍 t 检验。

t 检验适用于判断两平均值在选定的显著度条件下，是否存在真正差异，所采取的方法是将实际观测的平均数差异和预期的随机误差进行比较，差异值和随机误差的特征值之比构成用于检验差异的统计量 t，其分子为两样本平均数之差，分母为随机误差，随机误差用样本平均数的标准差来表示。计算出 t 值，再与按显著度和自由度查表得出的 t 值相比较，如计算出的 t 值等于或大于表中查得的 t 值，则否定对立假设。有两种情况的 t 检验，一种是对于独立样本，一种是对于非独立样本。

1. 独立样本的 t 检验

独立样本指随机抽样而无任何形式的配对（matching），某组样本的选择和另一组样本无关。如两组样本均随机选择，试验结果得出的两组平均数基本上相同时，则对立假设可能为真，如结果基本上不同则对立假设可能为伪。"基本上"几个字很关键,不能期望这两组平均数完全相等或有完全把握说它们不同,两组数值或多或少差异是不可避免的事,问题是这种差异是否大到可以作出"显著差异"的判断。t 检验正是用来判断在预定的显著度条件下,两独立变量的平均值是否已达到显著差异。

独立样本的 t 检验计算式为:

$$t = \frac{\bar{x}_1 - \bar{x}_2}{\sqrt{\left(\dfrac{SS_1 + SS_2}{n_1 + n_2 - 2}\right)\left(\dfrac{1}{n_1} + \dfrac{1}{n_2}\right)}}$$

式中分子 $\bar{x}_1, \bar{x}_2$ 为两平均值,n_1 和 n_2 表示样本组的个数,SS_1 和 SS_2 为两组样本各自方差平方和。

例 5-2 假定有种新工艺方法,随机选择 5 人采用原有方法($n_1 = 5$),5 人采用新方法($n_2 = 5$)。两种方法生产产品出现的次品数,第一组为(3,4,5,6,7),第二组为(2,3,3,3,4),两组产品的次品数不一样,但是否为显著差异,有待检验。现利用上式计算 t 值。

先计算平均数,总和及平方和有:

$$\sum x_1 = 25, \quad \bar{x}_1 = 5, \quad \sum x_1^2 = 135$$

$$\sum x_2 = 15, \quad \bar{x}_2 = 3, \quad \sum x_2^2 = 47$$

再计算方差:

$$SS_1 = \sum x_1^2 - \frac{\left(\sum x_1\right)^2}{n_1} = 135 - \frac{(25)^2}{5} = 10$$

$$SS_2 = \sum x_2^2 - \frac{\left(\sum x_2\right)^2}{n_2} = 47 - \frac{(15)^2}{5} = 2$$

以上各值代入 t 检验算式得:

$$t = \frac{\bar{x}_1 - \bar{x}_2}{\sqrt{\left(\dfrac{SS_1 + SS_2}{n_1 + n_2 - 2}\right)\left(\dfrac{1}{n_1} + \dfrac{1}{n_2}\right)}} = \frac{5 - 3}{\sqrt{\left(\dfrac{10 + 2}{5 + 5 - 2}\right)\left(\dfrac{1}{5} + \dfrac{1}{5}\right)}}$$

$$= \frac{2}{\sqrt{0.6}} = 2.56$$

算得 $t = 2.56$。假设选定显著度 $\alpha = 0.05$,自由度 $df = n_1 + n_2 - 2 = 8$。利用附录的附表 2,显著度 α 为 0.05,按 $df = 8$ 查得 t 值为 2.306,此 t 值为拒绝对立假设所需的下限,本例算出 t 值 2.56>2.306,表示拒绝对立假设,说明两种工艺方法差异显著。所有显著性检验的思路都一样,计算也不复杂,加之有各种现成统计软件,管理研究中常用到这类显著性检验方法。

设想算出的 t 为 2.29,与 2.306 之值很接近,这时应如何作结论。检验结论只能是显著或不显著,不能说几乎显著或接近显著,这种情况仍视为未通过,只能作进一步的观测实验。本书所附 t 表中无负值,因为算式中分母总为正,分子如出现负值,则将平均值大的数放在前面即可。此表适合单边双边检验要求。

2. 非独立样本的 t 检验

如果样本经过某种形式的配对处理,则应用非独立样本的 t 检验。匹配是一种方法使得两组样本的某种变量属性相同,如随机成对抽样,一组成员为女性,另一组成员也要女性,匹配程度最强的便是两组样本由同一组样本担当,在不同的时间接受两种不同的处理。样本非独立时,一组样本成员和另一组样本成员相关,导致因变量的统计值相关。为此需专门的检验算式,因为样本相关,算式中分母的随机误差项理应减小,因而,对立假设被拒绝的概率相应提高。非独立样本 t 检验算式为:

$$t = \frac{\overline{D}}{\sqrt{\dfrac{\sum D^2 - \dfrac{(\sum D)^2}{n}}{n(n-1)}}}$$

式中 D 代表配对的两组样本值的差异 $x_2 - x_1$。

例 5-3 比较日班小组 (x_1) 和配对的夜班小组 (x_2) 的缺勤天数,设两组各 5 人,有缺勤记录 $x_1(2,3,4,5,6)$,$x_2(4,5,4,7,10)$。则 D 为 $(+2,+2,0,+2,+4)$,$\sum D = 10$,$\sum D^2 = 28$,$\overline{D} = \dfrac{\sum D}{n} = \dfrac{10}{5} = 2$。代入式中,有:

$$t = \frac{\overline{D}}{\sqrt{\dfrac{\sum D^2 - \dfrac{(\sum D)^2}{n}}{n(n-1)}}} = \frac{2}{\sqrt{\dfrac{28 - (10)^2/5}{5(5-1)}}} = \frac{2}{\sqrt{0.4}} = 3.17$$

查 t 表,显著度 α 亦选 0.05,非独立样本的自由度为配对数减 1,$n = 5$,t 表对于独立样本及非独立样本均通用,查表得 $t = 2.776$,计算值 3.17 > 2.776,说明日班缺勤天数显著少于夜班的缺勤天数。

t 检验算式依据的是试验后的两组数据,实际上,两组平均数的差异判别还不可避免地涉及试验处理和前测问题。所以,t 检验应用隐含着另一个前提条件,处理和前测两环节都有可比性。上例中,如果对夜班小组人员采取激励措施而白班没有,则属"处理"不可比。"前测试"若可比,意味着日、夜班小组成员原先的缺勤率都是一样的。如果前测试时两组结果就不同,日、夜班人员原来记录的缺勤率就有差别,则要采用协方差分析(analysis of covariance)将变量的前测数据加以调整。

五、F 检验

方差分析(analysis of variance)是用来处理两组或两组以上样本的统计方法,目的在于判断所发现的总误差主要是样本组内的误差还是各组之间的误差,如系前者,则各组之间无显著差异,如系后者,则各组之间存在显著差异。方差分析包括简单方差分析、方差因子分析和协方差分析。这里从 F 检验应用的角度只介绍简单方差分析。

简单方差分析用来确定两个或更多组平均值之间在设定的显著度下是否有显著差异。与 t 检验思路类似,也是判断其间差异是来自变量的作用还是随机误差。方差分析按比例值 F 来检验而不采用 t 值。那么,为何不采用 t 检验来成对地判断平均值差异,而要另找 F 检验?撇开统计上的道理不说,方差分析要简便得多,用 F 检验一次能完成的工作,如用 t 检验就繁杂得多。以四个平均值为例,t 检验要分六对进行,$(\bar{x}_1, \bar{x}_2)$、$(\bar{x}_1, \bar{x}_3)$、$(\bar{x}_1, \bar{x}_4)$、$(\bar{x}_2, \bar{x}_3)$、$(\bar{x}_2, \bar{x}_4)$、$(\bar{x}_3, \bar{x}_4)$,而 F 检验只是一次。

简单方差分析将总误差划分为两种来源:一种是组间,由施加的实验处理形成;另一种是组内,由随机误差形成。F 和 t 一样是个比例值,分子代表组间差异而分母代表组内随机差异。检验结果是判断组间误差是否和组内误差真正存在差异。如果来自变量处理误差显著大于随机误差,F 值将能否定对立假设。如果处理误差和随机误差无明显区别,则 F 值表明不显著,不能否定对立假设。F 表(附录附表 3)供选择在一定显著度、自由度条件下达到显著差异的最低 F 值。F 值还与组数以及每组中的样本数有关。

例 5 - 4   上面日、夜班的例子改成三班,7:00~15:00(x_1),15:00~23:00(x_2)和 23:00~7:00(x_3)。从各班随机抽样 5 人,统计其半年内的缺勤次数:x_1(1,2,2,2,3);x_2(2,3,4,5,6);x_3(4,4,4,5,7)。现用简单方差分析来检验此三班平均值差异的显著度。方差分析最重要的环节是分

别计算组间方差和组内方差,它们之间的关系为:

$$SS_T = SS_B + SS_w$$

即总体方差 SS_T 由组间方差 SS_B 和组内方差 SS_w 构成。SS_B 和 SS_T 比较容易求出,一般先算出此两项便可算出 SS_w。

$$SS_B = \frac{(\sum x_1)^2}{n_1} + \frac{(\sum x_2)^2}{n_2} + \frac{(\sum x_3)^2}{n_3} - \frac{(\sum x)^2}{N}$$

$$SS_T = \sum x^2 - \frac{(\sum x)^2}{N}$$

从本例数据得出:

$$\sum x_1 = 10, \quad \sum x_2 = 20, \quad \sum x_3 = 24, \quad \sum x = 54$$

$$\sum x_1^2 = 22, \quad \sum x_2^2 = 90, \quad \sum x_3^2 = 122, \quad \sum x^2 = 234$$

$$N = n_1 + n_2 + n_3 = 5 + 5 + 5 = 15$$

于是

$$SS_T = \sum x^2 - \frac{(\sum x)^2}{N} = 234 - \frac{(54)^2}{15} = 39.6$$

$$SS_B = \frac{(\sum x_1)^2}{n_1} + \frac{(\sum x_2)^2}{n_2} + \frac{(\sum x_3)^2}{n_3} - \frac{(\sum x)^2}{N}$$

$$= \frac{(10)^2}{5} + \frac{(20)^2}{5} + \frac{(24)^2}{5} - 194.4 = 20.8$$

$$SS_w = SS_T - SS_B = 39.6 - 20.8 = 18.8$$

几组误差相应的自由度不同,SS_T 相应的自由度为 $N-1$,SS_B 为 $k-1$,k 为组数,SS_w 则为 $(N-1)-(k-1)=N-k$。本例中则分别为 14,2,12。

进而计算平均数方差 MS。MS 为方差数除以自由度,即

$$MS = \frac{SS}{\mathrm{d}f}$$

因而

$$MS_B = \frac{20.8}{2} = 10.4$$

$$MS_w = \frac{18.8}{12} = 1.57$$

接着,便可算出 F 值:

$$F = \frac{MS_B}{MS_W} = 6.62$$

上面计算结果可汇总成表 5-19。按照 $F=6.62$ 及相应的 $df=2$，12 以及 $\alpha=0.05$，查附录中的 F 表。表中，n_1 表示组间自由度，n_2 表示组内自由度，本例中相应为 2 和 12，查 $\alpha=0.05$ 的分表得 $F=3.88$。现计算出的 F 值为 $6.62>3.88$，显然，三班的平均值差异显著。

表 5-19   F 检验表

变异源	方差和(SS)	自由度(df)		平均数方差(MS)	F
组间(B)	20.8	$k-1$	2	10.40	6.62
组内(W)	18.8	$N-k$	12	1.57	
总体(T)	39.6	$N-1$	14		

F 检验为显著的情况下，只能说明三组平均值间至少有一对是显著差异，但并不清楚它们之间的相互差异状况，可能是 $\bar{x}_1 = \bar{x}_2$ 但 $\bar{x}_1 > \bar{x}_3$，也可能是 $\bar{x}_1$、$\bar{x}_2$ 和 $\bar{x}_3$ 及 $\bar{x}_2$、$\bar{x}_3$ 之间均有差别，当组数增加时，情况就更复杂，因此还需用多重比较（multi-comparison）。多重比较有几种方法，实质上都是探求一种特殊形式的 t 检验，只是不能像本来那样，仅考虑被比较的样本组方差，而要依据所有样本组的方差，特殊形式 t 检验要克服 t 检验次数增加后带来的统计缺陷。当 t 检验次数增加后，显著度随之趋于增大。最初 $\alpha=0.05$，检验次数大到一定程度后也许能增加到 $\alpha=0.90$，这样，检验结果判定为显著差异的可能性大增，也意味着甲种误差增大。

Scheffe 检验是最常用的多重比较法，适用于比较所有可能的配对，计算简便，无需样本数相等，此种检验可以保证甲种误差不会高出所选择的显著度水平。它用来细化 F 检验结果，在组间差异总体显著情况下，辨别成对组间是显著差异还是随机差异。在总体无显著差异情况下，也可能发现其中差异显著的两组。

仍以三班缺勤率为例说明 Scheffe 检验的应用。如比较 x_1 和 x_2 两组，其 F 值算式为

$$F = \frac{(\bar{x}_1 - \bar{x}_2)^2}{MS_w\left(\dfrac{1}{n_1} + \dfrac{1}{n_2}\right)(k-1)}, \quad \mathrm{d}f = k-1, \ N-k$$

式中 MS_w 前面已算出，为 1.57；亦知，$\mathrm{d}f$ 分别为 $2, 12$；待选定的只是 $\bar{x}_1$ 和 $\bar{x}_2$。这很简单，欲比较哪一对平均数，就选用该对平均值。本例中，

$$\bar{x}_1 = \frac{\sum x_1}{n_1} = \frac{10}{5} = 2.00, \qquad \bar{x}_2 = \frac{\sum x_2}{n_2} = \frac{20}{5} = 4.00$$

如比较 $\bar{x}_1$ 和 $\bar{x}_2$，则有

$$F = \frac{(2.00 - 4.00)^2}{1.57\left(\dfrac{1}{5} + \dfrac{1}{5}\right) \times 2} = \frac{4}{1.256} = 3.18$$

按 $\alpha = 0.05$，$\mathrm{d}f = 2, 12$，查 F 表得 3.88。3.18 小于此值，所以 $\bar{x}_1$ 和 $\bar{x}$ 无显著差异。比较 $\bar{x}_1$ 和 $\bar{x}_3$，上式中 $\bar{x}_2$，n_2 换成 $\bar{x}_3$，n_3 之值，

$$\bar{x}_3 = \frac{\sum x_3}{n_3} = \frac{24}{5} = 4.80$$

而可类似地算出 $F = (2.00 - 4.80)^2 / 1.26 = 6.22 > 3.88$。同样，在 $\bar{x}_2$ 和 $\bar{x}_3$ 之间亦可算出 $F = 0.64 / 1.26 = 0.51 < 3.88$。简单方差分析得出的三者之间显著差异之结论为：$\bar{x}_1$ 和 $\bar{x}_3$ 之间差异显著，即夜班比早班的缺勤率显著高，而早班和中班以及中班和夜班之间的缺勤率差异不显著。

Scheffe 检验还可用于比较组合平均数。设想上述三班缺勤例中第一组为控制组，另两组为实验组 $2, 3$，则先将 $\bar{x}_2$ 和 $\bar{x}_3$ 组合成一组，有

$$\bar{x}_{2+3} = \frac{n_2\bar{x}_2 + n_3\bar{x}_3}{n_2 + n_3} = \frac{5 \times 4.00 + 5 \times 4.80}{5 + 5} = 4.40$$

再应用 Scheffe 算式，

$$F = \frac{(\bar{x}_1 - \bar{x}_{2+3})^2}{MS_w\left(\dfrac{1}{n_1} + \dfrac{1}{n_2 + n_3}\right)(k-1)}$$

其中 $\bar{x}_1 = 2.00$，$MS_w = 1.57$，$n_i = 5$，$k = 2$，算得 $F = 6.13 > 3.88$，$\bar{x}_1$ 和 $\bar{x}_{2+3}$ 显著差异成立。

上述 t 和 F 检验讨论的是两变量间关联程度。t 检验、F 检验都可从误差消减比例的原则来理解。以最常用的 F 检验来说，把全部偏差分解

为可解释的("回归了的"、"组际的"、"消减了的")和未解释的("剩余的"、"组内的"、"未消减的"),公式几乎一致:

$$F = \frac{\text{组际方差和／自由度}}{\text{组内方差和／自由度}} = \frac{\text{可解释的偏差}}{\text{未解释的偏差}}$$

$$= \frac{\text{消减误差}}{\text{剩余误差}}$$

回归分析也是基于此原则,增加可解释偏差的比例。因此,回归系数 b 和相关系数 r 的性质很相近,可用 t 和 F 值检验。F 检验中,上式的 F 值愈大,b 值的出现愈不可能属于偶然。

六、χ^2 检验

χ^2(chi-square test)检验是一种非参数检验,适用于定类变量,数据表达为频次形式,按两个或更多的互斥属性归类。χ^2 检验原则上也可用于定距和定比变量,只是这些定距或定比原始信息要转换为定类数据,不过经过转换便丧失了数据本身的精度,未充分利用定距和定比数据的潜力。χ^2 检验的出发点是比较实际观察频次和期望频次。期望频次指各组无显著差异时出现的频次,χ^2 值随着观察频次和期望频次之间差异的增加而增加。至于算出的 χ^2 值是否显著,与 t,F 检验一样要从 χ^2 分布表(附录的附表 4)中查出相应的 χ^2 值。

χ^2 用于比较各类型事件的发生频次是否差异显著,现举例说明。譬如在超级市场随机选择 90 位顾客征求其对三种新品牌果酱的偏好,设有 40 位顾客选择品牌 x,30 位选择 y,20 位选择 z,如对立假设为真,则 $x = y = z$,其期望频次应为 $30,30,30$,χ^2 检验就要判别观察频次($40,30,20$)和期望频次($30,30,30$)之间的差异是否显著。

又如比较两种销售人员的付酬方式:业务收入提成和付工资。平行实施这两种付酬方式一年后,收集这两组人员的销售业绩。设提成组销售产品 100 套,工资组销售 80 套,两者业绩差异是否显著,此时期望业绩可视为 $(100+80)/2 = 90$,χ^2 检验则要比较观测频次($f_o = 100,80$)和期望频次($f_e = 90,90$)。χ^2 检验还可按多变量来分类,除了付酬方式外还可将销售人员经验水平作为变量,销售业绩按此两变量分类,用以判断付酬方式的效应是否独立于销售人员的经验水平。

以上述果酱的例来说明 χ^2 检验的计算,上述数据可归纳成表5-20。

表 5-20　χ^2 检验示例

品牌

	x	y	z
观测频次	40	30	20
期望频次	30	30	30

χ^2 算式为:

$$\chi^2 = \sum \left[\frac{(f_o - f_e)^2}{f_e} \right]$$

显然,分子值越大说明两者差异越大。按本例数据,有:

$$\chi^2 = \frac{(40-30)^2}{30} + \frac{(30-30)^2}{30} + \frac{(20-30)^2}{30}$$

$$= 3.33 + 0 + 3.33 = 6.66$$

单变量的自由度为 $k-1$,k 为分类数目,三种品牌的 $df=3-1=2$,选 $\alpha=0.05$。查附录附表4,表中 $\alpha=0.05$ 和 $df=2$ 的交叉项为5.991,算出的 $\chi^2=6.66>5.991$,所以可以否定对立假设,观测频率和期望频率之间有显著差异,不同品牌的果酱味道有显著不同。如显著度选为 0.01,则查出 χ^2 值为 9.210,显然大于 6.66,不能承认它们之间差异显著。

假设检验糅合了客观数据和主观的风险容许程度,对于结果的判断不讲求绝对客观性。计算结果取决于预定的显著度、自由度、样本组数和个数等。表 5-21 综合比较了各种检验方式。

表 5-21　各种检验方式比较

检 验 方 法	组数	自变量数	数据类型
t 检验(独立样本)	2	1	定距、定比
t 检验(非独立样本)	2	1	定距、定比
简单方差分析	≥ 2	1	定距、定比
scheffe 检验	≥ 2	1	定距、定比
χ^2 检验	≥ 2	≥ 1	定类

七、示例

现以 C. W. Emory 管理研究方法中多元回归分析的例子来说明推论统计的应用。

欲分析家庭每年食品消费的支出额。设想此项支出受家庭年收入、家庭人口和家庭所处地理位置的影响,此回归方程包括下述变量:

y＝家庭食品消费年支出额(元/年);

x_1＝家庭年收入(元/年);

x_2＝家庭人口;

x_3＝家庭区位(0＝农村,1＝城市)。

应用计算机统计软件 SPSS。在输入相关数据后可输出相关系数和回归系数等计算结果,如表 5－22 所示。

表 5－22　多元回归分析示例

（A）方差分析表				
	自由度	平方和	标准差	F 值
回归方程	3	66.192 59	22.064 20	29.170 5
残差	26	19.666 07	0.756 39	
总计	29			
$R^2=0.770\ 95$ 调正后 $R^2=0.744\ 52$ 残差标准差＝0.869 7				
（B）回归系数分析表				
变量	回归系数	标准化系数	参数标准差	t 值
常数项	−0.189 937 2			
x_1	0.075 828 6	0.617 23	0.0118 9	−6.377 5
x_2	0.007 618 2	0.448 60	0.128 90	4.713 9
x_3	1.102 366	0.275 60	0.385 94	2.856 3

由上述结果可以看出,根据原始数值所估计出的回归方程为

$$y=-0.1899+0.0758x_1+0.6076x_2+1.1024x_3+\varepsilon$$

此式中各系数标准化后,一般用 β 表示 Beta 权重。常数项经标准化后,其值为零,故有:

$$y=0.617x_1+0.449x_2+0.276x_3+\varepsilon$$

Beta 权重代表自变量对解释因变量变化的相对重要性。此式表明家庭年收入(x_1)的重要性大于其他两项,家庭人口次之。

每个回归系数的样本离散情况用标准差来表示。家庭年收入的回归系数的标准差为 0.075 8。算出其 t 值为 6.377 5。每个估计参数的自由度为 $(n-k-1)$，本例中样本数为 30，自变量有 3 个，自由度为 $(30-3-1)=26$。查附录中 t 表得 $t(0.95,26)=2.056$。其他两变量系数的 t 值分别为 4.714 和 2.856，都可判定这些回归系数显著地不等于零。一般说来，只要 t 值大于 2，即有 95% 置信度的统计显著性，自变量对因变量便产生效应。

F 检验用来判别三个自变量变异的总和对因变量的影响是否有统计显著性，或者说显著不等于零。本例中分子自由度为 $k=3$，分母自由度为 $n-k-1=26$，显著度 α 取 0.05，F 的临界值从附录中可查得 2.74。而实际的 F 值为 29.17，表示用此回归方程解释因变量具有统计显著性。

表中列出的残差标准差为 0.869 7，表示因变量的实际值 y 与估计值 $\hat{y}$ 之间的标准差。

三个自变量与家庭食品消费支出额之间的决定系数 $R^2=0.771$，表示消费支出额的变异量中，有 77% 可由家庭年收入、人口和区位三个因素来解释。调正后的决定系数 adj. R^2 考虑自变量的个数，使得自变量个数不等的各回归方程相互进行比较时更为合理。自变量个数越多，对因变量偏差的可解释部分一般说来都会增加。如果增加比例不够大，则 R^2 的值应该打折扣。

$$\text{adj.} R^2 = 1 - \frac{SSE/(n-k-1)}{SST/(n-1)} = 1 - \frac{SSE}{SST} \times \frac{n-1}{n-k-1}$$

式中 SSE 为不可解释偏差的平方和，SST 为总偏差的平方和。与 $R^2 = 1 - \frac{SSE}{SST}$ 相比较可见，随着变量个数 k 的增加，$adj. R^2$ 的值较 R^2 值减少幅度愈大。

多元回归分析的主要难题是多重共线性（multicollinearity）问题，它指所有或部分自变量之间具有高度线性相关。这种情况下，回归系数的估计值会因样本不同而有很大差异，如仍应用回归系数作为衡量自变量相对重要性的指标，可能导致错误。那么，自变量间之相关性高到什么程度便不可接受？没有确切答案，但相关系数一旦超过 0.8，便须加以处理。处理的方式有两种：一种是保留其中一个变量而删去另一个变量；另一种是采用一个新变量可综合反映高度相关的各个自变量。SPSS 软件还可输出各自变量间的相关系数,本例中两两变量间的相关系数不大于0.2,说明共线性在此例中不构成问题。

第三节 结构方程建模

迄今为止,管理研究中最实用且最为普及的数据分析方法当属多元回归分析法,它综合运用了上述描述统计和推论统计中的各种概念和原理,适合科学研究的客观性、实证性、可重复性和概括性等要求,且有成熟的相应的计算机软件如 SPSS,SAS 等,使用方便。近年来,出现一种与多元回归分析关系密切,却在原理和方法上有许多拓展的多变量数据分析方法,称作结构方程建模法。它涵盖了多种原有的多变量数据分析方法,适用于定序、定类以及定距定比尺度,在管理、社会科学的实证研究中,逐渐成为与多元回归分析并立的一种主要多变量数据分析方法。多元回归分析,前面已介绍过,本节介绍结构方程建模(structural equation modelling)的内容,一是为了研究生论文工作中有可能应用此方法,二是结合此方法说明描述统计和推论统计中各种概念和原理的应用。

多元回归方法有两个弱点。第一,管理研究难以回避诸如满意度、凝聚力、积极性等这类无法直接观测的不可观测的变量(non-observed variable),而多元回归的因变量和自变量都要求可测,方能估计出回归系数。第二,回归分析难以处理多重共线性问题。现实系统并非完全按线性回归方程所表述的那样,只是自变量 x_i 和因变量 y 相关,实际上,自变量 x_i 之间同样存在相关关系。自变量 x_i 并非全部都直接影响 y,有些是间接影响的,x_i 和 y 之间可能存在多重关联,而多元回归分析只着眼于自变量对因变量独立的、直接的作用。因此,涉及自变量多或自变量相互关联复杂的系统时,人们需要在多元回归分析的基础上,探索新的数据分析方法。目前,在管理研究中,特别是采用问卷法收集数据的情况下,结构方程建模是针对上述回归分析的弱点而研发出来的并已得到较广泛应用的数据分析方法。

一、简介

结构方程建模法(简称 SEM)是一种综合运用多元回归分析、路径分析(path analysis)和确认型因子分析方法而形成的一种统计数据分析工具。可用来解释一个或多个自变量与一个或多个因变量之间的关系。适用的数据类型可以是连续型也可以是离散型。一般来说,定类和定序尺度的变量属于离散型,定距和定比尺度的变量属于连续型。

SEM 所研究的变量,从可测性的角度可分为两类:显变量和潜变量。显变量(manifest variable)为可直接观察并测度的变量,又称观测变量(observed variable),在因子分析中也可称为指标(indicator)。潜变量(latent variable)则是不能直接观察的变量。不过它可以从显变量间接测度出来,这意味着它和两个或多个显变量存在协变(covariance)关系,潜变量在因子分析中与因子(factor, construct)等术语的含义一样。

从变量生成的角度来分,SEM 的变量又可分为外生变量(exogenous variable)和内生变量(endogenous variable)。外生变量在模型中不受其他变量的影响,无"前因"并作为其他变量的"因"而存在,其值由外部输入模型,相当于自变量的概念。内生变量受模型中其他变量的影响,其值视其他变量而定,相当于因变量的概念。但 SEM 中的内生变量又包括两种变量,一是像回归分析中那样的纯粹因变量,一是中介变量(mediating variable)。中介变量指的是既作为其他外生变量的"果",又是其他内生变量的"因"。

SEM 有四种变量:外生显变量,内生显变量,外生潜变量和内生潜变量。

SEM 通常以路径图(path diagram)的形式描绘。路径图的主要元素的表述有如下约定:

方框表示显变量,常标以 x, y;

圆圈或椭圆表示潜变量,常标以 ξ, η;

外生显变量误差 δ、内生显变量误差 ε、内生潜变量误差 ζ 均画在方框和圆圈之外;外生潜变量无误差。

各元素符号间有箭头线连接;单向直线箭头表示一个变量对另一个变量的直接影响;双向曲线箭头表示相关关系,但这种相关关系未必是因果关系。

结构方程模型的路径图(图 5 - 10)包含两部分内容:测量模型(measurement model)和结构模型(structural model)。

测量模型描述显变量和潜变量之间的关联,表明一个潜变量是由哪些观察变量来度量的,单纯的测量模型就是确认型因子分析模型。潜变量就是因子,显变量就是载荷于此因子的指标。测量模型包括双向曲线箭头连接的各对潜变量,单向直线箭头连接的潜变量和一组显变量,以及指向各个变量的反映误差项的直线箭头。图 5 - 10 所示的 SEM 的路径图中,除去潜变量相互之间的直线箭头符号,便属于测量模型。测量模型的路径图显示出各潜变量是通过哪些观测变量来间接测度的。

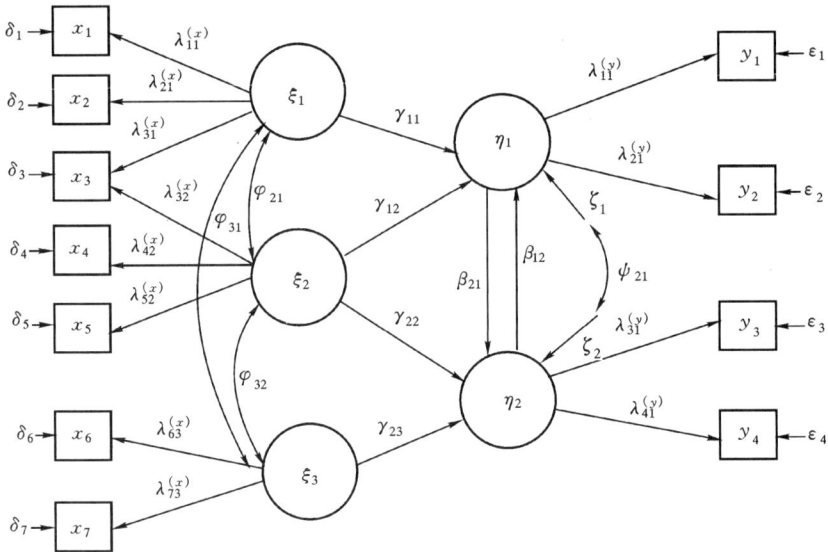

图 5 - 10 SEM 的路径图

结构模型则是描述潜变量之间的关联,是一组类似多元回归中描述外生变量和内生变量间定量关系的模型。它包括路径图中用直线箭头连接的潜变量以及潜变量的误差项。

从图 5 - 10 可以看出,测量模型部分共有 11 个显变量,包括 x_1,…,x_7 共 7 个外生显变量和 y_1,…,y_4 4 个内生显变量。7 个外生显变量测量 3 个外生潜变量(ξ_1,ξ_2,ξ_3),4 个内生显变量测量 2 个内生潜变量(η_1,η_2)。也可看出潜变量是由哪几个显变量测量出来的,例如外生潜变量 ξ_2 由 x_3,x,x_5 测量,内生潜变量 η_1 由 y_1,y_2 测量。结构方程部分共涉及 3 个外生潜变量和 2 个内生潜变量的关系:3 个外生潜变量 ξ 之间两两相关,因此需要估计其协方差,内生潜变量 η 之间相互有因果关系,同时,结构方程的误差 ζ 之间相关。

SEM 虽由测量模型和结构模型两部分构成,但两者在逻辑上密不可分。研究者企图验证的研究假设主要反映在结构模型部分,类似多元回归分析自变量对因变量的影响。结构方程所处理的都是潜变量,不可直接测量,所以需要有变量设计的过程,从概念性变量逐级转换到操作性变量。测量模型正是描述此变量设计过程的内容。

可以按照前述的因子分析思路来理解 SEM,由于待处理的变量数目较多,希望降维,抽取能反映这些变量变化的"因子",然后只需研究这些因子之间的关联。抽取因子的过程属于测量模型,定量描述因子间关联的内容则属于结构模型。SEM 应用过程中,首先要判断测量模型的有效性,通过所设计的观测变量是否能真实地测量出相应的潜变量。如果潜变量有效测量问题不可信,则进一步应用结构模型来分析外生潜变量与内生潜变量之间的关系就没有基础,得出的结果也是无效的。

SEM 的实际应用都靠计算机软件来完成,现在最通用的有 LISREL (linear structural relationship) 和 AMOS (analysis of moment structures)。LISREL 在社会学和心理学、教育学、管理学中应用最多,AMOS 较新,用户界面友好,使用较方便。

二、应用步骤

SEM 的应用过程可参照图 5 - 10 来说明。阐明研究假设仍然是首要问题,弄清应用 SEM 的目的是为了验证何种假设。然后,分析应用 SEM 的必要性,为什么其他数据分析方法如常用的相关分析和回归分析不适合于此项研究。确定要采用 SEM 后,再按下面的步骤运作。

1. 模型设定(model specification)

根据研究假设来建立 SEM 模型,它是简洁、形式化地表现研究设计内容的过程。显现研究假设所要求证的变量之间的关系,并反映从概念性变量到操作性变量之间的变量转换过程。SEM 模型如前述,可以是路径图也可以是数学方程形式,但一般都采用路径图来表示,路径图能直观、清晰地反映出研究者的研究设计思路。

路径图由测量模型和结构模型两部分内容构成。结构模型部分涉及的变量虽然是根据研究假设演绎而来的,但各变量间存在何种相关联系,研究者在构建路径图的过程中仍有自主判断的余地。测量模型部分,研究者的自主空间更大,采用哪些显变量(指标)来间接测度潜变量(因子)可以有很多选择。选择的思路有两种:一种是找出对各个观察变量有共同影响的公共因子,这是探索型因子分析的思路;另一种是由研究者选定两个或多个观测变量,从属于某个潜变量,然后验证这种变量设计的信度和效度,这是确认型因子分析的思路。SEM 采用的是确认型因子分析。

测量模型和确认型因子分析相伴而来,这又引发出另一个问题,研究者应该提出唯一的抑或多个待确认的测量模型。因为研究者所选定的数个观测变量和一个潜变量之间的一组从属关系并无把握说这是唯一的,可以有多种选择。也可能几种选择都是合理的,只是某一种相对更好。从道理上说,应提出多种从属结构,亦即多种测量模型。从实用角度看,一般先提出一个测量模型,视验证结果再更换变量或改变结构关系,所以在工作流程环节中有"模型修正"一项。

测量模型中各潜、显变量之间的从属关系的选定,直接指导着后续数据收集工具(问卷等)的设计。所以,建立测量模型过程中,要清晰地设定观测变量和潜变量的属性、量度。

2. 模型辨识(model identification)

SEM 的模型构造出来后,接着要确定此模型中需要估计的参数,图 5-10 所示的路径图中,所需估计的参数有:

内、外生潜变量指向测量变量的路径系数 $\lambda^{(x)}$,$\lambda^{(y)}$,此图中共 12 个;

测量变量的残差 δ,ε,此图中共 11 个;

外生潜变量指向内生潜变量的路径系数 γ,此图共 4 个;

内生潜变量之间的路径系数 β,此图中共 2 个;

图中,外生潜变量之间的协方差为 φ,共 3 个;内生潜变量的残差为 ζ,共 2 个;内生潜变量残差的协方差为 ψ,共 1 个。

模型中需估计的参数确定以后,便可进行模型辨识的主要内容,即判断所设定的模型是否能求出唯一的参数估计值,或者说模型是否可被辨识。自由度(degree of freedom)是判断模型可否辨识的必要条件。对于设定的模型,其自由度等于最大可能的自由度 $(p+q)(p+q+1)/2$ 减去模型中需要估计的参数个数,即

$$df=[(p+q)(p+q+1)/2]-t$$

式中 p 表示外生观测变量的个数,q 表示内生观测变量的个数,t 为需要估计的参数个数。

如果自由度 df 大于等于 0,模型有可能识别,自由度小于 0,模型一定不能识别。上述例子中,$df=[(7+4)\times(7+4-1)/2]-35>0$,故有

可能识别。

SEM 的模型识别分两个阶段进行,先对测量模型部分按验证性因子分析模型的识别方法进行判断,如可以识别,接下去对结构模型部分进行判断,如果通过则整个模型可识别。

3. 模型估计(model estimation)

所设定的模型如通过检验是可以识别的,下一步便是模型估计问题。模型估计就是求解模型中各个参数的估计值,并在此基础上估计出 8 个基础参数矩阵,包括:

$\boldsymbol{\Lambda}_x$ 和 $\boldsymbol{\Lambda}_y$——观测变量在潜变量上的因子载荷矩阵;

$\boldsymbol{\beta}$——内生潜变量间的路径系数矩阵;

$\boldsymbol{\Gamma}$——外生潜变量对相应内生潜变量的路径系数矩阵;

$\boldsymbol{\Psi}$——内生潜变量误差项 ζ 的协方差矩阵;

Θ_δ 和 Θ_ε——观测变量误差间的协方差矩阵;

$\boldsymbol{\Phi}$——外生潜变量的协方差矩阵。

SEM 方法的一个基本出发点是,通过变量间协方差的线性方程组来解释各变量间的关联程度。所以,协方差分析是 SEM 的核心技术,有些场合,协方差结构分析(analysis of covariance structures)成为 SEM 的替代术语。

LISREL 估计参数时将潜变量标准化,令其方差为 1,或将潜变量所属的一个观测变量的载荷定为 1。不过,在测量同一潜变量的几个观测变量中,只能有一个观测变量在该潜变量上的因子载荷可设定为 1,这就规定了因子载荷的标准,其他变量的因子载荷的大小都是相对 1 而言的。

参数估计中,可设定某些路径系数为 0 或 1,或将两个未知参数设定为相等。LISREL 区分三种参数:固定参数,通常设定其值为 0 或 1;约束参数,设定某个参数等于其他参数,多一个约束参数就少一个待估参数;自由参数,未加任何限制的待估未知参数。

参数估计方法中,最大似然估计法(maximum likehood estimation MLE)是应用得最多的一种。LISREL 还有其他估计方法供选用,包括两阶段最小二乘法(two-stage least square)、广泛最小二乘法(generalized least square)等。

4. 模型评价(model evaluation)

模型评价的核心内容是模型的拟合性,有的文献中就将模型评价称作模型拟合(model fitting)。模型拟合包含的内容是:研究者所提出的变量间关联的模式是否与实际数据拟合以及拟合的程度如何。

SEM 在模型拟合中比较两种协方差矩阵。一种是从研究者所设定的模型估计出的协方差矩阵,这种矩阵称为估计协方差矩阵 E(estimated reproduced covariance matrix)。另一种是从样本的统计数据估计出来的,称为样本协方差矩阵 S(sample covariance matrix)。若 E 与 S 接近,即残差矩阵各元素接近 0,则表示研究者设定的模型拟合性好,模型有效;若 E 与 S 差异大,则表示模型与数据的拟合性差。

估计协方差矩阵 E 和样本协方差矩阵 S 的整体差异可用一个数值表示,在模式为真的情况下,此数值服从 χ^2 分布。χ^2 检验是在已知自由度(df)的情况下,检测 E 与 S 出现差别的概率。如 χ^2 值小于某种显著水平之临界值,则表明设定的模型与数据拟合性好;反之,如 E 与 S 的差异达到或超出此临界值,则模型与数据的拟合性差。自由度相同的条件下,χ^2 值愈小表示模型与数据相斥的概率愈低。χ^2 检验中的主要问题是 χ^2 值对样本数敏感。按照 Hoelter 的准则,样本数 N 应大于 200,如 N 过小,χ^2 检验的辨别能力不高,以致在理论模式与实际数据拟合性差的情况下,也可能得到很小的 χ^2 值而视为合格。然而,N 值过大,χ^2 检验又可能排斥理论模式与实际数据拟合性好的情况。

针对 χ^2 检验对样本的敏感性,以及正态性(multivariate normality)的设定等问题,研究者在拟合优度(goodness of fit)的总名称下,提出了 20~30 种检验拟合度的指标,不过这些指标都是以 χ^2 检验为基础并加以不同方法的修正。

常用的拟合优度指标可概括为以下四种。

(1)绝对拟合优度指数(absolute fit index)

绝对拟合优度指数是将研究者所设定的模式和饱和模式相比较。饱和模式指各变量间均容许相关,其自由度为零,但能百分之百准确地和数据拟合。这类指标常用的有拟合优度指数(goodness-of-fit index,GFI),可以借用决定系数 R^2 在回归分析中的作用来理解,它是指估计协方差矩阵 E 能够解释样本协方差矩阵 S 的程度。如果 $E=S$,则模型完全拟合。还有调整拟合优度指数(adjusted goodness-of-fit index,AGFI)。GFI 和 AGFI 之值介于 0~1 之间,一般要求大于 0.9,这样设定模型的拟合性方可接受。

（2）增值拟合优度指数（incremental fit index）

增值拟合优度指数是将设定模式和基准模式比较。常用的基准模式为零模型（null model），即变量间全无关系，也是与实际数据最不拟合的模型。将理论模型与之比较，显示拟合情况改进的程度。常用的这类指标有正态拟合指数（normed fit index），非正态拟合指数（non-normed fit index），比较拟合指数（comparative fit index）等。

（3）简约拟合优度指数（parsimony fit index）

在拟合优度指标的制订中引入简约原则，惩罚参数多的模型。将前述增值拟合优度乘以简约比（df_e/df_n），产生简约拟合优度指标。df_e 和 df_n 分别为设定模型及零模型的自由度。零模型中参数最小，故 df_n 最大。若设定模型设置简单，则 df_e 和 df_n 接近，简约拟合优度只是略低于原增值拟合优度；反之，若设定模型很复杂，参数设定多，则 df_e 甚小，简约拟合优度大大低于原增值拟合度。

（4）离中拟合优度指数（non-centrality fit index）

用离中参数 d 来估计统计总体中设定模型和实际数据之差异。

$$d=(\chi_e^2-df_e)/(N-1)$$

利用离中参数 d 可设计一些拟合优度指标，如比较拟合优度 CFI（comparative fit index）和相对拟合优度 RFI（relative fit index）等。

评价设定的理论模型须运用多种拟合优度指标来检验，而不能仅依赖其中一个。好的评价指标应不受样本的影响，但事实上这些方法都存在对样本敏感的问题。

以上各项拟合优度指标都是针对理论模型的整体拟合性而言的，SEM 和相应的 LISREL，AMOS 等软件还可进行变量设计的可信度检验。检验测量模型中所选择的观测变量是否能间接测量出所期望测量的潜变量，或者说，所抽取的因子（潜变量）是否是各指标（观测变量）的最优线性组合。常用的指标是 Cronbach's Alpha，用来检验每个观测变量在多大程度上属于一组。它的值在 0～1.0 之间，通常此 α 值大于 0.7 即可信。

SEM 还可进行各路径系数的显著性检验。AMOS 软件中输出临界比 CR（Critical Ratio），如路径系数的 CR＞1.96，表示此估计的路径系数在 0.05 水平上是显著的。LISREL 软件中，对于内生变量之间的路径系数，CR 指相应于 β 矩阵中每个 β 的 Z 值。对于内生和外生变量间的路径系数，CR 指 γ 矩阵中每个 γ 的 Z 值，如 Z 值大于等于 1.96，则在 0.05 水平上是显著的。

5. 模型修正(model modification)

研究者对设定的理论模型进行拟合性检验,如发现模型偏离数据所显示的实际情况,则修正该模型,然后再检验,不断重复此过程直到获得一个拟合性好而各估计参数又能赋予合理的解释为止。模型评价结果须从三方面加以判断:①综览多个不同的整体拟合优度指标,看模型的整体拟合性是否可接受;②SEM得出的解答是否适当,各参数是否在合理范围内(如相关系数在+1与-1之内,误差值合理等),各种路径系数是否符合统计显著性;③变量设计的信度。

模型如需修正,可应用SEM软件输出的残差分析(residual analy-sis)。残差指实际协变量和估计协变量之差。若残差为正值,表示模型低估两变量之协方差;反之,负残差模型表示高估两变量之协方差。正残差的情况下,研究者可考虑增加路径,负残差的情况下则考虑减少路径。

研究者还可根据SEM软件输出的修正指数(modification index)来调整模型。如模型某个原本受限制的参数,可以容许自由估值,则模型会因放松此参数而得到改善。整个模型因放松此参数而减少的χ^2值称为此参数之修正指数。研究者利用此信息进行一系列模型修正的运作。例如在测量模型中,将一个路径系数(因子载荷)设定为零,如可改善拟合性指标,则将此参数归入自由估值之列。拟合性改善,代价是多了一个自由度。然而,在放松某个参数时,必须要有理由,不能随便试凑。一般认为潜变量间的相关参数,在有合理解释的理由下可允许自由估值,但对于观察变量误差间的相关参数,一般不允许自由估值。

经过修正得出最后认定的模型,只能说明它与该样本数据拟合的结果,此模型是否适用于其他样本,就必须进行交互效度(cross validation)检验,其原理是再抽取另一批样本对该模型进行拟合性检验。

SEM的模型和数据拟合表示样本数据并不排斥设定的模型,如果模型和数据相斥,便须摒弃或修正。经过检验的那些与数据拟合的模型,只能算是可供讨论的模式,是迄今为止仍未被否定的模式,不能证明其正确,更不能说成是最优。

SEM主要存在两方面的问题。一是应用中须遵守的统计设定和样本大小的敏感性,有时样本观测数据难以符合正态分布的要求,样本量也不够,这就影响到数据分析结果的信度和效度。二是人们常把SEM看作是因果分析方法,有些文献把结构方程模型看作是因果模型。的确,有的结构方程模型可能反映出因果关系,但 SEM 除了分析数据关联外,并未提供任何方法来推断原因事件。它和其他统计分析方法一样,用来定量分析各变量间的关联程度,并非判断变量间的因果关系。SEM 的统计检验合格,只说明此模型未被证伪,事实上,一定还存在其他可通过检验的模型。通过检验的模型只能是众多竞争模型(competing model)中的一个,并非是最优模型。

SEM 综合了多种有力的统计分析工具,现有的计算机软件推动了 SEM 技术的广泛使用,这无疑对管理学科和社会科学的研究有积极的作用,但同时要注意 SEM 技术的误用或滥用。

三、示例

现引用"医院作业管理决策对绩效的影响"[①]一文,说明结构方程模型的数据分析方法。该论文研究医院长期性的结构决策和短期的运作决策对于满足市场需求的影响,以及运作决策与医院绩效的关系。

论文提出图 5-11 所示的概念模型,用以说明文中所包含的变量以及变量结构。模型中的变量分为三类。左边的结构决策类包括五个因素:实习教育水平(x_1),病床数量(x_2),医院地址选择(x_3),门诊服务网完备性(y_1)和医院器械投资规模(y_2)。前三个变量 x_1,x_2 和 x_3 可看作是结构性约束因素,而 y_1 和 y_2 属于基础设施决策。中间部分为运作决策,包括:① 需求管理水平(y_3)。需求管理类似制造企业中的计划和控制系统,涉及住院及门诊患者流量的控制以及手术计划等。反映需求管理的变量为两个:需求预测性和需求可控性。预测性高表示能掌握好患者流量,可控性高表示需求波动小。②员工管理水平(y_4)。员工管理可比作"供应管理",它和需求管理相匹配,由于患者到达时间和治疗需求的不确定性,各类医务人员搭配与调度影响到服务质量和医院绩效。员工管理变量包括医务人员构成,人员增减以及人员超额和短缺管理。③持续管理水平(y_5)。医院的医疗服务质量的持续改进与人员的素质、技术水平和积极性密切相关,反映持续管理的变量有员工培训、员工能力和工作积极性。

① Ling X. Li, W. C. Benton, G. Keong Leong, The Impact of Strategic Operations Management Decisions on Community Hospital Performance, Journal of Operations Management,20(2002),389-408.

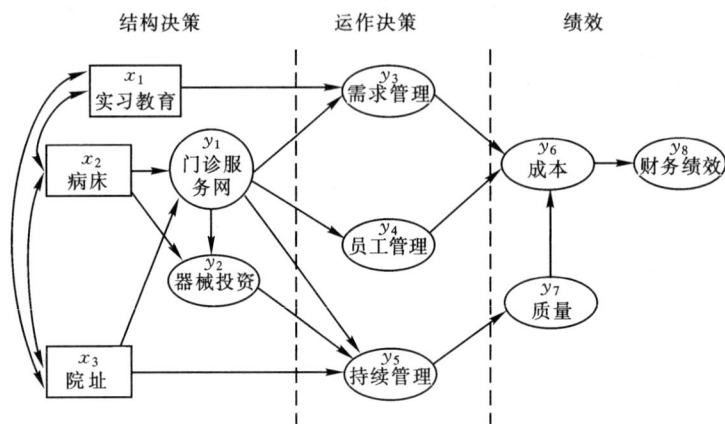

图 5 - 11　医院绩效分析概念模型

图 5 - 11 中右边一栏为绩效类,包括成本(y_6)、质量(y_7)和财务绩效(y_8)。

1. 研究假设

在概念模型基础上提出研究假设如下:

H_{1a}　病床数量与门诊服务项目的完备性正相关。病床数量即医院规模,作为结构约束因素之一,会正面影响医院提供的服务项目数量。这些项目包括住院、门诊服务、医疗网络等。

H_{1b}　病床数量与医疗器械高投资规模正相关。

H_{1c}　由于医院地理位置不同,城市医院和乡村医院提供的服务项目不同。

H_{1d}　由于医院地理位置不同,城市医院和乡村医院有不同的持续管理水平。

H_{2a}　提高医院的医疗实习教育水平会正面影响医院需求管理。

H_{2b}　提供非住院治疗和参与治疗服务网络会改善需求管理。

H_{2c}　提供非住院治疗和参与治疗服务网络会改善员工管理。

H_{2d}　提供非住院治疗和参与治疗服务网络会使医院更加注重服务质量持续改进。

H_{2e}　提供非住院治疗和参与治疗服务网络会使医院加大医疗器械投资。

H_{2f}　提高医疗器械投资将提高操作人员的素质。

H$_{3a}$　改进需求管理将降低运作成本。

H$_{3b}$　改进员工管理会降低运作成本。

H$_{3c}$　医院提高持续管理水平将改善医疗服务质量。

H$_{4a}$　医院提高持续管理水平将降低运作成本。

H$_{4b}$　低成本运作会提高财务绩效。

2. 问卷设计及数据收集

这里采用问卷法收集数据。调查对象是医院院长或医务主任,发出492封信,答复165份,其中14份回答不完全而被弃用,实用151份。经事后询问未回复的原因有:调查对象已离开医院管理岗位;医院收到问卷太多,医院不重视这类调研要求等。用 χ^2 检验表明回复和未回复的医院从院址、规模和实习教育等变量分析并无显著差异,问卷及测度设计见表 5 - 23。

从问卷表可以看出,各组问题都是围绕假设而设计的。同时,要为假设中的潜变量设计一组观测变量,这就是属于测量模型的内容。测量模型和图 5 - 11 概念模型的综合便可构成完整的结构方程模型(图 5 - 12)。例如,假设 H$_{1a}$,H$_{1b}$"病床数量与门诊服务网完备性(器械投资规模)呈正相关",其中的自变量"病床数量"(x_2)由被调查医院直接填写数字。因变量"门诊服务网完备性"(y_1)系隐变量,用两个显变量指标来测度,一是非住院治疗的完备性(x_4),一是医疗服务网络的完备性(x_5)。这些指标难以直接度量,研究者又设计了各指标的属性,例如非住院治疗的完备性是通过从医院对急救服务设施、非住院病人手术设施、家庭保健服务和不同地段门诊部四方面投资的重视程度来判断。问卷中对每种属性设置七级评分尺度。被调查者根据本医院情况选定其中一项作为答案,如情况不明或其他原因不予回答,则圈 N/A 一项。研究人员根据答案就可按一定规则推算出 x_4,x_5 之值,进而算出 y_1 值。

另一个潜变量(因子)"器械投资规模"(y_2)则通过办公技术投资(x_{17})、门诊技术投资(x_{18})和患者医疗信息系统投资(x_{19})三个指标来测度,而每个指标又包含了若干属性,与上述 y_1 求值的过程类似。

每个研究假设都相应有这种变量设计过程。研究工作从提出某个概念开始,经正名、名义变量、操作变量直到转换成问卷中的各个问题,反映出研究不断深入和细化的过程。这个过程应是研究的主体内容,在研究生论文中应得到充分的描述。

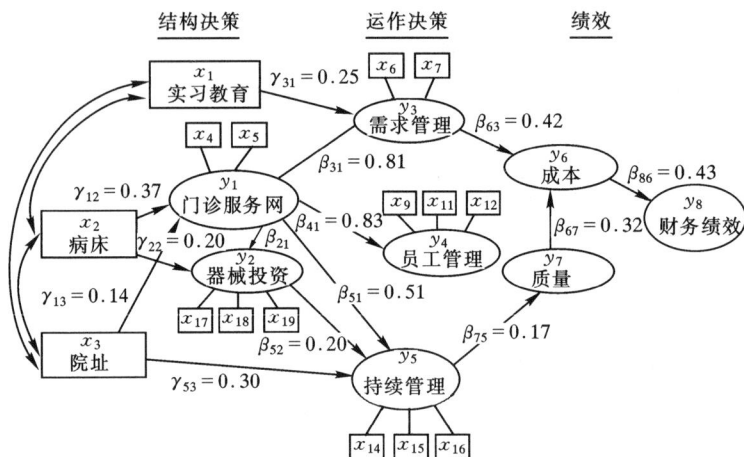

图 5 - 12　结构方程模型

　　问卷设计的目的是为了收集数据,用来检验研究假设,因此,假设的提出一定要在问卷设计之前。有些研究生忽视了这个要点,把问卷当成一般调查工具而不是验证工具,在初步选定研究领域(如企业治理结构)之后便设计一套问卷,将各种可能涉及的问题都写进去,企图掌握问题领域的全面情况。这种问卷必然会设计得庞大复杂,缺乏针对性,以致在数据分析阶段验证假设时,想得到的数据在问卷中却找不到,而收集到的不少数据在研究中倒用不上。

表 5 - 23　问卷及测度

实习教育水平(x_1)

　　1—提供医疗教育,　　　0—未提供医疗教育
　　医疗教育是指为医学院和护士学校学生提供医疗实习教育

病床数(x_2)

　　病床数即医院规模,病床数包括加床

医院地址(x_3)

　　1—城市医院,　　　0—乡村医院
　　城市医院和乡村医院是根据政府颁发的城市统计资料而定

门诊服务项目完备性(y_1)

　　非住院治疗(x_4)　　Cronbach $\alpha = 0.55$

续表 5-23

请圈出贵院对下列项目投入资金的重视程度

	不重视	重视	很重视	N/A
· 急救服务设施(如急症室)	1 2	3 4 5	6 7	9
· 非住院病人手术设施(如手术室)	1 2	3 4 5	6 7	9
· 家庭保健服务(如折叠床)	1 2	3 4 5	6 7	9
· 不同地段的门诊部	1 2	3 4 5	6 7	9

医疗服务网络(x_5)　Cronbach $\alpha=0.58$

请圈出贵院对下列服务问题的重视程度

	不重视	重视	很重视	N/A
· 寻求医生的合作伙伴以改善设施利用率	1 2	3 4 5	6 7	9
· 寻求医院的合作伙伴(1 小时开车的距离,车速为 55 公里/小时)	1 2	3 4 5	6 7	9
· 寻求医院的合作伙伴(1~4 小时开车距离)	1 2	3 4 5	6 7	9

器械投资规模(y_2)

办公技术投资(x_{17})　Cronbach $\alpha=0.78$

请圈出贵院对下列办公技术投资的重视程度

	不重视	重视	很重视	N/A
· 医生办公室的计算机	1 2	3 4 5	6 7	9
· 档案系统	1 2	3 4 5	6 7	9
· 远程 X-射线设备	1 2	3 4 5	6 7	9
· 电子邮件系统	1 2	3 4 5	6 7	9
· 各部门的传真机	1 2	3 4 5	6 7	9

门诊技术投资(x_{18})　Cronbach $\alpha=0.85$

请圈出贵院对下列管理项目的投资规模

	无投资	投资一般	投资大	N/A
· 实验设备和信息系统	1 2	3 4 5	6 7	9
· X-射线透视设备及信息系统	1 2	3 4 5	6 7	9
· 药物设备和信息系统	1 2	3 4 5	6 7	9
· 录音信息系统	1 2	3 4 5	6 7	9

患者医疗信息系统投资(x_{19})　Cronbach $\alpha=0.79$

请圈出贵院对下列患者医疗信息系统投资规模

	无投资	投资一般	投资大	N/A
· 患者门诊记录系统	1 2	3 4 5	6 7	9
· 跟踪患者的综合信息系统	1 2	3 4 5	6 7	9
· 医生办公室计算机系统	1 2	3 4 5	6 7	9

需求管理水平（y_3）

需求预测（x_6）　Cronbach $\alpha = 0.65$

请圈出贵院用于预测需求的方法

	很少		有　时		经　常		N/A
· 保险公司事先评估	1	2	3　4　5		6　7		9
· 根据病历预测患者看病时间	1	2	3　4　5		6　7		9
· 根据病历分析患者群体	1	2	3　4　5		6　7		9

需求控制（x_7）　Cronbach $\alpha = 0.55$

请圈出贵院用于需求控制的方法

	很少		有　时		经　常		N/A
· 当最合适病人的病房满员时将病人 安置到其他病房	1	2	3　4　5		6　7		9
· 当急救设备短缺时耽误了急救病人	1	2	3　4　5		6　7		9
· 病床不足时事先请患者离开	1	2	3　4　5		6　7		9

员工管理水平（y_4）

精简人员（x_8）　Cronbach $\alpha = 0.76$

请圈出贵院对下列管理问题的重视程度

	不重视		重视		很重视		N/A
· 减少注册护士数量	1	2	3　4　5		6　7		9
· 减少一般护士数量	1	2	3　4　5		6　7		9
· 减少护士助理数量	1	2	3　4　5		6　7		9
· 减少专业人员数量	1	2	3　4　5		6　7		9
· 减少非专业人员数量	1	2	3　4　5		6　7		9

员工组成（x_9）　Cronbach $\alpha = 0.60$

请圈出贵院对下列管理问题的重视程度

	不重视		重视		很重视		N/A
· 增加注册护士数量	1	2	3　4　5		6　7		9
· 增加一般护士数量	1	2	3　4　5		6　7		9
· 改变护理人员结构（注册、一般及 助理护士比例）	1	2	3　4　5		6　7		9
· 减少专业人员数量（护士除外）	1	2	3　4　5		6　7		9

增加员工（x_{10}）　Cronbach α＝0.64

请圈出贵院对下列管理问题的重视程度

	不重视		重视		很重视		N/A
· 增加注册护士数量	1 2	3	4 5	6	7		9
· 增加专业人员数量	1 2	3	4 5	6	7		9
· 增加非专业人员数量	1 2	3	4 5	6	7		9

员工短缺管理（x_{11}）　Cronbach α＝0.75

请圈出贵院解决人员短缺的办法

	很少		有　时		常常		N/A
· 自愿加班加点	1 2	3	4 5	6	7		9
· 延长兼职人员的工作时间	1 2	3	4 5	6	7		9
· 请短工	1 2	3	4 5	6	7		9
· 聘用医院人才库中的护士	1 2	3	4 5	6	7		9

超员管理—非报酬措施（x_{12}）　Cronbach α＝0.68

请圈出贵院解决超员的办法

	很少		有　时		常常		N/A
· 自愿歇工	1 2	3	4 5	6	7		9
· 安排歇工	1 2	3	4 5	6	7		9
· 多余护士调往其他部门	1 2	3	4 5	6	7		9
· 多余护士在本部门担任其他工作	1 2	3	4 5	6	7		9

超员管理—报酬措施（x_{13}）　Cronbach α＝0.68

请圈出贵院解决超员的办法

	很少		有　时		常常		N/A
· 自愿加班	1 2	3	4 5	6	7		9
· 安排加班	1 2	3	4 5	6	7		9
· 多余护士停工	1 2	3	4 5	6	7		9

持续管理水平（y_5）

员工培训（x_{14}）　Cronbach α ＝ 0.74

请圈出贵院对下列各项管理问题的重视程度

	不重视		重视		很重视		N/A
· 为员工创造学习和实践机会	1 2	3	4 5	6	7		9
· 员工有技术储备	1 2	3	4 5	6	7		9
· 提供跨专业训练	1 2	3	4 5	6	7		9
· 提供新技术训练	1 2	3	4 5	6	7		9

续表 5－23

员工能力（x_{15}）　　Cronbach α ＝ 0.79

请圈出贵院对下列各项管理问题的重视程度

	不重视		重视		很重视		N/A
• 高层人员培训,提高领导能力	1 2	3	4 5		6 7		9
• 专业人员培训,提高诊断能力	1 2	3	4 5		6 7		9
• 员工掌握完成任务所需知识和技能	1 2	3	4 5		6 7		9

工作多样性（x_{16}）　Cronbach α＝0.79

请圈出贵院对下列各项管理问题的重视程度

	不重视		重视		很重视		N/A
• 为员工安排多样任务	1 2	3	4 5		6 7		9
• 员工有更大的质量控制责任	1 2	3	4 5		6 7		9
• 员工授权	1 2	3	4 5		6 7		9
• 扩大工作内容	1 2	3	4 5		6 7		9
• 工作分解	1 2	3	4 5		6 7		9

成本绩效（y_6）

与竞争对手比较成本绩效　Cronbach α＝0.73

	较 低		相当		较 高		N/A
• 降低门诊成本	1 2	3	4 5		6 7		9
• 提高劳动生产率	1 2	3	4 5		6 7		9
• 高的设备利用率	1 2	3	4 5		6 7		9

质量绩效（y_7）

与竞争对手比较质量　Cronbach α＝0.85

	较 低		相当		较 高		N/A
• 治疗质量	1 2	3	4 5		6 7		9
• 患者满意程度	1 2	3	4 5		6 7		9
• 对患者需求的答复	1 2	3	4 5		6 7		9
• 对患者申诉的答复	1 2	3	4 5		6 7		9

财务绩效（y_8）

与竞争对手比较财务绩效　Cronbach α＝0.87

	较 低		相当		较 高		N/A
• 市场份额增长	1 2	3	4 5		6 7		9
• 资产回收	1 2	3	4 5		6 7		9
• 投资回收	1 2	3	4 5		6 7		9
• 运作利润	1 2	3	4 5		6 7		9

測量尺度的内部一致性和可靠性判断在模型估计阶段进行。问卷中各显变量都通过一组问题来度量(即属性设计),这些属性之间是否协调属于变量的信任度或内部一致性检验,通常采用 Cronbach α 一致性指标。本例算出的数值见表 5-23,大部分 Cronback α 值符合最小为 0.60 的标准,例外的有非住院病人服务(0.55),医疗服务网络(0.58)和需求控制(0.55)。然而,对有些探索性研究来说 Cronbach α 值在 0.5~0.6 之间也是可以接受的。

3. 数据处理和初步分析

在问卷法收集数据的基础上,应用 SAS 软件进行计算,计算结果可归纳为两部分:测量模型和结构模型部分。

測量模型描述一组因子与度量这些因子的各个指标之间的关联。本例中有五个因子:门诊服务网络完备性(y_1),器械投资规模(y_2),需求管理水平(y_3),员工管理水平(y_4)和持续管理水平(y_5)。测量模型的计算结果包含两方面的内容:① 因子和指标之间的负荷系数。如本例中指标 x_4 对于负荷系数(即 x_4 对 y_1 总变异量的解释程度)为 0.64,同时对这些负荷系数统计显著性作出判断,即计算 t 值;② 测量模型的拟合度。

结构模型描述一组有直接影响的外生变量与内生变量之间的关联。本例中实习教育规模(x_1)、病床数(x_2)和院址(x_3)为外生显变量,y_1 和 y_2 为外生潜变量。需求管理水平(y_3)、员工管理水平(y_4)、持续管理水平(y_5)和成本(y_6)及质量(y_7)均系内生潜变量,y_8 为内生显变量。结构模型的计算结果包含三方面的内容:① 外生变量和内生变量之间的路径系数(path coefficients)及其统计显著性判断;② 内生变量之间的回归权重(regression weights)及其统计显著性判断;③ 结构模型的拟合度。

本例的计算结果汇总于表 5-24。表中首先列出测量模型和结构模型的拟合统计值,接着是测量模型各因子及指标之间的负荷系数及相应的 t 值,后面是结构模型各变量间的路径系数和回归权重及相应的 t 值。

表 5-24　数据分析结果

模型拟合统计值	测量模型	协方差结构模型
χ^2 及自由度	115, $df = 118$	119, $df = 136$
p 值	0.54	0.84
拟合度(GFI)	0.93	0.93
调正拟合度(AGFI)	0.89	0.90

续表 5 - 24

模型拟合统计值	测量模型	协方差结构模型	
比较拟合度(CFI)	1.00	1。00	
常规拟合度(NFI)	0.84	0.83	
非常规拟合度(NNFI)	1.00	1.00	

度量模型结构及指标	标准化负荷系数	t 值	p 值
门诊服务网完备性(y_1)			
非住院治疗(x_4)	0.64	6.24	<0.01
医疗服务网络(x_5)	0.51	5.33	<0.01
器械投资规模(y_2)			
办公技术投资(x_{17})	0.84	11.32	<0.01
医疗技术投资(x_{18})	0.66	8.33	<0.01
患者信息系统(x_{19})	0.76	10.05	<0.01
需求管理水平(y_3)			
需求预测(x_6)	0.51	4.2	<0.01
需求控制(x_7)	0.55	4.73	<0.01
员工管理水平(y_4)			
精简人员(x_8)在模型细化过程中删去	—		
员工组成(x_9)	0.40	4.00	<0.01
增加员工(x_{10})在模型细化过程中删去	—	—	
员工短缺管理(x_{11})	0.42	4.17	<0.01
超员管理—非报酬措施(x_{12})	0.53	5.13	<0.01
超员管理—报酬措施(x_{13})在模型细化过程中删去	—	—	
持续管理水平(y_5)			
员工培训(x_{14})	0.67	7.91	
员工能力(x_{15})	0.68	8.05	<0.01
工作多样化(x_{16})	0.71	8.40	<0.01
院址→住院患者服务网	$\gamma_{13}=0.14$	1.28	<0.01
院址→持续改善	$\gamma_{53}=-0.30$	-3.42	<0.01
规模→住院患者服务网	$\gamma_{12}=0.37$	1.70	<0.05
规模→器械投资	$\gamma_{22}=0.20$	4.39	<0.01
医疗教育→需求管理	$\gamma_{31}=0.25$	2.16	<0.01
非住院患者及医疗服务网络→需求管理	$\beta_{31}=0.81$	11.86	<0.01

续表 5 - 24

协方差结构模型路径	标准化路径系数	t 值	p 值
非住院患者及医疗服务网络→员工管理	$\beta_{41}=0.83$	6.30	<0.01
非住院患者及医疗服务网络→持续改善	$\beta_{51}=0.51$	5.11	<0.01
非住院患者及医疗服务网络→器械投资	$\beta_{21}=0.47$	5.62	<0.01
器械投资→持续改善	$\beta_{52}=0.20$	1.41	<0.01
需求管理→成本	$\beta_{63}=0.42$	4.64	<0.01
员工管理→成本(不显著,细化过程中删去)	—	—	
持续改善→质量绩效	$\beta_{75}=0.17$	1.84	<0.05
质量绩效→成本	$\beta_{67}=0.32$	4.41	<0.01
成本→财务绩效	$\beta_{86}=0.43$	5.85	<0.01

测量模型的拟合统计值中,χ^2 值表明该模型不具备统计显著性: $\chi^2 = 115(df = 118)$ 及 $p = 0.54$。不显著的 χ^2 值意味着理论模型和经验模型拟合好,这是研究者所希望得到的结果。其他的拟合指标值则要求具备统计显著性。GFI $= 0.93$,AGFI $= 0.89$ 都超出了建议值 0.9(GFI) 和 0.8(AGFI),比较拟合指数 CFI $= 1.0$,非常规拟合指数 NNFI $= 1.0$ 亦超出所建议的 0.9。结构模型的 $\chi^2 = 119(df = 136)$ 及 $p = 0.84$,不具备统计显著性,其他拟合指标 GFI,AGFI,CFI 及 NNFI 均不低于 0.9。模型的总体拟合符合要求。

表中列出测量模型的各个负荷系数以及相应的 t 值,表明各负荷系数在 $p = 0.01$ 条件下具有统计显著性,其中 x_8,x_{10} 和 x_{13} 三个指标的 t 值未通过检验,故删去。

结构模型的路径系数和回归权重,除员工管理和成本之间的回归权重(β_{64})不显著外,其余均通过 t 检验。

4. 假设验证

在以上计算结果的基础上便可以讨论研究假设的验证情况。

(1) 假设 H_1

研究者认为医院规模是重要的决策变量,若病床数增加,门诊服务网会更趋完备($\gamma_{12} = 0.37$),技术投资亦将增加($\gamma_{22} = 0.20$)。随之,医院会寻求更有效的需求管理决策并导致成本指标的改善(H_{1a},H_{1b})。

医院院址是作为结构性约束条件影响决策的。数据分析表明,院址对于医院服务网项目有显著影响,城市医院倾向于扩大服务项目、综合门诊、住院和手术等各项服务（H_{1c}），院址还直接影响到医院的持续管理水平。农村医院为了存活和应付竞争，较城市医院更重视员工培训和员工能力开发，使员工成为多面手（$\gamma_{53} = -0.30$，由于院址为农村的代码为 0，城市为 1，所以出现负号）。分析结果支持假设 H_{1d}。

（2）假设 H_2

研究者假设作为结构约束因素的实习教育水平影响需求管理（H_{2a}）。数据表明两者显著相关（$\gamma_{31} = 0.25$，$t = 2.16$），实习教育规模扩大是为了适应更复杂和严重的病例，相应地要求改善需求管理。

H_{2b} 假设门诊服务项目的完备程度将影响医院需求管理水平，并进而影响成本指标。计算结果表明前者对于需求管理水平有显著的正效应（$\beta_{31} = 0.81$）。同时，门诊服务项目的完备程度对于员工管理水平和持续管理水平也有显著的正效应（$\beta_{41} = 0.83$，$\beta_{51} = 0.51$），验证了假设 H_{2c} 和 H_{2d}。

关于长期结构性决策还涉及服务选择影响器械投资，而技术投资又转而影响持续管理的改善，包括员工培训等，计算表明显著存在这种影响（$\beta_{21} = 0.47$，$\beta_{52} = 0.20$）。

（3）假设 H_3

研究者假设较好的需求管理、员工管理和技术投资将直接导致成本指标的改善。研究结构表明，需求管理水平提高，则改善成本指标（H_{3a}，$\beta_{63} = 0.42$），然而，员工管理水平对于成本控制的影响不显著，即假设 H_{3b} 未得到实证支持。

提高持续管理水平将改善质量指标，这在数据分析中得到验证（$\beta = 0.17$），说明医院改进培训工作和提高员工的技能适应性将改善治疗质量和患者的满意度（H_{3c}）。

（4）假设 H_4

分析表明医院财务绩效 y_8 受质量水平的间接影响（$\beta_{67} = 0.32$，H_{4a}），而受成本的直接影响（$\beta_{86} = 0.43$，H_{4b}）。

5. 结果分析

本研究的主要内容是建立了医院决策模型，在给定结构性约束因素（即院址、规模及实习教育水平）的条件下，将长期服务项目选择、中间的基础设施决策和绩效指标整合一体，分析其间相互关联。提出了 15 个研究假设并收集了 151 所医院的数据验证此模型。模型概括出医院在当前保健服务条件下为满足市场需求而采取的关键性运作决策。

研究表明，在一定的规模约束条件下，大医院更注重扩大门诊服务，加强与其他医院及医生的合作,同时,寻求有效的需求管理以改善资源,利用和降低成本。此外,大医院较小医院更重视器械投资。但乡村小医院更注重员工管理,包括员工培训和能力开发。

在给定结构性约束条件下,中间性基础设施决策影响医院成本、质量和财务绩效。这个发现和制造行业的研究结构一致,即低绩效的企业应把运作决策放在优先于结构性决策的地位。待形成相当的基础设施后再进行结构性决策。本研究提出的有关中间基础设施和绩效的因果关系表明它是结构决策的重要前提,医院管理者都应心中有数,明确当前该进行何种运作决策得以降低空床率、护士短缺率和提高财务指标。

研究还表明医院管理者已有效地回应了市场需求,将服务项目选择(长期决策)与需求管理(中间决策)、技术投资(长期决策)和人力资源(中期)联系起来,使之直接或间接改善绩效指标。

第四节　定性分析

实证研究离不开数据。数据是现实情况的记录,它包括数值数据(numerical data)或称定量数据(quantitative data)和非数值数据(non-numerical data)或称定性数据(qualitative data),如各种观察或访谈记录,文本和图像。前面几章讨论定量数据分析,其中实地研究法、访谈法、文本分析法等收集的数据,属于定性数据。

由于统计学等数学工具的出现,定量分析可以规范地按清晰的程序进行,别人得以重复这一过程。定性分析迄今为止却难以应用类似的科学方法。有些刚入门的研究人员可能感到,定性分析比定量分析要容易一些,因为不用受许多规则的约束,也无须弄懂那些有难度的数学方法。其实,面临数量浩大、漫无头绪的定性数据,怎样从中发掘自己所需要的东西,有经验的研究人员都感到棘手。管理学研究者,参照人类学、社会学等这类以非数值数据为主的学科的研究经验,努力探索尽可能规范的定性分析方法,减少随意性,提高科学性。探索途径可归纳为两个:一是将非数值数据转化为数值数据,例如问卷法,问卷中各问项的文字信息转换为量表中的数值数据,然后按定量分析方法处理。前述文本分析方法,也是统计出文本中有关概念出现的次数,给变量赋值,再做统计处理。另一种途径便是不依赖数值和统计学,纯定性分析,寻求结构化的方法,直接从文本中提炼出所需要的结果。沿着这一途径的分析方法,中文文献有不同的称呼:质化研究,质性研究,质的研究等,而英文都是一个词

"qualitative research"或"qualitative analysis"。这里还是沿用传统的名词:定性分析,也是本节要讨论的内容。

定量分析面对的就是那些数值,相对而言,访谈和观测得出的文字数据则是规模大得多,头绪纷纭。这些文字当中,哪些要保留,哪些可删去,何处重要,何处可忽视,都是令人迷惑的事。从方法论的视角来说,至少要给出定性分析的主要程序和步骤,这也是定性分析研究人员的关注点。许多学者提出了不同的定性分析方法论,但目前尚未取得共识。下面介绍(M. B.)米尔斯(Miles)建议的分析步骤[14]。

(一)定性分析步骤

着手定性分析时,首先要确定是按演绎还是按归纳的思路来进行分析,这很重要,决定后续分析的方式。如果用归纳思路,研究人员事前要主观设定一些概念。如果用演绎思路,所提炼出的概念和其他结果,都是从访谈记录等各种文本中产生,事前研究人员不设定任何概念。

1. 资料登录

定性分析的依据是访谈记录,观测记录或其他文本。提供适合研究要求的文本须花费许多时间,然而这是值得的,整个研究工作过程都要以文本为依据。各类记录有不同的规范和要求。

访谈记录一般是问答式对话形式。访谈后原始记录都须整理,从交谈的口语内容转换成文本信息。这需要访谈者亲自处理,如委托他人代劳,由于不了解交谈的语境,很容易误解被访者的原意,导致整理出的文本失真。

观测原始记录同样需要整理。整理后的观测记录应该包括下述内容:简要叙述从头至尾的观测顺序;按重要性次序,描述各关键事件,描述这些事件所处的情景和环境,涉及的人员或群体,事件的演进过程和引发的后果。

2. 编码,归类和提炼

资料登录以后,要反复通读整个文本,抓住要点,掌握前后的逻辑联系,熟读文本很费时,却是做好后续工作的关键。接着便是编码。编码是在登录好的文本中找出与研究问题相关的反映某个概念的词块。A. 斯特劳斯(Anselm Strauss)认为"编码的目的是拆分文本数据并聚类重组,得以在各类数据之间进行比较,从而开发出理论概念"。即是说,从拆分的文本词句中,得出树状结构的有类属关系的各种概念,分析比较这些概念,生成理论假设。

编码有两种思路。如采用归纳的思路,则属衍生编码(emergent coding),各种类属的概念都是从文本的辨析中产生。如采用演绎的思路,则属事前编码(priori coding),在文本分析前,就由研究者确定了有关概念,例如前面提到的考察医生和患者之间谈话的融洽程度,家族企业家族成员间的冲突度,按这些事先设置的概念在文本中拆分出相应的词块。有时可兼用这两种编码,按事前编码操作,但保持灵活性,发现有价值的衍生编码。

编码实际上是个由浅入深的过程,从初始的拆分出登录文本的若干词块到最后形成树状结构的有逻辑关联的概念总体。编码工作过程可分为三个阶段:开放编码(open coding),轴向编码(axial coding),选择编码(selective coding)。

(1)开放编码

开放编码是从文本中拆分出有用的词块并赋以所含概念和标识代码。在编码过程中,对文本中待拆分的词句要加以标志,标志方式可以多样,如用下划线或涂上颜色,这种拆分出来的词句,称为编码词块(coded frame)。编码词块的作用不在其词句本身,而是它反映出某种概念(变量)的属性。表5-25列出一项合资企业研究中的几个示例。第一列为编码词块,研究者认为这些词块反映出与研究有关的某个概念。第二列为该词块所反映的概念,这些概念名词一般都已取得共识并有清晰界定。第三列为赋予此概念的代码,代码便于文本分析,如表中用 T_1 表示信任,那么在通读文本的过程中,凡是碰到涉及信任的词块,便可拆分出来,在旁边住上 T_1。这些编码词块构成了精练版的登录文本,使后续的定性分析简便可行,还可能在后续论证过程中作为支撑证据引用。

表5-25 定性分析的编码词块

词块实例	编码概念	代码
我们知道国外伙伴总是按时发货并对共享技术信息采取开放态度	信任	T_1
我们认为这个合资企业至少为期10年	承诺	C_1
为了达到战略目标我们工作紧密配合	合作	C_2
我们很高兴看到企业内部能正常交换信息	满意	S_1
我们已经达到所设定的短期目标	绩效	P_1
我们打算将来将该合资企业转变为外商独资企业	脱离	D_1

（2）轴向编码

轴向编码阶段工作内容是根据开放编码拆分出来的词块和概念，找出各概念之间的从属关系，形成结构化的概念树。在各概念之间进行比较分析，将那些反映类似现象的概念归结为一类，同时将同类概念归属于高一层次的概念。如表5-25的信任，合作，满意等概念，按所研究的问题性质，可归结到绩效这个概念之下。而信任，合作，满意这些概念之下可能又若干较具体的概念。如信任的下一层次可包括决策层之间信任，员工之间信任，决策层与员工之间信任等概念。各种概念之间构成树状关联的整体，将轴向编码形成的各类概念，按它们之间的逻辑关系，构成树状关联的总体，或称之为概念树。登录文本的所有编码文块，经过轴向编码的聚类，可构成若干个相互独立的概念树。

（3）选择编码

每棵概念树的最上层的概念便是核心概念。选择编码便是理出核心概念和核心概念统领的概念树，这可视为整个编码阶段的产品。这些核心概念以及它们之间的关系构成后续研究工作的主要内容。。

这种聚类和找出核心概念的过程，既要按研究者的要求和思路去做，又要贴近文本的实际。只有概念之间逻辑上的完美，而概念和文本的事实不匹配，得出的结果有效性就差。当然，如果只是就事论事，理不出概念树，定性分析也没有什么价值。

有上述工作基础，注意力就可集中放在提出研究假设。归纳思路下定性分析的作用主要是提出假设而不是验证假设。主要思考的问题是这些概念树内部以及各核心概念之间存在在什么样的关系。按照归纳的思路，研究者主要依靠自己的的知识结构，经验和洞察力，审视概念树的结构和已有研究结果有哪些不同，哪些核心概念联系较密切哪些较疏远，哪些核心概念之间的关联是有理论和实际意义的，等等，然后对概念与概念之间，核心概念与核心概念之间的关系做出理论上的判断，提出研究假设。按照演绎的思路，由于事先设定概念，对于概念之间存在怎样的关系有一定的主见，定性分析可起到验证假设的作用，如第四章文本分析所述。

现在已经有供定性分析的计算机软件，如 CAQDAS（Computer Assisted Qualitative Data Analysis Software），不过都是面向英文文本。

扎根理论（grounded theory）是目前应用得较多的一种定性分析工具，由两位社会学家 B.格拉塞尔（Barney Glaser）和 A.斯特劳斯于1967年提出的。虽冠名理论，实际上称之为方法论更为确切。它是按照归纳的思路,工作开始时无须应用任何理论,直接从文字数据中系统地生成理论假设[14]。按照扎根理论总结出的定性研究的过程与上述定性分析步骤基本一致。

扎根理论和按归纳思路进行的定性分析,属于阐明问题阶段用于发现问题的方法。按照该理论,似乎研究者在资料登录前,可以没有任何主观设想,完全从文本中归纳出概念和假设。事实上这难以做到。开放编码阶段,从何入手,何时结束,如何提炼出概念,概念聚类和提炼出核心概念和假设,都没有明确的规则,还得靠研究者的主观意图,第三章提到的从令人疑惑的现象入手,问题导向,在定性分析中仍然适用。

从实际应用情况看,定性分析主要由于是从非数码数据中提炼出假设,而在假设验证中应用较少,因为验证需要足够样本和重复性。访谈法或观察法获得的非数码数据,只是涉及单个研究对象,只是在该研究对象的特定情境和条件下得出的结果。此外,整个定性分析过程缺乏清晰的规则,主观判断的作用大,研究结果难以重复。

(二)定性分析与定量分析

常见到将定性分析与定量分析做优劣比较。其实,谈不上孰优孰劣的问题,各有适用的场合。定性分析从文字文本中提炼出研究假设,这样的"洞察力",统计学等任何定量分析方法都做不到。面对繁杂的文字信息,定量分析方法无从下手。而在假设验证方面,定量分析方法则显示出长处,能用数值来表示变量的变化幅度,继而定量地表示两变量之间的关联模式,同时,统计方法能区分偶然因素在变量关联中的作用,进而判断变量间的关联模式是否有效。要让非数值数据在假设验证中起作用,一要将文字信息转换成数值信息,二要增加样本,有许多局限和难度。

还有一种说法认为,研究生学位论文前一段时期流行实证研究之类的定量分析,现在已转向定性分析,这不符合实际。改革开放以后,学术界和西方大学沟通合作多了,从国际英文期刊发表的论文比较分析,发现管理研究水平与国外有差距,主要表现在缺乏用现实数据和事实进行实证研究。国内管理学术界,特别是大学教师,博士生的研究工作转向重视实证研究,并取得了显著进展,在有影响的英文学术期刊上发表的论文数大幅增长。这些成绩值得肯定。不过,有的实证研究工作也存在一些偏向,主要是追求"实证"的形式,而忽视了实证的目的是支持有价值的论点。有这种偏向的论文,设计了一些问卷,收集到一些数据,并应用诸如线性结构方程之类的模型来计算分析,得出变量之间的关系,给出计算结果的信度效度等指标。形式上,很像是一篇有学术深度的论文,但所论证的论点却无理论和实际价值,甚至是不言而喻的常识。这类只顾形式而无价值的论文研究路径走偏,引起了非议和质疑,并非实证研究本身有什么问题,不能因为出现这些走偏的研究工作就否定实证研究。要得出科学结论,实证研究是不可回避的途径。

定量分析和定性分析不能相互替代,不是你消我长彼此竞争的关系。定量分析方法再发展,也难以定量地推出新的研究假设。需要洞察力来发现新设想新论点的场合,如企业战略和企业文化的研究中,定量分析难以有用武之地。定性分析方法,用来科学地验证一项普适的新论点,那是十分困难,只能让位给定量分析。

第五节　评估研究

按照第三章的研究设计过程框架(图 3 - 1),数据分析得出结果以后,还要对已进行的全部研究工作加以评估。视评估结果,调整或修改问题辨析或假设论证工作的内容,迭代进行,直到满意。

一、信度和效度

评估研究(evaluation research)有时称为项目评估(program evaluation),目的在于评估论证工作,并非是一种论证方法。项目评估的概念应用领域很广泛,从研究方法论角度来看,评估者考察某项研究的科学性及其价值,主要关心两项指标:效度和信度(reliability)。当然,评估者也应包括研究者本人。研究者在完成一项研究或取得阶段结果后,最好能超脱研究者的立场,按局外人的思维方式来评估这些结果,这样做很有必要,可帮助研究者发现研究工作中的问题,尽管要做到"超越"很困难。

管理研究除了纯粹描述性的研究,都是为了发现某种变量与变量、现象与现象之间的联系,如前面列举的一些例子,无形资产导致东道国和跨国企业双方得益,自杀率的决定因素是社会的和谐程度等。每项研究或每篇研究论文对于两变量间关联的论证力度不会相同,最好的情况是读者信服研究者提供的论据和推理过程,同意研究者对两变量关联的解释并排斥其他的解释。方法论常采用内部效度(internal validity)的术语来描述这种论证力度。

内部效度概念首先由坎布尔和斯坦利(Julian Stanley)于 1963 年提出,用来考察经验证过的研究假设,判断其表述的变量间关系的可信程度。

前面提到"求知"(knowing)是个人对于变量或现象之间存在关联的主观判断，而"知识"(knowledge)则是个人判断已取得社会共识的结果，从这个角度说，内部效度可理解为：研究者的判断可以取得共识并成为知识的程度。

一项研究的内部效度高，说明研究者对变量间关联的命题在研究设定的情境下是成立的。然而，在其他的时空条件或其他的分析单位情况下，该项命题是否适用，新的有关这些变量间关联的研究是否会得出同样的结果，内部效度并不能回答这个问题。研究者关于变量间关联的判断是否具有概括性，能否在超越研究情境下同样成立，这就要引入另一个概念，即外部效度(external validity)。外部效度描述研究者已证实的假设可供推广的程度，辨明此项假设所断定的变量间关联的适用范围和环境。

评估研究中，内部和外部效度都须考察。内部效度表明所论证的变量间关系的科学性和可信程度，其值越高，说明该项研究内部的论证和推理逻辑越严密。外部效度表明所论证的变量间关系在其他情境下的适用程度，其值越高，说明此研究结果应用价值越大。

信度或精确度(reliability)是和效度并列的、评判研究工作的另一项重要指标。信度表示对于同样的对象，运用同样的观测方法得出同样观测数据(结果)的可能性。例如测试职工对于领导层的满意度，第一次测试结果是40％职工很满意，20％职工很不满意，第二次用同样的问卷和数据处理方法得出测试结果是10％很满意，30％很不满意，这种观测结果的信度不高。

信度和效度的关系如图 5-13 所示。(a)图的信度高、效度低，(b)图表示无信度、低效度，(c)图的效度、信度均高。可见，信度表示度量结果的重复性，数据与平均值的差异程度，第一章已提到，重复性是科学研究的一项必备属性。效度则判断度量结果是否真正是研究者所预期的结果，指数据与理想值的差异程度。

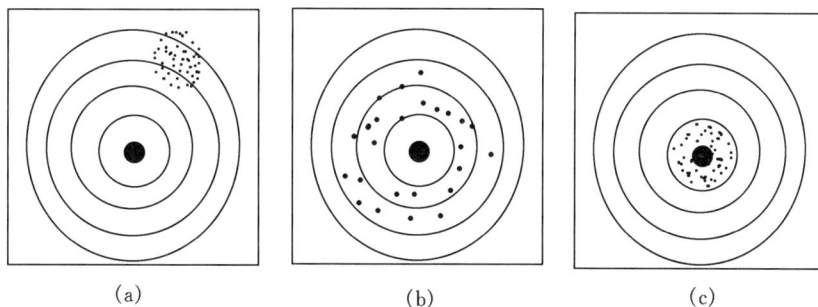

| | | |
| (a) | (b) | (c) |

图 5-13　效度和信度关系

　　信度是效度的必要条件,但非充分条件,若在不同时间进行测量,两次测量的结果变异很大,不仅没有信度,也必然没有效度。但在实用上,效度检验最为有效,如测量工具(问卷、实验设计等)效度合格,往往无需去关心它的信度,只是效度不够才进而评价信度。

　　信度较之效度可以更直观地加以测量,常用的信度指标有三类:稳定性(stability),等值性(equivalence)和内部一致性(internal consistency)。

1. 稳定性

　　由同一个受测者应用同一种测试工具(如问卷)作出反应(如回答),若能出现前后一致的结果,则称这种测试方式具有稳定性。例如,工作地写实,观测一位车工加工某零件的工时。如多次观测得到的工时记录都一样,这便是稳定的观测过程。稳定性的判断主要受到时间因素的干扰,因为两次观测的时间间隔中可能出现其他因素影响观测结果,如工时观测中,另一批零件的材料性能差异等,但并不说明这种观测方式不具备稳定性。

　　实地研究的直接观测法常应用此稳定性指标,因为它易于反复观测同样的行动,比较前后两次的观测结果,并判断此观测方式的信度,指导后续观测。问卷法就不同,通常被调查者能按问卷回复一次就不错了,难以重复测试,稳定性判断也变得困难。

2. 等值性

　　信度的第二个方面是考虑不同观测者(实地研究)对同一测试项目(问卷法中的问项和量表)带来的测试差异。从时间角度来说,稳定性关注不同时刻点的人员和情境变异,等值性则关注同一时刻点不同人员对某测试项目带来的测试误差。差异越小,等值性越高。如问卷法,比较各个被调查者对同一测试问题的打分,便可判断此测试方式的等值性。等值性指标值并非总是越高越好。利用同一测试项目有不同测试结果的现象,可以将被调查人员分类,同类人员的测试等值性高,不同类人员等值性有显著差异,这往往是研究者为了发现和分析问题而期望得到的结果。

3. 内部一致性

　　信度的第三项内容是观测项目(指标、问卷的问题等)之间的内部一致性(internal consistency)或同质性(homogeneity)。

　　内部一致性关注不同测试项目所带来测试结果的差异。任何观测工具的测试项目(如问卷中的问题,考卷中的试题)总是有限的,亦即具有选择性。不同测试项目得出同样的测试结果,便符合内部一致性。如设计业务水平考核的试题库,由该题库中随机抽取若干组题目,若同一水平的受试者按各组试题都能考出同一档次的成绩,则此题库具有良好的内部一致性。企业客户管理中,采用不同的问项而客户分类结果却是相同的,说明这些问项符合内部一致性要求。

内部一致性指标在问卷法观测数据中经常用到。本章"结构方程建模"一节中,内部一致性就是相关软件 AMOS 等的一项重要计算指标。因为"结构方程"所包含的测量模型部分,主要是运用确定型因子分析技术。这就要求研究者为一般属于潜变量的因子设计若干个可测试的显变量,亦即本节所说的"测试项目",这些测试项目之间的内部一致性便是有待检验的指标。

当测量工具含有多个同类测试项目时,可使用折半法(split-half techniques)将测试项目按单双数或其他随机方式分成两半计分,如果两者相关程度很高,则代表测试项目的内部一致性高。

折半法的主要问题是折半的分类方式,可能会影响内部一致性系数。为此常使用 KR20 法(Kuderd Richardson)与 Cronbach's α 系数法。KR20 法适用于测量答案只能二选一的测量工具,而 Cronbach's α 系数则常用于定距尺度的测试量表,它的应用最为普遍,"结构方程建模"一节中即用该指标,其表达式为:

$$\alpha = \frac{k}{k-1}\left|1 - \frac{\sum_{i=1}^{k}\sigma_i^2}{\sum_{i=1}^{k}\sigma_i^2 + 2\sum_{i=1}^{k}\sum_{j=1}^{k}\sigma_{i,j}}\right|$$

k 为所探讨的问卷项目之个数。

例 5-5　设对三个指标($V_1 \sim V_3$)作内部一致性信度计算,此三个指标之方差各为 0.71,0.58,1.28,而协方差为:$Cov(V_1,\ V_2)=0.23$,$Cov(V_1,\ V_3)=0.34$,$Cov(V_2,\ V_3)=0.15$,则

$$\alpha = \frac{3}{3-1} \times \left[1 - \frac{(0.71+0.58+1.28)}{(0.71+0.58+1.28)+2\times(0.23+0.34+0.15)}\right]$$

$$= 1.5 \times \left[1 - \left(\frac{2.5}{4.01}\right)\right] = 0.538\ 7$$

若为探索研究,此 α 系数一般应大于 70%,应用研究则大于 90% 为宜。

无论是评价内、外部效度或信度,都有一个前提条件,它就是研究结果的可测性。

二、可测性

一项研究具备可测性（measurability）才有可能让人验证、重复和推广，这是科学研究的基本要求。一篇媒体报道、一篇演说或一席发言都可容许一些模糊概念，容许别人不同的理解，而一份研究报告则要力求清晰，概念无歧义。是否符合此要求，可测性是个标志。

研究项目评估中要审视各个应该测量的环节是否都能够测量，下面分别叙述应具备可测性要求的主要环节。

1. 问题阐明

研究成果的评估者首先要判断该项研究是否清晰地提出了有研究价值的问题。判断是否有足够的研究价值往往就要问该研究的目的："研究的预期结果是什么？能起什么作用?"有的研究报告会给出一些空洞和模糊的自我评价，如"本研究将填补本领域的空白"，"首次系统地建立了本领域的理论框架"，"为决策部门提供了有力的决策依据"或"促进管理者素质的提高"等；有的回答"提出了新理论"，"修正了某某理论"，"改进了某某模型"等。评估者难以从这些答案中构成具体印象，这些言词无法令评估者对论文价值作出判断。"填补空白"，"独创的理论体系"等这类话不是绝对不能说，"空白"、"独创"等概念可有很不相同的理解，低要求、高要求差别很大，重要的是要从可测性的要求指出填补何处空白，何处独创。

怎样才算达到可测性要求，最重要之点，就是要说明发现了何种新的变量之间的关联。没有落实到变量层次的新发现（findings），提出的理论框架也无独创可言，无非是将现有知识按自己的理解重新组合排序并用自己的语言表达出来而已。评估者对于"有力的决策依据"或"有利于提高管理者的素质"一类回答，也会追问何种"依据"和何种"素质"。至于提出了新理论、观点，或修正前人理论或模型等答案，也不能到此为止，要让评估者对其内涵和作用有清晰的概念。实际上，改进前人工作不外乎指出某种理论或模型对于某种变量未加考虑或变量间的关联估计不当等，直截了当说明这些实质性贡献，评估者才能判断论文的作用和价值。例如，前述无形资产是跨国公司和东道国双赢纽带的论点，论证中通过无形资产和赢利间的定量分析得出两者呈正相关联系，那么，那些原本认为国外直接投资以负面效应为主应予排斥的读者，可能因此转而认识到以正面效应为主，应予鼓励和合作。这种论点引起认识上和实践中的差别，就是研究工作结果的价值所在。哪怕模型中改变一个参数，也要把参数改变后运作结果和原模型作一比较，指出差别何在，并将差别大小显示出来,让评估者一目了然。差异程度不表达出来,再多的外围说明也无济于事。而所有这些工作都离不开研究概念的可测性。

简括说来,问题阐明要落实到变量的层次,这就意味着要具备可测性,这样才能判别该项研究(论文)中所预期的结果是否真实存在,预期的现象是否真会发生。

2. 输出变量

评价研究中的一个关键变量便是输出变量或因变量。一项旨在提高劳动生产率或提高质量或增强职工凝聚力的研究,必须具备测定劳动生产率、质量或凝聚力等输出变量的能力。输出变量符合可测性要求,需要有清晰的定义。同时,还要有清晰的操作定义,在变量度量的标准和规则上有明确的说法,不会出现歧义。

研究中引用的术语和概念往往来自法规、标准、手册和日常生活或工作用语,人们可以用这些术语进行沟通,然而,具体接触到如何度量的问题便可能众说纷纭。例如,中华人民共和国教师法第二十五条:"教师的平均工资水平应当不低于或者高于国家公务员的平均工资水平,并逐步提高。"按此条例内容,对于教师平均工资水平 $\overline{S}_T$ 和国家公务员平均工资水平 $\overline{S}_O$,两变量之间关系的描述应为 $\overline{S}_O \leqslant \overline{S}_T, \frac{\Delta S_T}{\Delta T} > 0$,人们对此无异议,都能理解其含义。然而,涉及度量,问题就来了:教师指大、中、小学各层次的所有教师?公务员指从中央一级到哪一级政府机关的公务员?总体比较还是分类比较?工资只是指工资单上的额定工资,还是包括补贴、奖金甚至职务消费部分?工资水平提高的间隔 ΔT,是半年、一年还是两年?从学术研究要求来说,这些问题均必须回答,即使不能取得共识,研究者也要提出在本研究中运用的、自己认为最适当的操作定义。

绝大多数管理研究包括研究生论文都属于应用研究,都有现实目的,目的实现程度体现在输出变量。有的研究生可能提出,所从事的该项研究的结果现在还不清楚。这种情况会有,但属于基础研究,像管理学术界参与的复杂性理论研究。基础研究有其自身的要求,它重在描述型研究,解释令人迷惘的现象,也是探索现象与现象、变量与变量之间的关系,只不过目前还没有达到改善或改变某种变量的研究阶段。

3. 管理情境

实验研究设计旨在使实验组和控制组处在同样的管理情境下进行,以保证实验结果的可比性。实验研究之外的各种数据收集方法其实都有同样的要求。研究者在一项研究中总是注意两个或几个变量,而更多的可能影响研究结果的变量却处于研究者视线之外。实际上,情境控制往往是研究者最棘手的问题。例如,评价一项待业培训项目,输出变量一般会选择培训后的人员就业率。然而,研究者还要观测社会总体就业率。如果作为输出变量的就业率低,正值劳动力市场衰退期,并不能说明此项目就失效;反之,社会总体就业岗位增加,算出的就业率高也不表明项目成功。这种劳动力市场的总体就业率或失业率等属于情境因素,一项研究不可能测量所有的情境因素,包括客观的时空环境和分析对象的主观因素,关键的情境因素在定量分析中却不可忽视。

4. 自变量

输出变量是研究者关心的结果,而离开对自变量变异的考察也就谈不上研究。自变量的可测性要求应毋庸置疑,只是在管理研究中,不像工程技术研究工作那样总是采用定距、定比尺度,而经常用到定类和定序尺度。这类变量属离散型,度量尺度往往采用一些生活中常用但模糊的概念,像有、无,是、否,高、中、低,优秀、良好、及格、差,强、较强、中、较弱、弱等,人们都有各自习惯性的理解,须清晰地界定,运作时才不致产生混乱。如上述评估待业人员培训项目的例子,"培训"是个自变量,它的属性有二:参加或未参加。实际上有些人自始至终参加,有些人参加一段时间,有些人虽参加,却经常缺课,再观察细一些,有些人认真努力,有些人采取应付态度,成绩也不一样。这些是否都归入"参加"这一类属性?假如说缺课次数或缺席太多便不算参加,要达到多少次数或天数才归入"未参加"一类?这都属于变量的属性和尺度设计,也是围绕可测性的要求来进行的。

5. 分析单位

分析单位即研究对象的可测性,意味着对于研究对象的总体作出明确界定。研究过程中涉及的样本都应符合总体的特征,如研究对象的性别、年龄、职业、教育水平、收入水平、健康状况等等都可能是有待规定的特征。如待业培训项目的例子,研究对象是企业下岗人员或社会待业人员,是城市居民或农村流动人口等都要加以说明。切忌回避对分析单位的明确规定,以致评价人员难以对研究价值作出判断,只能感受到研究对象范围似乎很广,但又不能肯定适用于哪个总体。

研究者处理可测性,还会碰到设计新属性和尺度还是沿用已有的属性和尺度的问题。建立新属性和尺度,其好处是更能符合该项研究的实际情况和需求,更贴切和准确,但要付出代价,花精力和时间去设计。如果运用已有属性和尺度,便可以与前人的同类研究结果进行比较分析,也可利用前人的成果。现有的属性分类和尺度标准已经过实践检验,并已取得研究者的信任,如让一种新的设计取代它,待取得同行的认可并付诸实用,需要一个相当长的过程。

三、内部效度

如前述,内部效度指研究者所判定的两变量间关系的可信程度。内部效度愈高,表示两变量间关系的不确定性愈小。然而按波普尔(Karl Raimund Popper)的观点,内部效度即使足够高也不能证明一项关系假设为真,只能说此项研究使该假设免于证伪。每项假设都可能通过多种验证方法和不同方案(样本选择和尺度选择等)进行研究,每次研究相当于添加一个免于证伪的证据。理论上说,这种"免于证伪"的过程永无尽头,每增添一个证据就减少一份不确定性,只要不确定性降低到某个阈值,便可认为该项假设已成为取得共识的知识。而此阈值仍然有赖主观选择。此项假设"免于证伪"的证据数量即使超过阈值,仍然面临着未来可能出现证伪的可能。所以说,科学知识只能说相对真实。

与永无尽头的"免于证伪"的过程相比,一次证伪就可能否定一项假设,至少说明该假设受到限制,而一次支持假设的研究结果却不足以证实,这就是统计推论的思路,"对立假设"的设置便是证伪。

管理研究验证和统计检验的思路并不一致,当研究者提出某种关系假设后,并不会去寻找证伪的环境和条件,因为管理现实不可逆,不像实验室试验,错了重来,甚至做破坏性试验。管理者不希望出现的后果就不让它发生,一般从正面去证实它,即提高假设的确定性。确定性如上所述是相对的,即使超过阈值,也有不同的确定程度,对于阈值和确定性程度的需求视情境而异。一项研究结果是作为论文发表还是作为一项行动方案,对阈值的需求就不同,显然付诸行动的研究成果,其确定性和阈值要求高。

评估研究结果的内部效度,具体来说就是判断该项论证工作结果对于研究假设确定性影响程度的大小。如果一项论证过程使此假设关系成立的确定性明显提高,则内部效度高。至于如何判断一项研究的内部效率,可以从序贯关联的四个环节进行(图 5 - 14)。

1. 假设效度

研究结果归根到底是评价所提出的研究假设。评价者对于一项研究结果的内部效度,首先要判断所证实的这种假设是否能用已有知识作出合乎逻辑的解释,此即假设内部效度的含义,有的文献称之为"解释的可信性"(explanation credibility)。有的研究可能提出一种假设且有证据,

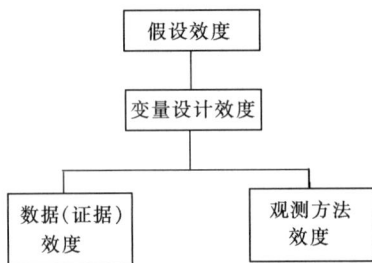

图 5-14　效度评价环节

但无法加以解释。例如,有人提出"凡美国每逢零年当选的总统必遭凶祸"的假设,同时有事实的支持。自 1840 年以来,美国每逢"零"年当选的总统都是在任职期间死亡或被行刺遇害,像哈里逊(William Henry Harrison)、林肯(Abraham Lincoln)、加菲尔德(James Abram Garfield)、麦金莱(William Mckinley)、哈定(Warrer Gamaliel Harding)、罗斯福、肯尼迪(John Fitzgerald Kennedy) 和里根,其中里根遇刺受伤幸免于难。20 年才有一位"零年"当选的总统,上述八位总统的事例,涵盖了 160 年的历史时期,可说证据确凿。但是"零"年和当选总统的死亡为何有这种关联,按现有知识无法加以科学解释,这倒可看成是随机事件的巧合,就像抛硬币 10 次,不大可能 10 次都是正面朝上,然而 1 024 次抛硬币中就可能有一次出现这种情况,而事实上恰恰碰到这一种。所以,"每逢零年当选的总统必遭凶祸"的假设解释不可信。可信的解释令读者从开始就产生信赖感,而可疑的解释留给读者的初始印象便是研究可能存在缺陷,并在后续的阅读过程中专注于这种缺陷。论文中的研究假设(hypothesis)和前提设定(assumption)都应符合可信解释的要求。不论这种假设论述过程如何复杂,都应使同行和读者能作出可信的解释。

怎样的解释才能算可信? 可以从以下几方面来判断:

①建立在已有知识的基础上。可信解释意味着用已有知识来建立两变量间的逻辑关联链,每个关联环节都可用已有知识来解释的话,则关联链的总体也就可解释。孟德尔(Mendel)1865 年的遗传原理在 35 年后才被人们重新发现,原因就在于当时它的含义还不能用一系列简单的逻辑步骤串联起来,成为人们能够接受的知识。

管理研究中常有许多与直觉判断相悖的结论,像论文中常碰到的"悖论"(paradox)、陷阱或误区(fallacy)等标题,就是揭示理论演绎的不正确的关联链。这种研究很引人入趣,也很重要,但同样要用已有知识来说明这些悖论和陷阱的存在。

②从时序上,假设提出应在数据获取和分析之前。研究设计一章中提出"主题先行",为的是后续的研究工作有个"统帅",使论证和数据收集、分析工作的目标性更强,效率更高。从内部效度角度看,"主题先行"是个评估指标。如果变量关系的陈述是在数据收集和分析后方才提出,则只能是"就事论事"地解释这些数据出现的原因,用自己偏爱的理由来解释这些数据,难以判明这些数据是特例还是具有共性。除非有进一步的研究,否则,难以使人信服这是一项学术上的新发现。爱因斯坦说过,"科学旨在将人们五彩缤纷且无序的感知纳入一个逻辑上一致的思维体系,在这样的体系中,个别的感性知识都和某种理论结构相衔接,使得人们的感性知识有特色地、令人信服地协调一致",指出了一项研究工作应有自身的理论结构,研究结果所应用到的各种数据和事实才能协调有序。一本统计年鉴本身并不构成学术研究成果,因为它本身并不是为了论证某种假设而做的工作,它只是一种数据源,供各种研究假设验证之用。

③明确描述效应发生的方向、大小和时间。两变量间的关联假设意味着一个变量变化,另一变量会发生相应的变化。"一项新的管理措施对职工的积极性和业绩会有影响",这是一种表述方法,但职工积极性是提高还是受挫,业绩是改善还是下降,影响的方向表述得不明确。如说"某项管理措施将提高职工积极性",这种假设则便于判断其效度。进一步说,积极性将从C级提高到B级,然而C、B级的定级准则及尺度需要有明确的设定。产生效应的时间,即时或滞后,渐增、渐减或周期性,都要令读者形成具体概念。

如果研究假设可以用已有知识逻辑地进行解释,假设提出在数据收集和分析之前,同时变量间影响效应的方向、大小和时间也有明确设定,便可足以避免推理统计中所说的甲类和乙类误差。甲类误差指已作出显著性差异判断而实际上是随机误差在起作用,在追究可解释性和时间顺序后,便不会出现将随机现象解释成是某自变量作用的结果。例如,不会将10次连续出现硬币正面,或逢零年当选总统不吉利的现象看成是某种因素造成的结果。乙类误差则是研究者误认为变异现象是随机因素所造成,而变量的作用被忽视。假如变量关联可以由强有力的时空顺序作出解释,则可帮助研究者或评估者从乙类误差角度来找原因,以免错过一次新发现。

2. 变量设计效度

研究假设可赋予合乎逻辑的解释后,内部效度便算过了第一关。但研究假设提出以后,要经过一系列转换。从第三章的假设树可以看出,主题假设要推演出多级假设直至工作假设。工作假设确定后,要对假设中涉及的变量进行名义变量到操作变量的转换,并设计变量的属性。这一系列转换是否确切,属于变量设计效度,有的文献称之为"转换确切性"(translation fidelity)问题。

前述"无形资产使跨国公司和东道国企业双方得利"的假设,论证时有个工作假设:跨国公司新设立国外分支后,其股票价格会有波动,对于无形资产含量高的跨国公司股票增值大,而无形资产含量低的则增值小甚至减值。这个工作假设支持主题假设的程度如何,用股票增值和无形资产比重关联来表达原研究假设是否合适,这属于变量设计的效度问题。显然,工作假设的转换有多种选择,例如直接检验不同无形资产比重的跨国公司在国外设立分支后的赢利状况,也许更能说明问题,但股票增值数据更容易获取。研究者往往要从逻辑合理性和操作可行性之间权衡作出选择。

"转换确切性"的评价首先要看研究假设转换成工作假设的逻辑合理性,接着,便要把注意力放在变量转换的确切性。管理研究中常用到诸如凝聚力、满意度、积极性、贡献率这样一些抽象的概念,研究者无法绕过这些概念的度量问题,否则后续的论证难以进行。然而,从抽象概念到可测的操作变量之间的一系列转换,这属于变量设计效度问题。例如,前述例子中,"无形资产比重"这个变量的度量,研究者难以收集到跨国公司的无形资产比重的数据,而采用公司的研究开发费用投入、广告费用和管理水平三项指标来衡量,论文评阅者就要判断这三个指标替代"无形资产比重"是否能成立以及它的确切程度如何。

即使物理学中的变量,有些都不能直接观测,不可见射线的强度穿透某种障碍物的能力,只能从感光片上留下的痕迹来判断,管理研究中涉及人的内在因素,人的感受、态度和心理状态等都难以直接观测。例如,广为引用的智商(intelligent quota)以及近年来受到注意的情商(emotional quota),其测量方法都离不开受试者对一组问卷的回答和心理测试的反应,这些问卷和测试题是否能确切地将"智商"、"情商"之类的抽象概念转换成可度量的指标,这是变量设计效度判断不可回避的问题。

3. 观测方法效度

变量设计效度如果可以接受,便可进一步评价研究工作中所选择的数据收集和处理方法是否合适。前面提到,每种数据观测方法都有它的优点和缺点,有不同的适用情境和范围。同时,每种观测方法都有一些干扰因素造成的误差"陷阱"。评价者要分析观测方法和变量设计匹配程度,各种误差陷阱的消除程度,这属于观测方法效度评价的内容。

第四章实验研究一节介绍了坎贝尔和斯坦利等提出的七种内部效度干扰因素,指出观测工作过程本身可能造成数据误差以及对关联效应的错误解释。评估者可根据这些干扰因素来审视研究工作是否避免了这些干扰影响,这些干扰因素的影响消除愈多,观测方法效度愈高。

4. 数据(证据)效度

数据或证据效度是效度评价最后的也是最受人注意的一关。具体内容可包括以下几项。

(1)数据和证据的真实性

诚实是研究人员素质的基本要求,研究中所引用的数据、资料和证据应是真实的,绝不能虚构、伪造。然而,个别研究人员在某种压力或短期功利动机的驱使下不惜冒风险采取伪造、删改或抄袭的手段去论证自己的假设,或将别人的研究成果据为己有。1997年曝光的胡黎明事件就是典型例子,以剽窃他人成果获得博士学位,并成为博士生导师,直到东窗事发。其实,这种弄虚作假,评阅人员特别是指导教师并不难发觉。论文中如有这类弄虚作假的证据,作者往往不把数据资料的来源交代清楚,有关文献评述也是含糊其辞,又像是自己的工作结果但又不能理直气壮地说清来龙去脉。指导教师对于关键的证据是否出自研究生自己的工作,从他投入的程度和对问题的理解,理应有所了解并能识别出来。

(2)时间顺序和空间范围的一致性

两变量间关联如属于因果关系,则原因事件必然出现在结果事件之先,一般科学研究人员都承认这个道理,但实用中有时却会违反。例如,按产品废品率与许多企业管理有关的变量都能找到它们之间的相关系数,但不能说这些因素都是造成废品的原因。因果分析中数据出现的先后顺序可用于分辨因果关系的真伪。

数据和证据产生的空间要和研究假设适用的空间范围一致。甲地区企业问卷调查论证的结果,不一定适用于乙地区的企业,更不适用于学校或事业单位。

(3)变量间关联效应推论过程的正确性

研究假设设定一个变量变化,另一变量便会产生关联效应。这种效应可能由于因果关系引起,也可能是协变关系。从内部效度的要求,意味着评阅者要判断两变量间是否存在着研究者所阐述的关联效应。如果研究者揭示的证据说明关联效应足够大,效应明显存在,这当然不存在问题。然而,常常碰到此效应并不明显,须用统计推论去判别所出现的差异是属于随机误差还是关联效应,这时,就要审核统计推论过程的正确性,包括参数估计、统计检验等统计工具的运用正确与否。判定关联效应成立以后,再与研究假设所预期的效应进行比较,看是否相适应。

概括说来,数据效度的评价,首先是判断数据和证据的真伪,其次是判断变量作用的时间顺序和空间范围是否合乎逻辑,最后判别统计推论的关联效应是否和研究假设预期的一致。

以上内部效度判断的四步骤具有连贯性。首先,对所论证的研究假设凭已有知识作出解释,如果这种解释能够合乎逻辑和事实,便过了内部效度的第一关,然后,审视研究假设和变量转换过程是否确切和合理。如果成立,接下去审视观测方法和数据(论据)的效度,如果合格,便完成了内部效度判断过程。

四、外部效度

外部效度指研究者所证实的研究假设的可推广性,亦即适用于其他对象、情境、时间和空间的程度。简而言之,代表研究结果的学术和实用价值。理论上说,一项研究的对象可以是总体,如从全国人口普查数据研究不同年龄段和收入等变量之间的关系,这种情况下,外部效度的作用不大。由于人力、财力、时间和技术上的原因,很少进行这种总体研究,绝大多数课题都离不开样本研究,这就有推广和外部效度问题。当然,即使像全国人口普查,其调查研究结果也有能否适用于其他国家的问题。

外部效度亦可看作研究结果的强壮度(robustness),强壮度高表示在不同的情境、对象、时刻和研究人员的条件下可得出相同的结果。外部效度也可按重复性(replicability)的概念来理解,在不同的环境、情境、时刻和研究人员等条件下,研究假设所阐明的关联现象还会重复。

外部效度评价和内部效度判断相对应,也包括图5-14所示的四项判断,即:假设效度、变量设计效度、观测方法效度和数据(论据)效度。这几项判断和内部效度判断一样,犹如四道跨栏赛跑的栅栏,前面一道未能越过则影响后续跨越甚至只能退出竞赛。同时,外部和内部效度判断之间有关联,如内部效度的假设效度不成立,就谈不上假设的可推广性问题,如内部效度的假设和变量的"转换确切性"成问题,在其他环境下的转换更会出问题,等等。内部效度判断是基础,外部效度判断本身就意味着相应的内部效度判断已获得合格的答案。外部效度判断跳出研究本身的范围,注意力放在"其他"二字,看哪些"其他"对象、情境、时刻等适合应用本研究结果。

1. 假设效度

每篇论文都包括结果(results)和结论(conclusion)两项内容,两者不能混淆。结果指的是在给定的论证情境下揭示出的变量间关联,而结论是结果的延伸,阐明可以推广应用的其他情境。"结果"反映出本研究的工作内容和它的科学性,而"结论"反映本研究的价值所在。"结果"是论文的基点,新的发现和创新所在,离开"结果"及其论证过程和内容,论文就是无本之木。"结论"则是论文应用的潜力,如果论文只局限于就事论事,花费精力得出的"结果"不能应用于任何其他的对象、情境和时空条件,则论文就无实用和学术价值。"结果"是内部效度判断关心的内容,而"结论"是外部效度判断关心的内容,两者相辅相成。

假设外部效度指评价者凭现有知识来判断,从"结果"引申出的"结论"是否能解释得通。它包括两方面的内容:①作者一般会在结论中指出,此研究结果可推广应用的对象以及适合的空间范围和时间跨度。外部效度就要判断研究结果和抽象结论之间是否可赋予合乎逻辑和常识的解释。例如,大型企业的研究结果为何可适用于中小型企业,要能解释得通。②指出研究结果含义的延伸。如"拥挤导致冲突"的假设,可以通过人员群居密度、排队长度等变量与相互冲突次数之间关联的实证研究得到支持。这样的结果引发人们思考,进而提出"人才密集导致冲突"的假设。僧多粥少引来许多矛盾,所谓一山不容二虎,大明星集中的球队或剧团并不意味着效果就好,进而再延伸到"阻挠导致冲突",无论是拥挤或人才密集都意味着个人的意愿得不到实现而受阻,这是更高层次抽象的假设。如果"阻挠导致冲突"的结论来自上述一些实证结果,外部效度就要求在这个结论和"人才密集导致冲突"的实证结果之间,找出用现有知识解释的推理链。

2. 变量设计效度

变量设计外部效度指研究工作中假设和变量的转换过程,包括工作假设、操作变量以及属性和尺度设计等,在待推广的情境下是否仍能成立。如研究企业主管(CEO)的激励措施和工作绩效的关联,所得出的结果一般来说不能引申到企业以外的事业单位或学校,也不能引申到中层管理人员。即使是企业,也要审视研究过程中抽样状况,如果只是国有大型企业的样本,就不能把结果轻易推广到小企业、合资企业和民营企业。又如研究会计事务所审计付酬方式(由被审计公司付酬或由第三者付酬),对于事务所审计的独立性是否有影响,如研究对象是国有企业,所做的变量设计就不一定适用于地方企业和其他各类企业。

3. 观测方法效度

观测方法的内部效度,指消除数据误差"陷阱"的程度。每种观测方法同样有一些干扰因素,在推广的情境下造成数据误差"陷阱"。在第四章实验研究一节中说明了此类干扰因素的判断,观测方法的外部效度指消除这些干扰因素影响的程度。

数据外部效度难以像内部效度那样进行判断,因为外部效度指推广潜力,这意味着尚未在被推广的领域内进行观测,在此领域内观测到的数据能否证实目前的研究假设,只有后续研究才能评价。外部效度判断时,只能凭评审者的知识和经验来作出估计。

4. 数据(证据)效度

同一项研究中,内部效度和外部效度的要求互有矛盾。要提高内部效度,研究者必然缩小研究范围,严格控制观测过程和设定环境,这样会使研究结果带有更多的个性,势必削弱外部效度,普适性相对来说较弱,所以内部和外部效度之间存在权衡(trade-off),找出一个满意的平衡点。一般说来这种平衡点的选择取与该课题进行的阶段有关,如此领域知识处于初始探索阶段则强调内部效度。不过,整个研究工作过程中都需要兼顾内、外部效度,也就是兼顾科学性和推广价值,不能在开始时只专心致力于发现和判断变量间的关联而不顾其推广的潜力,以致艰辛得出的结果却只能起到就事论事的作用,实用和理论价值就很小。同时,也不能指望得出个任何场合都适用的万能模型或假设。

第六节　理论研究

实证研究是根据假设去寻求论据,从现实资料和数据来证实或证伪所提出的假设。理论研究则相反,从更高抽象层次的公理、定律、法则或学说出发,运用逻辑推理(包括数学计算)得出支持或否定假设的结果。实证研究眼光向下,寻找事实;理论研究则眼光朝上,寻找公理、原理。从推理思维方法来说,实证研究主要属于归纳法而理论研究主要属于演绎法。

演绎法在科学发展过程中的重要作用,王梓坤教授作了生动的描述。他说,"许多人都为欧几里得(Euclid)几何学这座科学宫殿所感动……然而,不管这座宫殿多么富丽堂皇,其结构却很单纯,全部结论都是从少数公理经过演绎而来",并举例对比实证研究和推理研究。伽利略为了质疑亚里士多德"快慢与其重量成正比"的断言，证实在真空中轻、重物体应同时落地的假设，除了应用第一章所提到的实验证明真空中羽毛和铜球同时落地外，"还指出一个十分简单的推理证法，使反对者不得不尊重事实。设物体 A 比 B 重得多，按照亚里士多德的说法，A 应比 B 先落地。现在把 A 与 B 捆在一起成为物体 A＋B。一方面，因 A＋B 比 A 重，它应比 A 先落地；另一方面，由于 A 比 B 落得快，B 应减慢 A 的下落速度，所以 A＋B 又比 A 后落地，这样便得到了自相矛盾的结论：A＋B 既应比 A 先落地，又应比 A 后落地。既然这个矛盾来自亚里士多德的论断，因此，这个论断是错误的"。"一千多年的错误竟被如此简单的推理所揭露"，可见，演绎法是有力的论证工具。"高斯算出谷神星的轨道，麦克斯韦（James Clerk Maxwell）预言电磁波以及狄拉克（Paul Adrien Maunce Dirac）预言正电子的存在等等"，都说明演绎法的威力。

尽管演绎法如此重要，但在社会科学或管理研究方法论的教材中却很少讨论演绎法及相应的理论论证方法。可能有两方面的原因：第一，作为长期在校的学生，从算术和平面几何学习开始就以运用演绎推理的思维方式为主，解题目和回答问题，首先要找出所依据的公理、定理和定律，对于凭自己观测事实再概括出一般原理的归纳思维方法并不熟悉。然而归纳法毕竟是科学研究和探索新知识所必要的基本功，步入探索新知识阶段的研究生，迫切需要归纳思维的运用和锻炼。诺贝尔奖金获得者杨振宁在国内演讲中多次谈到归纳和演绎思维方法，他认为，文化传统导致中国和西方大学生思维之间的差异。中国学生重演绎思维，善于掌握书本知识，能考高分，属读书型。西方学生重归纳思维，善于观察和发现问题，富创造性，属研究型。目前在北美一些大学里，班级考试成绩名列前茅的往往是中国学生，但到研究工作和论文阶段，西方学生又跃居前列。对于进入研究领域的研究生来说，培养规范的实证研究方法是科学研究的基础训练。第二，演绎法依赖原创性地提出的公理、定律和原理等。王梓坤指出，爱因斯坦的研究方法基本上是演绎法，致力于构造一种思想体系和作为演绎出发点的公理，而运用演绎思想主要取决于研究者个人的想象力和直觉理解力。这些属于思辨思维的内容，如前述，至少在目前还无法按科学规范表达清楚，方法论还难以为力。管理研究领域无疑也有无法实证的公理，如亚当·斯密的"人是自利"的经济人命题，西蒙的有限理性论和马斯洛的多种需求论等。当然，希望博士研究生也能脱颖而出提出这类公理和定律，然而，管理学科中取得这类成果的学者一般出现在思维更成熟、研究经验更丰富的年龄段。管理研究的绝大部分内容都属应用研究,可以实证,对研究生来说,在学习期间培养实证研究这类基本功更为重要,为今后取得更高层次的原创性的思辨研究成果打下基础。

理论论证在研究生论文的研究假设论证中仍然是常见的研究方法,可归纳为以下几种思路。

1. 从公理出发演绎出支持假设的结论

第二章讨论名词定义时,介绍了从亚里士多德开始就行之有效的属加种差的定义方法。这种界定方法有其局限性,为了定义一个概念和名词总要往上层找出它所属的类别,再确定它的种差。然而,一层层往上递推的结果,总会存在最大的类。对于这个最大的类,既没有再高一层次的类属,也不是任何一个类的种,因此,找不到属也没有种差,无法为最高层次的概念给出语法定义。理论论证情况类似,理论论证研究假设也是同样的思路和同样的局限性。下一层次的命题依赖上一层次的原理演绎而得以成立。推到最高层次的公理就无法科学论证,从亚当·斯密"自利人"和"看不见的手"的原理出发可以演绎出许多结论,例如税收扭曲了价格,以权钱交换为中心的寻租行为存在的客观性,效用值最大是企业和个人决策准则等。如果把"利己"、"利他"之争和性善、性恶之争看作一脉相承的话,争论已有2 000多年的历史,"自利人"的假设仍未像"地球是圆的"命题一样得到人们的公认,学术上仍有争论,实践上仍有人坚持以"利他"为出发点来指导经济发展和管理实践。如仰仗"利他"最高层公理的话,所有由"利己"而推导出的结论、命题,包括目前课堂讲授的经济学和管理学的许多内容都将被推翻。

理论论证所依据的公理是关注的焦点。某个公理只有能够解释的现象越来越多,相悖的现象越来越少,才能使人们取得共识,引以为论证的理论根据,就像现在"自利人"和"看不见的手"一样为越来越多的人所接受。

无论对于研究人员或企业实务人员来说,这种理论论证的演绎思维方式并不陌生,不少管理者的报告和报刊文章都是先引证大原则,再推到中原则、小原则,然后支持所要说明的问题。规范的学术研究中,理论论证意味着要引用大原则,这个大原则便是公理或经公理推出的定律、原理以及已经验证的前人的研究结果。当然,所有这些定律、原理都应经受过实证检验,即使公理,虽不能证明,但事实上在不断接受检验。所以,未经验证的观点和假设即使来自学术权威都不能作为演绎的依据。

理论验证的内容就是选择演绎起点(即一个或多个公理、定律等),并在起点和研究假设之间建立一条合乎逻辑的推理链。巴比在其《社会研究实践》一书中举出下面的例子说明演绎推理的过程。

G. 霍孟斯(George Homans)的"交易理论"(exchange theory),把人看作是一个盘算成本和收益的角色。这其实是从"自利"和"理性人"的公理衍生出来的一种理论,它用一些较清晰的假设来表达理性人的行为:"一个人的具体行动受到的奖励越多,便越愿意去完成这些行动","一个人行动的结果越有价值,便越愿意去完成这些行动"等等。

G. 杰索(Guillermina Jasso)在交易理论基础上,又深入一层推演出人们对公平的认识,提出"分布式公平"(distribution justice)的理论,包括三层次推论。第一层属于基本定理的"比较原理",认为人们感受自我实现、满足和公平等,都是选择一定参照点进行比较的结果,只有与其他人比较起来自己得到应有的一份才会感到公平,因此,判断准则分布式公平是相对财富或相对效用值。第二层将"比较原理"用变量语言转换成研究假设。表达为:分布式公平是"实际享有物"(actual holding)和"参照享有物"(comparison holding)的函数。如享有物是金钱,分布式公平则是自己的金钱和参照对象所拥有的金钱进行比较的结果。第三层次是操作假设,对于"实际享有物"和"参照享有物"赋予操作定义,确定此两变量和分布公平之间函数关系的具体形式。享有物如指有形物(金钱等),度量不困难,如指无形物(像信誉、声誉等),便要设定度量和比较方法。

杰索进而应用上述推论来描述许多有关分布式公平的各种现象,论证相应的假设。例如,"一个人谋利偏向从自身所在群体而非外部群体得到好处"。用上述推论来论证此假设的话,可以建立这样的推理链:按照比较原理,获取好处的准则是相对财富最大,据此判断从本群体获利和从外部群体获利,何者相对财富增值更大。一般说来,从本群体谋利,会降低本群体中其他人的享有物,而自己的相对财富增加更快。这可用数字简单说明,设本群体只有甲、乙两人,每人有 1 000 元收入,如果甲从外部获利 500 元,相对财富增加 50%(1 500/1 000)。如果甲从乙处谋利 500 元,则相对乙而言提高 200%(1 500/500)。这意味着一般人都偏向于选择本群体的成员作为参照点,只要承认上述推理链就得支持人们偏好从本群体谋利的假设。

从公理演绎推理可以支持研究假设,但不能保证这些研究假设为真。科学研究要兼备逻辑严密和经验验证两项要求,仅有逻辑严密不能达到证实的要求,仅有经验事实又无法了解其理论含义。所以演绎和归纳方法在研究工作中实际上难以分开。

2. 从现有知识出发构建理论模型,据以支持研究假设

公理是演绎的最高出发点,然而,原创性地提出公理的人毕竟是很少数的杰出学者,各学科领域称得上公理的也就是有限的几个。王梓坤谈到"相对论的公理只有两条,相对性原理(任何自然定律对于一切匀速直线运动的观测系统都有相同的形式)和光速不变原理(对于所有惯性系,光在真空里总以确定的速度传播)"。管理学科领域也应该是一样。所以,运用演绎法进行的理论论证过程中也不必言必称"公理"。原则上说,只要从清楚的尚未被证伪的理论出发,演绎出支持研究假设的结论,也可达到理论论证的要求。管理研究中,利用已有知识提出一种理论框架或模型,用来论证研究假设,这也是常遇到的。

图 5-15 表示理论论证过程,路线 1 表示从一个或数个公理出发,演绎推出支持研究假设的结果,路线 2 则表示主要从现有知识出发,概括出某种理论或定理,进而论证假设。当然,从现有知识出发并不排斥应用某些公理,但强调从现有知识概括出理论的过程。现举著名的"囚犯难题"(prisoner's dilemma)来说明。

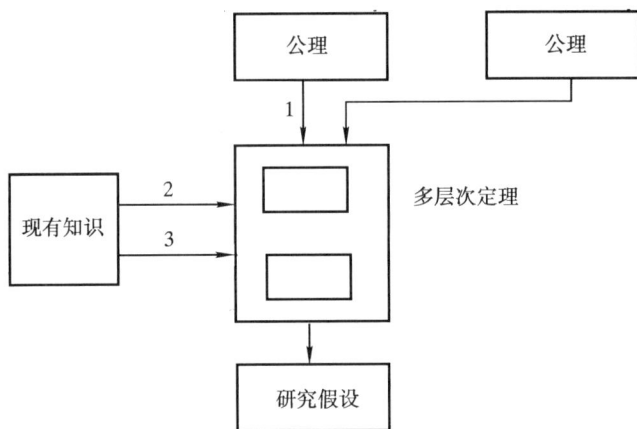

图 5-15　理论论证途径

管理中常涉及合作和竞争,讲信用还是欺骗,你输我赢还是双赢的问题。学术界就这些问题进行了长期的讨论,只是在应用博弈论知识概括出"囚犯难题"博弈模型,特别是 R. 阿克塞尔罗德(Robert Axelrod)1972年发表《对策中的制胜之道》一书后,才做出了明确的回答,相应的许多研究假设随之被人们接受。

"囚犯难题"描述两个合伙小偷面临的选择。两人偷窃案发,被警察抓获,关在单人囚室内,警察告诉他们"坦白从宽,抗拒从严"。现在从两小偷之间合作关系的角度来讨论。如果彼此采取"合作"的态度,都不承认偷窃行为,则警察找不到人证,双方可能得到同样的较轻的处理。如一人采取"合作"态度,另一人采取"欺骗"态度,则"欺骗"者定罪甚轻而"合作"者定罪甚重。如果两人都不遵守原先的"契约",向警方坦白,偷窃罪成立,但可获宽大处理。

　　用博弈论的偿付矩阵将上述过程总括成表5－26。两人选择准则为各自的效用值最大。矩阵中各元素第一、二项数字分别表示小偷甲、乙在此策略条件下的效用值。从此模型可以看出,无论乙选合作或欺骗,就甲而言,选择欺骗比选合作的效用值总是要高($5>3,1>0$)。同样,从乙的效用出发,也是选择欺骗有利($5>3,1>0$),这个简明的模型说明,即使两人相互合作比相互欺骗有利时,即$(3,3)>(1,1)$,保持合作也是困难的。指望效用值为5的动机驱使他们选择欺骗对方。

表 5－26　"囚犯难题"的偿付矩阵

		乙	
		合作	欺骗
甲	合作	(3,3)	(0,5)
	欺骗	(5,0)	(1,1)

　　用这个理论模型来描述交易过程的话,可取得一些事实的支持。然而,现实生活中的主流仍是合作双方恪守交易信用,否则市场无法正常运转。市场经济愈成熟的社会,交易信用程度愈高。对于这种模型和现实现象相悖的原因,研究者发现在于一次博弈(one-off game)和重复博弈(super game)的差异。马路流动摊贩与商店、超市交易比较起来,后者的信用程度要好得多,在马路摊贩处买东西,上当受骗的概率较大。

　　重复博弈由一系列的一次博弈组成。双方的选择准则并非一次交易活动中效用最大,而是在今后一段时期内的效用总值最大。重复博弈双方的选择不像一次博弈那样,选择"欺骗"总是效用值最大,策略要复杂得多。阿克塞尔罗德为了找出最优的重复博弈下的选择策略,先后两批征求到84种"囚犯难题"选择策略的博弈程序,并让各程序设计专家在电脑上运用各自的程序进行了12万次对局,结果反复证明,最后赢家(即取得效用总值最大)的选择策略是被称为"一报还一报(tit-for-tat)"的简单策略。

一报还一报策略的内容是："在第一次博弈中我将采取合作策略,以后每次博弈的策略视对方策略而定,对方合作我也合作,对方欺骗我也报以欺骗"。对方合作,我也合作到对方违约为止;对方违约,我也违约到另一方重新合作为止。这种策略从合作愿望开始,一旦发现对方欺骗行为便予报复,如对方改变欺骗行为就予以原谅。这种简单策略比其他所有复杂和"巧妙"策略都好。那种最不宽容的策略,即一旦发现对方一次欺骗行为就报复到底,结果得分最少。

双方持续重复打交道是建立交易信用的必要条件,但并非双方合作的充分条件,如果一方只关心自己眼前利益而不关心未来利益,由于个人效用的驱使还会采取欺骗的策略。对局者在考虑未来利益时总倾向于认为未来所得的效用值随着时间推移而减少,下一年的效用值换算成今年的,要打折扣。因而,引入折扣系数 d 来计算今后交易期若干次交易的效用总值:

$$U(t) = u(t) + u(t+1)d + u(t+2)d^2 + \cdots + u(t+n)d^n$$

折扣系数 d 在 0 与 1 之间,d 越大决策者越重视今后的利益,反之,如果一个厂商开始走下坡路,d 值降低,对方心目中预期的贴现值就会下降,即使该厂商的最好客户也会找出各种理由来推迟或拒不履行契约。

在商业交易中,借贷双方、买卖双方、委托和代理双方都面临"囚犯难题"博弈中同样的选择:守信或欺骗,合作或违约等。只要承认上述博弈模型及求解结果成立,便可演绎出一连串的推论,"如果是一次性交易,选择欺骗是取得效用最大的做法";"如双方系经常交易,采取合作策略对双方有利";"因为一报还一报是最优策略,一方合作将可能取得另一方合作的报偿";"不能无条件地合作,一方的欺骗不受到报复的话,则不仅伤害自己,还伤害将要和这个欺骗者相遇的其他人";"双方持续打交道是建立交易信用的必要条件";"信用是交易记录,只有通过这个人与其他人相互交往过程才能建立";"双方合作策略只有贴现值足够大时才能保持稳定"。从应用层面来说,又可得出一些指导实际工作的要旨,如"为了自己做得好,你没有必要非得比对方做得更好","其他人成功是你自己成功的前提"等等。如果承认"囚犯难题"为真的话,上述一些命题都是由此理论模型演绎的结果,从逻辑上说也应视以为真。

"囚犯难题"的博弈模型不仅可用来解释管理领域中的现象,在政治科学中,生物学以及外交学和军事学中都有应用,这种博弈模型在数学上并不复杂,却能用最简明的方式概括出许多现象的共性,并由此可推衍出一系列假设或命题。问题在于,像这种表面上看来似乎微不足道(很像一个博弈论中的习题)又与当前的研究没有关系的模型,很多人容易将它忽略过去,而像阿克塞尔罗德等学者就能抓住它,以此作为研究起点。这就是创新的思辨能力的体现,并非每个研究人员都能做到,"机遇只偏爱那种有准备的头脑"(L. 巴斯德)。

3. 提出现有理论的悖论

许多创新研究成果是从提出悖论(paradox)开始的。悖论指的是这样一种情况,根据人们普遍接受的一些前提有效地演绎推理,所得出的结果却与人们所持有的信念或事实截然相反或矛盾。研究者找出悖论,意味着对作为推理前提的理论提出质疑,从而引出和论证自己的新理论。

决策理论中有著名的"阿莱悖论"(Allais paradox)。在 20 世纪 60 年代,以期望效用值理论为基础的理性决策学派发展迅速,人们热衷于将科学方法应用于决策研究,按照规范方式确定各方案效用值出现的概率及其在决策者心目中的优先度,并对方案的概率和优先度的各种组合在符合一致性的条件下进行排序和择优。与此同时,一批学者特别是心理学家从观测事实着手来审视理性决策学派的各种理论。他们发现这些模型在运用中显示出各种偏差,即使最关键的假设也如此。例如,某一事件的各种状态发生概率之和等于 1 这个最简单的要求也难以保证,期望效用值模型有关概率运算在实际行为中无法遵循。首先提出悖论的是法国经济学家阿莱,他在一次学术会议期间向在决策理论研究中很有建树的统计学家萨维奇提出两个方案让萨维奇选择。

方案 A:有 1 的概率肯定赢得 100 万元。

方案 B:有 0.1 的概率赢得 150 万元,0.89 概率赢得 100 万元,而 0.01 的概率无赢亏。

萨维奇欣然选择方案 A,阿莱接着让他从下面两方案中作出选择:

方案 A′:有 0.11 的概率赢得 100 万元,其余情况下无赢亏;

方案 B′:有 0.10 的概率赢得 150 万元,其余情况下无赢亏。

萨维奇回答是选择 B′。这时阿莱大笑,说你这位理性决策学家选择的方案前后矛盾,按你倡导的理性决策运算规则,A,B 和 A′,B′两组方案实际上是一回事,怎么能有不同的抉择。选择方案 A,意即该方案的期望效用大于方案 B,即:

$$u(100) > 0.1u(150) + 0.89u(100) + 0.01u(0)$$

在不违反概率运算规则的条件下,上式可简化为:

$$0.11u(100) > 0.10u(150) + 0.01u(0)$$

此式即是表示方案 A′应优先于 B′,而萨维奇选择的却是方案 B′。实际上，萨维奇的选择代表了一般人们的决策思维，在方案 A，B 中，既然可以稳拿 100 万元，为什么要冒有 0.01 的概率什么也得不到的风险呢？面对方案 A′，B′却认为，为什么不冒 0.01 概率一无所有的风险，以便有更大的机会赢得 150 万元呢？原来这种反映人们正常抉择行为的判断，由于第一组方案 A 是确定型，而第二组方案 A′属风险型，稳赢的情况下就不愿意再冒哪怕是很小的风险。

这种相悖现象后来被称作为确定型效应，揭示了理性决策与人们实际决策思维的偏离。此后诺高茨（Robin. M. Hogarth）、特沃斯基和卡纳曼等相继提出称之为背景效应、参照点效应和相似效应等一系列悖论，导致了与理性决策理论并驾齐驱的行为决策理论的兴起和发展。

从研究假设理论论证过程来说，"悖论"属于图 5 - 15 标示的第 3 条路线。从现有知识和现实观察中提出对现有理论否定的证据，这本身就意味着支持研究者所提出或将要提出的研究假设。如确定性效应辨识清楚后，就支持这样的假设："如确定性事件和风险事态体发生的概率减少同一数值，则确定性事件的优先程度（或满意程度）衰减得更快。"进一步研究发现，即使不是确定性事件，"两种风险事态体发生的概率减少同一数值，其中概率较大的一个事态体，其优先程度衰减得更快"。

"悖论"往往是新理论的先行者，提出有意义的悖论就是很好地完成了问题阐明的工作，同时，从质疑或否定某种现有理论的方式支持自己所要提出的研究假设。管理研究中"悖论"的提出有赖于对实际管理行为的观察和对现有理论的深刻理解。

提出悖论，学术水平和研究能力无疑是个条件，不过，从研究生论文工作实际情况看来，尚未意识到"悖论"方式对于发现、提出和论证问题的效能，这也是运用甚少的主观原因。

还有其他一些理论论证的思路和内容。例如论文往往要论证其他命题和理论的不适用，从而衬托本研究假设的成立，这也应属于理论论证的内容。作为研究工作结果，总是要对现实事物和现象之间的关系提出新的看法，并反映在研究假设中。而对待所研究的现实事物和现象原先一般都会有某种理论上的解释，论文要说清楚已有解释的不足或错误以衬托本研究假设的必要。例如前述"无形资产是跨国公司和东道国双赢的纽带"主题的论述中，必然要论证低成本劳动力和原材料并非跨国公司在国外设立分支的主要动因。

对已经实证验证的研究假设赋予理论解释也是理论论证的内容。例如第四章"现存统计数据分析"提到的研究工作，"股票价格变动同步度和人均 GDP 存在显著负相关关系"的假设已得到实证支持,进而探讨主要是结构性变量还是体制性变量引起这种关联,得出体制性变量是主要影响因素的论点,并论证了管理体制引起的腐败和信息不灵导致股票价格变化同步,对同步涨落现象给出了理论解释。

第六章 研究论文撰写

研究工作成果可以通过不同的书面形式去总结和发表。学术期刊论文是最常见的一种,研究生学位论文也是一种。两者对创新点的要求是一致的,但研究生学位论文要求更完整和详细,篇幅也大得多。当然还有专题研究报告、专著等形式。本章主要以管理科学和工程专业的博士学位论文写作为讨论背景。

第一节 论文要求

博士学位论文工作无疑是博士研究生教育的重要组成部分。学位论文质量是博士生研究能力和学术水平的标志。论文有优异创新成果者,今后可指望良好的学术研究前景,文风或严谨或活泼,将继续保持其个人风格,未见有博士论文低水平而日后可成为出色的研究人员。尽管博士论文学位阶段只是博士生学术生涯的开端,论文成果仍可对管理学科知识宝库作出贡献,增添新的知识,不少著名学者成名之作乃出自其博士论文,明兹伯格的"管理者的工作"即是例证。论文工作阶段的确是博士生一生中难得的机遇,此后大半辈子再也不大可能集中 3～4 年的时间享受像大学提供的如此完美的学习和研究条件,专心致志地从事研究和论文撰写,时不再来,研究生千万要珍惜这个锻炼自己成才和表现自己才华的机会。

一、创新性是博士论文的灵魂

称得上科学研究成果的论文,一定要有创新性,即有新发现(find-ings)和经过论证的新论点,这是博士论文的最基本要求,无讨价还价的余地。论文完善地论述这些创新点,一般说要回答三方面的问题:①创新点是什么(what),论文要清晰地表述所提出的新发现及其主体内容;②为何要提出此创新点(why),论文要交代创新点提出的实际和理论背景,既说服自己也让读者感到这样的创新点的确有学术和实际意义,值得费精力去研究;③回答这个创新点是否成立的质疑(whether true or fales),提出证据结合逻辑推理来支持论文的创新点。为了回答上述问题,相应有三方面的内容,即创新点的表述、创新点的理论和实际背景论述以及创新点的论证(argument)。创新点表述反映论文的贡献(contribution)所在,即哪些属于自己研究工作的成果,背景论述衬托出论文的价值,论证则表明创新点的可信程度,三者缺一不可。只提出某种观点、说法或模式而缺乏背景论述,读者难以了解其创新的分量和研究工作的价值。有价值的假设或理论还需充分的论证支持,否则,读者将难以置信,不能放心引用。

目前,管理学科的博士学位论文和工程学科相比,工科论文写作比较规范,管理学科论文则多式多样,出现的问题相应较多,最主要的问题还是创新点不突出、不明确。相当多的论文选题偏大,面面俱到,篇幅可观,广而不深,掩盖或回避了创新点。有些论文,含糊其辞,有意或无意地令读者划分不清前人和作者自己的工作,模糊了创新点。或者逻辑不严密,话题过多,离题过远,没有围绕创新点主线去论述,便降低了创新点的可信度。

二、心目中的读者

创新性是论文写作过程自始至终要考虑的首要问题。创新点自己还不明确的话就不能说已进入到论文写作阶段。着手写作前还要考虑一个常被忽视的问题,论文写给谁看? 为政策制定者提出研究报告是一种写法,和同行交流取得同行认可又是另一种写法。研究生论文写作中最不可取的倾向,便是有意或不自觉地把心目中的读者(target audience)当作是学生,把论文看成一本教材。由于研究生都已在各级学校读书近 20年,离不开教材和书本的知识传授,教材写作的思路很容易成为研究生"思维的鸟笼"。前面提到"教材"的英文词 textbook,将含义表达得更清楚,指"编织起来的书",意即将人们已取得共识的知识编辑成书,供传授知识。其对象是学生,旨在把这门学科知识由浅入深系统而全面地讲述清楚。博士论文按照此思路的话,势必像目前有的论文那样,连研究的问题是什么都不交代,开头就介绍某某理论的基本概念,或者强调梳理出理论框架或体系,而作者自己的创新是什么,说不出来。自己理出个框架并不能说明创新,编写一本教材,编者也要有自己的框架和体系,但并非是学术研究的创新。好的教材在传授知识方面有很高价值,但从探索新知识即从研究角度来说却是另外一回事。博士论文和期刊论文也不完全一样,期刊论文的主要读者是同行,为了交流和推广,而博士论文的首要目的是表明研究生本人的研究工作能力和论文学术水平已符合博士学位的要求。因此,在博士论文的读者中,最重要的读者就是论文评阅的教授和答辩委员会的成员们,交流是次要的,取得评阅和参加答辩的教授们的认可才最为紧要。

读者定位为评阅教授,写作目的定位便是为了取得审阅通过以至好评。因此,着手组织写作内容和考虑表述方式时就不能忽视一个现实,即评阅教授不大可能逐字逐句地详细阅读动辄有 10 万字的论文。一是时间原因,每个论文答辩季节教授们都要评阅不少论文,难以抽出足够的时间来仔细阅读全文,加之评阅论文不一定属于教授本人的研究领域,要全部读懂读通更费时间。二是无此必要,学生要仔细阅读教材是为了深入掌握知识和取得好成绩,同行仔细阅读有关学术论文(包括博士学位论文)有助于解决自己正在研究的问题,而评审教授阅读的目的是为了评价,如果有足够的依据可判定此博士论文合乎标准或不合乎标准,就可以着手写评审意见,完成作为评阅人的评审任务。至于要花多少时间或阅读多少论文内容才能找到足够的依据,各个评阅教授都有自己的风格和习惯,但和论文本身写作密切相关,可以说,论文写作越是到位,评阅所费时间应该越少。论文创新点越不清晰,评审意见便难以下笔,继而要翻阅更多内容,并反复阅读,费时就多。当然,有的论文,评阅教授由于研究领域相同而发生兴趣,多费时间去看,这已不是作为评阅人,而是作为同行去阅读,这种情况会有,但不会很多。

研究者如明确首要的读者是评阅教授,便会围绕创新点来组织内容,犹如向领导汇报自己的设想、方案,总希望以最简要、明确的语言,把核心的意见表达清楚,赢得领导的批准。博士论文同样要以最吸引评阅者的写作方式,让评阅者能迅速明了论文的创新点何在以及它的价值和有效性,并予以肯定。要以创新点为主线来筛选内容、安排主次,和创新点无关或联系不密切的知识性内容愈少愈好,评阅教授无疑要评价论文中概念和理论知识的运用水平,但无须论文作者向他们讲解一些基本知识。

张五常[①]在多篇文章中强调读者定位的重要性,并有一段生动的表述:

"写严谨的、专业的学术性文章,与写一般文章有一点重要的不同,那就是:前者是写给行内的、专于某项题材的一小撮人看的。因此,学术文章要写得很简洁,而简洁中又要写得很清楚。以下的几个法门不可忽略。其一,学术文章要开门见山,在第一、第二段中要单刀直入,说明写该文的目的何在,自己在思想或研究上的贡献是什么,在我最近读到的文章中,年轻的作者都与此背道而驰。他们往往一开头就引经据典,说他人说过什么等等。有好几篇文章,我从头到尾仔细读完了,也不知道作者自己的思维何在。一般而言,专家读专文,他们渴望知道的,是作者自己究竟'要'说什么;没有'闲情逸致'去听作者说他人'说'了什么——因为他人说什么专家们早已知道了。当然作者大可介绍自己与别人的不同之处,但首先得具体地说明了自己在某些方面的贡献,才能够与他人所不同的观点作比较。"

三、创新点模式和理论框架模式

对于博士论文质量的评价,实际上可归纳为两种模式。一种是本书所强调的创新点模式,要求论文工作"聚焦"于几个创新点,正如张五常所说:"必须紧抓着这点'贡献'作为主题,一层一层地解释。从不同的角度作出反复的论证,一刀一刀深入地刻画。"另一种模式是目前有些管理、经济等社科期刊所有意无意倡导的,就某个论题(topic)提出全面的、系统的理论框架,只要在逻辑上和理论推论过程合理便可成立。至于其中所含各种假设的论证则是别人和后人的事,甚至认为,这种论证是操作层面的事,只是处理一些具体的变量测度、数据处理等细琐工作,不如围绕概念进行理论推理来得"气魄"。

有的博士研究生说"我的论文写成后就是一本专著"。的确,以论文内容为基础扩展成一本专著是完全可能,也值得鼓励。但隐含着一种观念,以为达到专著水平就是高水平的论文,这都是误解,按照专著写作方

---

① 　张五常.学术文章.随意集.北京:社会科学文献出版社,2001。

法去撰写论文,并不适合学位论文。至少,专著中要叙述许多知识性的内容,而论文只是围绕创新点的论证,知识介绍性的内容要尽可能少。从已出版的以博士论文为基础的专著来看,其中大部分都是按理论框架模式撰写的。

在"理论框架模式"的思路引导下,凡涉及某个知识领域如公司治理、企业激励机制的论文,都要把本领域的各种理论和观点梳理一遍,并提出一套公司治理或激励机制的理论研究框架。这种做法本身无可非议,研究问题先要弄清本领域的研究现状,形成自己的思路,理出个框架,这都符合常理。问题是把它看作是论文工作结果。理论框架本身一般说来不能成为创新点,创新点要有研究假说加上科学论证,而理论框架势必追求全面地梳理本论题涉及的各种理论问题和相关的各种观点,并在评述中反映作者自己的观点。研究面一旦铺开,就很难有足够分量和深度的论证内容。而论证工作的内容,既是对研究假设科学性的验证,又最能反映研究生各种基础和专业知识的掌握程度以及运用能力。所以,如果将研究生论文创新性的追求归结为建立某个论题的理论框架或体系,这对于研究生论文来说可说是目标定位不当,容易引导研究生去追求什么"全面而系统的"的理论体系,停留在广泛而抽象概念的思考,忽视了提出新论点和深入的论证工作。

有的研究生为了表述自己论文工作的价值,采用"全面、系统和全方位研究了××论题"的说法。实际上,任何论题如企业技术创新、供应链管理等都可从不同视角和不同层面去研究,而且都有可能发现新知识,出论文。任何人更不是任何一种理论框架能把某个论题研究到全面系统和全方位的完备程度。理论框架模式导向下,容易按照这种不现实的目标去要求自己。

前面谈到,理论是由若干相互关联的假设形成的体系,一篇博士研究生的论文中能够科学地论证几个有价值的研究假设就很不错了。研究生还处在锻炼研究基本功的阶段,通过假设论证工作这样一些研究基本功的训练,才能为今后创建理论取得更大的研究成果打下扎实基础。口气大,理论框架再多,没有新论点及相应的论证和验证,知识库中并未增添新知识。

建立理论框架的做法并非说一定不能创新。但先要提出和论证该论题现有理论框架存在的问题,针对某种理论框架的问题再提出自己的理论框架并论证它的必要性和科学性。如果只是提出个与现有文献不同的理论框架，没有对现有框架存在的问题进行分析论证，并不构成创新性的研究结果。任何一本教材，作者都会有与别人不同的思路和内容框架，但教材不能说是研究结果。至于建立原创性的理论框架，虽然是人们所期望的，但这对管理学科的研究生而言，一般来说是要求过高。

创新点模式强调研究假设论证，只要假设被证实，人类知识库便在这个问题上增添了新知识，后人可以在此基础上再往前走，这属于创造知识。有位哲人曾经说过，人类思想史主要是靠"许许多多片面的深刻"推向前进，并非靠某些智者提出全面而系统的理论框架。自然科学中，DNA双螺旋模型和半导体发现这些"点"的突破，导致遗传学、电子学的发展，并非有人先给遗传学、电子学设计总体理论框架，然后再按此框架去探索DNA双螺旋模型和半导体。社会科学亦如此，并非先有了行为金融学、决策学的理论框架，而是先发现许多悖论，由"点"突破，逐渐形成一门理论。

宋敏指出当前中国经济学研究中的三个问题①，除了"选题过于宽泛"，"不牢靠的政策建议"外，便是大胆假设后还缺乏"小心求证"。他说："许多中国经济学论文在没有经过严格论证的情况下草率作出了结论，这是违背社会科学研究基本方法的。""我所接触到的许多国内经济学文章充满了新意，非常有创见，可是经不起仔细的推敲。"这些话很值得管理学科博士研究生思考。一篇博士论文如没论点论证的内容，即使提出了10个、20个有创意的新论点也不能成为合格的论文。反之，有科学论证内容支持的一两个新论点就可能是一篇有价值的博士论文。

创新点模式并非不重视理论体系。一篇论文的各个创新点都要在理论体系中找到有价值的位置。论文的文献综述，主要是交代研究的理论背景和基础，阐明起点是什么，针对哪些研究不足之处，在有关论题的理论体系中所处地位。读者从中可判断出，论文要论证的研究假设，即创新点在此论题理论体系的哪个分支将有所推进，推进的程度如何。当然，一篇论文的各创新点并非孤立，假设树就描述了各创新点在主题证论体系中的定位和它的理论价值。

许多大学博士论文的评审表中已列出由研究生自己总结的"创新点"

---

①　宋敏．中国经济学研究三大问题．21世纪经济报道，2002 - 11 - 4。

一栏(一般是 3～5 点),由评审人评论,说明博士论文的水平主要应考查其创新点,这已趋于共识。然而,什么才算是创新点,从研究生自己总结的情况来看,理解很不相同。有的把研究过程中的思路或工作特色写成创新点,如"理论模型建构和实证结合","既有横剖数据又有纵贯时序资料","注重系统连续性和多视角的实证分析";有的只说做了哪方面的工作,而不说做出了什么,如"系统地分析了我国上市公司治理的监督机制并提出有现实意义的政策建议","利用多元统计分析方法分析了职业人才的能力构成"等等。

创新点一定要概括出自己的研究工作做出了什么原本人们还不清楚或有误解的结果。从 contribution 这个词表达的意思就比较容易理解,即对"创新知识"作出贡献之处,对人类知识库增砖添瓦的贡献,尽管有大小之分,但毕竟是自己研究出来的。

创新点,对管理学科来说,主要指创新论点。所谓论点,就是指变量与变量间关系的判断,从假设树来看,即是指经过论证的最高一级假设或操作层次的假设。林毅夫说:"不管经济学理论还是其他社会科学理论,都是一个所要解释的现象背后各种变量之间的因果关系的一个简单逻辑体系。""任何理论都是几个特定变量之间的因素关系的逻辑体系。"所以要识别是否成为学术论点,就要看是否涉及了两个或多个变量以及对它们之间的关系作出了判断。在论证过程中,提出新的数据收集和分析方法,也可作为创新,如模型构建、优化算法、问卷设计等技术工具的改进。这类方法创新也得与原有方法比较,指出哪个环节、哪个变量的处理上有什么新意,取得什么新的效果。

四、写作格式

博士论文的写作各个大学都有各自的格式,但从创新点模式的要求来看,可参考图 6-1 所示的结构来组织。博士论文的首、尾两部分,即摘要和结论虽非论文的主体部分,却十分重要,被阅读次数比其他任何部分的内容都要多。摘要(abstract)是创新点的扼要表述,需"画龙点睛"之笔。第一章绪论(introducsion)应反映"研究设计"的内容,起到问题辨析(problem formulation)的作用,接下来的各论证章则按创新点来组织。一般说来,应将一个创新点的论述或者说一项假设的论证过程归结为一章,有几个创新点就安排几个论证章。绪论是"纲",各论证章是"目",有

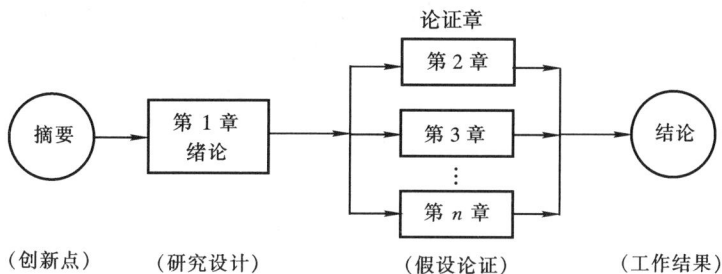

图 6-1　论文写作结构

了绪论,各个章在整个论文中的作用就已定位。各论证章的有关研究假设的论证过程,构成论文的实体。如果一个创新点就是一章,评审人可以针对摘要中指出的创新点有效率地阅读相应章节。对于写作者来说,所撰写的内容如不围绕创新点组织,可说是"费了功夫不得工分"。评审人看过这些内容后如对创新性的判断无积极影响,要它何用。结论(results and conclusion)包括研究工作的结果及其价值(implication)的讨论。

这种按创新点形成的写作结构显然与教材讲义式的写作结构不一样,它的各论证章都是由问题导向的,而各章的问题在绪论的总体构架下又相互关联,使整个论文形成逻辑主线清晰的有机整体。而不至于像有的论文出现的,各章可独行其是,重起"炉灶",成为互不联系的混合体。

这种按创新点划分论证章的写作结构,体现出第三章提到的逆向写作原则。从个人认知过程来看,研究工作过程的顺序,是通过对现实的观察思考,提出问题,然后阅读文献,充实自己有关此领域的理论知识,再提出研究假设并收集、处理和分析数据,得出结果。出结果是最后阶段,然而写作的顺序却要倒过来,要从数据分析得出的结果,亦即从被证实的研究假设出发,围绕此结果来安排各章的结构、章内各节的结构以及筛选论证过程的素材。顺向写作是按研究工作过程来组织内容,逆向写作则是按研究工作结果来组织内容。按照顺向写作的思路,论文容易成为各阶段工作内容的汇总,把研究工作过程中各阶段积累的知识、新认识和新体会都写进去。即使是逆向写作,该写什么,不该写什么,都要按创新点论证的要求加以筛选。

从实际情况来看,研究生要自我调整到逆向写作的思路相当困难。因为一两年的研究工作就是依次从头到尾做过来的,问题就是按这样的步骤一步步解决的，按照这个过程来写，自己最熟悉、最方便；同时，期望告诉读者自己求知过程中的所有心得体会，大小难点的克服过程，不舍得遗漏。这些惯性思维难以改变，主要问题还是没有正确定位"心目中的读者"，撰写论文的目的不明确，导致了创新点不突出的缺陷。

下面按论文结构各环节来讨论写作要点。

第二节　摘要

从写作顺序而言，摘要应在博士论文正文完成以后才着手撰写，这样效果较好。然而，从读者角度，首先要读的却是摘要。一般说来，任何一篇论文都不外乎有这几类读者：精读、泛读或翻阅。一篇论文，精读的读者不会太多，也就是说从头到尾仔细读完它的人并不多。但摘要却是三类读者都要过目的，即使精读的读者也是先读摘要，或最初是在摘要的吸引下，才逐渐由泛读到精读。精读的读者，必然是同行的研究者和专业人员，泛读或翻阅的读者会更广泛一些，包括相邻领域的专业人员，看摘要更符合他们的需求。

文献服务行业愈来愈发达，阅读摘要的读者比阅读论文全文的读者要多得多。从文摘期刊到光盘检索以至互联网，这些文献信息交流都是利用文摘，如果摘要写得不好，也许会丧失被推荐选用的机会。摘要不仅是论文的重要组成部分而且应有单独的可读性。

博士论文的首要读者是评阅教授。评阅人必然首先阅读摘要，如摘要能开门见山地清晰地告诉评阅人论文的创新点及其价值所在，吸引住评阅人，产生良好的第一印象，这就表示摘要撰写成功。其实这也是对评阅人工作的支持，让他费时最少，高效地把握论文的要点。

摘要是一篇论文的微型版本，供读者粗略判断其价值，必须简短扼要。一般英文期刊论文的摘要，不超过 200 个词，中文论文也不用超过 300 个字，而且一般不分段落，一段话即完成摘要。博士论文摘要可分段，字数可多些，但不宜超过 1000 个中文字。

笔者在博士学位论文指导中体会到，指导博士生写好论文摘要是一项关键性工作。论文质量的衡量标准其实简单明确，即提出了经过科学论证的有价值的新论点。摘要应该围绕这个要求给予回答。写得好的摘要，评审教师看过后便有清晰的印象，了解到作者提出的新论点是什么，它的价值何在以及如何去论证的,并可能立即给予初步肯定,但是,要写好摘要并非易事。笔者指导过的博士生中,学位论文摘要写作一般要修改三四遍,多的有七八遍。假如论文工作没有做到位,这几个问题就回答不出来,即使研究工作做得不错,如果没有深入思考,提炼精华,也写不好。

博士生在完成论文主体写作着手写摘要时,面对约 10 万字计的内容,要以不到 1 千字的摘要来概括,往往不知从何写起。从实际情况来看,博士生往往在摘要写作思路上不够明确。

首先,要写创新"点"而非"面"。有的论文摘要写道:"本文的主要创新性工作有以下四方面","方面"和"点"虽然只一字之差,却反映了不同的思路。按照方面去概括,势必头绪多,内容杂乱。按点去写才能论点明确,摘要中的每段内容围绕一个创新点展开,逻辑联系密切。研究生在论文摘要写作中,往往希望把自己的研究工作内容全部反映出来,生怕写成一个创新点后,其他的研究内容被忽略。实际上,写摘要时就得割爱,要把自认为最有价值最得意之点凸显出来,取得评审专家认同即可,读者若被吸引,自然会进一步查阅正文中支撑此论点的相关工作。否则,所有做过的工作都要在摘要中反映出来,读者反而会不得要领,淡漠了作者创新之处。

其次,不是写做了哪些工作,而要开门见山,写做出了哪些结果。这是研究生学位论文摘要中常出现的问题,归纳创新点时,只说"做了"或"研究了"什么,而不说"做出了"或"研究出了"什么,一字之差,相距甚远。如有的摘要的创新点写成"探索并检验了领导力与员工公民行为的关系","构建了组织学习方式,外部知识获取与组织创造力之间的关系模型","分析了企业领导者的个性,知识结构对其权力的动态影响"等。这些只表明研究了哪些问题,评阅者所关心的作者在这方面做出了什么贡献,却看不出来。直接写出领导力与员工公民行为是什么样的关系,构建的模型分析出了什么结果,个性和知识结构对其权力有什么样的动态影响,这样创新点就清楚了。

最后,要用变量语言叙述创新论点,不能用些一些抽象概念来代替。有的研究生喜欢把创新点定位为揭示了某种"机理"或"机制",不是不可以,但一定要说出其内容是什么。既然指的是机理,就不如直接将某个变量与另一变量的因果关系写出来;指的是机制就不如直接说出某个变量作用会对另一变量产生怎样的效果。至于把创新点归结为"理论研究与实证研究相结合","归纳法与演绎法相结合",更是让评审阅人不得要领。

摘要的起始段"引言"主要介绍研究此主题的实际和理论背景。本段主要目的是让评阅人了解本文研究的问题是什么,以及为什么研究该问题。这段写作 200 字左右即可,主要防止离题太远,说了许多外围的事情,评阅人关心的事倒没有回答。

一、摘要撰写要点

摘要的目的是向读者叙述本文的创新点和它的价值,一般采取直述方式(indicative mood)。摘要内容除了开始的引言,其余部分都应用来阐述各创新点。一篇论文中有 3~4 个创新点(经过论证的操作假设)就不错了,每个创新点写 200 字左右应该是合理的幅度,有几个创新点就写几个小段。每个创新点的阐述内容须回答四个问题:

1. 创新点定位

每个创新点段落开端最好有个小标题,写出创新点的内容。作者的研究工作一定会出现若干有新意的论点,但要深入思考,辨识轻重主次,提炼出最重要的一个,所以说创新点要定位。按照假设树的概念,创新点相当于假设树中二层或三层的操作假设。

创新点用小标题表示出来,为的是让评阅人开门见山、直截了当地了解创新点是什么。最不可取的是在这段开端写许多引入语,包括介绍自己的思路,解说研究该问题的理由等,最后才说研究出了什么。这就是该写的没写,不得分的内容却写了许多。

创新点主要指创新论点,用变量语言表述两个或多个变量之间的关系。有的摘要把厘清某个概念,或将某个概念分类,或提出一个理论框架等作为创新点,这都不合适。厘清概念或分类本身够不上论点,只能是提出新论点的过渡环节,新概念或分类会对变量之间的关系作出什么判断,这才可能是创新点所在。理论框架本身也同样不具体回答变量之间的关系问题。

有的论文构建模型有特色,也可归纳出创新论点。因为模型是两个或多个变量间关系的数学表达,模型分析出的结果,也就是对变量间关系的判断。写创新点时,构建了某个模型本身还不能成为创新点,应用模型分析出了什么结果,这才是创新点所在。

管理科学与工程学科的研究结果不少偏重在技术性的方法,如数据分析中的求解方法,生产管理中的作业排序等。这类论文的创新点定位便要说明提出了用于何处,有何特色的方法。

2. 创新点的论证特色

回答了创新论点是什么的问题,后续内容就要围绕该创新点展开。新论点要经过科学论证才能成立,这是学术论文和学位论文最重要的特点。所以要介绍该创新点论证过程和方法的特点,如构建了什么样的数学模型,数据收集和分析求解的特色所在。如系方法创新,须说明该法的核心内容。

3. 创新点新在何处

评阅人必然要审视,作者所提出的论点是否"新",是否对知识库添入了新的知识,而称得上新论点,总是相对现有工作而言的。为此,要选择适当的参照点,即同类研究文献中有代表性的论点,用以托论点的新意所在。

至于以方法创新为主的论文,更须用同类方法来参照,显示在思路、变量选择、建模或求解等方面改进之处。同时,要与参照方法比较运用后的效果,确认本方法较为优越。

4. 创新点的价值

叙述创新点的实际和理论价值(implications),要说明该创新点能解释哪些目前尚解释不了或解释不恰当的现实疑难现象,对实际管理有哪些启示,以及对于相关的理论问题有何推进。

摘要中叙述的创新点上述四项内容,评阅人看完后能留下初步印象,这篇论文是有经过论证的有价值的新论点,这就说明摘要写作成功。反之,写作失败的摘要,评阅人看完后印象模糊,可能连创新点是什么都不清楚,价值何在、论证是否科学就更摸不着边。

最后,写完摘要须检查一遍是否回答了这几个问题:①创新点是什么? 要清晰地集中一个论点(或一种方法),切忌分散,罗列出若干平行的论点,更要防止写出来的不是研究工作结果,而只是做了什么工作。创新论点要用变量的语言来表达。②怎么论证这个创新点? 创新点的论证实际上在整个论文研究工作量中占有很大比重。要表明所采用的论证方法,特别是在数据收集和分析中,克服了哪些难点,这反映出论文研究工作的学术性和科学性。③为什么说这个创新点是"新"的? 一定要找出与自己的论点相比较的"参照点",可以是有代表性的文献,也可以是现实中的主流观点。④这个创新点的意义(implication)何在? 说明所提出的论点能解释什么原来解释不了的或解释不够正确的疑难现实问题,或者是对在理论上有争议的问题作出回答。切忌离开创新点能解释的问题,而抽象地写出"为本领域研究打下了理论基础"之类的评语。

二、摘要写作注意点

不到一千字把这些内容描述清楚,势必要用最精炼、浓缩的语言。犹如求职面试要筛选出核心信息,在3～5分钟内自我介绍清楚。这对作者提出了高要求,如果对论文相关文献心中无底,或思考还不够深刻,提炼不出研究工作的精华,就难以写出符合要求的摘要。当然,主要还取决于研究工作和论文的质量,作者在研究工作中确有创新和贡献,是写好摘要的必要条件。

摘要写作中有一些研究生常易出现的问题值得注意。

首先,引导性和支持性的解释词句应尽量少。博士论文的读者都有相当的专业水平,特别是评阅教授,问题的提出和解释可以直截了当。所谓引导性、支持性的解释内容包括:①研究历史回顾。如研究群体决策的论文,摘要开头就写一段"随着社会的发展和进步,群体决策就成为人类决策的基本形式之一。尽管关于群体决策的研究已有200多年的历史,在公共选择和组织决策领域都取得了丰富的研究成果,但仍然存在一些薄弱环节,有许多需要研究的问题。"然后,再指出本文所研究问题。泛且离较远,这一段离题较远且空泛的话,不写并不影响评阅者对摘要的理解。②文献综述。像研究寻租理论,摘要中介绍公共选择学派、国际贸易学派、芝加哥学派、经济增长学派等的观点和贡献。这些内容可以删去,除了衬托自己的创新点外,所有文献综述以放在正文中为宜。③概念和名词解释。像研究物业管理的论文,在摘要中写上一段"物业是直接表现为房地产业的产品"这类界定的话就无必要。④图表和文献索引,一般都不应放入摘要。

其次,摘要不能写成目录式。目录是告诉读者本文的内容,便于总览和查阅,而摘要是告诉读者已做出了什么贡献。如果摘要中按章节介绍每一章的主要内容是什么,那就成为对目录的解释。

再次,摘要对于论文的价值描述应采用陈述方式。用学术语言表达论文的创新点能解释现实中的什么疑难问题,或对现有文献中的论点有哪些修正,让评阅人员和专业读者判断它的价值。不能脱离论点的比较来评估论文的价值。无论摘要或正文中都不能出现"销售论调"(sales pitch)。如作者自己写"本文有重大的理论和实用价值"、"本文分析中肯"、"本文无疑做出了重要贡献"等,这是学术论文很忌讳的事情,翻阅各种名家之作包括诺贝尔奖金获得者的著作,决不会自己写上这类词句。反过来说,即使写上这类语言,评阅者并不会按作者的口径作出判断,甚至更有戒心。摘要中使用"首先提出"、"独创"之类的语言要特别慎重。

三、示例

按照上述摘要内容四要点来点评下面几段博士论文中摘要创新点的写法,各段摘要系录自不同论文。

原文 1 以金融深化、创新和制度变迁的理论为基础,借鉴国内外有关市场联动、整合、金融企业、混业等研究,分析了金融业混业经营的历史变迁,提出了金融市场对接理论。金融市场对接理论是对金融深化理论的延伸与发展,是对传统的金融"企业—混业论"视角的突破。对有序推进中国金融改革与深化具有现实意义,它也构成金融市场对接的理论依据。

原文 2 研究了知识表达的四种方法:一阶谓词逻辑表达法、产生或规则法、语义网络和框架法,并讨论了知识库管理系统的构成与功能。考察了机器推理的基本机制和算法,研究了基于置信因子的确定性理论推理和基于概率推理的算法基础,探讨了管理系统的模糊性,研究了基于可能性理论的模糊专家系统原理和人工神经网络方法及其在管理的应用状况。

原文 3 建立了异常收益模型并证实我国 A 股市场异常收益主要来自操纵。本文将异常收益分为绩效型、成长型和操纵型三类,并设置了衡量各类异常收益的变量。现有文献没有提供隐蔽操纵主体的识别方法,本文通过投资者结构分析,提出以股东人数变化率 G_B 和大单持股率 D_C 作为操纵型异常收益的特征变量。根据约 900 家公司的数据,运用所建的异常收益模型表明,异常收益与 G_B 和 D_C 强相关,而与反映业绩和成长性的变量不相关或负相关,从而对我国股市是过度投机还是正常发展的争论提供了支持前者的论据。

原文 4 设计了 ERP 重复物料记录的识别流程,并按各环节要求提出了名称倒置、记录排序、倒排索引等数据处理方法。构造了能反映语义相似性的物料名称互异词向量与支持向量机分类模型,设计了学习程序,从输入的互异词向量与分类模型识别出重复物料记录。本方法与现有的字符编辑距离法和向量空间模型法比较,分别对 650 条物料记录样本识别,结果表明,本方法的记录准确率,分类准确率等四个评估指标,均占明显优势。此法为解决其他类型的重复实体(如电子商务系统中商品实体等)的识别问题提供了新的思路。

现按以上四段原文的顺序加以评论。

点评 1 "提出了金融市场对接理论"可理解为作者心目中的创新点。但对接理论的主体内容是什么,没有交代。理论是若干论点的组合,一般说来,一个创新点要提出一种理论比较困难,还是要落实到某种论点为妥。只是抽象地说提出理论,没有用变量来描述,读者难以判断,作者究竟做了哪些实质性的研究工作。前面关于"理论基础"、"借鉴"和"历史变迁"等句,反映了作者在研究过程中的思路,都属于前述的引导性、支持性的语言,可省去。摘要的字数有限,要"节约"使用,每句话都要用来表述和衬托自己研究工作的贡献。后面几句关于对接理论的现实意义和理论价值的评价,由于"对接理论"的内容及特色未介绍,读者从逻辑上就难以认同。一般说来,作者自己不用写"对中国金融改革与深化具有现实意义"这类评价性词句,只要说明"对接理论"与原有理论比较起来有哪些新的解释或发现,用研究结果和专业语言让评阅者判断其价值。

点评 2 这段表述多少有"教材式"的味道,对于这四种知识表达方法,作者提出了什么新的论点,或者在知识表达或算法上有什么新设想都没有提。只说研究(考察或探讨)了知识表达、机器推理机制、确定性和概率性推理的算法基础、管理系统的模糊性等。但研究出什么,作者自己的贡献是什么,看不出来。同时,所研究的几个问题都比较宽泛,每个问题领域都可深入下去做若干篇研究生论文,不大可能在一篇论文的一部分内容中就这么多论题做出成果。

点评 3 创新点定位在证实 A 股市场异常收益主要来自操纵行为,创新点的主体内容是提出以股东人数变化率 G_B 和大单持股率 D_C 作为操纵行为的识别指标,并建立回归模型分析异常收益与 G_B,D_C 两变量之间关系等。现有操纵行为识别方法设定有身份明确的"操纵主体",该文则是针对隐蔽操纵主体,这是新意所在。研究结果证实异常收益与 G_B 和 D_C 强相关,而与反映业绩和成长性的变量不相关或负相关,这就支持股市过度投机的论点。这项创新点交代了研究出的新论点,它的新意所在并用变量语言来解释股市的过度投机,有利于判断和控制市场异常收益。此段摘要基本上回答出摘要写作的四要点。

点评 4　不属于创新论点,是方法创新。新方法要解决的问题明确,识别重复的物料记录。方法所包括的构造互异词向量与支持向量机分类模型,设计学习程序等,是该方法有特色的核心内容,能探索出其他方法尚难以识别的语义相似性。与同类其他方法实测比较,验证了该方法在 4 项评估指标上均占优势,说明了其新颖和实用价值。同时指出了可推广应用的领域。

第三节　绪论(阐明问题)

任何研究生论文首先都要点题,常赋以"问题提出"或"绪论"这些标题,其目的是为了阐明问题。从研究工作角度来说,阐明问题是选题阶段,选题好,意味着方向对头,不至于半途返工。从论文写作角度说,问题阐明写好了,可引发读者的兴趣并进一步读下去。

一、"小题目,大文章"

论文首先要点题,即提出本论文所要研究的问题,这句老生常谈的话,却往往被忘却。忘记研究是运用知识解决问题,而误将教科书作为论文写作的摹本。没有明确提出研究问题,后面的文章就不可能做好。问题要明确,主题只能有一个,贯穿于论文始终,切忌贪大求全,目标多样。研究生容易出现严中平所说的"大题目、小文章"的偏向,"一开头就选很大的题目,课题包括的范围很广,理论概括的层次很高,下笔就是上下几千年,东西几万里,什么什么规律"等等。像"关于收入分配问题研究",这种题目就显得太大,范围过广,目标多样。收入分配是个研究领域,不同层次、不同角度来看都会有尚未解释清楚的问题。问题明确,可能比较"窄",比较"小",但说清楚或解决了一个问题,就构成研究工作的贡献,有进展。需要的倒是"小题目,大文章"。如果就收入分配问题泛泛谈一些观点,过一段时间别人还可在原出发点再做文章,到底哪些问题解决了,说不清楚,无学术进展。

选题偏大偏泛的原因,就研究生的认识来说不外乎:①怕题目选窄了,分量不够。其实决定论文水平的是其质量和深度,并非题目越大就越有水平和分量,倒是题目越大越易失之于肤浅。②窄而深的题目难做,广而浅的论文好对付,题目大了,外延较广,就每个外延项目发挥一下,字数就不少。此外,还有外部环境的原因,环顾一些经济、管理期刊所刊登的文章,六七千字就要论述大问题,动辄要提出个理论体系,却无足够论据。新名词和新概念甚多却无后续应用,多少起到误导的作用。

提倡"小题目,大文章",并非说知识面愈窄愈好。有句英语"narrow get you in,broad keep you on",其意思类似王国维所说"入乎其内,故能写之,出乎其外,故能观之"。作为研究,必须明确问题,提出假设,进行论证,不断深入,这是入乎其内,窄意味着深。而要找到合适的研究问题,又需要登高望远。广才能把握总体,发现本领域中的关键问题。

阐明问题引导后续的研究工作。这涉及对"问题"的理解。"管理体制""管理机制""机理分析""风险(绩效、质量)管理""评估体系"等都属于论题(topic),而非研究问题。每个论题都有许多可研究的问题。问题明确意味着聚焦于若干关键因素,并将围绕这些关键因素之间的关联进行研究工作。例如,"国有企业亏损原因"、"交易信誉"等都是令人感兴趣的论题,但这种论题仍然比较广泛,还须思考研究的切入点。企业亏损有各种类型和各自的来龙去脉,并非单一的原因解释得了。亏损原因可以从不同层面来分析,也可从管理体制、机制方面的因素去研究。交易信誉问题,是研究各种交易信誉或其反面的欺诈行为,还是研究商品市场交易信誉、技术转移过程或要素流动过程的信誉问题,研究内容将会有很大差别。所以,研究的层面和视角要定位好,才能找出有限的然而有价值的研究假设。

阐明问题这一章的内容可以按顺序分为五个组成部分(图 6-2):①问题实际背景;②问题界定;③文献综述;④尚待研究问题;⑤假设提出。

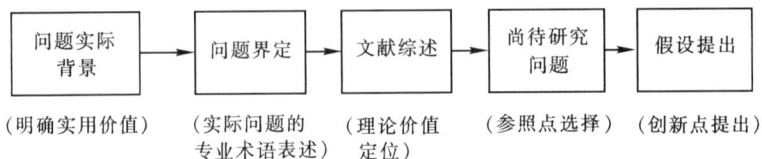

图 6-2 绪论结构

二、问题实际背景和问题界定

绪论的开头总需要有一节叙述研究此问题的实际背景,无论研究问题的理论性多么强、多么深奥,在问题提出这一段都要深入浅出,用常识性语言和概念来阐述,将一位毫无思想准备的读者引入到作者研究问题的思路上来,然后再一步步地将读者引入到专业的学术研究内容。

德国数学家希尔伯特(David Hilbert)1900 年在国际数学大会上提出 23 个数学问题,后来统称为"希尔伯特问题"。有人请教他提出数学问题的秘诀,回答说,他会在散步途中向遇见的路人解释他提出的问题,如果 10 分钟之内对方能听明白便是好问题。被视为科学最高殿堂的数学尚且如此,管理研究的问题更应该是凭常识就能理解得了的。

这里牵涉到应从何着手选题的问题。一般有两种途径,一种是从阅读文献着手,一种是从观察现象着手。博士研究生,特别是缺少工作经历的研究生,很习惯地偏向采用从文献着手的方法,从文献中去找本领域中研究热点和前沿问题,或者按照自己有兴趣的理论找出那些可以扩展或修正的地方,或者就自己欣赏的技术工具和理论模型找到可以应用的地方。然而,对于管理学科而言,从观察现象入手提出问题更为恰当和有效。这有几个原因:

首先,管理研究多属应用研究,要回答和解释现实问题,研究方法应以反映归纳思维的实证研究为主。麦克尼尔和汤利(McNeill and Townley)总结的实证研究过程模式(图 6 - 3),强调研究从观察现象开始,从观察现象过程中形成设想(ideas),然后,结合文献阅读形成假设,进而围绕假设系统地观测及收集数据,进行数据分析和假设检验,如假设经过检验被证实,则充实现有理论并可用以臆测现实现象。研究过程中假设未被证实的情况经常会有,这时,须修改原来的假设甚至拒绝原假设。

其次,只有从现实中发现和提出问题才容易做到"小题目,大文章"。前面提到的股市价格同步涨落问题,日本二战后工业政策对经济发展影响的疑点等都是从现实中观察到的,展开研究后得出了有创新性的论点和实际价值很高的研究结果。反过来,从股市价格机理和发展经济理论文献中去找,可说找不出这类题目。从观察现实中找题目,看来容易,甚至似乎纯属偶然,像股市价格同步涨落、工业政策的弊病这类现象可说人人耳闻目睹,然而只是这几位研究者对这种现象"敏感",认为值得下工夫

图 6-3 描述如下：

```
        1. 现象
          ↓
     2. 观察/设想
          ↓
     3. 文献阅读
          ↓
       4. 假设
          ↓
  5. 系统观测及数据收集
          ↓
     6. 数据分析
          ↓
     7. 假设检验
          ↓
     8. 证实假设
          ↓
       9. 理论
```

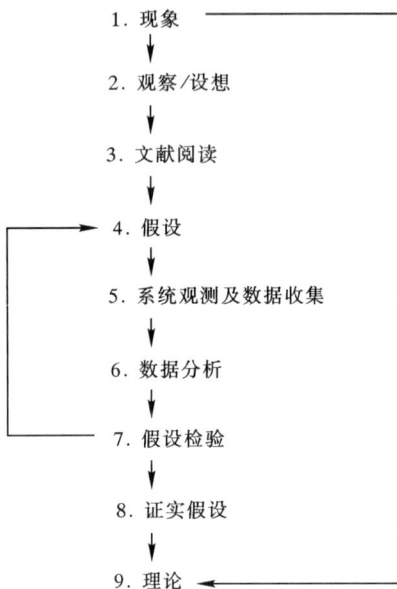

图 6-3 实证过程

去研究。这种发现研究问题的能力是经过长期研究工作锻炼形成的,是一种研究素质,研究人员学术水平的标志。

最后,从观察现象着手是高效率提出研究问题的途径。任何一个研究题材,像股市价格、企业治理结构或商业信用等都可以从许多视角和层面上去把握,相应的理论和文献也就多至不计其数。从文献出发,要把握所有理论的研究现状,所花的功夫可想而知,反过来,从现实中发现和提出问题以后,有针对性地找文献,显然就更为有效。同时,从文献中找问题,容易沿袭现有理论的思路,脱离不了其大框框,创新性受到限制。现实中发现问题,往往是现有理论解释不了的,为研究创新提供了更为开阔的空间,更有可能取得原创性成果。

当然,从文献入手并非不可以,只是说并非上策。事实上,博士生在阅读文献过程中找题目的,为数众多。这是因为对没有出过校门的博士生来说,缺乏管理实践,发现实际管理问题比较困难,加之长期习惯于接受书本知识,从文献找题目驾轻就熟。不过,即使从文献,特别是英文文献找出题目,也要与中国的管理实际结合,让读者凭常识就能感到所提出的,的确是现实中有待解释或解决的问题。最不可取的,是围绕英文文献中的概念名词兜圈子,从抽象概念到概念,与现实管理问题完全脱钩。

问题实际背景是用事实来叙述现实管理中令人迷惑不解的疑难现象,衬托出所研究问题的重要性,最好援引典型事例来说明,如前述国外直接投资的动因研究,只要举出当时经济管理部门有关国外直接投资利弊的长时间激烈争论的事实,读者就会理解研究这个问题的价值了。

有的研究生写了好几页研究背景,叙述研究问题的来龙去脉,只是概念推理没有列举事实和疑难现象,很难达到要求。如有篇研究企业组织学习与创造力的关系的学位论文,现实背景就写了三节,"创造力是实现'中国制造'到'中国创造'的重要手段";"学习资源配置对企业发展影响深远";"企业市场导向不到位,致使失去竞争地位"。从标题可以看出,说的都是主题外围的知识,创造力,学习资源和市场导向如何重要等,而现实中企业的组织学习与创造力之间到底存在什么值得澄清的问题,读过后仍然感受不到该问题的研究价值。

有篇"国有研发机构薪酬差距配置"的学位论文,现实背景这段用约一千字把问题说清楚了。首先,简要介绍我国国有研发机构薪酬分配制度的演化过程,原来一直采取较为平均的薪酬制度,到20世纪90年代末期,民营企业逐渐崛起,导致1995—2002年国有研发机构的高技能员工大量离职,年龄在30～45岁之间的研发人才稀缺。接着,叙述国有研发机构逐渐引入岗位工资制、绩效工资制、项目奖金制,项目承包制等多种分配模式,用来拉大薪酬差距,引进和保持优秀员工。薪酬分配制度改革的结果,1995年国有研发机构的项目负责人与一般人员的薪酬差距,从1995年的1.5～2倍,到2005年已达3～4倍,薪酬政策逐步向高技能的关键技术人才倾斜,人才引进难与流失问题基本得到解决。最后,说明改革后出现的问题。薪酬差距拉大引起其他员工不满,原来融洽的组织氛围逐渐被竞争所替代。员工之间的协作、知识共享逐渐减少,无人愿意去做与考核无关但对整体有益的事情。平均主义分配策略导致优秀人才流失,拉大薪酬差距减少了流失风险,却招来其他员工的抱怨,组织内部人际关系紧张。研发机构领导层陷入薪酬差距决策的两难境地。针对此两难问题,论文探索国有研发机构有效的薪酬差距配置模式,在高技能员工得到激励的同时,又能让其他员工感到满意。

读者通过这些问题背景的说明,可以了解到论文将要针对薪酬差距所引起的两难问题,探索有效薪酬差距配置模式。对薪酬分配制度改革前后情况对比,也让读者感受到研究这个问题的价值所在。问题背景这段写作,用事实和现象说清楚了研究问题及其价值,目的就达到了。

读者看过背景这一段后,应感受到所提问题清晰而且有实际意义,甚至感到问题提得很中肯和巧妙,读者虽然也可能模糊地意识到,却没有像作者这样明确提出来,于是,急着要阅读下去,这就说明作者点题的成功。

问题背景这节的内容,有的研究生分成现实背景和理论背景两段来写,其实没有必要。因为后面还专门有文献综述一章交代该项研究的来龙去脉,研究基础是什么,实际上就是理论背景,如放在这一写有重复,且写不好。

"问题界定"环节则是用专业术语来表述所要研究的问题,如股市价格同涨同落的现象,则概括为跨国间经济发展指标和股价同步度关系的研究等。同时,有些专业术语可能需要在此加以界定或解释。

三、文献综述

提出问题及交代其实际产生的背景后,读者会进一步问,这个问题的研究现状如何?文献综述便是回答。如果说"问题提出"是对问题的实际背景和价值作出说明,文献综述则是对研究问题理论背景和价值的阐明。人类知识永远达不到顶峰,现在至少可以说还有无数尚看不见且人们未亲历其境的高峰、山峦,任何一项科学研究便是向某个未知的高峰或山峦攀登。然而,任何一次攀登都是在前人攀登的基础上进行的,以前人到达的高度为起点,利用前人的信息再去探索新高峰。文献综述便是分析和描述前人在此研究领域已经做了哪些工作,进展到何种程度,描绘本文攀登高峰的起点。

1. 依仗别人,提升自己

综述须围绕论文研究创新点来进行。学习前人的成果,为自己的论文服务。"贬低别人抬高自己"是一句令人可憎的话,学术道德上不容许。然而,综述部分实在是"依仗别人,提升自己",把"前人肩膀"弄清楚,然后作为依托来凸显自己。有的研究生提出,我的论文过去就从来无人做过,能否不用综述,实际上这是一种很有害的误解。原则上说,任何一篇能称之为研究成果的论文都或多或少有前人未曾做过的工作,待探索的问题犹如被云雾遮住看不清楚的高峰,然而这座山附近的其他部分的山峦是何状况,人们是清楚的,把这些部分描绘清楚才可以衬托出被遮住高峰所处的地位和作用。所以,综述部分内容上虽是叙述前人所做的工作,作用却是在衬托本文的"高明之处"。

创新点总是比较而言,缺乏参考点就无法判断其是否创新。文献内容,完全和自己论文相同的,不可能有,如有,本论文写作就无必要,文献总是和本论文所研究的问题相近,何谓相近,只是相对而言,从最密切相关(most-related references)到最弱相关(least-related references)有一系列相关程度不同的文献。最密切相关的文献没有的话,次密切、再次密切相关的总有。切不可认为本论文研究是前无古人。产生这种误解有的是"偷懒"的托辞,不愿意费工夫去检索和阅读文献。有的可能受到误导,认为阅读文献会受到别人想法的约束,光靠自己天马行空地思索才能创新。把阅读和创新对立起来,起码不符合事实。如人们崇敬的史学家陈寅恪、文学家钱钟书都有许多创新观点、理论,而他们的阅读量大得惊人。陈寅恪晚年失明,但讨论某个问题时却能回答出此问题可参考何书、何章,甚至第几页。再说,不看前人文献,犹如半途杀出个程咬金,也不管已有哪些问题取得共识,也不问有哪些已约定俗成的术语,自己"独立"地说一通,结果自己的观点和成果也难以得到同行的认同。

2. 综述三忌

撰写文献综述时,心中一定要明确本论文的主题和假设所在,围绕主题和假设来筛选文献,为的是从学术角度说明自己提出此主题和假设的缘由以及研究的起点。对于论文中引用的文献内容,要概括出那些与本论文创新点紧密相关的部分,并作出相应评论,指出本研究的来龙去脉。撰写文献综述时有下列三忌:

一忌讲义式。未能将论文的主题和假设作为主线来筛选和评述文献,而是像写教科书,将有关研究课题的理论和学派简要地陈述一遍,于是,涉及国外直接投资的论文都分别介绍巴克利的内部化理论,小岛清(Kiyoshi Kojima)等日本学者的贸易导向理论以及英国邓宁(John H. Duning)的生产折衷理论等。研究发展战略的论文,从战略二字起源于军事说起,再介绍安索夫的学派、波特(Michael E. Porter)的理论等等,以致综述部分反映不出论文的特色,同一领域的文献综述似乎可以在多篇博士论文中相互套用。

按照写讲义教材的思路来介绍某种理论,总是从头说起,产生的缘由和发展的来龙去脉,论文的文献综述无需如此,仍然要围绕主题来选择综述的切入点。有篇学位论文"基于制度理论的管理者社会联系、组织学习与新产品绩效的关系研究",文献综述一章就有 4 万多字,占全文的 1/3 以上,太多了。作者分别就制度理论、管理者社会联系和组织学习,以及间接相关的转型经济和企业动态能力这五个领域知识,作了讲义式的论述。如制度理论一节,从古希腊的经典著作"理想国""乌托邦"说起,直到现代的新制度理论,接着叙述制度的趋同性,划分标准和制度情境等。写了这么多内容,对于评阅者所关心的问题"是否提出并论证了有价值的新论点",并不加分。其实,这篇论文的主题还比较明确,新产品绩效是因变量,要研究作为自变量或调节变量的管理者社会联系、组织学习与因变量的关系。文献综述只需指出,以往文献就它们之间的关系有什么观点就可以,最多是为了叙述方便,解释一下这些概念的内涵。

二忌轻率设置"靶子"。前面提到综述是依托前人凸显自己,但千万不能贬低人家抬高自己,要如实地描述前人已做出的贡献,特别是批评前人的不足或错误时更要慎重,一定要读懂和引用被批评者的原文,不能从二手甚至几手材料来判定原作者的"错误"。个别论文在综述中指出了一连串"大师"级的经济学家或管理学家的不足或错误,却未引出足够的原文根据,把几经翻译和评述后的观点,误认为原作者的观点而加以批评,这就不够慎重。一篇论文如果真能找出并论证"大师"级经济学家或管理学家某个观点不妥,那应受到鼓励,但这是严肃和艰辛的研究工作的结果。有些文献中出现与自己研究相同的概念或变量,要阅读上下文,弄清其内涵,判断自己的理解是否和文献原意一致,特别是一些译文,如看到中文名词就望文生义理解原文含义,便容易产生误解和误批。

三忌含糊不清。采用了文献中的观点和内容却不注明来源,模型、图表、数据不注出处。这样,实际上"吃亏"的还是作者。评阅者一般能够看出有些观点和内容并非出自作者,但论文又未交代清楚哪些工作属于作者,哪些属于前人,评阅者难以明确判断作者的贡献,即使作者有重要创新,评语中也只能留有余地,没有把握写出足够高的评价。

从论文写作的实际情况来看,研究生在文献综述中最值得记住的,应是引用前人论点衬托出本文的"高明"之处。别人在文献中写过的,有衬托作用的使用,不起衬托作用或起间接作用的都不用。如不以自己的研究假设为出发点来取材,便容易导致文献综合部分漫无边界,冗长而不能给论文的价值"添分"。同时,导致写作上的随意性,甚至为了追求篇幅而在文献综述部分增添内容。例如有篇论文,研究知识管理的激励机制,综述了心理学家的各种激励理论,经济学家的多种激励理论以及中外关于人性的各种假设,然后又解释管理激励的各种观点和发展过程。写了七八万字还看不出论文想论证的假设是什么,说明作者心目中并不明确文献综述的作用何在。

阐明问题部分的文献综述,主要目的是交代研究的理论背景,衬托论文的主题,显示研究该主题的理论价值。论文的论证章部分也会有文献综述内容,论证过程的方法、技术工具难免要应用前人的成果,或者有所改进,也会引用文献。论证章节中的文献综述内容作用不同,阐明问题部分的综述是衬托主题创新,属假设树第一层次,其他章节的文献引用则是为了衬托第二三层次的创新点以及论证技术或工具的创新。

文献综述部分反映作者研究工作的基本功和文献阅读量。是否找到研究问题的关键文献,是否抓准文献的要点,评述是否切中要害,衬托出本研究主题的价值,等等,都可以从综述部分看得出来。

博士论文的文献综述和期刊发表的某知识领域的综述文章有质的不同。博士论文必然有明确的待探索的问题,期刊的综述文章旨在阐明某知识领域的研究前沿,这类文章尽管很有参考甚至指导作用,文章本身却非作者的探索和研究成果。所以,综述文章通常是阅读和分析文献的结果,而博士论文中的文献综述却是作者研究初始阶段的工作。前者,作者自己的观点尽管仍很重要,但主要依照文献中的观点来组织文章内容。而博士论文的文献综述要围绕论文的主题来取舍文献和组织内容,如果追求全面而系统地综述本领域的研究进展和现状,那就有悖于博士论文撰写的目的。

综述部分所用的文献,应主要选自学术期刊或学术会议的文章。一则这些文章反映了研究的最近成果,二则这些文章是按学术论文规范撰写,有论证,可以作为引用的根据。教科书或其他书籍,一般介绍比较成熟的知识,也可引用,但在文献目录中所占比重只是小部分。至于大众传播媒介如报纸、广播、通俗杂志中的文章,一些数据、事实可以引用,但其中的观点不能作为论证问题的依据。

四、假设提出

文献综述的后面应有一段"尚待研究问题"的内容,指出现有研究中尚存在的不足之处需进一步加以研究。写这一段时,没有必要去追问所提出的不足点是否系统全面,仍要和论文的主题衔接,针对作者自己将提出的假设来谈不足之处。正是因为这些不足之处,作者即将论证的假设才有理论价值。这一段虽然篇幅不会大,但它将文献综述和"假设提出"即本文的创新点衔接起来,实际上是选择参照点,用以衬托本文创新之处,不可忽略。

在文献综述以后,作者完成了对所研究问题实际和理论背景的回顾,又在肯定前人工作基础上提出不足和有待研究的问题,接着,合乎逻辑的下一步便是提出本论文所定位的研究主题。前已提到,问题阐明的结果包括提出问题和作者对此研究问题给出主观回答,即论文的主题和假设树,这便是"假设提出"的内容。论文后续的论证章部分便是论证和验证这些假设,假设表述合理的话,应该清晰地表达主观预期的变量之间的关系,必须符合可供检验和验证的要求。

"假设提出"这一段所占的篇幅不大,一页左右,但它表述本文的创新点所在,在全文中起到承上启下提纲挈领的作用。它是对实际问题观察思考和综览前人研究工作的结果,又是本论文随后论证工作的起点和目标。有些博士论文绪论中的承上启下部分是论文后续各章的内容简介,诉说每章讨论什么问题,而对评阅者最关心的作者提出了什么问题、解决了什么问题、做出了什么创新性工作却仍然没有给出明确的提示,可说是没有抓住写作要领。"假设提出"的内容应与创新点一致,表述上可有所不同,偏重于提出问题的角度。

由于论文是围绕研究假设展开,这里进一步讨论假设的作用和表述问题。

主题和假设树是一篇博士论文写作的纲领。具体说来,主题就是一篇论文或一项研究中的核心假设或最高层次的假设,亦即对主要研究问题的主观答案。第三章提到,论证某个主题需要从不同层次去研究,下一层次的假设支持上一层次的假设,一篇论文中总包含有多层次假设形成的假设树。"主题先行"即指着手写作前先要构造好假设树。医生治病,先听到病人的申诉后,便形成关于该病人病症的假设,然后按此假设向病人提出问题和进行各种化验检查,这是从临床角度而言。探索引起此疾病的原因,也须提出假设,按照所提假设进行实验或者收集各种关于此种疾病的统计数据,这便是从科学研究角度而言。所以,研究假设,实质上是选择证据和提出问题的出发点。就像临床医生要考虑向病人提出什么问题做什么化验检查,科学研究人员则要考虑收集什么数据。取得各种证据以加强或削弱某种论点存在的可能性,这是探索性推断过程。管理研究论文也类似,提出的假设不是研究的结束而是开端,为了进一步收集数据和证据去验证它。

五、假设的表述应落实到变量层次

作为一篇论文的写作纲领,假设的表述显得十分重要。从研究生论文写作存在的问题看来,假设的表述应注意一个原则,即应落实到变量的层次。假设是对两概念之间可能关联作出的一种待检验的解释,无论是行为和事件之间的前因后果,在表述形式上最终离不开概念和概念之间关系的表述。即使描述性研究,探索研究主体的状况、过程和特征,都得抽象出关键的概念来表述,这样才有理论意义,或者说"学术味"。归纳出这类概念和概念之间的关联,读者才能应用此研究结果来分析类似现象或过程。然而,研究者形成假设的初期,所提出的概念往往比较抽象难以直接验证,须进一步对这些概念赋予操作性定义,形成操作假设,下一节还要加以讨论。

博士论文常出现假设未落实到变量层次而难以验证的缺陷。有篇论文提出假设:"非经济因素(主要是政策和体制因素)对中国城乡人口迁移有着更为直接的影响"。假设中非经济因素的外延太大,无法在一篇论文中加以研究,即使政策、体制因素,也是两个内涵差异甚大的概念,不能混同,而且政策、体制因素如何取值也不明确。而从该论文实际研究工作来看,主要是研究"城市隐性收入对城乡人口迁移相关"的假设,并用模型来表达两者的定量关系。如果不要往高层次拔,直接提出有关隐性收入和人口迁移规模之间关联的假设,反而恰当。隐性收入和迁移规模都可以赋予操作定义,落实到变量层次,能够加以检验。该文还提出"城市传统部门和农村非农业部门对劳动力转移具有重要作用",这同样未落实到变量层次,两部门的什么属性对劳动力迁移起作用未作交代,"重要作用"含义模糊,此假设陈述未达到清晰可检验的要求。

假设陈述是否具体、清晰到变量的层次,可以从两方面来判断。第一,是否能据以收集数据和证据进行验证。犹如医生按医院化验能力向患者开出化验单一样,研究者要能收集有关假设所涉及概念的数据和事实。如以上例中的"非经济因素"作为假设中的主要概念，收集数据和事实就无从下手。第二，是否能定量分析。定量的概念，理解不能太窄，数学模型求解和优化计算固然是定量分析，聚类分析以及优先顺序排列等也是定量分析。定距、定比变量之间的关联分析固然是定量分析，管理研究中常用到的定类、定序变量之间的关联分析也是定量分析，如问卷研究，就是将各种观点和意见定量化的过程。具有两种属性的定类变量如可记为0,1，亦可称为变量。有篇研究营销渠道和营销绩效关系的论文，最初，根据收集到的资料阐述一些实际营销渠道形式及其运作情况，后来，归纳出营销渠道的两个特征：增值量及物流和资金流复合度，于是将这两个特征设置为变量，然后，定量分析这两个变量与绩效指标间的关联。从实际个案阐述提高到学术研究层次。

任何一篇论文或一项研究工作都是该领域知识探索过程中的一个环节，不可能是终结，也不可能覆盖全领域。论文所提出的假设是可能的创新点，并在有限的对象和有限的时空环境下验证其有效性，无须保证在任何场合和环境下都适用，留有后续研究的空间，让其他人就此假设去验证、去扩展，这正是假设提出的价值所在。如果别人认为围绕这项理论或假设已无事可做，那也就失去研究价值。当年西蒙提出的有限理性论，明兹伯格的管理者的10种作用理论，都是根据他们有限的观测数据和证据得出的成果，后来，有许多其他人的后续研究工作，应用这些理论去有效地解释现实问题，才进一步提高了这种理论的价值。提出和验证一项假设或理论以后，别人有兴趣去做后续研究工作，这才显示其真正的理论意义。

阐明问题部分可简括为以下几项任务：第一，告诉读者本文研究什么主题；第二，描述与研究问题相关的实际和理论背景，告诉读者这个问题的研究价值所在；第三，提出作者对所研究问题的主观答案，即陈述本文提出的研究假设。

第四节　论证章

作为"纲领"的绪论写毕后，便要在各个论证章内分别论证绪论中所提出的假设。前已提到，最好是一个创新点的论证内容构成一章。这里，先谈一下论证章的标题应如何设定。邹承鲁院士关于论文的标题有一段话:"无论是从刊物的目录或是从网上,首先看到的是标题。因此要选一个醒目而引人注意的标题。早年经常使用的如'某某问题的研究'一类的标题,现已很少有人使用。更为常见的是用论文中的主要结论作为标题。"全篇论文的标题应反映主要结论,相应地,各论证章的标题更应反映出该章所论证的假设。目前,不少博士论文未按创新点组织论证章,就很难符合此要求。例如,一篇题为"敏捷制造中柔性决策的理论和方法研究"的论文,其论证各章的标题是:"顾客满意与柔性决策";"敏捷制造中柔性建模理论与方法";"柔性决策仿真的数据处理";"敏捷制造中柔性决策支持系统"。这些标题仍然是写教材的思路,似乎在告诉读者这几方面的知识,而显现不出作者的研究贡献。

一、写作要点

从研究生论文撰写的情况来看,论证各章写作时,应注意几个问题。

1. 研究对象和研究情境(context)的定位

管理研究对象与前述的分析单位基本一致。包括个人、群体、组织、项目和社会产品。描述研究主体包括主体本身的特征以及主体所处的总体结构。譬如,研究对象是企业主管,便要对企业主管的总体加以界定,说明总体的规模及其特征,如年龄、教育程度、工作经历等各种可能影响研究结果(即因变量值)的变量,同时,还要描述企业人员组成状况及主管人员的比重。读者关心心目中的主体和论文中的研究主体相似程度如何,换言之,追问论文研究结果能否推广到自己关心的领域。例如,小企业的研究或实务人员,就会问此项研究是否是在大型企业进行的,对自己的企业是否适合。

样本设计是一项重要内容。抽样框架、抽样方法和样本规模都应介绍清楚。笼统说在某企业选择了多少名职工进行调查,读者无法据以判断研究结果的价值,只有将样本来源和特征描述清楚,才能估计研究结果的适用范围。

研究生论文有个常见的毛病,就是忽略研究主体的定位,以致一篇论文中的研究对象有时是企业管理人员,有些章节又是政府官员;有时谈政府主管部门与企业经营者的委托代理关系,有时谈企业内部的委托代理关系;有的章节谈宏观的政府管理部门的政策研究问题,有的章节又谈微观的企业产品方案的设计问题。有篇研究可持续发展理论的论文,是以全球为背景,还是说中国的事情,始终不明确。主体飘忽不定或模糊不清,论文内容在逻辑上便容易出现混乱,自然也影响到研究结果的有效性。

任何一项管理研究结果都难以做到"放之四海而皆准",也不可能是"永恒真理",总是在一定的情境下得出的结果。外部效度和内部效度有一定矛盾,过分追求外部效度会损害内部效度,甚至导致对研究结果的否定。因此,论证假设的时空条件和涉及的主体情境,作者自己思想上要有清晰的定位,在论证过程中要有清晰的交代。

2. 围绕假设向深处、细处展开

论证过程一定要围绕绪论中提出的假设来组织。数学考题发下来了,下面就要答题。这个简明的原则有的论文却做不到,有的论文在问题提出以后,不是紧扣自己所提出的问题和假设,而是置之不顾,重敲锣鼓新开张,写些与此问题无关或间接相关的领域知识。论证过程好似要画活这株假设树,主题是树干,假设是主要支干,一定要描绘出反映此树特征的花朵和绿叶。其他一些次要树枝和树叶,只是必要时才描绘它。写论文的道理也一样,不能把与主题相关的知识都写到论文中去。取材本来就是反映作者判断力和写作水平的重要标志,画一棵树,笔墨最少而又能将其特征表达出来的是好画。笔墨费得多却落不到要害处,说明功力不够。

有些论文研究的主题本身就是支干,这也是允许的,甚至可说难以避免,知识领域本来存在种属关系,企业产权问题研究,可以看作是一棵树,也可以看作是企业管理这棵树的枝干。从企业产权这个研究领域找博士论文题目应该不成问题。就像有些绘画取材并不要整棵树,只画树枝,亦可成好画,这种情况下,应着重描绘这个树枝。实际论文写作中又会出现另一类问题,描绘的对象是树枝,却又追根溯源写了许多有关树干的知识。例如,研究企业组织结构问题,却要把经济增长、技术变迁、制度变迁、政府行为这些"大树"的知识都要作为独立一章去介绍,甚至还跳跃式地描绘另一棵树,这样,所研究的"树枝"势必难以描绘清楚,难以创新。

3. 知识性内容愈少愈好

第三章提到顺次写作和逆向写作的问题。这两种写作方式的差异在写作取材上会明显反映出来:顺次写作意味着按研究工作的顺序将思考的内容一步步写出来;逆向写作则暂时撇开自己的认知过程,从研究结果出发倒回去找题材。要站在读者、评阅者的角度来看,最有说服力的假设论证,应该选择哪些题材。例如,研究企业外包(outsourcing)问题,从研究者的认知过程来看,一般是从掌握外包的概念内涵着手,进而考虑外包与采购、虚拟组织等类似概念之间的关联,接着是外包类型、外包决策模型以及外包和企业绩效关系模型等。顺次写作意味着把上述各个环节的内容都按顺序去描述。逆向写作时,则首先要进行创新点定位,例如作者提出一种新的外包决策模型,则应从模型能解释或解决的问题,即创新处出发来筛选题材。

研究的资料越多越好,论证时数据越多也越好,但在论文撰写中就不要将自己在研究中积累到的资料、数据和知识都写进去。要从评阅者和读者的视角来选择评阅者关心的内容。研究者在论证过程中必然要去钻研一些原本不太熟悉或掌握深度不够的理论和方法,如工科背景出身的研究生做金融方面的课题,或社会科学背景出身的研究生做计算机应用方面的课题,都会在研究工作过程中学到和用到许多自己认为很新的知识,花了很大工夫,也很有心得。在论文写作中作者总想把这些费了心血、宝贵的知识写进去,然而在评阅者的心目中,这些却属于基础知识或必要的专业知识,在论证章中写这类内容便显得冗余并冲淡论题主线。须站在评阅者的角度对自己的选材提出疑问:"我觉得内容新颖,评阅者读后是否也能感受到新信息和新知识?""是知识性内容还是论证题材"?知识性内容是为论证服务的,占的篇幅应愈少愈好。

论证过程以主题、假设为纲领,提纲挈领式地取材,"为我所用",支持论点的材料就用,不支持或支持程度弱的材料就不用,这是符合论文特点的写作思路。与此相对立,即类似上述比喻中的两种不宜提倡的思路。一种是枝蔓式,只要与主题拉得上关系的材料和知识都加以介绍,以致假设论证本身的内容在众多知识性的描述中凸显不出来。另一种是溯源式,论文绪论中一般应对于研究问题的知识类属结构有所交代,研究假设要在此结构中定位,论证过程主要是往下向深层次谋求新发现,溯源式的思路却往上讨论高层次的问题。上述企业组织结构,理应往下研究属于组织结构外延的问题,如往高层次走,谈经济增长、技术变迁等,论证内容再多,也不可能在企业组织结构的领域内有何新发现。人们可以注意管理领域内的期刊,对照前后若干年就某些主题发表的论文,往往会让人感到进展不大,仍停留在同一层次的概念上。例如,总想提出一个国有企业改革的模式,局限在模式 A、模式 B 概念本身和它高一层次的概念,对于模式所包含的下层次问题却没有深入研究解决,结果几年后还停留在讨论模式 C 或 D,研究工作没有进度,原地踏步。

论证章内容可参考图 6-4 所示组成。首先,作为该章的开场白,对于本章将论证的研究假设加以说明,让读者了解本研究假设在论文整体研究设计中的地位。还可以就此假设的研究现状作进一步的简要文献综述,衬托出论证此假设的理论价值。接着,描述操作假设设计。这部分操作包括三项相互关联并依次完成的内容,即假设转换、操作假设表述和变量设计。后续两环节是数据收集(data collection)处理以及数据分析(date analysis)。数据分析之后,有些情况下,还可添加"机理分析"的内容。最后,应有简短的小结。

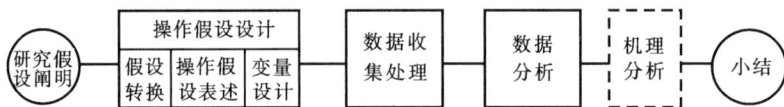

图 6-4　论证章结构

张五常在"学术文章"一文中写道:"(论文作者)在述说自己的观点或研究心得时,有关的内容起码要占文章百分之八十的篇幅。"上述结构反映"问题切入,层层深化"的研究过程,按此写作,有 80% 以上的篇幅描述自己的工作便不是困难的事。"操作假设设计"、"数据收集处理"、"数据分析"都是反映本研究工作个性的内容,当然,也只有深入做了这些实证工作才能写得出来。目前,有些研究生论文,在论证章节中仍然继续引用文献,讲述教材中的一些概念、方法,有的把应该在绪论中讲清的一般概念和"大道理"再重说起,这就没有弄清楚应向评阅者显示什么,显示的应是自己论证工作内容以及论证过程的科学性。

下面分别讨论各个论证环节的内容。

二、操作假设设计

1. 假设转换

操作假设表示按此假设便可着手收集观测数据,进行验证。正如假设树所表示的,各层次假设有个转换过程,从主题假设派生出二层直到操作层假设,以解决假设的可测性或可操作性问题。这个转换过程,有的内容可以在绪论一章中交代,有的内容则需在论证章中说明。

第三章关于家族企业的示例,所要论证的假设是"家族企业的'蔽荫'和家族成员间的冲突呈正相关",但还不能算作操作假设,操作假设乃下一层的假设,"有'蔽荫'的第二代家族成员比无'蔽荫'的第二代家族成员的冲突要大","有'蔽荫'的家族企业,第三代成员比第二代成员的冲突要大"等等。论证章应描述,上层的研究假设派生出下层假设直到操作假设的过程和理由。

上层研究假设和操作假设之间的逻辑联系一定要说清楚。有的论文注意不够,如"人力资本的获得、保持和激励决定了组织的知识创造能力",下层假设是"员工知识与技能的开发与组织的知识创造能力正相关",这种假设的可操作程度并未提高,仍属不可测的抽象概念,而"人力资本的获得、保持和激励"为何演化出"员工知识与技能的开发"的概念也没有解释,令读者难以理解。

2. 操作假设的形式化表述

论证各章都是以"阐明问题"一章(即绪论)中提出的研究假设作为起点,经转换成操作假设,随后进行变量设计使之达到可实证的要求。

任何操作假设最终可表述为 $y = f(x)$,即对自变量 x 和因变量 y 之间关系的一种解释。实际上,设想中的 $y = f(x)$ 是否成立还有待检验和论证,表达为 $y \approx f(x)$ 较为确切,为简便起见仍用等号。$y = f(x)$ 一般有以下几种形式:

(1) 关联表述

前述回归方程 $y = ax$ 是表示 x,y 之间关联的最简明形式。由 x 可估计 y 值,视系数的符号可判断两者之间的关联方向,如为正号,自变量增大因变量也增加,如为负,则因变量随自变量增加而减少,a 的数值则表示增加或减少的幅度。例如,研究假设可表述为企业规模与研发投入的效益呈负相关系,政府补贴数额与行业发展速度呈负相关关系。企业规模并非引起效益降低的原因事件,补贴的原意也是促进该行业的发展。但事实说明,企业规模小,研发投入的效益大,补贴越多,行业发展越慢。这些共生现象看似出乎意料,恰恰值得去总结,提出假设。如检验有效,便可进一步探索其中的原因,发现新知识。

一种实用的相关表述形式为:设研究主体为 s,x 为自变量,y 为因变量,假设可表达为主体 s 具备 x 比不具备 x 的条件下能够取得较好的输出值,即:$y(s \bigcup x) > y(s \bigcup \bar{x})$,式中 $>$ 表示优先于,$\bar{x}$ 为不出现 x 的情况。

如提出假设:"某部门取得硕士学位的新雇员比没有硕士学位的新雇员头两年的业绩都要好。"研究主体 s 是新雇员,x 为学位即取得硕士与否,y 为头两年的业绩。

又如假设:"未经历过研究训练的管理专业硕士研究生,如第一学期就完成一项研究课题较之最后一学期再完成研究课题,其课程的平均考试成绩要高。"未曾有过研究训练的管理专业硕士研究生为研究主体,第一学期完成研究课题的为 x,最后一学期完成研究课题的为 $\bar{x}$,y 则是全部课程的平均考试成绩。

一般情况下,上述两例的对立假设为:

$$y(s \bigcup x) = y(s \bigcup \bar{x})$$

有无硕士研究生学历或从事研究课题的时间变量对于业绩或学习成绩均无影响。

上述自变量 x 的属性都只有两种,取值"有"或"无"。显然,也可以分段取值,如 $x = (x_1, x_2, x_3, x_4)$,不同的 x 值,其 y 会有差别。x 变量的取值同样要符合互斥和完备条件。

(2) 因果表述

这类 x, y 之间的关系可表示为"if x, then y",旨在寻求何者为先决条件,何者为后果。" if x, then y"用概率表示可记为 $P(y \mid x) = 1$。实际上,y 事件出现的原因有多种,如 x 出现,而其他因素不具备时 y 也可能不出现,即 $P(y \mid x) < 1$。当 $P(y \mid x) = 1$ 且 $P(y \mid \bar{x}) = 0$ 时,则 x 是产生后果 y 的必要和充分条件。

因果表述和相关表述的假设,其作用有所不同,因果表述自然含有相关关系,不过还要弄清前因后果。相关假设并不能认定原因,这在第五章已讨论过。

(3) 拓扑表述

管理研究论文中的概念或变量之间常有一定的层次关联。各个变量在论文的理论框架体系中,都相应有一定的层次和地位,总体上形成一种合乎逻辑的拓扑关系。理清变量之间的这种拓扑关系,也成为一种重要的假设形式。在描述型研究中这类假设较多。例如,研究企业主管工作时间分配,首先就要将主管的工作内容分类,明兹伯格将企业主管的工作第一层次分为人际关系、信息沟通、决策三类,第二层展开后成为 10 种。为了可操作性,还可以将 10 种工作细化到第三层次。各层次的各项外延都有独特的种差,并符合分类的完备和互斥的要求。明兹柏格将企业主管在信息沟通方面分为三项内容:联络人、监督人、发言人的作用。共性是沟通,个性(即种差)则三者各异:联络人指主管和企业外部同类工作人员之间沟通,即横向联系;监督人指主管和企业内部各部门人员的接触,即纵向联系;发言人则是向上级和公众发布信息。人们可以将主管的任何沟通活动归入其中一项。

表述方式可应用外延空间和内涵空间的概念。设 $X = \{x_1, \cdots, x_n\}$ 为对象集,称为外延空间。从分类角度来看,X 是属的概念,$x_i (i \leqslant n)$ 是个体,对于任意 $A \subseteq X$,A 是种群。比如 $X = A_1 \bigcup A_2 (A_1 \bigcap A_2 = \varnothing)$,则 X 属有两个种群 A_1 和 A_2。Θ 为属性变量集,称为内涵空间。任何一个概念可以通过 X 的种群 A 来表示,也可以通过属性变量的子集 Q 来表示。若 A 的所有个体的共同属性为 Q,且具有 Q 共同属性的对象集为 A,则 $A \sim Q$ 表示了同一个概念。A 是外延表示,Q 是内涵表示。

按此外延 — 内涵空间概念可以表达多种形式的假设。包括:

① 对 X 属组成的每个个体 x_i 作出解释;

② 辨析 X 属的特征变量 Q,即 $X \sim Q (Q \subseteq \Theta)$;

③ X/Θ,辨析 X 按照 Θ 的分类准则,即分类种群;

④ $X/\Theta \neq X/\Theta - \theta_i (\theta_i \in \Theta)$,辨析 θ_i 是分类的关键变量;

⑤ 若 $Q_1 \subseteq Q_2$,则 U/Q_2 是比 U/Q_1 更细致的分类,记作 $U/Q_2 \leqslant U/Q_1$。属性越多分类越细,因此

$$\frac{U}{\Theta} \leqslant \frac{U}{\Theta - \{\theta_1\}} \leqslant \frac{U}{\Theta - \{\theta_1, \theta_2\}} \leqslant \cdots \leqslant \frac{U}{\{\theta_n\}}$$

可以辨识多层次分类结构,形成分类判断树结构。

(4)数学模型表述

涉及多个自变量和动态问题的假设,须用数学工具来描述自变量 $x_1, \cdots, x_n$ 和 y 之间的关系,这种数学表述称作数学模型。数学模型也是研究者对变量间关系的一种设想。管理研究中通常运用的数学工具有:统计方法,包括多元回归方程和时间系列分析;运筹学,包括线性规划、非线性规划、排队论、图论等;博弈论,描述利益矛盾双方行为;微分方程,描述动态行为等等。这些内容都有专门课程讲授,特别对工科大学的研究

生来说应有一定的基础。

3. 变量设计

第三章变量设计一节中谈到,只要对因素之间、现象之间的关系作出某种判断,假设即可成立,但这些因素都以概念形式表达,概念要能测量,用于实证还得经过多重处理。此过程可归纳为概念→名义变量→操作变量→测度。仍从家族企业研究的示例来看,假设中"冲突"的概念要转换为名义变量"冲突度",为了可测,设置"冲突幅度"和"冲突频率"作为操作变量,进而规定冲突幅度和频率这两个操作变量的属性以及各属性的度量尺度。

有的研究生论文中,只提出变量以及假设,却不考虑可测性问题。如提出企业高层管理人员风险意识和创新性相关,甚至画出两者之间的关系曲线,但是风险意识、创新性这两个变量如何去度量,未作交代。有篇论文研究人员素质风险,但何为素质风险始终不曾明确界定,更未考虑可测性问题,这就不可能得出有科学性的研究结果。

设置变量时要与变量的属性综合考虑,犹如用两维度图形表示变量 x 与 y 的关系,要考虑坐标的刻度一样,维度坐标即是变量,坐标刻度即是属性。有论文设置变量:"风险分析与评估","风险共担机制"和"风险信息共享",并进而提出假设:"风险共享正向影响风险分析与评估"和"风险共享正向影响风险共担机制"。这样设置不够恰当,"分析"和"评估"是两个概念,组合一起内涵混淆,研究变量只能是单一的概念和名词。"机制"是行动和后果互动的运作过程,研究变量作为名词只适于表示一种因素、现象,难以表达复杂的运作过程。"分析和评估"和"共享机制"的属性是什么,尺度是什么,由于上述概念设置不当,更是交代不清楚。所提出的这些变量间的正相关假设,意味着"风险共享""分析和评估""共担机制"这些变量的属性可用定比或定距尺度来测量其大小或强弱程度。而自变量"共享"增加,因变量"分析和评估"和"共担机制"的属性是什么,增加什么,均无交代,这就让读者难以理解了。如果设置变量时,变量有哪些属性,怎样测量都想清楚,就不会出现上述问题。现在管理类学位论文中,出现许多新名词和概念,如"自我建构""心理联系""主观幸福感""心理需求"等,这些名词是否适用于作为研究假设的变量,必要条件就是变量的属性清晰可测。

在同一篇论文中,变量和属性要分清楚,不可混淆。如有论文将"组织学习方式"视作变量,并划分为"探索型"和"应用型"两种学习方式。"探索式"和"应用式"便是该变量的两种属性,采用的是定类尺度。后续内容便不能将探索型或应用型学习方式当作变量对待。

操作假设表述和变量设计是论证章中的主要内容,它反映研究工作的实体和个性。这是研究生论文写作中不可缺少的内容,有些研究生却认为琐碎而忽略不写。

4. 复杂的数学模型并非论文质量高的标志

按照以上假设的表述方法来看,博士论文都应该有定量研究。没有数据和统计分析支持,没有变量,没有假设,就难以说是一篇研究论文。通篇都是抽象的无法观测的概念,说得再怎样头头是道或逻辑上成立,也不能算作研究成果。定量研究可以是复杂的数学模型,也可能只需简单的数学运算,如定性意见的量化,验证两变量间正(或负)相关的假设以及分类和聚类等都可以归属定量分析。

以理工科为主体的大学内,管理学科研究生有一种议论,认为研究生论文中,有了数学模型论文才容易通过。数学模型的难度越大,越复杂,论文的水平越高。其实,这是一种误解。

研究生论文的质量,不是看运用数学工具的复杂程度而是看所解决(解释)问题的价值以及论证内容的科学性。如果将某个变量的归类和层次正确地定位,改变人们以往的看法,尽管数学运用不多,也很有价值。其实,解决(解释)同一个问题所采用的数学工具愈简单可说愈高明。有的研究生脱离所研究的问题去建立复杂的数学模型,个别的甚至赶时髦,流行什么理论就引用什么,既不支持研究假设,与后续的结果也不衔接。数学模型与论证脱节的做法十分不可取。有的工科背景的研究生,偏爱某种数学方法,论文解决的问题还不明确,先验地选用某种数学方法或模型,陷入"方法导向",得出结果没有多大价值,实际碰到的这种事例还不少。

从管理研究的角度来看,数学模型是假设的数学表述。A 变量和 B 变量之间呈正相关关系,这是假设。用回归方程表示便是数学模型。当然,数学模型可以表示多个变量之间的关系以及非线性等复杂关系。同时,数学模型有时还可以作为论证工具,例如回归方程,不仅可以表达变量之间关系,还可通过统计检验,判断这些关系是否符合显著性要求,确认或排除这种关系。用数学模型来概括和表述研究假设,反映学术水平的提升,这是研究生应努力去做的工作。如果能用非线性动力系统、混沌理论模型等来解释和分析所研究的管理问题,那当然很好,既论证了研究假设,又反映出作者的基本功。然而,研究生不应把注意力放在是否有复杂的数学模型上面,而要问是否有可靠的论证,确切地说,是否有实证的内容。数学模型本身就是数学形式的假设,同样需要数据和事实的验证(testing)。有的研究生论文花了相当篇幅叙述公式推导过程,但得出模型后就"刹车"无下文,以为"创新点"的内容就完成了。其实,缺了论证这一大块。

论文有新思路、新观点,固然必要,凭此也许就可以在期刊上发表文章,但博士论文更注重实证,没有实证内容的思路、观点不能构成论文的创新点。管理学科的博士论文没有复杂的数学模型可以,没有实证内容便不行。

钱宁在《留学美国》书中写道:"一些文科专业的留学生,尽管在国内发表过不少'大作',到了国外,都发现自己一下子不会写文章了。中国学生论文易犯的毛病,一是文章中充满了各种含混而不加界定的概念;二是喜欢将前一段提出的假设性论点不加论证便在下一段转换成论据。"这些话很中肯,复杂的数学模型仍不能脱离"论证"这个基本内容。

三、数据收集

操作假设表述和变量设计完成以后,便要交代收集数据和验证假设的方法和手段,问卷法、访谈法、实地研究、实验法或无干扰观测法都可能应用。论文中有关数据收集的描述应达到这样的要求:其他研究人员可以根据所提供的细节重复作者收集数据和验证假设的过程。这就是绪论中提到的,科学研究应具备的清晰和重复性的要求。

数据收集的描述一般应包括三部分内容:研究主体,观测方法和观测过程。首先,研究主体(一般即观测样本)要交代清楚。如研究制造企业,则要从职工规模、所有制和行业等角度描述样本企业的构成。同时,一定要交代样本数量以及在观测过程中样本变化情况(如回收问卷和发出问卷、回收问卷和有效问卷之差异)。如果分成实验组和控制组进行观测,则须分别描述。

其次,描述所采用的观测(调查)工具和方法。以应用最为普遍的问卷法为例,应说明问卷设计的思路,包括它支持各项研究假设的程度,提供了哪些统计分析中所需的数据,尺度设计的原则以及为保证信度、内外部效度所作的安排等。

最后,说明在研究中实际应用此观测工具方法的过程。观测工具的应用和观测过程是否合理,总是围绕两个问题来考察,即"控制"和"测量"。控制,即研究者对研究主体和环境作出安排,减少外部因素对研究结果的影响,凸显研究变量引起因变量的变化。实验法最严格,须设计控制组和实验组,以便分辨研究变量的影响。测量是验证过程离不开的环节,又是误差的主要来源,测量描述包括尺度的选择,测量工具等。

围绕"控制"和"测量"问题加以说明,让读者对数据收集的思路及总体安排心中有数并认为可信。内容包括:研究主体对样本施加的控制行为;研究的时间及外界环境和条件;施加控制用以改变研究变量数值的途径;自变量和因变量测量过程和方式;验证过程中不可测因素可能产生的后果及其严重性,验证过程中体会到的待完善之处等。

现以简单例子说明"数据收集"的描述方式。市场消费行为的调研者欲比较肥胖者和非胖者进餐速度的差异。对于此调研项目的"数据收集"内容,研究报告作如下的描述。首先是有关研究主体:

在一个快餐店中选择 100 名顾客作为观测对象。此快餐店出售汉堡包、薯条和软饮料。挑选标准是,观测对象要买所有这三项食品,而且不买别的食品。同时,喝软饮料时使用吸管。此外,要求被观测顾客年龄在 18～35 岁之间,这靠经过培训的两位观测人员的直觉判断。当顾客购买这些食品时,两位观测人员各自独立地将他们按年龄和肥胖程度归类。符合上述条件的前 50 名顾客(25 名肥胖者,25 名普通人)选定作为研究样本。

接着,描述观测方法。观测方法选择无干扰现场观测法。在顾客不知情的情况下测量他的进餐速度。进一步描述观测过程如下:

每个顾客的消费行为都由两位观察人员做无干扰记录。如顾客有迹象显示出他已意识到在被别人观察,便要从样本中排除。对于每个顾客只观测一次,每次五分钟。直到取得两类人员各得 25 名数据为止。

从顾客吸第一口饮料开始计时,两位观测人员记录内容有:在五分钟内吃下的食品数量(三包薯片相当于一份汉堡包);每份食品咀嚼次数;五分钟内咀嚼总时间;吸软饮料的次数。

验证的假设可能就是"肥胖顾客比普通顾客进餐速度平均要快×‰",观测方法也是凭常识可以理解的方法。此例虽然简单,但数据收集中仍然有上述一些细节需加以规定,亦即观测过程设计问题。一篇学术论文或研究生论文有关观测过程设计的说明显然要费更多的笔墨。

四、数据处理

数据收集后,下一步便是运用实际数据。数据的收集、处理、分析和结果的解释应前后呼应,逻辑上构成整体。前面的每一步骤都是后续中间结果以至最终结果的必经之路,防止割断其中任何重要环节或删减其中一部分内容,有的论文头绪很多,相互联系松散,企图在最后结果中勉强将这些无主线贯穿的内容综合在一起,也就缺乏逻辑说服力。

数据录入是数据收集后的第一步工作,这项工作细致、繁琐,常会碰到一些问题须妥善处理。以问卷法为例,回收问卷的答案可能出现种种问题。如有的问卷留下许多问题未予回答,这种问卷应予剔除;有的问卷只是一两个问题没有答案,则应保留;有时会出现一个问题画两个圆圈,可以选择其中画得比较认真的一个。数据录入应复核,问卷原件应保留备查。

数据处理可能包括下述各项内容:

① 按描述统计的各项指标如平均值、标准差等处理数据,对观测结果的分布状况、集中和变异的程度有个总体概念。

② 进行频率(频次)分析,借以判别数据中的有用信息、遗漏数据和异常数据。对于个别遗漏数据可用样本平均值或者回归分析来估计。

③ 数据变换(transformation)。管理研究中常用到的数据转换包括变量标准化求算 Z 值,即将样本值减去平均值再除以标准差。标准化后的变量平均值为 0,标准差为 1。另一种是数据的对数或幂次的转换,以便探求变量之间存在的定量关系。

④ 进行因子分析以确定变量结构,并运用相关分析算出 Cronbach alpha 系数,用以检验变量的各观测项目之间的内部一致性。

数据的表达应能满足读者重新计算和验算的要求。例如,按百分比计算的组成,读者应清楚该对象集合的构成和相应信息,足以从不同角度去验算此百分比。其他研究人员运用相同的指标和尺度,应能够产生同样的数据表格和回归方程,获得同样的统计特征值。

图表常用来简洁地表示分析结果。图表和论文文字部分要形成整体,尽量与文字部分接近。对于每个图表,文字部分都要有此图表目的和作用的解释,并对图表内容给予说明和评述。表格中各行列数字通常应包括统计特征值如平均数、均方差,必要时还包括 t 或 F 等统计检验结果。表格是为了显示数据形式的证据,而图形常用来表示变量间的关系。表格和图形要避免零乱,让读者能直观地了解其含义。表格或曲线表达的内容不要过多,内容繁杂时,宁可一分为几。图表都要标号,正文提及时可用"图1"等字眼,而不说见下表或次页或"见人均 GDP 表"等。

五、数据分析

数据收集处理以后,下一步便是数据分析,运用实际数据来验证研究假设。数据分析的主要内容是阐明所采用的数据分析方法,应用此方法分析计算的结果以及此结果的统计显著性。

观测数据的方法与数据分析的方法既有联系又有区别。如采用实验方法观测和收集数据,数据分析则围绕着计算实验组和控制组的因变量值,比较两者之间是否存在差异以及此差异在统计上是否显著,所采用的分析方法视实验设计方法而定。如采用问卷法,则数据分析方法通常采用回归分析、相关分析或线性方程建模等方法,定量描述变量间的关联。

论文写作中,有关数据分析方法的说明要注意两种偏向,一种是花不少篇幅去讲述此分析方法的一般原理和步骤,这种知识性的内容可以不讲或尽量少讲。现在,采用线性方程建模或博弈分析等方法的研究论文逐渐增多,有的作者喜欢从这些方法的产生历史谈起,再谈原理及建模方法等等,如果论文的创新点不在此方法本身,这就没有必要,评阅者一般都了解这类常用的数据分析方法。同时,这类内容写得再多也不能作为自己的研究工作结果,并不能"得分"。另一种偏向是,论文只交代采用什么方法和得出什么结果,而数据分析过程无交代。比如有的论文只是说采用多元回归方法,接下去便是列出计算机打印出的计算结果表,包括回归系数、相关系数和检验值等,这就显得内容欠缺。回归方程中因变量和各个自变量的界定和测度,自变量的筛选过程和设定,回归分析过程中技术问题的处理等等都须加以说明,这些才是反映作者自己的工作论文个性的内容,不写可惜。更重要的是,评审者根据这些内容才能判断分析和论证的效度(即科学性)。

对于数据分析结果,论文作者一般都不会忘记交代,如分析得出的回归系数、相关系数和回归方程等。但对于此结果的统计显著性,有的论文却不说明或说明得不恰当。其实,没有统计显著性检验的结果毫无意义。要分析出一种结果并不难,特别是在应用统计软件 SPSS 等工具的条件下,按规则输入一定数据后,总可以得出回归系数和其他结果。然而,这些结果包括各项参数和指标以及变量间的关联所反映的是随机性还是系统性差异,统计显著性检验才能作出判断。评审人只是在审阅显著性检验的内容后才能对分析结果作出评价。

论文绪论中所提出的研究假设都应与数据分析结果相呼应,数据分析是围绕验证假设的目的而进行的,研究假设是否成立必须靠分析结果来回答。因此,一篇论文的数据分析内容并非集中于一章,每个论证章主要论证一个研究假设(创新点),都有相应的数据分析结果。

有的研究生论文,前面几章都是理论分析或建模,提出一些研究假设,最后一章是"实证研究",用这一章的数据收集处理和分析的内容来论证前面各章的多个假设。这样,往往使得研究假设和数据分析衔接不密切甚至脱节,"两张皮"。研究生论文的"实证研究"目的性很强,就是为了验证研究假设,而不是像"案例"那样为了把事情来龙去脉说清,对现实问题作出原因诊断和开出"药方"等等。实证研究内容就体现在数据收集、处理和分析的过程中,一般不必要单独列出一章,而且研究生论文不言而喻应有实证内容。

数据分析结果是评审专家关心的内容,须用表格或图形简明地显示出结果数据。现以吴量福《公共组织与私营组织中信息系统的异同点》一文[43]回归方程的数据分析结果为例(表 6-1)。表中共五列,第一列的自变量分两类:以实际统计数据为基础的硬指标,以及以问卷数据为基础的软指标。第二、三列分别表示公共组织和私营组织的各项自变量的平均值。第四列示每个变量的自由度,即参与计算的样本总数减 2。第五列表示显著性检验结果,由于检验两组织之间各变量平均值之间的差异,采用 t 检验,单边检验。列出根据样本数据算出的甲种误差产生的概率 p 值,显著度选为 0.05。

接着,根据图表列出的数据,说明这些结果对研究假设的支持情况。该例有四个研究假设:①私营组织较公共组织更重视 IT;②私营组织较公共组织投入 IT 更多;③私营组织较公共组织更重视私营组织较公共组织;④私营组织较公共组织对 IT 培训投入更多。

表 6-1 公共组织与私营组织比较

变量	公共组织	私营组织	自由度	显著性检验
硬指标				
IT 工作岗位的人数(千人)	1.38	4.40	117	0.011
IT 工作岗位的人数占	0.01	0.04	114	0.004
总人数的比例				
IT 投资总额($)	182119	664930	105	0.017
人均 IT 投资额($)	676	4546	105	0.021
IT 培训人员数(千人)	0.66	1.11	64	0.089
IT 培训人员占总人数的比例	0.005	0.012	104	0.041
IT 培训费用总额	7550	17436	105	0.007
人均培训费用($)	37	147	105	0.008
软指标				
IT 在决策过程中的重要性	3.88	3.75	116	0.258
IT 对终端用户培训的重要性	8.16	7.89	116	0.206
CEO 对 IT 培训的态度	6.77	7.00	114	0.319
IT 培训的重要性	4.46	4.20	71	0.077

表 6-1 的数据表明,假设②,④成立,私营组织和公共组织的投入分别是 $644930 和 $182119,人均 IT 投入分别是 $4436 和 $676。私营组织和公共组织的 IT 培训投入分别是 $17436 和 $7550,人均 IT 培训投入分别为 $147 和 $37。这几项差异均通过重要性($p<0.05$)。同时,统计检验不支持假设①,③,公共组织管理层对 IT 在决策过程中的重要性打分是 3.88,还超出私营组织的 3.75(5 级计分),公共组织 CEO 对 IT 培训的态度同样是领先私营组织,分别是 7.00 和 6.77(10 级计分)。IT 对终端用户培训重要性以及 IT 培训的重要性两变量的得分,情况类似。尽管显著性检验未获通过($p>0.05$),可以判定假设①,③未获支持。结果的表述中要用数据说话,切忌"大约""大多数""个别""明显下降"等模糊字样。

数据分析结果公共组织可能包括一些引人困惑的现象和问题,可以在这一节加以解释。如"公共组织与私营组织的计算机技术",原有四个假设,预计 IT 和 IT 培训的投入,以及高层管理人员对 IT 和 IT 培训的重视程度方面,私营组织都领先于公共组织。分析结果,IT 和 IT 培训投入的两个假设通过,而有关重视程度的两个假设,却未通过,这就是说,两类组织的高层管理人员都重视 IT 和 IT 培训,但实际行动上,公共组织却逊于私营组织。对于这种"言行不一"的现象,作者可以表达自己的见解。

论文主要目的是向评阅者和读者展示研究者的主要创新点。然而,给出支撑此创新点的基础工作同样很重要,数据分析过程就是显示这种基础工作,如这部分写得粗糙,读者便会感到似乎接受了一种并无可靠把握的结论。研究者本人最了解数据分析过程中的缺陷和粗略之处,而未参与此研究的读者是不大可能发现的。研究者应指出这些问题,与读者共享研究过程中的经验,并避免在今后进一步研究和应用中走弯路。

创新性的假设,周密的论证方法设计和严谨的数据分析构成一项完备的博士论文工作内容。然而,成功的研究工作还有待规范而又有个性的写作,让读者清晰了解创新点在何处,其基础是否可靠,分析结论是否有效,否则其价值可能大打折扣。有些研究生做出很有意义的研究结果,但该写的未写,不该写的写了一大堆,创新点的内容一带而过,知识性的内容却篇幅很大。由于写作原因使评阅人低估研究工作的价值是最可惜的事情。

第五节　结论和讨论

这部分主要总结论文的创新点。有的论文在结论章中既有结论一节又加上创新点一节,这实在是无必要的重复。结论各点如无创新性写它何益,而论文离开研究结论,也不可能总结出创新点。研究生如将结论和创新点分为两节来写,既不能重复,又不可能写出另一套内容,实在是为难的事。还是按结论一节来写较妥,结论即是创新点。

结果(results)和结论(conclusion)的内容还不是一回事。结果应列出数据分析的结果数据,并与研究假设进行比较,这在上节已讨论过。结果的描述应该摆事实、数据和论据,强调客观和科学性,避免主观议论。至于研究者对此结果的看法和议论,则留到结论中。同样的研究结果,不同的研究者或读者可能引申出不同的结论。结论中可包括与同类分析结果的比较,揭示与前人研究工作的差异,衬托出本研究结果的创新之处。

结论和摘要一样,评阅者必看。评阅者一般不会逐页逐句去阅读全文,最后才看结论,往往是先阅读摘要、结论,然后才去翻阅主体内容。评阅者阅读摘要和结论后,脑海中如能对该论文的创新点形成印象,并初步认为创新点明确、适当和有价值的话,表明结论撰写成功。然后,评阅者就会细看某个或几个创新点的论证内容,如认为论证过程成立,再浏览一下其他内容便可握笔写评语。可以这样说,评阅者阅读了两个小时甚至更短时间就敢下笔写评语的话,这篇论文大体够得上佳作。如果花费阅读的时间越多,就说明评阅者掌握的肯定"证据"不够,要去细读、反复读,这多半是写作有些问题,或者创新点提得不明确,太抽象,或自己的贡献与前人工作分不清楚,等等。一般来说,评阅者给出低评价的词句会特别慎重,尤其目前博士生"宽进严出"还暂时难以办到,如提出否定意见,后果太严厉,对博士生的压力太大,直接影响其就业和前途。一篇即使不大合格的论文也得尽量找出肯定之处,但又不能太违心,因此要多花时间。至于评阅者从事同一领域的研究工作,从研究角度来钻研阅读这篇论文,那是另一回事。

结论部分的主体内容就是摘要的内容,摘要撰写的四点要求,即说明创新点定位,论证特色,新颖之处及其价值,同样是结论写作要求。不过结论可以扩充摘要的内容,分析结果可说明得详细些。摘要是论文微型版本,不在论文正文之内,结论与摘要内容重叠不能说是重复。犹如一曲交响乐,主旋律可以前后多次出现,创新点是论文精华,即使内容重叠,读者也不致于厌烦,而会加深印象。

结论可以在分析结果的基础上对它的理论和实际价值作出主观判断。从结果引申出结论时容易出现"过度引申"(over-generalized)的情况。例如,因变量(效率)输出的显著性试验结果,采用操作方法 A 的第一组的平均数比采用操作方法 B 的第二组的平均数明显要高,可以据此得出结论,操作方法 A 比操作方法 B 的效率要高,并支持原来的假设,这是合理的推论。"过度引申"指不能从分析结果逻辑地推论出来,例如,分析结果证实新职员经过半年专人指导,其业绩比没有专人指导的新职员要好,如据此得业绩好必定要专人指导的结论就是"过度引申"。至于有些将企业为对象的管理研究结果,得出适用于学校、政府部门管理的结论,那就是更明显的过度引申。要用分析结果的实际内容来说话,不要抽象地使用"重大突破"、"重大创新"之类的言词。即使是理论上的突破,只要把突破之处描述清楚,自己不说,同行自有评论,这倒不只是谦虚。人难得有自知之明,过分自信是人性弱点之一,加之个人信息有限,自己的研究成果只有经过实践和时间的检验才能作出客观的评价。诺贝尔奖金的获得者,还没有谁在发表得奖成果和著作时就宣称它的重要意义已达到获诺贝尔奖金的水平,许多人当得知获奖时还难以置信。倒是有不少声称自己的理论如何空前绝后的人成了昙花一现的人物。

结论中还可提出在本研究基础上有待进一步研究的问题和建议,有些论文中最后提一句:"显然,还有许多问题有待深入研究。"或再列一个问题清单,这些说法都符合事实,但无甚意义,须结合本论文工作实践,特别是存在的缺陷和不足,提出进一步研究的设想和建议。然而,对于这些设想和建议,在博士论文中也不用多费笔墨,因为评阅人的评价意见不大会受这些内容的影响。

第六节 参考文献及论文评价

一、参考文献及附录

参考文献部分应列出所有在论文写作过程中引用到的文献,便于评阅人和读者了解论文材料和观点的来源。论文中引用的所有文献都要在参考文献清单中找到,而参考文献中列出的每一项文献论文中都有引用之处。换言之,论文引用文献和参考文献清单内容要匹配。有的研究生把论文工作期间阅读过的或作为基础知识学习过的书籍都列出来,这就没有必要,而且削弱了参考文献的作用。有些论文参考文献列出许多书籍,正文内却看不到引用处,给人以可有可无之感,也有为凑数而列出之嫌。有的学位论文的参考文献多达三四百条,实在是太多。作者可能是翻阅、浏览过这些文章,但论文并没引用其中许多文章的论点,就没有必要列入。一般来说,列出100多种文献就够了。参考文献的构成中,学术期刊和学术会议论文应占大多数,这些论文反映研究前沿,书籍占少数并最好注上引用的页码数,还可包括一些未正式出版的文章、资料。各类参考文献书写内容和格式不一样,各校都会有规定,也可参考声誉高的期刊的格式。

参考文献部分是区别学术期刊文章(journal article)和杂志文章(magazine article)的标志。学术论文要作为别人研究工作引用的根据,同时任何论文的论点和证据不可能全部是自己的,部分甚至某些重要论点或证据是引用别人的,这很正常,但得靠参考文献交代清楚。参考文不是摆设,没有参考文献的文章不能算作学术论文。

博士学位论文有时需要附录。附录包括研究中应用到的资料和数据,其重要性还不足以放入正文内,或者占用篇幅太长与正文其他内容不相称。附录通常有原始数据、数据分析、计算过程、程序。问卷设计的构思可写在正文中,而设计出的问卷、卷首信必要时则可放在附录中。

二、论文评价

设想一下论文评阅人评审论文的基本思路。研究生论文的读者有不同类型,各类读者有不同阅读目的和评论视角。论文评阅人则是从论文创新点所反映出的学术水平和研究能力来判断论文是否符合博士生毕业的要求。这里试图概括评阅人在评阅过程中所提出的问题,这些问题的答案构成评阅内容,研究生琢磨这些思路,便可以自我检测,看自己的论文写作是否向评阅人提供了满意的答案。

第一,判别论文有没有研究者自己的实际工作和贡献(contribution)即创新点。这似乎是不应该提的问题,研究生论文怎能没有自己的实际工作和贡献?但有些管理专业的研究生论文,评阅人看过后确实会感到把握不住哪些工作是作者自己的,哪些是前人的。有的是自己有创新工作,由于写作问题而未凸显出来。有的则是研究工作不充实,有意和别人的工作混同起来,后面这种情况涉及学术作风问题,研究生要力戒这种做法。这里谈写作问题。上面提到的论文摘要和结果中只写研究了什么而不写研究出了什么,这类写法的论文还不少,现摘抄一些论文在摘要和结论中的表述,"探讨了分布式状态下群体协作行为,研究了群决策支持系统中多结点间协作";"研究了我国知识产权维护的成本、效益和优化体制结构";"研究了知识产权市场及其产品市场的垄断程度,垄断与社会净损失和社会效益之间关系等"。这些表述只说研究、探讨了什么,而结果是什么才是评阅者关心的事。又如把工作成果说成"进行了一次全国范围的招投标问卷调查",这本身不能构成一项创新,只是做了这件工作,评阅者关心在此项调查中验证了何种研究假设,有什么新发现。不少论文都写出这样的创新点,即提出"××问题的理论研究框架"或理论体系,前已提到这本身并不构成创新点。任何一项问题研究和任何一项写作要有个理论框架,框架本身不等于研究贡献,须交代清楚这种框架或体系是建立在何种新发现的基础之上的。创新点要让人感受到确属新知识,有明确内涵,概括层次不能太高、太抽象。如"国有企业亏损原因是管理体制问题",这个"新"发现的原因人人皆知,就构不成创新点。

第二,这些创新点的分量如何?评阅者承认论文有创新之处还不够,要看创新点的分量是否与博士学位论文的要求相称。这就需要阐明问题部分把问题提出背景交代清楚,同时对所研究问题属于何种理论体系,它所处的层次、方位确切地予以描述,选择最接近的有代表性的文献或理论作为参考点,比较分析自己工作创新之处。评阅者根据自己的知识结构和经验来作出判断。

第三,论文的创新点是否成立。评阅者辨识清楚一篇研究生论文中的创新点以后,注意力便集中在创新点的论证过程。审视假设转换和变量设计过程的逻辑结构是否清晰合理,所采取的数据观测方法和收集的数据是否可信,数据分析方法的应用是否正确,研究结果的效度如何等。

以上三个问题,评阅人看过摘要、结论和阐明问题(绪论)以后就基本上能得出答案。不过评阅人在进行第一项判断就"卡壳"的情况并不少见。翻阅整篇内容大都是文献和书本上已有的知识,作者自己的创新性工作何在,评阅人提炼不出来,这是最感到为难之处。有的论文在摘要中说的创新点,翻到正文可能只有一页左右的内容而且前后不衔接。这时,评阅人只好再细读,"帮助"作者去提炼贡献之处。一旦对论文的创新点有了把握,才会翻阅各论证章节中有关内容,对论证工作的科学性及其支持创新点的程度作出判断。

三、自查问题

从方法论角度来说,论文的科学性以及它的实用和理论价值可从前述的内部效度和外部效度来考察。这里转化成一些自查问题,有助于研究生自己发现论文写作中的不足,只供参考,并不完备。更重要的是,写作经验和实践无法替代,"纸上得来终觉浅,绝知此事要躬行"。任何详尽的写作指南都无法保证写出一篇好论文。

1. 问题阐明部分

①是否清晰地提出了研究问题?问题要集中,用一两句话把问题说清楚。

②该问题能否作为一个可以研究的问题(researchable problem),即它能否通过收集和分析数据资料来加以探讨?

③是否提供了问题的实用背景信息,足以判断主题的实用价值?

④问题阐明中是否指出了待研究的变量及变量间的关系?

2. 文献综述部分

①是否做到从研究假设出发来筛选文献? 重点放在关联最密切的文献。

②是否围绕本文主题对文献的各种观点作了比较分析? 不能脱离主题去做综述。

③评述(特别是批评前人不足时)是否引用了原作者的文献,防止对原作者论点的误解?

④综述最后是否有简要总结(summary),表明前人工作为本文打下的基础? 是否说清前人工作的不足,衬托出本文所提假设的必要性和它的理论价值?

⑤是否将本文主题纳入某种理论体系,并描述主题在此体系中所处层次和方位?

3. 假设表述部分

①是否构建了假设树,明确了主题和各操作假设的关系? 假设表述是否落实到变量层次?

②假设提出的理论依据是否正确,用现有知识是否能解释得通?

③是否明确了操作假设的验证方法?

4. 验证方法部分

(1)研究对象

①研究对象是否加以界定? 总体规模和主要特征是否加以说明?

②如选择样本,是否描述了抽样方法? 这种抽样方法能否产生有代表性的无偏样本?

③是否描述了样本规模及其主要特征?

(2)设计和步骤

①是否说明选择此种验证和测量方法的理由? 是否切合本论文研究的主题和内容?

②假设中的变量是否有操作定义和适当的测量尺度?

③设计的验证过程、步骤是否具体明确? 足以使其他研究人员重复此项研究工作?

④验证过程中可能出现不可控变量的影响,是否考虑或讨论过?

（3）数据分析

①统计数据的表示是否合适、规范？

②选用的显著性检验方式是否适用于本研究？

④是否每个假设都经过检验？

⑤分析结果的表述是否清晰图、表是否明确易懂，与正文部分相配？

（4）结论

①每项结果（创新点）是否与论文最初提出的假设一一对应？

②每项结果是否与前人已有结果进行过比较分析？

③从分析结果推论出的结论是否适当？是否有"过度引申"之嫌？

第七节　论文撰写技巧

学位论文写作大体要遵循这样的顺序，先有个骨架，亦即前面所说的假设树，接着是根据假设取材，然后选择表达假设论证内容的言辞。骨架是前提，有了骨架，选材才有根据，言辞才有依托，文章才能有模样。否则，必然是"瘠义肥辞，繁杂失统"。而取材适当，语言精练朴实，才能将骨架的含义清晰地显示出来。

学术论文要简约、朴实和严谨，合理取舍材料是颇费斟酌的事情，要决定该写和不该写什么，即使该写的部分，还要考虑哪些是重点，要多费笔墨，哪些可一带而过。学位论文围绕假设选择素材主要体现在两方面：①描述文章骨架（假设树）时，阐明主论点和各子（分）论点提出的依据，各论点之间的逻辑关系，以及各层次论点之间的转换和推论过程，让读者感受到这个骨架有根基，有理论和事实依据，立得起来。②论证操作论点时，要说明论证方法，变量设计和样本选择，以及数据收集和分析过程，让读者感受到论证过程科学可信。

动笔时，还不能忽视写作技巧。文字功夫好的，写出的论文，评审专家读起来顺畅，可以较快审完，如果文字不通顺，层次不清，晦涩难懂，就难免有厌烦之感，很可能影响到论文质量评价。根据学位论文写作出现的问题来看，写作时应把握好连贯性，援引事例和首尾效应。

一、连贯性

论文是用文字语言来描述和解释各种事件之间的关联。辞海有约

1.5万个字,一视同仁,人皆可用,各有巧妙不同,应用的结果却有天壤之别,经典文章代代相传,写完即逝的文章更是恒河沙数。文章的连贯性是衡量文章写作质量的重要标志。伊丹敬之指出写文章和绘画的差异,绘画显示于二维空间,一目了然,而文章不行,文字在一维空间直线式扩展,阅读时尽管可以返回,但总要从上到下从左到右按顺序读下去,读完了才能把握其整体。所以,文字前后要保持一贯性,前后关联,才能让读者留下完整的概念,这是写文章的特点,也是难度所在。学位论文写作中,连贯性体现在以下几点。

首先,让读者感受到章与章之间的衔接。有的研究生论文,章节可以单独成文,和其他章节没有多大关联,甚至讨论的不是同一个研究主题。有的在前面绪论等章节说过的一些"大道理"到后续章又重复提出,或重新来个开场白,如到了第三、四章,还说些"面临全球化和信息爆炸的大环境"之类的大话。有的在前面提出的理论问题或数学模型,却不见后续的分析或应用内容。有的写了几章理论,后面一章实证或案例,但实证或案例支持前面什么论点,没有明确的对应关系,等等,都是忽视了"衔接"的要求。所以,每章的开头要有一段话,说明该章的内容及其前后联系。

其次,让读者感受到论文的章、节与句之间有层次感。写文章与绘画也有相通之处,画一棵树,一般是先画主干,再画树枝、树叶和花朵等,主干、树枝、树叶和花朵构成一幅画的整体。写论文先写绪论,犹如树的主干,然后写论证章,犹如树枝,这些章节里叙述的论证内容犹如树叶和花朵,由一句句话和一段段文字构成。看一幅画,主干、树枝、树叶和花朵在画中处于何层次,起到什么作用,观看者一目了然。一篇论文,也同样希望读者读后达到这样的效果。读过作为主干的绪论后,便知道后面犹如树枝的几章怎样展开,而读到后面的章节也知道这些章节在整体中的地位。即使读某一章的内容,也清楚各段之间以至各句之间的关联,后面段落一定是前段意图的继续,不能突然转换话题,这样才给读者以自然连续的感觉,会饶有兴趣地读下去,甚至读完一部分会迫不及待地想读下一部分。由于文字写作局限于一维空间,要做到这点,比绘画要困难得多。

最后,要查看有无孤立的句子和段落。一篇无论多么复杂的论文,总还是由每一个字一句话积累而成,好的文章,"如茧之抽绪,原始要终,体必鳞次",所有的字句,好像茧的抽丝,从头到尾连成一线而不间断,从整体来看,则像鱼鳞那样片片紧密相连。文章写好后,可以回头检查,如发现有句子或段落,前无来由,又无后续内容,坚决删去,以免冲淡文章的连贯性。

二、援引事例

《文心雕龙》指出写文章要"举事徵义"。光讲理论还不行,太抽象,不易理解,要援引事例来说明道理,使人信服和明白。研究生学位论文写作,援引事例不仅是一种技巧,而且是必要内容。专业学位论文强调要有实际背景,解决或解释实际问题,最忌讳那种"从理论到理论,从概念到概念"的写法,一定要有实际数据和事实来支持所提出的论点,可以说,一篇无任何数据和事实的学位论文很难说是合格的论文。

这里所说的援引事例,不只是指作为论证证据的数据和事实,论文通篇论述过程中也须援引事例。现以绪论中研究问题背景的写作来说明。

问题背景这段写作目的,是为了让读者认可所提出的问题是有价值的,值得研究。前面提到的李约瑟问题,为什么中国中世纪科学技术发达,到了 19 世纪却落后了?钱学森问题,为什么 50 多年来大学冒不出科学上拔尖人才?都是通过摆出事实,说明问题。几篇有影响的学术论文,所提出的问题,如股票为何同涨同落,中国人为何勤劳而不富裕,等等,也都用实际数据和事例来说明,令人感受到研究这些问题的价值所在。不少学位论文写问题提出这节时,偏好抽象概念推论而不用事例。例如,有篇研究中小型高科技企业融资的论文,研究背景这节写了约 1 万字,谈的是国家经济发展战略要求,新三板市场与中小企业融资的关系等,都是理论分析,却没有这些企业融资中出现困难和问题的事实,令人感受不到所研究问题的重要性。管理学是应用型学科,研究问题总得与现实联系起来,没有事实和数据,很难令读者感受到研究该问题的实际价值所在。最怕在名词和概念上漂浮,陷入毫无现实价值的从概念到概念,从名词到名词的推导中。

除了问题背景一节,论文其他部分写作,也同样要举出一些现实中的具体例子。亚里士多德说过,"没有具体形象,人便不能思考",尽管概念是逻辑思维的细胞,但概念的形成还有前述的概念化的过程,靠的还是各个人自身的"心象"。具体事例容易引起读者的共鸣。

三、把握首尾效应

博士学位论文都是近 10 万字的长篇文章,读者特别是评审专家,不大可能从头到尾逐字逐句地去读,要择重点。如何引导评审专家注目自认为论文精华之处,这是写作过程中要考虑的问题,而把握首尾效应是其中的要领。认知科学研究发现,数据或信息输入的次序,影响人的判断,表现为"首位效应"("primacy" effect)。

首位效应指输入一连串信息时,最初的信息强烈影响最后的判断,"先入为主",此话有一定的科学根据。一篇演讲或一堂课的开场白,影响到听众对通篇演讲或整堂课的评价和注意力。一篇文章有好的开头就会吸引人读下去,否则,就有可能弃而不顾。此外,一连串信息中最后的信息,有时也可能在判断中起到较大的作用,称为"近期效应"("recency" effect)。一场演讲的精彩结束语,往往令人难忘。讲好一门课,第一节和最后一节课最重要,而每一节课,关键是要在开始几分钟吸引学生,结束时让学生盼望下回分解。这是教学中体现出的"首位效应"和"近期效应"。

学位论文对于评审专家和其他读者来说,也有这两种效应。一篇学位论文的首,应该是摘要和绪论,尾是结论。章节同样有首尾,章有首段和小结,节有起始段和末段,即使一段话也有首尾两句。

从评审专家阅读的顺序来看,一般都是先看摘要。"摘要"产生"首位效应"。如评审专家读过摘要后,就能清晰地了解到论文作者独立的论点是什么,并感受到这些论点经过科学论证和它的价值所在,那一定非常满意,并抱着一种肯定和积极期待的心态,继续翻阅后续章节的内容,对后续内容中的优点更为敏感。如果摘要写作不到位,评审专家细读后还找不到作者的独立论点所在,更无法对论文价值做出判断,那会感到一定程度的失望,抱着一种怀疑和期望不高的心态,继续去找作者所想表达的论点,对于后续内容中的缺陷更为敏感。所以,花精力写好摘要可以说是"一本万利"的事情。

"尾"指的是结论部分,对评审专家来说也是最"近期"收到的信息,这些信息在形成评价意见中的作用,远大于正文章节提供的信息。学位论文的摘要和结论联系密切,一般说来,摘要写得好,结论也会写得好。有的专家看完摘要后,会继续阅读结论,使得读过摘要形成的印象更为清晰。

正文部分,绪论可视为"首"。绪论要写的是研究设计的内容,这也属于评审专家重视的部分,读过以后可以了解到论文的骨架以及论文的价值所在。如果摘要写得好,再有写作到位的绪论,专家再简略翻阅一下正文,就可以着手写评语了,这表示作者写作成功,"首尾"的信息,已说服评审专家认可自己的工作。

每章的首尾很重要。开头一段起到承上启下的衔接作用,使全文前后连贯,同时说明本章写作的思路和内容,便于读者有选择地翻阅所感兴趣的部分。有的论文章的标题后无任何文字说明,直接列出节的标题,没有交代与前面各章的联系,本章各节之间的关系。有的在一章的开头,写些离主题甚远的大道理,这些都影响到论文的连贯性。各章的首段,应提供阅读导引信息,使他们在读过后很快就能抓住该章的要点,并饶有兴趣地读下去。各章的末尾,须有简短的小结,概括本章讨论的主要结果。

各段同样有首尾问题,指的是开头和结尾的话语。每个段落写作,要尽早引入主要观点,别去写那些与该段主题不相干或关联不大的内容。这点对于摘要写作尤为重要,介绍自己的新论点是要开门见山,不要用铺垫的话语。

第八节　论文言辞

一、行文文体

学位论文是表述科学研究结果,不是文学作品或工作报告,在写作文体和言辞句方面,要求简约、朴实、严谨,采用无褒贬的中性言辞。

《文心雕龙》提到"草创鸿笔,先标三准",动手写文章要遵循三个准则,第一步,"设情以位体",按照主体思想来确定文章的构架。第二步,"酌事以取类",根据论点来选择材料。第三步,"撮辞以举要",选择和适的言辞来显示出要义。不能离开这些准则,否则,"委心逐辞",漫无目的地想写什么就写什么的话,就会"头绪繁多,思路杂乱"。学位论文也要符合这三个步骤,先要有个骨架,亦即前面所说的假设树,接着是根据论点去取材,再就是选择表达论点和论证内容的言辞。

骨架是前提,有了骨架,选材才有根据,言辞才有依托,文章才能有模样。如果没有骨架,没有思想内容,那必然是"瘠义肥辞,繁杂失统",堆砌过多的辞藻,臃肿而挺拔不起来。而"练于骨者,析辞必精",文章的语言精练朴实,才能将骨架显示得更清晰。

文章要简约、朴实和严谨,合理取舍材料是重要的事情,要决定该写和不该写什么,即使该写的部分,哪些是重点要多费笔墨,哪些可一带而过,须慎重斟酌。选择学位论文素材要围绕两项内容:描述文章骨架(假设树)时,着重阐明主论点和各分(子)论点提出的依据,各论点之间的逻辑关系,以及各层次论点之间的转换和推论过程,让读者感受到这个骨架有根基,有理论和事实依据,立得起来而且是有价值的;论证操作论点时,要说明论证方法,变量设计和样本选择,以及数据收集和分析过程,让读者感受到论证过程科学可信。

二、数字的用法

研究生论文中各篇论文的数字用法很不一致,即使一篇论文中,前后数字的用法都能找出许多不一致的地方。科技出版物上数字使用的总的原则是:凡是可以使用阿拉伯数字而且又很得体的地方,都应使用阿拉伯数字。

阿拉伯数字的使用有两种场合:

(1)公元世纪、年代、年、月、日、时刻。如 20 世纪 90 年代,1999 年 7 月 9 日 11 时 30 分,下午 6 点等。

有两点值得注意:

①年份不能用简称,如"1995 年"不能写作"95 年",1949—1966 年不能写成 1949—66 年。

②星期几一律用汉字,如星期三。

(2)记数与计量,包括正负整数、分数、小数、百分比、约数等。如:68 674,−25.62,1/8,5.6 倍,80.8%,5∶2,1 638.5 公里,3 000 克,208.8 元,300 美元,52 岁,东经 123°,300 多种,window2000 等。

同样,有下列几点注意之处:

①一个数值书写的形式要照顾到上下文。非科学计量和不具有统计意义数字中的一位数可以用汉字,如一个人、三本书、六条意见等。

②4 位和 4 位以上的数字,采用国际通行的三位分节法。节与节之间空半个阿拉伯数字的位置。非科技专业书刊目前可不分节。用","号

分节的办法不符合国际标准和国家标准。

③5 位以上的数字,尾数零多的,可改为万、亿作单位的数。一般情况下,不得以十、百、千、十万、百万、千万、十亿、百亿、千亿作单位(千克、千米、千瓦、兆赫等法定计量单位不在此列)。如 345 000 000 公里可改写为 3.45 亿公里或 34 500 万公里,不能写作 3 亿 4 500 万公里或 3 亿 4 千 5 百万公里。

④一个用阿拉伯数字书写的多位数不能移行。

汉字数字的使用有下列情况:

① 数字作为词素构成定型的词、词组、习惯用语、缩略语或具有修辞色彩的语句。例:一律,十滴水,三国演义,八国联军,"九五"计划,五省一市,相差十万八千里。

②邻近的两个数字并列连用,表示概数(连用的两个数字不应用顿号隔开)。例:二三米,三五天,十三四吨,七八十种,一千七八百元,十之八九。

三、遣词造句

《文心雕龙》概括了一篇文章中章,句和词之间的关系:"篇之彪炳,章无疵也;章之明靡,句无玷也;句之清英,字不妄也。"全篇文章写得有光彩,缘于章节没有毛病;每章写得清晰,缘于句子无污点;而句子写得清新挺拔,缘于每个字都不乱用。好的文章离不开高质量的字句,犹如健康的机体需要健康的细胞,遣词造句要准确精练,才能体现科学研究论文简约,朴实和严谨的文体。

研究生读英文文献较多,影响到论文写作的遣词造句。英文文本直译过来往往繁琐和生硬,而中文的语文生态是措词简洁,句式灵活,声调铿锵。余光中指出[42],中文的一大危机是西化,以致有化简为繁,以巧代拙的趋势,如中文用"因此",却说"基于这个原因",本来是说"问题很多",却说"有很多问题存在"。常见的不恰当直译词句有以下几种。

(1)中文一个简明的动词在英文中常分解为"泛指动词 + 抽象名词"。这类泛指动词有"进行"和"作出"等,如"公司决策层已对该项目进行了详细的研究","专家们对该项研究成果作出了很高的评价"等,加入" 进行""作出"泛指动词后,主要表达意思的动词"研究""评价"等,却处在从属地位。这两句子改为"公司决策层已对该项目详加研究","专家们对该项研究成果评价很高",就更直截了当。

（2）英文常用抽象名词做主词，中文则是以具体名词，尤其是人，做主词。如：英文语句"企业长期对技术创新的忽视，导致在同行竞争中的劣势地位"，中文表达为"企业由于长期忽视技术创新，以致在同行竞争中处于劣势"。

（3）英文中词性相同的字常用 and 来连接，如"man and wife"，"you and I"，"back and forth"。在中文里，只要说"夫妻"，"你我"，"前后"即可，往往不用连接词。中文里，一长串同类词可以并列，无须连接，不会说"东南西（和 and）北"，"柴米油盐酱以及（and）醋"。同理，中文的"左顾右盼"，"丰衣足食"，如译成英文一定会加连接词。现在 and 的意识已潜入中文，如"在改革与开放的道路上，沿海比内地各省起步更早和迈步更快"。句中的"与""和"破坏了中文生态，应该删去。

（4）介词在英文里的应用远比中文里重要。英文写作离不开介词。中文则不尽然。"星火燎原""司马昭之心，路人皆知"，都不用介词，翻成英文，非用介词不可。如"这篇文献在有关企业技术创新的几个问题上，提出了新观点"，其中的"有关""在…上"是介词，可以省略。有的论文题目如"关于青少年犯罪问题研究"，"有关企业发展战略的选择问题，众说纷纭"，"关于""有关"这些介词都纯属多余。

连词应用有类似问题。英文注重形式逻辑，要交代清楚事物的因果关系，中文则不然。如英文直译句子"由于企业流动资金短缺，使得企业只好停产"，删去其中的"由于""使得"这类交代因果的冗词，写成"企业流动资金短缺，只好停产"，显得简洁明确。又如"由于好奇心的驱使，他下决心去攻克费尔巴哈猜想"，简化为"他出于好奇，下决心去攻克费尔巴哈猜想"更妥。

有的论文里，连词频繁出现，每段都有好几个"虽然…但是…"或"因为…所以…"。写好文章后，不妨试着将一段话删去若干文句，特别是形容词、副词、介词、连词，看看对这段话的原意是否有影响，没影响或影响小的话坚决不留。

（5）形容词或修饰语可以放在名词之前，称为前饰，也可以跟在名词之后，称为后饰，英文里前饰和后饰的情况都有，但中文本中往往都作为前饰翻译过来。例如:"我访问了一个连续五年销售额年增长 20％以上,利润年增长超过 15％,成为行业标兵的企业",这就显得尾大不掉了,改为后饰:"我访问了一个企业,连续五年销售额年增长 20％以上,利润年增长超过 15％,已成为行业标兵。"这就自然得多。

误将形容词"必需(的)"当作助动词"必须"使用。"必须"的英文词是 must 或 have to,后面搭配的是动词。"必需"相应的英文是 necessary 或 essential,修饰其后面的名词如"必需品",或者作补语,如"那是必需的",但不能用来修饰后面的动词,"必需避免措辞不当"便是误句。

(6)原本可用主动语句的场合改用被动语句。例如:他被怀疑有抄袭行为;董事长的意见不被股东们接受;他被升为处长;他的论文答辩未被通过 。这些话都失之生硬,违反了中文的生态。其实都可以还原为主动语句:他有抄袭行为的嫌疑;董事长的意见股东们不接受;他升为处长;他的论文答辩未通过。改用主动语句后,句子就自然得多。

即使是被动语句,也不要千篇一律地"被",有些中文词就含有"被动"的意思,如"受难""遇害""遭殃"等。中文行文如都同英文一样要求,用"被"来表示的话,文章读起来会令人别扭,好在中文主动被动语句区别不严格,不加"被"字,意思也不会被误解,

论文写作中,尽可能不要使用长句,用两三行文字才说完一句话,让读者太费神。也不要像英文写作那样,在句子中插入几个副句,最好用几个短句来替代。还要注意冗余用词,如"持续保持",保持就包含持续的意思。"优化改善"有了优化,何必再谈改善。"机制设计研究",设计和研究是并列的名词,用了设计就无须用研究。"最后结果",结果即是最后发生的,一般情况下只需说"结果"。"三小时的时间","三小时"即可。

学术论文要尽量保持客观务实分辨是非的风格,避免作出无事实根据的主观价值判断。相应地,学术语言须尽可能使用中性语言,中性名词,避免使用带有褒贬意图的情绪化语言和名词。读新闻报道,从其遣词造句,字里行间就可以感受到撰写者褒或贬,支持或反对的意图,新闻撰稿者要的就是这种效果。学位论文不同,不能用情绪化语言来褒贬某种论点,要通过摆事实和科学推理,让读者自己做出判断。

有的论文写道"取得了可喜的进展","得出了非常精彩的结果""过于严格的管理制度"等,用"可喜的""非常好"这种含义不清晰的情绪化语言去评论别人的论文并不合适,评论自己的论文就更不应该,须用事实或数据来说明"进展"到什么程度,取得何种"结果"。制度的严格程度也要具体描述,不能用"过于"来对付。有篇论文描述企业管理人员存在"视野狭窄,思维僵化","狭窄""僵化"这种主观判断的语言不应出现在学术作品中,要直接摆出事实,说明管理人员"视野"方面具体存在什么问题,或者国际市场注意不够,或者缺少长期战略考虑等,"思维"存在什么样的问题。如只有带有感情色彩的判断,就影响到研究结果的信度或效度。

为了显示论文的客观务实风格,论文行文中尽量避免使用人称代名词"我""我们",这已成为国内外学术论文不成文的规则。有的研究生在论文写作中习惯用"我""我们"来开句,几乎每段话都可以找到这类字眼。如果一篇文章充满这种口气,评审专家一定会说作者还没有掌握撰写学术论文的门道。文中的行为主体,不言而喻是作者,例如,"样本系随机选取",读者会理解为"作者随机选取样本",不必加上"我"或"我们"。有的文章使用泛指代名词,"如果我们需要大量的企业家,我们就应当尽快造就使企业家得以成长且具有相对稳定的制度","我们"可省去,写成"如果期望出现大量的企业家,就应造就相对稳定的企业家成长制度",意思没有变。

论文离不开引用其他文献的论点和内容,引文的书写要符合常规。较短的引文,一般都写在段落中。段落中引文若是原话,要加引号;若是转述原意,那么文前只用冒号或逗号,不加引号。整段的较长引文,或者内容重要需强调的引文,要提行,在冒号后另起一段。提行引文头尾处不必再加引号。在双引号和单引号并用时,可按此规则:使用双引号,如双引号内又有引文,则此引文用单引号。引号内如是完整的引文,引文最后的标点符号应放在引文之内。如只是摘引其中的片段或几个字,标点符号则放在引文之外。

引文必须用附注注明出处。研究生论文一般都将参考文献编号后集中列在正文之后,正文中引用之处使用夹注,紧接引文用括号标明文献号或文献作者姓名。有一种注释是属于对所引用材料的说明,如某种数据的来源(某日的报刊,还不能作为参考文献),或者对此材料的补充说明,可用页下注(亦称脚注),在本页下端留出适量的空白作注。

还有一些行文中应注意之处:每一段开头不能用连接词如"虽然""但是"等;所有的点号和引号、括号、书名号的后一部分,都不能用在每一行的第一格,引号、括号、书名号的前一部分,不能孤立地写在每行的最末一格。

四、论文答辩讲稿准备

答辩(defence)是博士论文的最后一关,答辩前已取得评阅人的认可才能组织答辩。一般说,答辩会上不予通过的概率较小。然而,答辩会也是研究生显示才能、得到锻炼的一生难忘的机会。答辩得好,答辩委员能从中获得新知识,喜看学术人才的成长,很愉快,研究生也能得到鼓励;答辩不好,虽可获通过,但气氛沉闷,双方都会感到一种负担。

答辩成功与否,根本上取决于论文工作的质量。创新点明确,有价值,论证充分,这是基础。然而,从答辩技术角度,研究生也有值得注意之处。

首先,要分析听众的心理。答辩的听众就是答辩委员,旁听的听众可以不去注意。答辩委员想在最短时间内听到最精华的内容,并不企图弄懂论文的全部内容也不会纠缠于一些非关键性的细节,只想听到足够的"证据"来判断论文已合格。因此,能从越短的时间表述取得答辩委员的首肯,表明讲述越成功。

其次,根据答辩委员的需求来取材和组织讲稿。答辩会上研究生介绍论文内容时间一般约半小时,半小时内要全面介绍 $1\sim2$ 年做的研究工作显然要有的放矢地选材。研究生一定要有这样的概念:我是在答辩,不是在讲课。不是为了让听众懂得我论文的内容,而是让他们认同和赞许论文中的创新工作及其价值。讲稿要按论文文本重组,千万不能按论文章节顺序,照搬制作 PPT,并在答辩会上逐字照念一遍,这样时间必然不够,答辩委员会感到索然无味。讲稿要写,但有了讲稿,在答辩会上也不要照本宣读,屏幕显示一个提纲,必要时再显示口头难以表达的图、表或数学模型即可。$1\sim2$ 年的工作,围绕最后几个结果即创新点来讲半个来小时,应该是能讲得理直气壮、头头是道。

最后,回答审阅意见书面问题和即席提问的过程,答辩委员主要是考察研究生独立思考和判断能力,回答问题要体现自己的水平,回答内容重在准确、中肯,而不在于背景情况的解释,三言两语回答在点子上最好。研究生碰到即席提问后不要匆忙地去回答许多言不及义的话,有时,对所提问题还没有弄清或者提到自己未曾考虑或尚搞不清楚的问题,情急之下就随意回答或"王顾左右而言他",这样效果不好。答辩委员能从回答过程辨别出水平高低和思考深入或肤浅,这时,实事求是最为重要,工作做得不够或考虑不周,谁的论文都会有,无妨如实说明。

简而言之,研究生答辩讲稿仍需按论文的创新点来组织,每个创新点的内容与前述摘要写作的四个要点一致:创新点定位,论证内容,新在何处,能解释或解决哪些问题。每个创新点讲七八分钟,加上开始花几分钟读研究背景和总体框架(绪论内容)以及最后的结束语,30分钟应该足够,切忌按照论文内容逐章逐节去宣读。

附录

z	0.00	0.01	0.02	0.03	0.04	0.05	0.06	0.07	0.08	0.09
0.0	0.000 0	0.004 0	0.008 0	0.012 0	0.016 0	0.019 9	0.023 9	0.027 9	0.031 9	0.035 9
0.1	0.039 8	0.043 8	0.047 8	0.051 7	0.055 7	0.059 6	0.063 6	0.067 5	0.071 4	0.075 3
0.2	0.079 3	0.083 2	0.087 1	0.091 0	0.094 8	0.098 7	0.102 6	0.106 4	0.110 3	0.114 1
0.3	0.117 9	0.121 7	0.125 5	0.129 3	0.133 1	0.136 8	0.140 6	0.144 3	0.148 0	0.151 7
0.4	0.155 4	0.159 1	0.162 8	0.166 4	0.170 0	0.173 6	0.177 2	0.180 8	0.184 4	0.187 9
0.5	0.191 5	0.195 0	0.198 5	0.201 9	0.205 4	0.208 8	0.212 3	0.215 7	0.219 0	0.222 4
0.6	0.225 7	0.229 1	0.232 4	0.235 7	0.238 9	0.242 2	0.245 4	0.248 6	0.251 7	0.254 9
0.7	0.258 0	0.261 1	0.264 2	0.2673	0.270 4	0.273 4	0.276 4	0.279 4	0.282 3	0.285 2
0.8	0.288 1	0.291 0	0.293 9	0.296 7	0.299 5	0.302 3	0.305 1	0.307 8	0.310 6	0.313 3
0.9	0.315 9	0.318 5	0.321 2	0.323 8	0.326 4	0.328 9	0.331 5	0.334 0	0.336 5	0.338 9
1.0	0.341 3	0.343 8	0.346 1	0.348 5	0.350 8	0.353 1	0.355 4	0.357 7	0.359 9	0.362 1
1.1	0.364 3	0.366 5	0.368 6	0.370 8	0.372 9	0.374 9	0.377 0	0.379 0	0.381 0	0.383 0
1.2	0.384 9	0.386 9	0.388 8	0.390 7	0.392 5	0.394 4	0.396 2	0.398 0	0.399 7	0.401 5
1.3	0.403 2	0.404 9	0.406 6	0.408 2	0.409 9	0.411 5	0.413 1	0.414 7	0.416 2	0.417 7
1.4	0.419 2	0.420 7	0.422 2	0.423 6	0.425 1	0.426 5	0.427 9	0.429 2	0.430 6	0.431 9
1.5	0.433 2	0.434 5	0.435 7	0.437 0	0.438 2	0.439 4	0.440 6	0.441 8	0.442 9	0.444 1
1.6	0.445 2	0.446 3	0.447 4	0.448 4	0.449 5	0.450 5	0.451 5	0.452 5	0.453 5	0.454 5
1.7	0.455 4	0.456 4	0.457 3	0.458 2	0.459 1	0.459 9	0.460 8	0.461 6	0.462 5	0.463 3
1.8	0.464 1	0.464 9	0.465 6	0.466 4	0.467 1	0.467 8	0.468 6	0.469 3	0.469 9	0.470 6
1.9	0.471 3	0.471 9	0.472 6	0.473 2	0.473 8	0.474 4	0.475 0	0.475 6	0.476 1	0.476 7
2.0	0.477 2	0.477 8	0.478 3	0.478 8	0.479 3	0.479 8	0.480 3	0.480 8	0.481 2	0.481 7
2.1	0.482 1	0.482 6	0.483 0	0.483 4	0.483 8	0.484 2	0.484 6	0.485 0	0.485 4	0.485 7
2.2	0.486 1	0.486 4	0.486 8	0.487 1	0.487 5	0.487 8	0.488 1	0.488 4	0.488 7	0.489 0
2.3	0.489 3	0.489 6	0.499 9	0.490 1	0.490 4	0.490 6	0.490 9	0.491 1	0.491 3	0.491 6
2.4	0.491 8	0.492 0	0.492 2	0.492 5	0.492 7	0.492 9	0.493 1	0.493 2	0.493 4	0.493 6
2.5	0.493 8	0.494 0	0.494 1	0.494 3	0.494 5	0.494 6	0.494 8	0.494 9	0.495 1	0.495 2
2.6	0.495 3	0.495 5	0.495 6	0.495 7	0.495 9	0.496 0	0.496 1	0.496 2	0.496 3	0.496 4
2.7	0.496 5	0.496 6	0.496 7	0.496 8	0.496 9	0.497 0	0.497 1	0.497 2	0.497 3	0.497 4
2.8	0.497 4	0.497 5	0.497 6	0.497 7	0.497 7	0.497 8	0.497 9	0.497 9	0.498 0	0.498 1
2.9	0.498 1	0.498 2	0.498 2	0.498 3	0.498 4	0.498 4	0.498 5	0.498 5	0.498 6	0.498 6
3.0	0.498 7	0.498 7	0.498 7	0.498 8	0.498 8	0.498 9	0.498 9	0.498 9	0.499 0	0.499 0
3.1	0.499 0	0.499 1	0.499 1	0.499 1	0.499 2	0.499 2	0.499 2	0.499 2	0.499 3	0.499 3
3.2	0.499 3	0.499 3	0.499 4	0.499 4	0.499 4	0.499 4	0.499 4	0.499 5	0.499 5	0.499 5
3.3	0.499 5	0.499 5	0.499 5	0.499 6	0.499 6	0.499 6	0.499 6	0.499 6	0.499 6	0.499 7
3.4	0.499 7	0.499 7	0.499 7	0.499 7	0.499 7	0.499 7	0.499 7	0.499 7	0.499 7	0.499 8
3.5	0.499 8									
4.0	0.4999 7									
4.5	0.499 997									
5.0	0.499 999 7									
6.0	0.500 000 0									

附表2　t 分布表

自由度	单 边 检 验 显 著 度					
	0.10	0.05	0.025	0.01	0.005	0.0005
	双 边 检 验 显 著 度					
	0.20	0.10	0.05	0.02	0.01	0.001
1	3.078	6.314	12.706	31.821	63.657	636.619
2	1.886	2.920	4.303	6.965	9.925	31.598
3	1.638	2.353	3.182	4.541	5.841	12.941
4	1.533	2.132	2.776	3.747	4.604	8.610
5	1.476	2.015	2.571	3.365	4.032	6.895
6	1.440	1.943	2.447	3.143	3.707	5.959
7	1.415	1.895	2.365	2.998	3.499	5.405
8	1.397	1.860	2.306	2.896	3.355	5.041
9	1.383	1.833	2.262	2.821	3.250	4.781
10	1.372	1.812	2.228	2.764	3.169	4.587
11	1.363	1.796	2.201	2.718	3.106	4.437
12	1.356	1.782	2.179	2.681	3.055	4.318
13	1.350	1.771	2.160	2.650	3.012	4.221
14	1.345	1.761	2.145	2.624	2.977	4.140
15	1.341	1.753	2.131	2.602	2.947	4.073
16	1.337	1.746	2.120	2.583	2.921	4.015
17	1.333	1.740	2.110	2.567	2.898	3.965
18	1.330	1.734	2.101	2.552	2.878	3.922
19	1.326	1.729	2.093	2.539	2.861	3.883
20	1.325	1.725	2.086	2.528	2.845	3.850
21	1.323	1.721	2.080	2.518	2.831	3.819
22	1.321	1.717	2.074	2.508	2.819	3.792
23	1.319	1.714	2.069	2.500	2.807	3.767
24	1.318	1.711	2.064	2.492	2.797	3.745
25	1.316	1.708	2.060	2.485	2.787	3.725
26	1.315	1.706	2.056	2.479	2.779	3.707
27	1.314	1.703	2.052	2.473	2.771	3.690
28	1.313	1.701	2.048	2.467	2.763	3.674
29	1.311	1.699	2.045	2.462	2.756	3.659
30	1.310	1.697	2.042	2.457	2.750	3.646
40	1.303	1.684	2.021	2.423	2.704	3.551
60	1.296	1.671	2.000	2.390	2.660	3.460
120	1.289	1.658	1.980	2.358	2.617	3.373
∞	1.282	1.645	1.960	2.326	2.576	3.291

表 3 F 分布表($p = 0.05$)

分 子 自 由 度

n_2 \ n_1	1	2	3	4	5	6	7	8	9	10	12	15	20	24	30	40	60	120	∞
1	161.40	199.50	215.70	224.60	230.20	234.00	236.80	238.90	240.50	241.90	243.90	245.90	248.00	249.10	250.10	251.10	252.20	253.30	243.30
2	18.51	19.00	19.16	19.25	19.30	19.33	19.35	19.37	19.38	19.40	19.41	19.43	19.45	19.45	19.46	19.47	19.48	19.49	19.50
3	10.13	9.55	9.28	9.12	9.01	8.94	8.89	8.85	8.81	8.79	8.74	8.70	8.66	8.64	8.62	8.59	8.57	8.55	8.53
4	7.71	6.94	6.59	6.39	6.26	6.16	6.09	6.04	6.00	5.96	5.91	5.86	5.80	5.77	5.75	5.72	5.69	5.66	5.63
5	6.61	5.79	5.41	5.19	5.05	4.95	4.88	4.82	4.77	4.74	4.68	4.62	4.56	4.53	4.50	4.46	4.43	4.40	4.36
6	5.99	5.14	4.76	4.53	4.39	4.28	4.21	4.15	4.10	4.06	4.00	3.94	3.87	3.84	3.81	3.77	3.74	3.70	3.67
7	5.59	4.74	4.35	4.12	3.97	3.87	3.79	3.73	3.68	3.64	3.57	3.51	3.44	3.41	3.38	3.34	3.30	3.27	3.23
8	5.32	4.46	4.07	3.84	3.69	3.58	3.50	3.44	3.39	3.35	3.28	3.22	3.15	3.12	3.08	3.04	3.01	2.97	2.93
9	5.12	4.26	3.86	3.63	3.48	3.37	3.29	3.23	3.18	3.14	3.07	3.01	2.94	2.90	2.86	2.83	2.79	2.75	2.71
10	4.96	4.10	3.71	3.48	3.33	3.22	3.14	3.07	3.02	2.98	2.91	2.85	2.77	2.74	2.70	2.66	2.62	2.58	2.54
11	4.84	3.98	3.59	3.36	3.20	3.09	3.01	2.96	2.90	2.85	2.79	2.72	2.65	2.61	2.57	2.53	2.49	2.45	2.40
12	4.75	3.89	3.49	3.26	3.11	3.00	2.91	2.85	2.80	2.75	2.69	2.62	2.54	2.51	2.47	2.43	2.38	2.34	2.30
13	4.67	3.81	3.41	3.18	3.03	2.92	2.83	2.77	2.71	2.67	2.60	2.53	2.46	2.42	2.38	2.34	2.30	2.25	2.21
14	4.60	3.74	3.34	3.11	2.96	2.85	2.76	2.70	2.65	2.60	2.53	2.46	2.39	2.35	2.31	2.27	2.22	2.18	2.13
15	4.54	3.68	3.29	3.06	2.90	2.79	2.71	2.64	2.59	2.54	2.48	2.40	2.33	2.29	2.25	2.20	2.16	2.11	2.07
16	4.49	3.63	3.24	3.01	2.85	2.74	2.66	2.59	2.54	2.49	2.42	2.35	2.28	2.24	2.19	2.15	2.11	2.06	2.01
17	4.45	3.59	3.20	2.96	2.81	2.70	2.61	2.55	2.49	2.45	2.38	2.31	2.23	2.19	2.15	2.10	2.06	2.01	1.96
18	4.41	3.55	3.16	2.93	2.77	2.66	2.58	2.51	2.46	2.41	2.34	2.27	2.19	2.15	2.11	2.06	2.02	1.97	1.92
19	4.38	3.52	3.13	2.90	2.74	2.63	2.54	2.48	2.42	2.38	2.31	2.23	2.16	2.11	2.07	2.03	1.98	1.93	1.88
20	4.35	3.49	3.10	2.87	2.71	2.60	2.51	2.45	2.39	2.35	2.28	2.20	2.12	2.08	2.04	1.99	1.95	1.90	1.84
21	4.32	3.47	3.07	2.84	2.68	2.57	2.49	2.42	2.37	2.32	2.25	2.18	2.10	2.05	2.01	1.96	1.92	1.87	1.81
22	4.30	3.44	3.05	2.82	2.66	2.55	2.46	2.40	2.34	2.30	2.23	2.15	2.07	2.03	1.98	1.94	1.89	1.84	1.78
23	4.28	3.42	3.03	2.80	2.64	2.53	2.44	2.37	2.32	2.27	2.20	2.13	2.05	2.01	1.96	1.91	1.86	1.81	1.76
24	4.26	3.40	3.01	2.78	2.62	2.51	2.42	2.36	2.30	2.25	2.18	2.11	2.03	1.98	1.94	1.89	1.84	1.79	1.73
25	4.24	3.39	2.99	2.76	2.60	2.49	2.40	2.34	2.28	2.24	2.16	2.09	2.01	1.96	1.92	1.87	1.82	1.77	1.71
26	4.23	3.37	2.98	2.74	2.59	2.47	2.39	2.32	2.27	2.22	2.15	2.07	1.99	1.95	1.90	1.85	1.80	1.75	1.69
27	4.21	3.35	2.96	2.73	2.57	2.46	2.37	2.31	2.25	2.20	2.13	2.06	1.97	1.93	1.88	1.84	1.79	1.73	1.67
28	4.20	3.34	2.95	2.71	2.56	2.45	2.36	2.29	2.24	2.19	2.12	2.04	1.96	1.91	1.87	1.82	1.77	1.71	1.65
29	4.18	3.33	2.93	2.70	2.55	2.43	2.35	2.28	2.22	2.18	2.10	2.03	1.94	1.90	1.85	1.81	1.75	1.70	1.64
30	4.17	3.32	2.92	2.69	2.53	2.42	2.33	2.27	2.21	2.16	2.09	2.01	1.93	1.89	1.84	1.79	1.74	1.68	1.62
40	4.08	3.23	2.84	2.61	2.45	2.34	2.25	2.18	2.12	2.08	2.00	1.92	1.84	1.79	1.74	1.69	1.64	1.58	1.51
60	4.00	3.15	2.76	2.53	2.37	2.25	2.17	2.10	2.04	1.99	1.92	1.84	1.75	1.70	1.65	1.59	1.53	1.47	1.39
120	3.92	3.07	2.68	2.45	2.29	2.17	2.09	2.02	1.96	1.91	1.83	1.75	1.66	1.61	1.55	1.50	1.43	1.35	1.25
∞	3.84	3.00	2.60	2.37	2.21	2.10	2.01	1.94	1.88	1.3	1.75	1.67	1.57	1.52	1.46	1.36	1.32	1.22	1.00

表 4 χ^2 分布表

n	0.99	0.98	0.95	0.90	0.80	0.70	0.50	0.30	0.20	0.10	0.05	0.02	0.01	0.001
1	0³.157	0.0628	0.00393	0.0158	0.0642	0.148	0.455	1.074	1.642	2.706	3.841	5.412	6.635	10.827
2	0.201	0.0404	0.103	0.211	0.446	0.713	1.386	2.408	3.219	4.605	5.991	7.824	9.210	13.815
3	0.115	0.185	0.352	0.584	1.005	1.424	2.366	3.665	4.642	6.251	7.815	9.837	11.345	16.266
4	0.297	0.429	0.711	1.064	1.649	2.195	3.357	4.878	5.989	7.779	9.488	11.668	13.277	18.467
5	0.554	0.752	1.145	1.610	2.343	3.000	4.351	6.064	7.289	9.236	11.070	13.388	15.086	20.515
6	0.872	1.134	1.635	2.204	3.070	3.828	5.348	7.231	8.558	10.645	12.592	15.033	16.812	22.457
7	1.239	1.564	2.167	2.833	3.822	4.671	6.346	8.383	9.803	12.017	14.067	16.622	18.475	24.322
8	1.646	2.032	2.733	3.490	4.594	5.527	7.344	9.524	11.030	13.362	15.507	18.168	20.090	26.125
9	2.088	2.532	3.325	4.168	5.380	6.393	8.343	10.656	12.242	14.684	16.919	19.679	21.666	27.877
10	2.558	3.059	3.940	4.865	6.179	7.267	9.342	11.781	13.442	15.987	18.307	21.161	23.209	29.588
11	3.053	3.609	4.575	5.578	6.989	8.148	10.341	12.899	14.631	17.275	19.675	22.618	24.725	31.264
12	3.571	4.178	5.226	6.304	7.807	9.034	11.340	14.011	15.812	18.549	21.026	24.054	26.217	32.909
13	4.107	4.765	5.892	7.042	8.634	9.926	12.340	15.119	16.985	19.812	22.362	25.472	27.688	34.528
14	4.660	5.368	6.571	7.790	9.467	10.821	13.339	16.222	18.151	21.064	23.685	26.873	29.141	36.123
15	5.229	5.985	7.261	8.547	10.307	11.721	14.339	17.322	19.311	22.307	24.996	28.259	30.578	37.697
16	5.812	6.614	7.962	9.312	11.152	12.624	15.338	18.418	20.465	23.542	26.296	29.633	32.000	39.252
17	6.408	7.255	8.672	10.085	12.002	13.531	16.338	19.511	21.615	24.769	27.587	30.995	33.409	40.790
18	7.015	7.906	9.390	10.865	12.857	14.440	17.338	20.601	22.760	25.899	28.869	32.346	34.805	42.312
19	7.633	8.567	10.117	11.651	13.716	15.352	18.338	21.689	23.900	27.204	30.144	33.687	36.191	43.820
20	8.260	9.237	10.851	12.443	14.578	16.266	19.337	22.775	25.038	28.412	31.410	35.020	37.566	45.315
21	8.897	9.915	11.591	13.240	15.445	17.182	20.337	23.858	26.171	29.615	32.671	36.343	38.932	46.797
22	9.542	10.600	12.338	14.041	16.314	18.101	21.337	24.939	27.301	30.813	33.924	37.659	40.289	48.268
23	10.196	11.293	13.091	14.848	17.187	19.021	22.337	26.018	28.429	32.007	35.172	38.968	41.638	49.728
24	10.856	11.992	13.848	15.659	18.062	19.943	23.337	27.096	29.553	33.196	36.415	40.270	42.980	51.179
25	11.524	12.697	14.611	16.473	18.940	20.867	24.337	28.172	30.675	34.382	37.652	41.566	44.314	52.620
26	12.198	13.409	15.379	17.292	19.820	21.792	25.336	29.246	31.795	35.563	38.885	42.856	45.642	54.052
27	12.879	14.125	16.151	18.114	20.703	22.719	26.336	30.319	32.912	36.741	40.113	44.140	46.963	55.476
28	13.565	14.847	16.928	18.939	21.588	23.647	27.336	31.391	34.027	37.916	41.337	45.419	48.278	56.893
29	14.256	15.574	17.708	19.768	22.475	24.577	28.336	32.461	35.139	39.087	42.557	46.693	49.588	58.302
30	14.953	16.306	18.493	20.599	23.364	25.508	29.336	33.530	36.250	40.256	43.773	47.962	50.892	59.703

参 考 文 献

[1]   Babbie E. The Practice of Social Research[M]. 7th ed. Belmont: Wads- worth Publishing Company，1995.

[2]   Bordens K. S.，Albott Bruce B. Research Design and method，A Process Approach[M]. 2nd ed. California：Mayfield Publishing Company，1991.

[3]   Emory C. W. 企业研究方法[M].5 版. 古永嘉,译. 台北:华泰书店，1996.

[4]   Ethridge D. 应用经济学研究方法论[M].朱纲,译. 北京:经济科学出版社,1998.

[5]   Gay L R, Diehl P L. Research Methods for Business and Management[M]. NY：Macmillan Publishing Company，1992.

[6]   Krathwohl D R. Social and Beharioral Science Research[M]. San Francisco:Jossey-Bass Publishers，1985.

[7]   Monette D R，Sullivan Thomas J，Dejong C R. Applied Social Research. Tool for the Human Services [M]. 2nd ed. Fort Worth:Harcourt Brace Jovanovich College Publishes，1990.

[8]   Ray W J. Methods Toward a Science of Behavior and Experience[M]. 4th ed. Pacific Grove. California：Brooks/ Cole Publishing Company，1993.

[9]   Janet Buttolph Johnson，Richard A. Joslyn. Political Science Research Methods[M]. New Delhi：Prentice-Hall of India，1989.

[10]   A Craig MacKinlay. Event Studies in Economics and Finance [M]. Journal of Economic Literature，1997，March.

[11]   Ling X Li，W C Benton，G Keong Leong. The Impact of Strategic Operations Management Decisions On Community Hospital Performance[M]. Journal of Operations Management，2002，20:389－408.

[12]   C James Goodwin. Research in Psychology (Method and Design) [M]. NY：JohWiley & Sons，1995.

[13]   Caroline E Zsambok，Gary Klein. Naturalistic Decision Making[M]. New Jersey：Lawrence Erlbaum Associates Publisher，1997.

[14] Jonathan Wilson，Essentials of Business Research［M］．Sage Publications LTD，2012.

[15] 袁方，王汉生.社会研究方法教程［M］.北京：北京大学出版社，1997.

[16] 艾丰.新闻写作方法论［M］.北京：人民日报出版社，1993.

[17] 王梓坤.科学发现纵横谈［M］.北京：中华书局，1998.

[18] 艾克纳.经济学为什么还不是一门科学［M］.苏通等译.北京：北京大学出版社，1990.

[19] 张耀南.知识与文化——张东荪文化论著辑要［M］.北京：中国广播电视出版社．1995.

[20] 阿尔曼德.景观科学(理论基础和逻辑数理方法)［M］.李世玢译.北京：商务印书馆，1992.

[21] 费·培根.培根人生随笔［M］.何新，译.北京：人民日报出版社，1996.

[22] 彼得·杜拉克.非营利机构的经营之道［M］.余佩珊，译.台北：远流出版公司，1994.

[23] 席西民，汪应洛等.怎样做好博士论文［M］.西安：西安交通大学出版社，1997.

[24] 金岳霖.形式逻辑［M］.北京：人民出版社，1996.

[25] 刘大椿.科学哲学［M］.北京：人民出版社，1998.

[26] 史济彦.科学研究中哲学思想的指导作用(I)——灵感和分类［J］.学位与研究生教育.1998(3).

[27] W. I. 贝弗里奇.科学研究的艺术［M］.陈捷，译.北京：科学出版社，1983.

[28] 严中平.科学研究方法十讲［M］.北京：人民出版社，1986.

[29] 风笑天.透视社会的艺术［M］.天津：天津人民出版社，1990.

[30] 锺伦纳.应用社会科学研究法［M］.香港：商务印书馆，1992.

[31] 柯惠新，黄京华，沈浩.调查研究中的统计分析法［M］.北京：广播学院出版社，1992.

[32] 张文修，陈雁，徐萍.外延空间及内涵空间［J］.工程数学学报，1991(9).

[33] 雅克·阿达玛.数学领域中的发明心理学［M］.陈植荫，肖奚安，译.南京：江苏教育出版社，1988.

[34] 教育部高等教育司,北京市教育委员会．高等学校毕业设计(论

文)指导手册(经济卷)[M].北京:高等教育出版社,经济日报出版社,1999.

[35] 孟庆茂,侯杰泰.协方差结构模型与多层线性模型原理及应用[M].北京:北京师范大学心理计量与统计分析研究室,2001.

[36] 陈新,李竹.生物医学论文写作[M].北京:化学工业出版社,2007.

[37] 林毅夫,本体与无常[M].北京:北京大学出版社,2012.

[38] 陈志武.为什么中国人勤劳而不富有[M].北京:中信出版社,2008.

[39] 徐云杰.社会调查设计与数据分析[M].重庆:重庆大学出版社,2015.

[40] 周翔.传播学内容分析研究与应用[M].重庆:重庆大学出版社,2014.

[41] 周振甫.文心雕龙今译[M].北京:中华书局,1992.

[42] 余光中.怎样改进英式中文[J].明报月刊,1987(10).

[43] 吴量福.政治学研究方法与论文撰写[M].天津:天津人民出版社,2007.

[44] 李怀祖,田鹤亭,苗洒玲.管理类专业学位论文研究及撰写[M].重庆:重庆大学出版社,2015.

[45] 王学民.应用多元分析[M].4版.上海:上海财经大学出版社,2004.

英汉名词对照索引

（英文名，译名，引用章节）

coding	编码	5.0
cluster sampling	聚类抽样	3.3
coefficient of determination	决定系数	5.1
cognitive dissonance	认知失衡	3.1
cognitive illusion	认知错觉	1.2
cohort studies	同期群研究	3.1
confirmatory factor analysis	确认型因子分析	5.1
commercial syndrome	商业系统	1.2
common factor analysis	共同因子分析法	5.1
comparative fit index	比较拟合指数	5.3
comparison holding	参照享有物	5.5
complete observer	完全观测者	4.4
complete participant	完全参与者	4.4
conceptual schema	概念框架	2.6
conceptualization	概念化	2.1, 3.2
conclusion	结论	5.4, 6.1, 6.5
confidence interval	置信区间	3.3
confidence levels	置信水平	3.3, 5.2
congruence	一致性	4.5
constant mean return	定常均值收益	4.5
content analysis	文本分析	4.5
context	情境	1.2,4.4,5.1,6.4
context-free	情境无关	1.2
context-bound	情境结束	1.2
contribution	贡献	3.1,6.1,6.6
control group	控制组	4.2
control variable	控制变量	4.2
convenience sampling	简便抽样	3.3
correlation analysis	相关分析	5.1
criterion	准则	2.8
critical ratio	临界比	5.3
critical region	否定域	5.2
cross culture	泛文化	1.2
cross division	跨越分类	2.8
cross sectional studies	横剖研究	3.1
cross tabulation	关联表	5.1
cross validation	交互效度	5.3

D

E

model modification　　　　模型修正　　　5.3
model specification　　　　模型设定　　　5.3
multiple time series design　多时间序列设计　4.2
multicollinearity　　　　　多重共线性　　5.2
multistage cluster sampling　多阶段聚类抽样　3.3

N

naturalistic decision making　自然决策理论　1.2
nominal scale　　　　　　定类尺度　　　2.4, 5.1
nominal variable　　　　　定类变量　　　2.4, 5.1
non-centrality fit index　　离中拟合优度指标　5.3
non-parametric statistical test　非参数检验　5.2
non-profit sector　　　　　非营利部门　　1.2
normal distribution　　　　正态分布　　　5.1
null hypothesis　　　　　　对立（虚空）假设　2.5, 5.2

O

oblique rotation　　　　　斜交转轴法　　5.1
observation　　　　　　　观测　　　　　2.7, 4.1
observed variable　　　　　观测变量　　　5.3
observer-as-participant　　参与者身份的观察者　4.4
one tailed test　　　　　　单边检验　　　5.2
one-group protest-posttest design　单组前后测设计　4.2
one-off game　　　　　　　一次博弈　　　5.5
open-coding　　　　　　　开放编码　　　5.4
open-ended questions　　　开放式问项　　4.3
operational definition　　操作定义　　　2.4, 3.2
operation lization　　　　操作化过程　　3.2
order　　　　　　　　　　级　　　　　　2.8
ordinal scale　　　　　　　定序尺度　　　3.2
ordinal variables　　　　　定序变量　　　3.2
organization　　　　　　　组织　　　　　3.1
originality　　　　　　　　原创能力　　　3.1
orthogonal rotation　　　　正交转轴法　　5.1
over-generalization　　　　过度延伸　　　4.1
over-generalized

purposive sampling	计划抽样法	4.4

Q

quasi-experimental design	准实验设计	4.2
qualitative data	定性数据	5.4
qualitative analysis(research)	定性分析	5.4
quantitative data	定量数据	5.4
quantitative analysis(research)	定量分析	5.4
quatile deviation	四分互差	5.1
questionnairs	问卷	4.3
quota sampling	配额抽样	3.3，4.4

R

ratio scale	定比尺度	3.2
radio variables	定比变量	3.2
random number table	随机数表	3.3
random sampling	随机抽样	3.3
randomization	随机化	4.2
range	极差	5.1
reasoning	推理	2.7
regression analysis	回归分析	5.1
regression equation	回归方程	5.1
relative fit index	相对拟合优度	5.3
relevance	相关性	4.5
reliability	信度	5.4
replicability	重复性	5.4
research design	研究设计	3.0
research method	研究方法	4.1
residual analysis	残差分析	5.3
results	结果	5.4，6.1，6.5
robustness	强壮性	5.4

S

sales-pitch	销售论调	6.2
sample	样本	3.3
sample covariance matrix	样本协方差矩阵	5.3
sample size	样本大小	3.3

T

targer audience	心园中的读者	6.1
test of statistical significance	显著性试验	5.2
testing	测试经验	4.2
theorem	定理	2.5
theoretical and practical implications	理论和实际意义	6.5
tit-for-tat	一报还一报	5.5
topic	论题	6.3
trade-off	权衡	5.4
transformation	变换	6.4
translation fidelity	转换确切性	5.4
trend studies	趋势研究	3.1
true experimental design	真实验设计	4.2
t-test	t 检验	5.2
two-tailed test	双边检验	5.2
type-I error	甲种误差	5.2
type-II error	乙种误差	5.2

U

units of analysis	分析单位	3.1, 5.4
units of observation	观测单位	4.5
unnaturaliness	非自然状态	4.2
unobtrusive (nonreactive) research	无干扰研究	4.5
utility	效用值	1.2, 3.2

V

virtual organizing	虚拟组织	2.2
virtual manufacturing	虚拟制造	2.2

W

within-groups sum of squares	组内方差之和	5.2
woolly-minded type	头脑迷糊型	3.1

Z

Z-score	标准值	5.2